内蒙古草原

民俗与旅游

★ 韩巍 编著

内蒙古大学出版社
INNER MONGOLIA UNIVERSITY PRESS

图书在版编目(CIP)数据

草原民俗与旅游/韩巍著.—呼和浩特:内蒙古大学出版社,2007.11
ISBN 978-7-81115-272-2

Ⅰ.草… Ⅱ.韩… Ⅲ.①牧民-风俗习惯-中国-高等学校-教材②草原—旅游指南—中国—高等学校—教材Ⅳ.K892 K928.9

中国版本图书馆 CIP 数据核字(2007)第 169533 号

书　　　　　名	内蒙古草原民俗与旅游
著　　　　　者	韩　巍
责　任　编　辑	理　绥
封　面　设　计	敖全英
出　　　　　版	内蒙古大学出版社
	呼和浩特市大学西路 235 号(010021)
发　　　　　行	内蒙古新华书店
印　　　　　刷	呼和浩特市铭泰精工印务有限公司
开　　　　　本	787×1092/16
印　　　　　张	17
字　　　　　数	316 千字
版　　　　　期	2007 年 10 月第 1 版 2007 年 10 月第 1 次印刷
标　准　书　号	ISBN　978-7-81115-272-2
定　　　　　价	38.00 元

本书如有印装质量问题,请直接与出版社联系

前言

NEIMENGGU CAOYUAN MINSU YU LUYOU QIANYAN

在祖国北疆,由边城满洲里蜿蜒向西、抵达《山海经》所称"弱水"之滨的阿拉善,有一处状若昂首奔腾之骏马般的疆域,这就是一代天骄成吉思汗的故乡——内蒙古草原。①这里,曾是古代北方各民族活动的大舞台,无数英雄民族在此上演过一幕幕雄壮的历史剧。在漫长的历史进程中,内蒙古草原还是多元文化形态的交汇之地,穿过历史长河的漫漫隧道,便可瞭望到历史给予这片热土的最大赐予,莫过于以大窑文化、河套文化、红山文化、鲜卑北魏文化、辽文化、蒙元文化等为代表的各种文化的荟萃,以及生于斯、长于斯的众多民族品性的文化形态。而在这些风格异呈的文化形态中,最使人惊美的则是草原民族迥然不同的民俗文化。

在个人社会化过程中占有决定性地位的民俗文化,以其特有的诱惑力和感召力,成为内蒙古草原最为重要的旅游资源之一。在长期的旅游实践和教学过程中,本人深感民俗文化无论是其文化价值、应用价值还是经济价值在旅游中都非同一般。特别是随着内蒙古自治区旅游业的崛起与发展,民俗文化在旅游业中的意义逐渐被人们所重视。有感于此,在教学和工作之余,历时二年多完成了《内蒙古草原民俗与旅游》一书,试图让更多的旅游从业者和旅游爱好者了解古朴淳厚、瑰丽多彩的内蒙古草原民俗,并希望藉本书为内蒙古草原民俗旅游研究尽一份绵薄之力,为民俗旅游的实践与发展、规划,提供一份较有价值的资料,以表达对勤劳、勇敢的内蒙古草原各民族的敬意。

《内蒙古草原民俗与旅游》由上、下两编组成。上编为总论,主要是对作为一种旅游类型的民俗旅游及内蒙古草原民俗旅游的概念、特点、构成和影响,作初步的界定、归纳与描述,为进一步理解和认识内蒙古草原民俗奠定基础理论知识。下编为内蒙古草原民俗,介绍了蒙古族、达斡尔族、鄂温克族和鄂伦春族等四个自治民族鲜明、独特、奇异的民俗风情。在驳杂的内蒙古草原民俗内容中,本书从旅游资源和旅游应用学角度出发,选择了草原民族概貌、传统服饰、饮食特点、民居建筑、行旅方式、人生仪礼、民间信仰、节日娱乐、民间工艺等方面内容,以此展现内蒙古草原民俗风貌,凸显游牧与狩猎风采,弘扬草原文化精神,开阔旅游者的眼界,满足旅游爱好者求新、求异、求知的心理需求,丰富旅游者的物质与精神生活,促进交流,加强了解,增进友谊。

　　本书在撰写过程中,得到了有关部门领导的大力支持,得到了民俗研究学者扎格尔教授的直接指导,同时,还得到了区内旅游行业同仁的真诚襄助。是前辈专家学者们的关怀与扶持,使该书得以顺利完成,藉此,对曾给予帮助和鼓励的良师、益友表示衷心的感谢。同时,本书在执笔过程中,集思广益,翻旧集新,在注入教学研究中的一些思考和见解的同时,参考了大量国内外相关领域的研究成果,引证了数百篇文献资料,特此向文献作者致以诚挚谢意,并将有关参考文献附录于书后,以便读者查询。

　　限于时间和个人学识的局限,该书肯定存在种种疏漏之处,敬请广大专家、同行和读者给予批评。此外,由于对民俗旅游和对内蒙古草原民俗旅游的界定、分类、归纳和描述尚存在诸多不同的理解,故对书中内容有不同看法,恳请读者和专家匡正。

韩　巍

2007 年 7 月 16 日

---

① 赵方志主编《草原文化》第 2 页,上海远东出版社,商务印书馆(香港),1998 年。

目录
NEIMENGGU CAOYUAN MINSU YU LUYOU MULU

上编

总 论

第一章 民俗概述

第二章 民俗旅游概述

第三章 内蒙古草原民俗旅游概述

目录

下编

内蒙古草原民俗

第四章　服饰民俗

[思考题]

第五章　饮食民俗

[思考题]

第六章节　住行民俗

[思考题]

目录

NEIMENGGU CAOYUAN MINSU YU LUYOU MULU

目录

上　编

总　论

第一章　民俗概述

民俗是社会生活的一个重要组成部分，它发生并存在于每个人的生活之中，却又像春风化雨，润物无声。民俗是构成文化的重要元素之一，也是文化的重要载体，包含着丰富的内容、复杂的结构、多样的形式，直观的物化形象与内隐的意识观念交织并存。民俗的产生起源于人类社会群体生活的需要，是人们在与自然环境、社会环境相互适应的过程中应运而生的。民俗是历史发展的产物，它形成于过去，是一个国家或民族的传统文化，并伴随着这个国家或民族的民众生活继续传承和发展。民俗的产生和发展受到地域、民族、时代以及当时的经济、政治、社会、心理等诸多因素的影响和制约，在不同自然环境的不同地域，每个民族都会形成自己独特的生产方式、生活特点、行为习惯、伦理观念以及心理倾向。民俗的传承方式主要是口耳相传、行为示范和心理影响。每一个人一经出生就生活在由风俗习惯构成的文化环境中，并在这种文化环境的影响下，会自觉或不自觉地运用这种风俗习惯约束自己的思维、语言和行为。

因此，民俗是一个民族或社会群体在语言、行为和心理上的集体习惯，这个社会群体成员的一切思想、感情和行为，都受其独特民俗的浸染、熏陶与支配。民俗还是区别一个国家与其他国家、一个民族与其他民族、一个社会群体与其他社会群体的标志之一。这一章，主要论述民俗的概念、民俗的分类与基本特征、民俗的功能以及民俗在社会生活中的作用，以便大家在社会实践中认知和体验民俗，深刻地把握民俗事象的发生、发展以及相关的规律。

一、民俗及其相关的概念

民俗，主要是指民间流行的风俗习惯。它作为专门学科术语，是对英文"Folklore"的意译。这个词是英国学者汤姆斯（William Thoms）1846 年创用的，它以撒克逊语的"Folk"（民众、民间）和"Lore"（知识、学问）合成为一个新词,既指民间风俗现象,又指研究这门现象的学问。后来,该词逐渐为世界其他国家的学者们接受,成为国际上通用的学科名词。近些年来,鉴于"Folklore"一词既指"民俗"又指"民俗学",容易混淆,国际学术界又以"Folkloristics"一词专指"民俗学",即指研究民俗的学问;而将"Folklore"专指作为研究对象的"民俗",以便区别。

160多年来,民俗学在世界范围内得以广泛传播和发展,产生了很多有关民俗的定义。诸多民俗概念的内涵,彼此之间存在相当大的差异。在此列举若干比较有影响的民俗学家对民俗概念的界定,以便更全面地理解民俗的内涵。

英国民俗学家博尔尼(C. S. Burne)认为,民俗包括作为民众精神秉赋的组成部分的一切事物,有别于民众的工艺技术。引起民俗学家注意的,不是耕犁的形状,而是耕田者推犁入土时所举行的仪式;不是渔网和鱼叉的构造,而是渔夫入海时所遵守的禁忌;不是桥梁或房屋的建筑术,而是施工时的祭祀以及建筑物使用者的社会生活。①美国学者利奇(M. Leach)认为,民俗是民众的学问、大众的知识,它包括了像生日蛋糕、摇篮曲、房屋形状、咒语、雪鞋和笑话等类东西。②钟敬文提出,民俗,即民间风俗,指一个国家或民族中广大民众所创造、享用并传承的生活文化。③张紫晨认为,所谓民俗,乃是创造于民间又传承于民间的具有世代相习的传承性事象(包括思想和行为);它以有规律性的活动约束人们的行为和意识④。此外,美国著名的民俗学家邓迪斯(A. Dundes)继承了汤姆斯的观点,他认为,民俗就是民众的知识,但扩大了民俗的范围,认为民俗之民,可以是任何拥有至少一种传统因素的民众群体。并且,他借美国多数民俗学家之口说:民俗由通常在人们中间传播的一些特殊的文化项目组成。言语的和歌唱的项目一般是口头传播的,非言语的项目常常是通过观摩和模仿而学会的(如游戏和民间舞蹈)。然而,邓迪斯可能认为界定民俗概念非常困难,所以他只是按照民俗的形式,列举了构成民俗的近40种具体的民俗项目。⑤从引证的这些民俗概念可见,民俗的内涵丰富多彩,举凡观念、言语、行为以及由此而产生的物化形式的结果,都可以纳入民俗的范畴。

民俗,作为民间文化的重要组成部分,除上述民俗研究者外,中外学者

① 博尔尼著、程德祺等译《民俗学手册》第1页,上海文艺出版社,1995年。
② 张紫晨编《民俗学讲演集》第498页,书目文献出版社,1986年。
③ 钟敬文主编《民俗学概论》第1页,上海文艺出版社,1998年。
④ 张紫晨著《中国民俗与民俗学》第6页,浙江人民出版社,1985年。
⑤ 阿兰·邓迪斯著、卢晓辉编译《民俗解析》第36－37页,广西师范大学出版社,2005年。

给它下过许多定义，而且诸定义之间存在一定的差异。借鉴以往的民俗概念，参照旅游行业对民俗的开发实践，从应用学的角度分析，民俗就是一定地域的特定人群在生产、生活和生存发展过程中所形成的行为和思想的习惯性事象，也就是大家习以为常进而能够自觉奉行的惯制。惯制并不是法律规定的，而是民间约定俗成的。惯制的约束力及其世代相袭性，也不是靠法律来保证，而是靠惯性的力量和心理信仰来维系的。换言之，民俗应该是以口头、物质、风俗或行为等非正式和非官方的形式创造和传播的文化现象，是一种约定俗成，它不是什么人宣扬和倡导的内容，而是人们在日常生活中自觉地遵循和维护的一种行为规范、道德伦理、认知方式和思维模式。民俗，在国内的一些民俗研究著述中，常以"民俗风情"来冠名，实际上"风情"就是民俗的诗化、叠用与强调。在一些具有普及性的、非严格意义的民俗研究著述中，民俗也称风俗民情、风土人情等。

风俗与民俗一样，亦是一个古老的概念，直到今天，它还是一个与民俗一样常用的词汇，在非民俗专业的社会生活领域，它的使用概率更高。在中国最早开始现代民俗学研究的北京大学，1923 年 5 月 24 日成立的民俗研究机构，名称就叫风俗调查会。①追根溯源，风俗一词的使用，开始于先秦时代。对风俗的传统解释很多，我们试举一例：《汉书•地理志》说："凡民函五常之性，而其刚柔缓急，音声不同，系水土之风气，故谓之风；好恶取舍，动静亡常，随君上之情欲，故谓之俗。"对风俗的现代解释，钟敬文先生的定义最为准确。他认为：风俗一词指人民群众在社会生活中世代传承、相沿成习的生活模式，它是一个社会群体在语言、行为、心理上的集体习惯。②

习俗与民俗、风俗一样，也是先秦时代开始使用的词汇。《管子•八观》说："入州里，观习俗。"《吕氏春秋•贵直论》说："齐之与吴也，习俗不同，言语不通。"现代学者认为：习俗是地域性明显、阶层性突出、相沿积久的一种群众性的习惯和非强制性的行为规范。③

礼俗也是社会生活中常用的词汇。它是民俗的重要组成部分之一，是"社会流行之一种仪式"。④但礼俗较之风俗、习俗的最大不同之处在于它的鲜明的规范与强制性。礼俗是具有一定制度化、程序化的道德和行为规范，以及人们遵从该规范而形成的行为习惯与思维模式。

①　苑利主编《二十世纪中国民俗学经典•学术史卷》第 280 页，社会科学文献出版社，2002 年。
②　钟敬文主编《民俗学概论》第 3 页，上海文艺出版社，1998 年。
③　巴兆祥主编《中国民俗旅游》第 7 页，福建人民出版社，1999 年。
④　苑利主编《二十世纪中国民俗学经•民俗理论卷》第 30 页，社会科学文献出版社，2002 年。

二、民俗的分类与基本特征

(一)民俗的分类

民俗是一个包罗万象的文化宝库,数不胜数的民俗事象交织并存。与此同时,民俗的内容、形式、种类常处于发展和变化的状态之中,因此,如何科学地划分民俗的类型、客观地反映民俗的实际情况是研究者一直关注的问题。多年来,民俗学家们对此众说纷纭,歧见迭出。民俗学家怎样划分民俗的类型,归根结底取决于他们对民俗的界定,如果把民俗看成是原始遗留物,把民俗的内容和形式仅仅看成是古代文化的活化石,那么其种类也就相对较少,与此相反,如果把民俗看成是生活文化,那么民俗就会涉及人类社会的方方面面,它的内容、形式和种类也就相对丰富。从民俗旅游的实践和应用学角度出发,在此择要介绍几种比较重要的民俗分类。各种民俗分类所涉及的具体民俗事象和民俗类型的总和,就是开展民俗旅游活动、体验民俗旅游乐趣的平台。

(1)英国学者博尔尼的分类 博尔尼把民俗分为信仰和行为、习俗以及故事、歌谣和俗语三大类。[1]

(A)信仰和行为。①地和天。②植物界。③动物界。④人类。⑤人工制品。⑥灵魂和冥世。⑦超人者(神、妖及其他)。⑧预兆与占卜。⑨巫术。⑩疾病及民间医术。

(B)习俗。①社会制度和政治制度。②人生礼仪。③职业和工艺。④历法、斋戒和节庆。⑤游戏、体育和娱乐。

(C)故事、歌谣、俗语。①故事:a.叙事的;b.娱乐的。②歌谣和叙事歌曲。③谚语和谜语。④有韵的俗语和俚语。

(2)美国学者多尔森的民俗分类 多尔森在他的《民俗学与大众生活》一书中,把民俗事象分为口头民俗、物质民俗、民间社会风俗和民间表演艺术等四大类。[2]

(A)口头民俗。它包括叙事民俗、民歌与民间诗歌、谚语和谜语等。

(B)物质民俗。它包括饮食、服饰、建筑、各种民间手工制的家具和用

① 博尔尼著、程德祺等译《民俗学手册》第4页,上海文艺出版社,1995年。
② 王娟编著《民俗学概论》第31页,北京大学出版社,2002年。

具等。

（C）民间社会风俗。它包括人生礼仪（生老病死、婚丧嫁娶等）、民间信仰、宗教、节日庆典、游戏以及其他娱乐活动等。

（D）民间表演艺术。它包括民间戏剧、仪式性舞蹈、音乐等。

（3）日本学者后藤兴善的民俗分类　日本民俗学家后藤兴善关注民俗研究的"现在性"，认为最值得研究的民俗是那些在实际社会生活中还在发挥作用的民俗。他在《民俗学入门》一书中提出，民俗可以分为有形物质民俗、社会集团民俗、口承语言民俗、无形心意民俗等四大类。①

（A）有形物质民俗。它包括村庄（市镇）、家庭（家具）、服装、食物、农业、渔业、林业、烧炭、狩猎、民间工艺（技术方面）、民间艺术（技巧）、交易、交通等。

（B）社会集团民俗。它包括家庭、婚姻、加入氏子（参加特定神社祭祀的人，称为氏子）、儿童组、青年组和少女组、劳力交换、政治集团、政治结社、体育团体、宗教团体等。

（C）口承语言民俗。它包括谚语、谜语、念诵词、民谣、说唱故事、民间故事与传说、神话等。

（D）无形心意民俗。它与其他民俗分类存在一定范围的交叉，前三种民俗类型中，都包含着一定心意民俗成分。无形心意民俗的重点是道德、占卜、咒法、禁忌等。

（4）中国学者钟敬文的民俗分类　钟敬文在他主编的《民俗学概论》一书中提出，民俗可分为物质民俗、社会民俗、精神民俗、语言民俗等四大类。

（A）物质民俗。它包括生产民俗、商贸民俗、饮食民俗、服饰民俗、居住民俗、交通民俗、医药保健民俗等。

（B）社会民俗。它包括社会组织民俗（如血缘组织、地缘组织、业缘组织等）、社会制度民俗（如习惯法、人生仪礼等）、岁时节日民俗及民间娱乐习俗等。

（C）精神民俗。它包括民间信仰、民间巫术、民间哲学伦理观念及民间艺术等。

（D）语言民俗。它包括两大部分，即民俗语言和民间文学。广义的民俗语言包括民族语言和方言；狭义的民俗语言是指诸如民间俗语、谚语、谜语、歇后语、街头流行语、黑话、酒令等等。民间文学是指由人民集体创作和流传的口头文学，主要有神话、民间传说、民间故事、民间歌谣、民间说唱等

---

① 后藤兴善（日）等著、王汝澜译《民俗学入门》第46页，中国民间文艺出版社，1984年。

形式。

（5）中国学者乌丙安的民俗分类　乌丙安在《中国民俗学》一书中,探讨了民俗学研究的范围,提出民俗可以分成经济的民俗、社会的民俗、信仰的民俗、游艺的民俗等四大类。[①]

（A）经济的民俗。它是以生态民俗、民间传统的经济生产习俗、交易习俗及消费生活习俗为主要内容的。

（B）社会的民俗。它是以家族、亲族、乡里村镇的传承关系、习俗惯制为主要内容的,其中社会往来、组织、生活仪礼等习俗都是重点。此外,它还包括都市的社会民俗。

（C）信仰的民俗。它是以传统的迷信和俗信的诸多事象为主要内容的。

（D）游艺的民俗。它是以民间传统文化娱乐活动（其中包括口头文艺活动）的习俗为主要内容的,也包括竞技等事象在内。

（6）中国学者陶立璠的民俗分类　陶立璠在《民俗学》一书中提出,可以把中国各民族民俗分成物质民俗、社会民俗、精神民俗等三大类。[②]

（A）物质民俗。①居住。②服饰。③饮食。④生产（农、林、牧、副、渔）。⑤交通（运输、通讯）。⑥交易。

（B）社会民俗。①家庭、亲族。②村落。③各种社会职业集团。④人生仪礼（诞生、成年、婚姻、丧葬）。⑤岁时习俗。

（C）精神民俗。①口承语言民俗:a.神话、传说、故事。b.歌谣、叙事诗。c.谚语、谜语。②行为传承民俗:a.民间艺术（音乐、美术、舞蹈）。b.民间游艺（民间竞技）。③精神信仰民俗:a.巫术。b.宗教。c.信仰（俗信）。d.禁忌。e.道德礼仪。

以上我们介绍了六种在国内外有较大影响的民俗研究学者有关民俗的分类,内容丰富,民俗类型和他们所列举的具体民俗事象,既有重复又有差异,有助于大家了解包罗万象的民俗事象。但是,对民俗的任何分类永远都只能是相对的,既不可能穷尽所有的民俗事象,也不可能完全清晰准确地把某一种民俗事象归入某一类型之中。民俗是一种复杂的综合性的社会生活现象,各种类型的民俗事象以及某个具体的民俗事象的内容,经常相互交叉,相互渗透。因此,无论怎样详尽地对民俗进行分类,都只能提供一个大致的参考框架。目前,民俗学界一种较为普遍的分类方法是把各种民俗事

① 乌丙安著《中国民俗学》第21页,辽宁大学出版社,1999年。
② 陶立璠著《民俗学》第57页,学苑出版社,2003年。

象分为以下三大类。

（A）口头民俗。它指的是以口头语言形式传播的民俗事象,大致可分为三种:（1）叙事民俗。即以散文叙事体的形式传播的民俗事象。包括神话、传说和民间故事。（2）俗语民俗。指的是以口头短语或描述性的词汇的形式传播的民俗事象。主要包括谚语、谜语、绕口令、咒语、祝辞等。（3）音韵民俗。指以有韵律、节奏或有音乐伴奏的语言形式流传的民俗事象。包括民歌、民谣、口头史诗、民间说唱、民间音乐等。

（B）社会民俗。即以传统的风俗和习惯的形式传播的民俗事象。主要包括民间节日、民间信仰、民间舞蹈、民间戏剧、民间医药以及人生仪礼和社会组织民俗等。

（C）物质民俗。指以有形的、可以看到的物质的形式传播的民俗事象。包括生产商贸、民间服饰、民间饮食、民间建筑、民间美术以及交通民俗等。

社会生活是一个整体,作为社会生活服务的民俗文化也有其整体性与系统性。在口头民俗、社会民俗和物质民俗这三大类民俗事象之间,存在着相互关联、相互制约与相互促进的有机联系,它们相互影响,并随着时代的发展而在不断变化。

（二）民俗的基本特征

民俗到底具有哪些特征? 民俗学家们见仁见智,意见不一。钟敬文认为,民俗具有集体性、传承性、扩布性、稳定性、变异性、类型性、规范性和服务性等特征。[①]张紫晨认为,民俗有民族性、阶级性、封建性、原始性、神秘性、实用性、地区性与传承性等特征。[②]乌丙安认为,民俗具有民族的差异、阶级的差异和全人类的共通性等三个内部特征以及历史性、地方性、传承性和变异性等四个外部特征。[③]陶立璠认为,民俗具有社会性、集体性、类型性、模式性、变异性、传承性、播布性等特征。[④]诸如此类的研究结果还有很多,大同小异,不胜枚举。总而言之,民俗特征的表现是多种多样的。不同地域、不同民族、不同国家的民俗,既有共性又有个性,要全面地指出一般民俗的所有特征是十分困难的。我们这里所说的民俗特征,即指各类民俗共有的基本特征。

---

① 钟敬文主编《民俗学概论》第 11－27 页,上海文艺出版社,1998 年。
② 张紫晨编《民俗学讲演集》第 241－265 页,书目文献出版社,1986 年。
③ 乌丙安著《中国民俗学》第 28－40 页,辽宁大学出版社,1999 年。
④ 陶立璠著《民俗学》第 33－51 页,学苑出版社,2003 年。

（1）**群体性与传播性**　民俗是绝大多数人共同拥有的，它的群体性是指民俗的产生、传承和发展是群体活动的结果。这是民俗在产生和流传过程中所体现出的基本特征，也是民俗的本质特征。在社会生活中，它是由"大多数人之性情、嗜好、言语、习惯等常以累月经年，不知不觉，相演相嬗，成为一种风俗。"①如果说，在一个地区，一个村庄，只有一个或几个人按某种方式生活与生产，那么这种行为仅是他个人的爱好，而不是一种风俗。这是因为，任何一种信仰、崇拜仪式和行为方式要成为一种风俗，必须为一个地方的居民共同享有，大家都这样想和这样做，共同的风俗才能使个人的行为被大众所接受，并且在一个特定的环境中能够互相预知对方的行为，彼此能够做出相应的反应。有了对民俗行为的共识，人们才能礼尚往来，彼此相爱，在生产、生活、婚丧嫁娶等方面进行有效的社会交往。

民俗的产生，一开始可能是社会上层的倡导或个人的发起，也可能是社会下层的创造或少数人的引领，但它必须得到社会的认可和众人的仿效，最后才可能蔚然成"风"。因此，我们可以得出如下结论：

首先，民俗是由个人创造，经群体响应，达成共识，最终形成的。如果仅仅是个人创造了新的观念、行为、故事或器物，而没有群体的响应，就不可能产生民俗。其次，民俗的传承离不开群体。任何民俗事象的传承和发展，都必须有群体的共同参与。只有依靠群体行为，民俗事象才能代代相传。再次，民俗的发展，是群体活动的结果。民俗在传承过程中，多数情况下并非简单地流传，而是在每个流传的环节上经过群体的不断补充、加工、充实和完善中逐步形成的。民俗在形成之初，内容和形式往往比较简单，它是在此后的传承中变得越来越丰富多彩。

民俗的传承性则是指民俗在约定俗成之后，其核心的内容与形式就在一定群体和地域世代相传，在相当长的历史时期内保持稳定不变。民俗是世代相传的一种文化现象，因此，在发展过程中有相对稳定性，好的习俗以其合理性赢得广泛的承认，代代相传，不断地继承下来；陋俗也往往以其因袭保守的习惯势力传之后世。这种传袭与继承的活动特点，正是民俗的传承性的标志，具体地讲，民俗在其核心内容与形式保持不变的情况下，不同时代往往在发展过程中体现传承性。内蒙古草原各民族的诸多民俗事象，自其产生之后，在漫长的历史长河中，大都经历了非常复杂的变化，但是，就其核心的内容与形式来看，基本上是在世代传承，如"那达慕"是蒙古族传统

---

① 张亮采著《中国民俗史》第 8 页，上海文艺出版社，1988 年。

的娱乐盛会。据说在唐代,蒙古族就有了奔马射兔的那达慕。[①]在很长一段时期内,每次那达慕只进行一项比赛,或赛马、或摔跤、或射箭。据 1225 年镌刻的《成吉思汗石文》记载:成吉思汗征服了花剌子模后,为庆祝胜利,在布哈苏齐海地方举行过一次盛大的那达慕大会。在这次大会上,赛马、摔跤和射箭已经有机地结合在一起,被称为蒙古族"男儿三艺"。到近现代,那达慕在流传过程中,增加了越来越多的内容,如团体操表演、马术表演、摩托车赛、各种音乐和舞蹈演出等,但是,其核心内容即赛马、摔跤和射箭却一直保留了下来。

其次,民俗以稳定不变的形式世代传承。民俗在传承过程中,有一些民俗类型或事象会发展变化,而有一些类型或事象的内容与形式则保持稳定不变。良风美俗可能因其合理性和实用性得以稳定流传,如蒙古的敬老尊长民俗中的"献德吉"、行旅过程中敬天地、保护大自然,避免污染河水等等,至今为草原蒙古族所遵从。再如蒙古族的服饰、居住、信仰民俗中都包含有许多稳定不变的具有传承性的民俗事象。

民俗"在时间上是传承的,在空间上是扩布的"。[②]时间上的传承,是指民俗在各个民族和地区的人们之间纵向的世代传播,主要方式有四种:一是"言传",即口头传承。二是"身教",即示范传承。三是社会群体传承,具有潜移默化的作用。四是以文字资料为桥梁的传承,这是一种特殊的传承方式。空间上的扩布,指的是不同民族和地区的人们横向的相互学习、影响和渗透、融合。民俗正因为具有群体性和传承性,所以,我们才不难理解它所具有的顽强生命力。

(2)**民族性与地域性**   民族性是民俗的重要特征。民俗与民族密切相关,这是因为民俗的形成首先是以一定的民族共同体为依托的。民俗的民族性是指任何民俗事象,举凡衣、食、住、行、岁时节庆、民间信仰、社交往来等等,都是在一个民族特有的历史文化与社会生活的背景中形成的,并通过民族特有的心理与行为习惯体现出来,成为一个民族约定俗成的事象,而且这些事象具有不同于其他民族的特征。民族的形成,最早可以追溯到原始社会的末期。从那时起,人类就分属于不同的族群。这样,作为一个群体的约定俗成、传承的共同行动,民俗不可能不打上民族的烙印,正是在这个意义上,民俗研究者认为"任何民俗都是民族的,超民族的民俗是没有的,也是

---

① 赵锦元主编《世界风俗大观》第 25 页,上海文艺出版社,1989 年。
② 钟敬文著《社会民众现象的共同特点》,载《中国大百科全书》(民族卷)301 页,中国大百科全书出版社,1986 年。

不存在。"①不仅如此,民俗的民族性还表现在另外一个方面,即一个民族的历史越悠久,文化越传统,其民俗特征就越浓郁越独特。

从人的社会性角度来看,民俗的民族性是民俗群体性的一个特例,即创造和传承民俗事象的群体是某个特定的民族。民俗的民族性既可能是在各个民族物质生活与文化生活的发展中自然形成的,也可能是在民族之间的政治、经济与文化交流中主动学习或被动接受而形成的。同一类民俗事象在不同民族中往往具有不同的特征。许多民族都创造并传承着同一类民俗事象,但是,这些民俗事象在内容、形式、功能、活动方式等方面,却存在极大的差异。如内蒙古草原各自治民族在万物有灵观念支配下,具有多种祭祀活动,以祭火和祭祀敖包仪式为例,该民俗事象在蒙古族、达斡尔族、鄂伦春族和鄂温克族中所表现的活动内容与方式就有着较大的差异。

地域性是民俗在空间上表现出来的特征,也可称之为地理特征或乡土特征。所谓民俗的地域性,是指不同地域拥有不同的民俗事象,或者同一类民俗事象的内容与形式在不同地域存在着差异。地域性是民俗的基本属性之一,与民族的地域分布相适应,民俗有自己存在的自然和地理环境背景。民俗的形成与演变的自然基础是地理环境,民俗传播与扩散受地理环境的制约。各个民族因地理空间上的隔离,在不同的自然生态环境中形成了各具特色的民俗事象。

地理环境、气候条件的相异,导致不同民族之间生产活动、经济活动、生活方式的不同。不同地域的居住民俗、饮食民俗、服饰民俗、婚姻民俗以及人生礼仪民俗等都具有鲜明的差异。某一地域内的民俗事象为本地区所独有,不同地域所创造的民俗环境和民俗氛围,是其它任何地域都无法创造的。常言道:"一方水土养一方人",这其中也包括一方水土造就一方民俗的含义,而且既然水土(自然环境)是一定的,那么它所孕育的民俗,也就不可能不带有一定的地方色彩,这便是"十里不同风,百里不同俗"的缘由,也是民俗因地域(地理环境)的不同而具有较大差异的原因所在。需要指出的是:越是环境特殊或封闭的地域,当地的民俗就越可能别具一格或独树一帜。也就是说,无论何种民俗事象,都会受到一定地域的地理条件、气候条件、生产条件和生活条件的制约。即使同一类民俗事象的内容与形式,在不同地域亦会存在差异。如蒙古族服饰的构成与制作,在内蒙古草原各地区就存在着明显的地区差异。蒙古族服饰具有浓厚的草原风格和适合游牧生活的基本款式,但随着时代的变迁和地域生活方式的不同,蒙古族服饰在草

---

① 张紫晨著《中国民俗的特点》,载《民俗学讲演集》第242页,书目文献出版社,1986年。

原各区域呈现出不同的特征,如鄂尔多斯服饰的华丽、苏尼特服饰的精致和布里亚特服饰的多彩等。

（3）**稳定性与变异性** 民俗一旦产生,就会随着人们的生产、生活方式的稳定而相对地固定下来,成为人们日常生活的一部分并内化为一个民族的民众性格和心理的有机成份。稳定性取决于经济基础和与之相适应的意识形态,中国经历过无数次的社会变革和改朝换代,其中有些民俗随着经济基础的消失、生活方式的改变而自然消亡;有些民俗则经过完善和补充,一直传承到现在。中国的一些传统习俗,如春节的贴对联、清明节的扫墓、端午节的吃粽子、重阳节的求寿、腊八节的腊八粥等,在先秦两汉时期就已经定型并一直传承至今,这些习俗充分体现了民俗文化传承的稳定性特征。存在于现代社会的种种民俗事象,大都是从古代传承下来的,有的历经千百年而不改变或很少改变。由民俗的传承性所决定,民俗的稳定性又不是绝对的,有些民俗事象在漫长的传承过程中,受到诸如人群生息地迁移、引发生态环境变化、异文化渗入、观念改变、社会变革、科技进步等因素的影响,从内容到形式都会有不同程度的变异,但这种变异不是一蹴而就的,它是一个漫长的历程。有些民俗经过流传变化,虽已不是最初的形态,却还保留着古老的遗风,万变而不离其宗。

民俗的变异性是指民俗事象在传承过程中,其内容、形式、属性等,发生了或多或少的变化。变异是民俗自身发展的一种运动规律,从发展的眼光看,任何民俗事象都在变化之中,能够真正世代传承、完全不变的民俗,可能在任何地方、任何时间都不存在。即使很多被视为自古就有的民俗事象,同样也处于不断的变异之中。民俗的变异性与传承性是一个问题的两个方面,既矛盾又统一地形成了民俗的两个主要特征。传承性强调民俗的稳定与历史性,变异性强调民俗的发展和时代性。民俗的变异是传承基础上的变异,民俗的传承是变异发展下的传承。导致民俗变异的原因复杂多样,归纳起来,主要有以下两个方面:

第一,自然环境的改变。民俗具有非常典型的地域性,其内容、形式和属性,都会受到自然环境的制约。当人群居住地的地形、地貌、气候、物产等发生了较大改变时,不论这种改变是自然变迁的结果,还是民族迁徙的结果,他们的生产、生活方式必然要作出相应的调整,自然其心理和行为也会随之变化。

第二,社会环境的改变。民俗是社会生活中群体活动的产物,因此,社会环境的改变必然导致民俗的变异。意识形态、法律、政策、经济、文化、科技、教育等直接影响人们的生产和生活方式,引导和制约民俗的内容、形式与属性的发展,最终促成民俗事象的变化。

三、民俗的功能

民俗的功能是指民俗作为人们社会生活系统的重要组成部分,对于创造并传承它的群体与个体所具有的实际影响和价值。任何一门学科的存在、发展及其地位,都取决于其研究对象在社会生活中所发挥的作用。民俗作为人类社会生活及为其服务的一个组成部分,其功能是指它在社会生活与文化系统中的位置,与其他社会文化因素之间的关系,以及所发挥的客观效用。宏观上讲民俗的功能"主要在于规范和促进人们的社会生活,使之巩固、发展或得到调整。"①

具体而言,民俗具有多种功能与价值,民俗学者将民俗的功能概括为"历史功能"、"教育功能"和"娱乐功能"等三种。②也有将民俗的功能总结为:"法约性"、"软控性"和"本位偏移性"的"特殊功效性能"。③《国际社会科学百科全书》中将民俗的功能归纳为娱乐、教育、社会控制、社会权威、社会心理消释、保持文化连续性和政治用途等七种功能,另认为在教育方面、在维护社会群体的稳定性方面、在宣泄和排遣不良情绪和情感方面、在消除疲劳和提高工作效率等方面也有重大价值。生活告诉我们:已经习惯了的风俗在很大程度上给我们编排了思维和语言的程序、待人接物的礼节、男女婚姻的仪式、生儿育女的期盼等等。从每一个人呱呱坠地那一刻起,民俗便注定以一种不可抗拒的力量影响着我们的生活与生存方式,甚至在告别人世的丧礼中仍然是这样。

从民俗产生和传承的历史过程来看,它对人们的社会生活具有重要的影响和价值。民俗之所以能够穿越时空,世代传承,首先是因为它适应了各个时代人们生产、生活的需求,为人们提供了社会生活的便利。其次,民俗能够规范人们的心理和行为,维系社会生活共同体的存在,指明正确的行为方式,传授实用的知识和技能,提供满足需要的合理渠道,从而使人们的生活更加安全、方便、舒适、和谐,减少更多的社会矛盾和个体的心理冲突,降低社会成本,提高社会生活的效率。民俗的功能,由此可归纳为:教育功能、规范功能、维系功能、调节功能和补偿功能。

---

① 钟敬文著《中国民间文学讲演集》第140页,北京师范大学出版社,1999年。
② 陶立璠著《民俗学概论》第49－54页,中央民族学院出版社,1987年。
③ 陈勤建著《中国民俗》第37－50页,中国民间文艺出版社,1989年。

（一）教育功能

教育功能是指民俗在人类个体的社会化进程中所起的教育和模塑作用。教育功能是民俗的重要作用之一。这种作用主要体现在个人的道德品质、知识经验、行为方式等方面的模塑上。民俗教育是一种自然教育，没有法律规定的强制性，但是，民俗对个人的教化功能却不可低估，凡是个人的心理和行为，民俗都先行设定了活动的基本原则、方法、程序以及评价标准，为人们提供一切社会生活领域的切实有效的规范与指导。在一些地区，尤其是对于那些没有文字和缺少教育设施的种族和人群来说，一些民俗事象，如神话、谚语、寓言、故事、童话、英雄传说及历史故事等便成为一种教育工具。它们着重在道德伦理、行为规范、团体与个体之间的关系方面对下一代起着培养和训练作用，对传播文化知识、提高下一代辨别是非善恶的能力等方面都具有重要的意义。如民间故事中的说教倾向对于一个社会来说是非常重要的，它不是告诉人们怎样去创造，而是告诉人们怎样去生活和处世。由此可见，民俗作为重要的社会文化要素，其教化功能可以影响个人的一生，涉及个人社会生活的方方面面，个人的心理和行为无不受到民俗的教育和熏陶。我们仅就道德和知识两个方面来讲，民俗对个人立身行事具有重要的教育功能。

首先，民俗的教育功能最侧重对个人道德品质的培养。良风美俗可以陶冶人们的心灵，帮助人们识别是非善恶，培养人们高尚的道德品质，爱国爱乡、尊老爱幼、勤劳勇敢、勤俭节约、嫉恶如仇等，都是民俗对个人道德品质的要求。其次，民俗还可以传授知识，启迪个人的智慧。通过具体的民俗活动，不仅可以使个人了解本国与本民族的历史文化，还可以掌握一些生产和生活知识，提高人们的文化修养、智慧水平和解决实际问题的能力。民间歌谣中传唱着开天辟地、民族起源、民族历史、生产方式、生活方式、自然现象、信仰活动、友谊爱情等方面丰富多彩的内容，歌者和听者都能够从中获得大量的知识经验。

（二）规范功能

规范功能是指民俗对社会群体中个体成员的行为方式所具有的约束作用。这是民俗通过不成文的规约、程式化的礼仪、习惯化的行为方式、训诫式的语言，对生活于其中的社会成员心理和行为产生的约束与控制，并依据特定的自然与社会条件，对某种观念以及与之相应的行为方式予以肯定和强化，使其成为群体的规范，从而使社会生活能够规则有序地进行。

　　约束与控制人们心理和行为的社会规范主要有四种,即法律、纪律、道德和民俗,其中民俗是起源最早的社会规范。恩格斯在《论住宅文化》中指出:在社会发展很早的阶段,产生了这样一种需要即把每天重复的生产、分配和交换产品的行为用一个共同规则概括起来,设法使个人服从生产和交换的一般条件。这个规则首先表现为习惯,后来便成为法律。①恩格斯所说的习惯,正是民俗的重要构成要素。民俗作为人类社会最早的行为规范,在社会发展过程中起着一定的社会控制作用。社会控制就是通过多种社会机制,规范人们的社会行为,促进社会秩序稳定的过程。人类社会自始至终就存在着个人与个人、个人与社会的矛盾和冲突,解决矛盾的有效途径,就是通过社会控制协调个人与个人、个人与社会的关系,从而促进社会的发展。在社会控制机制中,社会意识机制通过人们的思想意识、信念,促进个人行为的规范化。

　　民俗是一种社会文化现象,它属于意识形态信仰的范畴。民俗是社会控制和社会意识机制中的重要组成部分。同时,民俗也是一种极为普遍的、群众性的、影响深入和持久的一般不带有强制性的行为规范。它是由人民群众在民间生活中共同创造的,经过人们的世代传承形成惯制,并成为人们社会生活中的一种集体行为模式,在人们的世代模仿、传承过程中,逐渐形成了稳定的形式,内化在人们的心中。这就逐步成为一个地区或民族大多数人的行为倾向,并以此作为一种价值尺度衡量人们的社会行为,由此民俗就成为了人们社会行为的准则。在社会互动过程中,人们就以规范化了的民族共同的民俗行为模式,作为整个社会的整体立场来评价人们行为的结果,成为社会对个人行为评价的社会评价尺度。当然,由于社会结构的差异,社会中存在着不同的行为规范和价值观念,民俗这种不带有强制性的行为规范,自然与其他社会行为规范之间有着严格的区别,如法律的规范是一种硬性的约束与控制。民俗的规范则不然,是一种软性的约束与控制。但是,大多数情况下,个人如果不按民俗行事,也要付出一定的代价,民俗对人们的心理和行为的约束与控制没有法律的强制性,而是通过潜移默化使人们自觉地接受其影响,有些时候,民俗的规范甚至已经内化为个人的人格要素。民俗作为一个地区或民族共同的文化背景和社会意识,其约束力主要表现在对人们的社会心理的调整上,以此达到个人行为与社会上大多数人的行为相一致性的目的,也就是说,以民俗作为社会评价尺度,对人们的个人行为进行评判和过滤,促进个人在社会互动过程中进行自我评价,从而把

---

①　中共中央马恩列斯著作编译局编《马克思恩格斯选集》(第2卷)第538-539页,人民出版社,1972年。

自己的行为纳入一定的社会规范中,达到个人行为与社会整体行为的一致性,以此求得社会认同与个人的心理平衡。

　　由此观之,民俗的这种约束力的确起到了整合社会和控制社会的作用。在任何社会规范未曾出现的原始社会,人们就是以民俗作为衡量人们行为的标准,协调着人际间的关系,维持着社会秩序的稳定。在文明的现代社会中,民俗仍然是社会控制中的重要机制,在社会生活中发挥着它的重要作用。特别是在少数民族地区,民俗作为各个民族的主要特征和标志,一直是人们衡量个人与民族关系、对民族感情深浅的尺度,并以此调整着民族地区的社会关系。因此,民俗作为一种不带有强制性的、内化了的行为规范,在社会控制中起着对强制性行为规范的补充作用,并作为社会关系的调整器,在社会生活中发挥着巨大作用。

(三)维系功能

　　维系功能是指民俗促进和统一群体的行为与思想,使群体内所有成员保持凝聚力,并使社会生活保持稳定、和谐,维系社会或群体的生存与发展的作用。民俗在其形成和传承过程中形成了强烈的民族特色,具有鲜明的民族性特征,一方面,同类的民俗事象在不同的民族中具有不同的特点;另一方面,不同的民族生活中又有各自不同的民俗事象在不断地传承。因此,民俗作为一种具有内在民族性特征的社会文化现象,在社会中起着维系民族感情的纽带作用。

　　民俗是各民族人民社会生活的具体反映。各民族的民俗事象,反映了各民族人民的社会生活、历史传统、文化素养和心理感情。共同的文化背景所表现出来的共同的民俗行为模式,使得人们对本地区、本民族的民俗事象怀有天然的依恋之情;共同的生产、生活习惯,共同的服饰和饮食习俗,以及对民间游艺民俗的共同参与,沟通了人们之间的感情,促成了人们心灵的交流。因此,民俗活动能够增强各民族人民的民族意识,同时也能够增强民族自信心和民族凝聚力,从而促进民族团结。我国大多数少数民族居住在祖国的边疆地区,边疆地区社会秩序的稳定,有助于维护祖国的统一和领土完整,因此,依靠民俗协调民族内的人际关系、增进民族感情,有利于促进少数民族地区社会的安定团结。此外,各族人民世代传承的游艺民俗事象,包括民间文学、民间歌舞、民间音乐、民间竞技和民间游戏等,即是中华民族优秀的文化遗产,同时又在人们的社会生活中调节着生产、生活、学习与工作的关系,丰富了民间大众的文化生活,在民间发挥着巨大作用。

（四）调节功能

调节功能是指通过民俗活动中的娱乐、宣泄等方式,使人类个体和群体的心理与行为得到调剂的一种功能。社会生活的压力无处不在,无时不有,那些较大的压力如果得不到适当的调节,不仅会损害个人的身心健康,甚至会破坏社会生活的正常秩序。民俗作为一种社会的生活文化,尽管它在不同的历史时期对个体与群体的调节作用存在较大差异,但是直到今天,它对个体与群体的调节作用仍然是一种不可忽视的重要力量与形式,可以说还没有其他任何一种文化能够替代民俗的调节作用。

民俗,首先可以为人们被压抑的需要、欲望、冲动提供适当的宣泄渠道,缓解个人的紧张、不安、焦虑、抑郁、痛苦、孤独,甚至绝望的消极情绪,恢复身心的平衡。个人通过参与社会赞赏的民俗活动,可以把那些不能被社会接受的需要、欲望、冲动引导到能够被接受的范围中来。我们知道,民俗一方面保持了文化的稳定性,同时又是人们在文化束缚及压力下放松和宣泄情绪的途径。弗洛伊德认为:人原本是一种非理性的、自私的和富于进攻性的动物,人的原始本能之一便是损害他人利益,保护自己。但是,残酷的生活环境使得人类不可能以个体的形式存在,人们需要共同的社会群体,因为共同的生活有利于个体的自我保存。这种共同生存方式要求限制个人自由、强迫劳动、压制个别社会成员利己欲念等,要想使人类的所作所为符合社会的需要,只能依靠强制的力量,这就是文化产生的原动力。[①]我们的文明是建立在对本能的压制上的,正是由于这种压制,文化领域中的物质财富和精神财富的总量才得以积累和创造。但是,被压制的情绪并不会因此而消失,它们总是积极寻找各种各样的机会和场合,以适当的形式表现和发泄出来。

民俗事象如笑话、绕口令、歌谣等,往往具有明显的心理宣泄功能。例如,笑话往往是在人们情绪极度放松的情况下讲述的,讲笑话需要有一个前提,即人们必须抛开各种社会伦理道德观念,把自己放在一个"纯自然"的情况下,然后才可以讲述或倾听,因为很大一部分笑话之所以使人们发笑,主要是因为它的内容是以讽刺各种腐败现象、发泄各种不满情绪、挑战自然法则或以违反社会伦理、道德规范的人和行为作为笑料的。因此有人说,笑话揭示了人性中恶的一面,而且听众在笑声中不自觉地认同了这些"恶性情绪",达到了愉悦自己的目的,而不必有所顾忌。再如蒙古族的那达慕盛会

---

① 波伏娃著、张雅平译《精神分析学派的宗教观》第66页,上海人民出版社,1992年。

中的各项竞技、歌舞和游艺活动等,都具有宣泄心理能量的作用,使人在参与活动中缓解和发泄出日常躁动或喧嚣形态下的压力。

民俗的娱乐功能也是显而易见的。娱乐民俗可以非常有效地消释个人因为社会生活压力而产生的身心失衡,维护群体心理和行为的健康稳定。人们不可能年复一年、日复一日地永远工作、学习,必须在适当的时间和地点参与适当的娱乐活动,休养身心,恢复体力和精力,享受劳动的成果,用各种方式参与休闲、游戏、竞技、文艺、社交、节庆,乃至于狂欢等活动。任何一个国家、地区或民族,都有自己的娱乐民俗,它们是人类社会生活的重要调节器。人类创造了文化,目的就是为享用文化,世界上没有哪一个民族没有节日、游戏、文娱、体育的民俗。作为人类生活调节剂的民俗节日仍然是各民族民俗生活的一次集中的演练,在节日期间群众有机会以假想的方式回到民族古老的时代,重新体验传说中的艰难坎坷的民族历史,在祭祀活动(如蒙古族祭敖包、成吉思汗祭奠)中表达他们对自然和祖先崇拜的观念,回忆远古时代那些值得记忆的生活习俗和场景,讴歌曾经对民族的安全和兴盛产生过重大影响的传说中的民族英雄。民俗节日活动的举行,一方面是群众民俗活动的大展示,使劳碌了一年的群众在这一天得到充分的解放,在歌舞狂欢中得到精神的放松与精力的恢复,使社会生产力在新的层次上得到提高,另一方面,外来的旅游者们参与其中,可以便捷地了解和考察到该民族或地区的民俗生活,在群众性的狂欢中受到感染和熏陶,既丰富了知识层面,亦得到了休息和放松。

(五)补偿功能

民俗的补偿功能主要体现在:它能够慰藉人的心灵,在社会生活中给人以荣誉,为人们带来实际的回报。相当多的民间信仰和民间故事,对人们的心灵具有慰藉作用。图腾崇拜曾经广泛存在于世界上很多民族之中,在科学技术不发达的情况下,人们相信自己崇拜的图腾能够保护自己和亲族,而且图腾可以解释个体生命的来源,解除人们对死亡的恐惧,沟通人与自然的关系,从而在个人面对他人、群体、自然的时候获得安全感和生活的勇气与信心。[①]各种祭祀与其他民俗活动不仅保存了文化,而且强化了人们的民族意识。例如,在现代都市生活中,民族与民族之间的差异似乎在迅速缩小,只有在节日活动中,人们穿上民族服装,品享着民族食品,参与各种民俗活动,才能产生一种强烈的民族自豪感,尤其是对那些将被周围文化淹没的民

---

① 海通著、何星亮译《图腾崇拜》第 107 页,广西师范大学出版社,2004 年。

族来说,这一功能尤为突出。人们在现实生活中难以得到满足的种种需求,往往在民俗活动中可以得到某种补偿。恩格斯在谈到德国的民间故事时曾说:民间故事"使一个农民作完艰苦的日间劳动,在晚上拖着疲乏的身子回来的时候,得到快乐、振奋和慰藉,使他忘却自己的劳累,把他的硗瘠的田地变为馥郁的花园。"①在情歌中,人们歌唱着美好爱情;在宗教仪式中,人们暂时超越尘世苦难和死亡的恐惧,沐浴在神灵的光辉之中;各种各样的民间工艺、民间歌舞,不仅使人们赏心悦目,而且使生活充满了希望,以上这些,都是民俗带给人们日常生活的一种精神补偿。

此外,按照民俗习惯行事,也能够为人们带来实际的回报。例如,很多的禁忌是人们经验的总结,而且是具有实际价值的行为,如在鄂伦春族的狩猎活动中就有很多猎人必须遵守的习俗。鄂伦春族在打猎时,讲究春不打母,因为雌兽春天要繁殖后代;秋不打公,因为雄兽秋天要配种;打鹿时,最好打那些吐草饼子的老鹿,因为即使不打,它们早晚会自己死掉。这些习俗有利于野生动物的保护,也使狩猎活动能够一代一代传承下去,不至于断了猎人的生计。②

综上所述,民俗的功能十分复杂,上述民俗的几种功能,只是民俗在社会生活中所发挥的一些最重要的功能,而不是民俗的全部功能。人类社会生活的需要多种多样,各民族、各地区、各时代的文化千差万别,在此基础上产生的民俗事象也必然是千姿百态。同时,各种不同民俗的功能既有差异性,也有同一性;一种民俗的功能既可能是单一的,也可能是综合的;民俗的功能有正与反、显与隐之别,并且随着时代发展相互影响和变化。

四、民俗在社会生活中的作用

任何社会事物和现象一经产生,便会不同程度地在人们的社会生活中发挥一定的作用,产生一定的影响。民俗作为一种社会文化现象和社会生活的组成部分,是各族人民世代传承下来的,表现在各个生活、生产领域中的共同的行为模式。在社会生活中,既有对社会的进步和发展起积极作用的优良民俗,同时也存在着一些不利于社会且具有消极作用的陋俗。了解

---

① 恩格斯著《德国的民间故事》,载《马克思恩格斯论艺术》(第4卷)第401页,中国社会科学出版社,1998年。

② 方素梅主编《中国少数民族禁忌大观》第358页,广西民族出版社,1996年。

民俗的社会作用,有助于我们更好地提倡和弘扬优良民俗,使其更好地发挥积极作用。具体而言,民俗的作用主要有以下几点:

(一)民俗是透视社会生活的窗口

民俗可以广泛了解各地区、各民族的社会生活。通过民俗研究可以认识和掌握各民族、各地区的经济和社会发展水平,了解和掌握其物质、文化生活水平,了解和认识各民族的共同的心理素质及其民族性格,从而准确地把握民族精神特点,增进民族团结,更好地贯彻执行党的民族政策,更富有成效地开展民族工作。这既是历史经验的总结,也是现实工作的需要。我国古代《尚书》、《周礼》等史书中早就有"天子巡守"、"以观民风"、"礼俗从驭其民"等记载,汉代以来专设掌管风俗的官吏,调查了解各地民风以调整政令,取得了一定的成效。我们应清醒地看到,民俗是一个带有民族性和群众性的大问题,少数民族自己始终认为,对民族风俗习惯的尊重和理解,就是对本民族的尊重和理解,这是直接关系到各民族平等、团结和社会和谐的大问题。

(二)民俗在经济生产中具有重要价值

这一作用主要体现在物质生产民俗中,它既是人类社会文化传承现象中不可或缺的重要组成部分,也是社会经济基础直接而具体的表现。物质生产民俗在社会生产发展过程中起着重要的作用,民间经济生产民俗,构成了民间生产活动中各具特色的民俗类型,无论是依据山村自然条件和生态资源构成的生产体系中的山村经济民俗类型,或是以捕捞水产为基本内容形成的渔猎经济的民俗类型,还是以古代狩猎经济民俗发展而来的游牧经济民俗类型,都是各民族人民依据各自所处的地理环境、自然条件,世代总结、传承、变异所形成的不同特色的民间生产习俗。并由此构成了生产方式的独立完整体系,维持着各民族地区人民生产、生活需求,以及作为整个社会国民经济生产总体发展的补充和调节部分,在社会生产中发挥着巨大的作用。特别是少数民族地区的民间生产习俗在先进与落后的生产方式的调整和过渡中,仍将以它特有的生产习俗、自然生态观和生计模式,在社会经济生产活动中有着不可替代的作用。少数民族地区的物质生产民俗,有其适合该地区经济特点的合理性特征,并在不断的传承和改造过程中,更具有其科学性和技术性。长期以来,以此维系着民间经济生产的发展和各民族人民生产习惯的特殊需要,所以物质生产民俗在民间的生产生活中的作用是非同一般的。

(三)民俗对弘扬传统文化,增强民族自信有重大作用

斯大林曾指出:每一个民族,不论其大小,都有她自己的、只属于她而为其他民族所没有的本质上的特点与特殊性,这些特点便是每个民族在世界文化宝库中所增添的贡献。

民俗,本质上是一种特殊的文化形态,浸透在各民族群众日常生活的各个方面,它源于各民族精神文化的共同体生活,又在共同体中保持着这种传统文化,不仅严格遵循,而且对其有着特殊的感情。可以说,民俗作为一种传统文化,既广泛而又深刻。有许多民俗事象反映了各民族人民的勤劳、勇敢和智慧,有的与当今社会的科学研究成果也相符合、相适应,有的符合现代文明进步的要求,如蒙古族自古以来讲究文明礼貌,鄙弃污言秽语,推崇诚信,以诚立命、以信立行的价值观,已得到兄弟民族的共识与好评,并为推动社会进步特别是对市场经济已经起到和正在起着重要作用。再如,许多民间神话、传说、故事、叙事诗、歌谣、谚语、歇后语、楹联、民间工艺与技术事象等,已成为鼓舞和激励各民族人民积极进取、开拓前进的力量,它们以特有的理想和价值观,为建立和谐共处的社会秩序以及对各民族自强不息的民族精神的培养,都起到了巨大作用。

(四)民俗有极高的学术价值

民俗对社会历史研究所具有的独特作用也是不可忽视的。民俗作为一种社会文化传承现象,具有极高的学术价值,是社会历史研究的依据。任何一种民俗事象的产生和形成,都是一定历史时期社会政治、经济、历史、文化的反映,因此,民俗是不同社会历史时期的重要标志和特征。民俗从不同的角度和侧面,再现了社会不同历史时期的文化形态、生产力发展状况以及人们对客观世界的认识水平,因而,民俗必将是人们研究和探讨社会历史发展脉络的依据,民俗事象中的生产民俗构成了人类社会的发展史,而人类社会的发展史,首先则是生产力的发展史,是生产方式的发展史。再如,民俗中的信仰民俗构成了人类社会思想发展史,民俗反映了人们对客观世界的认识过程,人类对客观世界的认识经历了一个以低级到高级、从片面到全面、从不科学到科学的过程,信仰民俗的产生、传承和变异,反映了各民族人民群众对客观世界的认识水平,以及人民群众在社会生活实践中形成的不同历史时期的社会心理状态,再现了人们精神世界的发展过程。内蒙古草原各民族在万物有灵观念支配下的灵魂崇拜和自然崇拜等信仰民俗,就是人类早期生产力发展水平低下,人类难以改造和利用自然,不能正确认识自然,企图借助于超自然的神秘力量战胜自然的一种心态。这是人类认识世界的必然过程,这一认识过程为人们研究人类社会的思想发展史提供了真实可

靠的依据。

民俗事象本身就是一种文化传承现象,是人类社会生活的文化成果。物质经济生产的民俗是人类社会的物质文化成果,信仰的民俗、游艺的民俗是社会的精神文化成果。不同社会历史时期构成了不同的文化模式和文化成果,并且影响和制约着民俗的产生与传承。因此,民俗事象既反映了人类社会从蒙昧走向野蛮,又从野蛮走向文明的文化发展过程,同时也成为人类社会从不同的角度和层次认识世界的一面镜子。无论是物质生产的民俗,还是社会的、游艺的民俗,都反映了不同民族和地区的社会文化特点与背景,为人们通过民俗研究人类社会的文化发展史提供了丰富的资料。

[思考题]

1.什么是民俗? 民俗的具体内容有哪些?
2.按民俗内容划分,民俗可分为哪几类?
3.谈谈民俗的民族性和地域性的联系与区别。
4.民俗有哪些功能? 试举例分析民俗的调节功能。
5.分析民俗在社会生活中的作用。

第二章　民俗旅游概述

旅游是现代人生活方式的重要组成部分之一,只要条件许可,人们就会外出旅游,体验不同的自然与文化,追求多样化的生活。众多的旅游产品和旅游服务,为旅游者提供了极大的选择与行动的可能性,民俗旅游就是其中之一。内蒙古这片神奇的土地,疆域辽阔,民族众多,民俗旅游资源丰富多彩,拥有发展民俗旅游得天独厚的坚实基础和巨大潜力。发展民俗旅游,研究民俗旅游,不仅是旅游业的需要,也是旅游者的需要,而且也成为这个历史阶段和时代精神的必然要求。这一章,主要阐述民俗旅游的概念、民俗与旅游的关系、民俗旅游的心理、民俗旅游的类型、民俗旅游的特征与影响。

一、民俗旅游及其相关的概念

(一)旅游的基本概念

旅游正在成为现代人类社会的重要生活方式和社会经济活动。众所周知,旅游是人类社会的一种特殊的短期性生活方式,是旅游者赴异地寻求异质享受并兼具劳作与休闲双重性质的非迁居性活动。旅游是一种综合性的社会经济文化现象,也是人类社会发展到一定阶段的必然产物,它伴随社会经济的不断发展而日渐繁荣。[①] 旅游是一个内容非常丰富的概念,从不同的角度来看,它具有不同的内涵,可以从以下两个方面来理解旅游的内涵:

首先,从旅游者的立场来讲,旅游是一种活动、一个过程,也就是离开自己惯常居住的环境到异地他乡旅行、逗留的全过程。逗留期间的活动是多种多样的,观光、游览、访问、交流、娱乐、保健、购物、考察、祭祖、寻根等等,因人而异。但是,不论旅游者的具体目的如何不同,有一点是相同的,那就是在异地体验一种全新

---

① 马勇主编《旅游学概论》第 17 页,高等教育出版社,1998 年。

的生活方式。旅游是一种特殊的生活方式,当然,这种生活方式一定是区别于居家日常生活模式的,而且,每个旅游者都希望自己在异地的短暂生活过得轻松、愉快且富有意义。

其次,从旅游目的地社会来看,旅游是一种产业。既然旅游是旅游者的一种生活方式,那也就意味着它是一个经济消费过程,外出旅行逗留期间的交通、游览、娱乐、饮食、住宿、购物等各个"生活"环节,都需要开销,而且花费的金钱要远大于居家的日常生活。目的地社会为旅游者的这种"生活"提供便利的条件、设施以及全方位的服务,从而造就了一个新的产业——旅游业。而且,这一产业不仅会给当地带来可观的直接经济收入,还会带动许多其他相关产业的进一步发展,从而获得更多更好的经济效益和社会效益。该产业具有其他产业难以比拟的种种优势,所以目的地社会非常乐意尽其所能为旅游者的旅游活动创造良好的环境,提供优质的服务,使旅游者的这段生活过得满意而又有收获。鉴于上述分析,旅游的概念性定义,可作如下表述:旅游是非定居者出于和平的目的的旅行和逗留而引起的现象和关系的总和。它按活动内容可划分为:文化旅游、观光旅游、民俗旅游、考古旅游等多种专项旅游。[①] 在本章以下内容中,将重点讨论有关民俗旅游的基本知识。

(二)民俗旅游的概念

民俗旅游目前已成为一种重要的旅游理念和旅游类型,然而对于什么是民俗旅游,自上世纪90年代被提出后,一直众说纷纭,难以定论。叶涛认为,民俗旅游是民俗与旅游的结缘,是以民俗事象为主体内容的旅游活动。[②]陶思炎认为,民俗旅游是以特定地域或特定民族的传统风俗为资源而加以保护、开发的旅游产品。[③]彭谊认为,民俗旅游是一种新型的高层次的文化旅游类型,它是以一个国家或地区的民俗文化事象和民俗活动为资源,为国内外游客提供服务的一种具有鲜明的民族性和地方特色的社会经济现象。[④]陶犁认为,民俗旅游是指主要以民俗旅游资源为客体的旅游。[⑤]喻湘存认为,所谓民俗旅游,可以理解为:是以一个国家或一个地区的民俗事象、民俗活动为旅游资源,结合民族地区的自然生态环境资源,为满足旅游者开阔视野,促进人类相互了解和认识的一种社会经

---

① 李天元编著《旅游学概论》第34页,南开大学出版社,2000年。
② 吴忠军著《民俗旅游学的几个问题》,载《桂林旅游高等专科学校学报》第14-17页,1999年第1期。
③ 陶思炎著《略论民俗旅游》,载《旅游学刊》第37-39页,1997年第2期。
④ 彭谊著《民俗旅游的社会价值》,载《广西民族研究》第111-114页,1999年第1期。
⑤ 陶犁著《论民俗旅游发展中的文化调协》,载《云南社会科学》第63-66页,2002年第4期。

济现象。①李正欢等认为,民俗旅游是以民俗事象为主要观赏内容的文化旅游活动,是一种高层次的文化旅游。②综上所述,民俗旅游究其含义,简单说应是"民俗特色旅游",是指人们以观赏、了解、领略、参与民俗文化与活动为主要目的的旅行,是以本民族、本地区独有的风俗习惯、礼仪信仰、服饰民居、饮食文化等在内的传统民俗事象为参照意义的休闲娱乐活动。旅游者在民俗文化的吸引和感召中,能够完善自我的人格和性格的提升。

在此,有必要论及另一个与民俗旅游相关的概念:旅游民俗。旅游民俗既是由旅游者行为而改变的民俗事象,也是指旅游者以自发的方式体现民俗的一种活动,是对民俗文化的一种信仰和参与行为,如西藏的宗教朝拜活动,蒙古族的那达慕大会"男儿三艺"的参与活动等。民俗旅游和旅游民俗是两个不同的概念,在此作一简单辨析:

首先,民俗旅游的民俗事象本不是为了旅游而存在的,民俗旅游的旅游是附着在民俗这一文化内核的表层。而旅游民俗的民俗是和旅游共生,两者共同来表达这种民俗的文化内核。

其次,民俗旅游的民俗现象很容易产生伪民俗和快餐民俗,而且对真正的原生态民俗可能产生破坏,甚至使原生态民俗异化。旅游民俗的民俗现象由于其本身的文化影响力和长期形成的巨大文化惯性,因而不容易产生虚假或急就现象。

再次,民俗旅游商业意味较浓,对原生态民俗的存在环境造成了极大的破坏。而旅游民俗由于它的自发性和固定性特点,虽然它同样可以为地方的经济带来极大的好处,但是由于它的强大生命力的惯性,一般来说,是无法改变其民俗的本质内核的。因而,旅游民俗的宣传和利用不会对其本质产生不利的影响,相反,如果利用合理,不仅对地区经济发展有积极意义,而且对这一民俗事象本身也是有益无害的。

二、民俗与旅游的关系

民俗是一种文化,它是自然因素和人文因素相结合的产物。许多民俗事象直观地表现了一个民族在经济、历史、艺术、宗教、建筑等方面的特点,比较全面地反映了一个民族的历史与现实生活,从不同的侧面体现着这个

---

① 喻湘存著《我国民俗旅游经济及其特征分析》,载《湖南商学院学报》第45～47页,2002年第4期。
② 李正欢等著《解读民俗旅游本真性与商品化的内在张力》,载《哈尔滨学院学报》第106页,2002年第11期。

民族的心理和特质。换言之,民俗来源于生活,是一个国家、一个民族或一个社会群体在长期的共同生产实践、社会生活和历史发展过程中创造、享用和传承的一种较为稳定的生活文化。它是一个国家、一个民族或一个社会群体生活真实而直观的写照,是活生生的社会生活现象,具有明显的民族性和地域特征。

旅游是现代社会的一种生活方式,也是一种认知不同民族或地域生活和民俗文化差异的行为。旅游者不远千里来到旅游地,除了领略异地的风光外,更多的是想了解异族或异地民众的生活,观赏不同的奇风异俗,体验异地的民族文化,通过对一种与自身的生活不同的感觉体验,通过对一种异文化的亲身感受,通过在异地获得平时不易得到的新鲜感,来满足求知的欲望和求新、求奇的心理,获取精神上的享受和快乐。因此,民俗是旅游的重要内容,民俗与旅游有着密切的联系。异域的风光及民俗文化差异吸引着旅游者离开自己的居所到异地去旅游,旅游地的民俗能带给旅游者一种全新的、完全不同的文化享受,它的多样性、异质性和生活气息等多重特性对旅游者产生了极大的吸引力,正好与现代旅游者的心理需求相合拍。根据马勇主编《旅游学概论》一书记述,旅游活动有六大要素:食、住、行、游、购、娱。这六大要素几乎都与民俗文化有关,因为"民俗是研究整个民间生活和文化的科学。"①显而易见,民俗文化是旅游的重要内涵之一,民俗与旅游的密切关系,具体讲,主要体现在以下几个方面:

(一)民俗是重要的旅游资源

旅游资源是旅游活动和旅游业赖以存在的基础。所谓旅游资源,就是令游人感兴趣、能够把游人吸引来的各种因素。旅游资源范围十分广泛,大致可分为人文旅游资源和自然旅游资源两大类。人文旅游资源是指人类自身所创造的以及在历史和现实中所形成的各种吸引源。毫无疑问,各地区各民族丰富多彩的民俗事象中蕴涵着许多令异地旅游者感兴趣的内容,比如,奇巧精妙的建筑和居住民俗、隆重热闹的节庆习俗、优美动人的娱乐习俗、别具风味的饮食民俗等,都是可以开发利用的旅游资源。而且,许多民俗旅游资源以其丰富的人文内涵而独具魅力,从而造就了规模越来越大的民俗旅游。当然,并不是所有的民俗事象都是旅游资源,只有那些鲜明、独特、奇异的风俗习惯,才可能唤起异地他乡民众的游兴。

---

① 乌丙安著《民俗文化新论》第67页,辽宁大学出版社,2001年。

（二）旅游有助于民俗的交融与发展

　　旅游是人们在不同地区之间的暂时性的流动，而在流动过程中，既带来了旅游者所在地区的某些风俗习惯，同时，目的地的一些民俗内容也为旅游者所认识和了解，旅游者无意之中就充当了民俗文化交流的使者。如果两地之间有数量较大的人员互访，必然要使两地之间的民俗发生接触和碰撞，进而或多或少地相互渗透融合。可以肯定地说，一个封闭起来的地区，其民俗的稳定性会很强，变化很少且很慢；但一个开放的地区，其民俗的稳定性就会受到冲击，变异性会相对快些。另外，旅游本身可以划归到旅游生活习俗的范畴。一旦一个地区的民众在频繁和长期的旅游活动中，形成模式化的思维和行为习惯，并为大多数人所遵从，那么，这种旅游习惯就变成了旅游民俗的新的内容，进而推动了这一领域中民俗的发展和演变。

　　如果把人们到自己居住地之外的异地作短期休假、观光、游览、考察、开会、购物等看作是旅游的话，那么，凡是有过旅游经验的人都会认识到，从踏上这块异地时起，便会感受到一种与自己居住地不同的风土人情，扑面而来的音乐，或雄壮或柔情的舞蹈，风味迥异的饮食，陌生地的人生礼仪和祭祀仪典，五颜六色、布满各种图案的衣饰，等等，给人一种完全不同的文化生态环境。这种完全不同的文化生态环境，就是该民族、该地区的民俗文化氛围，因此，从广义上来讲，旅游实际上就是民俗旅游，没有一种旅游行为是能够脱离开所到地区或民族的民俗文化的。

（三）了解民俗知识是做好旅游接待工作的前提

　　旅游与民俗之间有着特殊的关系。对旅游者来说，民俗令人向往，他们渴望了解或体验目的地的有关民俗；对旅游开发者来说，民俗资源是他们开发的对象；而对于旅游接待方来说，民俗知识是他们必须要具备的。旅游接待者一方面要熟悉本地的民俗，以便回答旅游者随时可能提出的有关问题，因为许多旅游者把了解目的地的风土人情作为旅游的重要目的，所以很可能就当地的风土人情提出这样或那样的疑问，如果接待人员一问三不知，必然会令游客失望。另一方面要了解主要客源地的有关民俗，以便提供令旅游者满意的服务。旅游者必然是外来者，不同国度、不同民族、不同地区的旅游者对旅游服务会有不同的要求，而要求的不同很大程度上是由旅游者各自不同的生活习惯、思维习惯所决定的，或者就是由其所在地不同的习俗决定的。只有熟悉旅游者的民俗背景，才可能了解他们的需求特点；只有了解旅游者的需求，才可能提供有针对性的服务，提供令其意想不到的个性化服务。只有这样才能收到非常好的效果,同时也是保证和提高服务质量最有效的途径之一。

(四)民俗在旅游产业中具有重要的价值

民俗是适应一定的社会生活,特别是物质生活和相应的心理需要而产生、传播和继承的,同时,民俗也会反哺孕育它的母体并为之报效尽力。民俗的价值就在于规范和促进人们的社会生活,使之巩固、发展或得到调整。自然,对于在人类文化生活中具有重要意义的旅游,民俗的价值也是不可忽略的,简而言之,民俗在旅游中的价值主要体现在文化和经济两个方面。

(1)**文化价值** 民俗几乎涵盖了人类生活的各个领域,一定意义上说,文化本身的魅力就在其多元性和丰富性,在于其能够为人们的文化渴望提供多项选择,民俗文化恰好具备了这样的宝贵条件。我们知道,许多文化现象可供欣赏和学习,但是不能直接参与和体验,而民俗则不然,它不仅可以观赏和了解,而且可以直接介入体验,当人们在参与和体验的过程中,往往会对民俗理解至深,并从中获得非同一般的心灵愉悦和文化享受,使旅游者在开阔眼界、增长见闻、提高修养的同时,精神生活也得以满足,从而真正领略民俗的真谛。

(2)**经济价值** 旅游实践证明,民俗以其独有的文化魅力和生活内蕴,展示了它在旅游行业中的特有的经济价值。首先,民俗以资源优势可直接创造效益,一方面是相关部门以旅游为桥梁,充分利用颇具民俗特色的民间节日、民间工艺品、民间建筑、民间歌舞、民间娱乐等直接创收;另一方面是大力运用民俗建立民俗文化园、民俗文化博物馆、民俗景观游览区等直接受益创汇。其次,民俗亦可间接产生经济效益,即利用民俗资源间接为地方经济服务,有关部门可利用民族传统节日、民俗文化旅游节搭台,进行招商引资、宣传促销,以推动当地第三产业的发展;可运用民俗文化独有的形式和特点,如服饰、礼仪、民间美术等为当地经济活动服务。因此,民俗在作为经济产业的旅游中的可利用价值和意义不可低估。

三、民俗旅游的心理特征

民俗旅游是一种新的现代文化生活模式,它是主、客体共同完成的一项休闲活动。因此,了解旅游主体的心理,分辨其类型,是民俗旅游不应忽视的重要内容之一,对推动民俗旅游的发展也具有直接而深远的意义。民俗旅游,就其内容而言,因民俗的范围十分广泛,民俗旅游方式千差万别,特别是因旅游者的经济、文化水平和旅游心理各异,旅游者的目的必然也是大相径庭。概括而言,民俗旅游的心理大致有以下五种特征:

(一)观赏

观赏是自有旅游事象以来,最多亦是最为普遍的一种心理状态,即观光、欣赏、"饱眼福",此类旅游主体的目的在于通过观赏各种民俗事象,从中获取知识。这种民俗旅游心理主要是针对自然景观而言,所以观赏心理直到今天,即于现代化的旅游中仍然占据首位。特别是在现代大众传媒(尤其是电视节目)的画面上常能看到全国直至世界各地的风光美景和民俗风情,令人赏心悦目。许多人便千方百计,利用现代化的交通条件和休闲假日制度实现心中的梦想。观赏心理是一种最具普遍性的心理,人们在旅游的时候都会首先希求满足这种观赏心理。

(二)参与

参与体验心理是在观赏心理的基础上发展而来的,这类旅游主体有强烈的参与意识,而且要加入到目标地区的民俗生活之中,真实地感受不同于自己的一种生存方式。实践证明,的确是"生活在别处"(米兰·昆德拉语),民俗旅游的参与心理远远高于观赏心理,旅游者要身临其境到某地并体验当地的民俗风情。旅游主体在民俗旅游丰富多彩的地区,往往都有跃跃欲试、积极参与和体验的心理,他们要通过入乡随俗的途径参与生动有趣的民俗文化生活中去,如在内蒙古草原,住蒙古包、骑马、射箭都是旅游者渴望亲身体验或参与的民俗活动。所以说,参与心理是民俗旅游心理中最重要的一种心理特征,有参与才有接受,有接受才有陶冶与传承。

(三)猎奇

猎奇不仅仅是民俗旅游的心理,也是民俗旅游的重要内涵。当今世界上异民族文化形态可谓千姿百态,异国风俗、异族情调十分吸引人。在当今世界文明的发展日新月异的情况下,这种猎奇心理就显得愈发突出。作为主体的游客到某一地区就是为了观赏、领略本土民俗。我们应该清醒地认识到,"越是本土的、民族的,就越是国际的"这个带有法则性的道理,如鄂伦春族养鹿、打猎及带狍皮帽诱狍子的猎俗,又如内蒙古草原的蒙古族民间歌舞,都成为赴当地旅游的游客必看或必学的项目。这种猎奇心理成为当今民俗旅游的一个重要的依据。

（四）探险

探险也是民俗旅游的心理特征之一,特别是在青年旅游者中越来越多地呈现出一种探险心理,比如去登山,不是为了体育锻炼,而是为了到惊险的地方去体验一下。还有徒步穿越沙漠等,都是由旅游主体寻求在险境中得到自我激励精神心理所形成的。

（五）求知

在民俗旅游心理中,还有一个重要的心理就是求知心理。这主要体现在许多知识分子阶层的人士和绝大多数青年学子当中,他们不但要观赏,还要了解所在地民俗的来龙去脉,进而认识其本质。比如一个人在学习历史或阅读文学作品时会遇到许多人物、事件和历史遗迹等,他就会去参观这些人物曾经生活过的地方、事件发生的地域和著名的胜境。如研究我国古代战争防御史和建筑史,除国内其他 16 个有长城的省区市外,内蒙古地区的长城也有着重要的考查价值。再如草原文化中多姿多彩的民间美术、民间文学、民间音乐等都可成为了解非物质文化遗产的重要内容,这些与旅游者所学所研所读加以印证并在旅游中感受和掌握到的第一手资料,都是丰富和增长其知识深度与广度的有效途径。

四、民俗旅游的类型

关于民俗旅游的类型,依据不同的划分标准,可分为以下三类:

（1）**四种类型说** 根据民俗旅游的客体,民俗旅游可以分为物态民俗旅游、动态民俗旅游、心态民俗旅游和语态民俗旅游等四种类型。

①**物态民俗旅游**。物态民俗旅游是指以民俗物品的观赏、体验、购买为主,涉及衣、食、住、行、民间工艺品等,借助静态的民俗物品,实现旅游功能的旅游。例如,各类民俗博物馆、地方工艺品等,都是物态民俗旅游的旅游资源、产品和商品。

②**动态民俗旅游**。动态民俗旅游是指旅游者融入特定的民俗文化氛围,观赏或参与各类民俗活动,以满足自己旅游需要的旅游。例如,民俗表演、民间曲艺、民俗节庆、工艺品生产、人生仪礼等,都可以把动态的民俗活动转化为具体的民俗旅游产品和民俗旅游商品,供旅游者消费。

③**心态民俗旅游**。心态民俗旅游是指旅游从业者挖掘信仰民俗的文化

内涵,并把它们开发为可供旅游者消费的民俗旅游产品和民俗旅游商品的旅游。例如,蒙古族的"敖包"祭祀,蒙古民族的祭祖拜日活动等,都可纳入心态民俗旅游的范畴。

④**语态民俗旅游**。语态民俗旅游是指开发各类言语民俗,如曲艺、民歌、谚语、民间故事、民间传说、民间神话等,为旅游者提供民俗旅游的产品和商品的旅游。①

(2)**三种类型说** 根据民俗旅游的主体,即旅游者的动机和旅游目的,民俗旅游可以分为观光型民俗旅游、度假型民俗旅游、参与型民俗旅游三种类型。

①**观光型**。观光型民俗旅游是指旅游者以观光为主要旅游动机和目的的民俗旅游。旅游者在民俗景区、景点的观光游览过程中,旅游动机和旅游目的不仅仅是求新、猎奇、消遣、娱乐、追求特殊的经历,而且希望能够在轻松愉悦中获得一些知识和经验。

②**度假型**。度假型民俗旅游是指旅游者以度假为主要旅游动机和目的的民俗旅游。旅游者以度假的方式旅游时,在旅游目的地停留的时间较长,通过衣、食、住、行、人际交往、休闲娱乐等活动,能够更深入地认识和体验当地的民俗风情,领略与自己不同的生活方式,了解大千世界多姿多彩的文化魅力。旅游者在度假过程中,更多地涉入他乡的生活,不仅可以满足求新、猎奇、消遣、娱乐、求知、追求特殊经历的需要,而且可以在一定程度上弄清很多民俗事象的来龙去脉,理解民俗事象的物化形式与礼仪程式等背后的文脉与心理,从而比较全面深入地了解旅游目的地的社会生活,进而提高自己对居住地社会生活的认识。

③**参与型**。参与型民俗旅游是指旅游者以参与旅游目的地的各种民俗活动为主要旅游动机和目的的民俗旅游。参与型民俗旅游,既可以体现在观光型民俗旅游中,也可以体现在度假型民俗旅游中。旅游者的身份,从根本上来看主要有两种,即观赏者和参与者。不参与实际活动,缺乏实践经验,就不可能真正认识客观事物的本质特征,旅游者只有参与民俗活动,才能真正地全面系统地理解当地民俗的内容形式、结构功能。这不仅可以满足求新、猎奇、消遣、娱乐、求知、追求特殊的经历、认识社会生活等需要,而且还可以获得高层次的智慧与情趣的享受。例如,加入内蒙古草原风情游、体验蒙古族勒勒车行旅,参与蒙古族男儿"三艺"竞技活动,参加民间载歌载舞的表演等,就是参与型的民俗旅游。只有这样,才可真正的体会、理解蒙

---

① 陶思炎著《略论民俗旅游》,载《旅游学刊》第37页,1999年第2期。

古民族节日民俗的内容,从而达到民俗旅游的预期目标。

此外,根据其他标准,对民俗旅游类型还可以做另外的划分。如根据民俗生活的空间,可以把民俗旅游分为草原民俗旅游、乡村民俗旅游、城镇民俗旅游、水乡民俗旅游等。根据民俗旅游产品的性质,可以把民俗旅游划分为观赏型民俗旅游、参与型民俗旅游、娱乐型民俗旅游、运动型民俗旅游、休闲型民俗旅游、保健型民俗旅游等。

(3)民俗旅游的类型 民俗旅游类型的划分不在于形式,关键在于旅游客体为旅游者带来的收获。归纳各种分类,巴兆祥的分类较之其他分类更为符合旅游主体的需求。他在《试论民俗旅游》一文中将民俗旅游分为物质民俗旅游、社会民俗旅游、意识民俗旅游三种类型。

①物质民俗旅游。物质民俗旅游是指以物化形式的民俗事象为旅游开发与消费目标的旅游。例如,居住民俗旅游、饮食民俗旅游、服饰民俗旅游、交通民俗旅游、手工业民俗旅游等,都是物质民俗旅游。

②社会民俗旅游。社会民俗旅游是指以各种社会民俗的事象为旅游开发与消费目标的旅游。社会民俗旅游包括四种类型:一是婚礼、丧礼、寿礼、成年礼等人生仪礼民俗旅游;二是传统岁时节日和当代法定节日的节庆民俗旅游;三是以家庭、亲族、乡里、社团为主要内容的社会结构民俗旅游;四是各种游艺民俗旅游。

③意识民俗旅游。意识民俗旅游是指以各种民间信仰和禁忌民俗的事象为旅游开发与消费目标的旅游。意识民俗旅游包括原始民间信仰民俗旅游、禁忌民俗旅游等,例如祭祀、朝圣等民俗活动,都可以开发为意识民俗旅游的产品和商品,供旅游者观赏、体验、参与,满足其旅游需要。①

五、民俗旅游的特征及其影响

(一)民俗旅游的特征

民俗旅游作为一种专项旅游,在具备旅游的共性和文化旅游的一般属性的同时,还具有如下与之共同构成的自身特性:

(1)审美性 对于旅游者来说,奇风异俗本身就是一种陌生、神秘的知识与力量,观赏、了解、领略、参与这些奇风异俗的过程,不仅可以满足人们

---

① 巴兆祥著《试论民俗旅游》,载《旅游科学》第36页,1999年第2期。

求新、求奇、求美的心理,激发其求知欲、探索欲,增加知识,开阔眼界,同时旅游也是一种寻找美、感受美的活动。审美追求是旅游者的普遍动因,审美活动贯穿于旅游的全过程并渗透到旅游的一切领域之中。民俗旅游,从旅游主体来说,虽然各人选择的具体内容和方式有较大差异,但归根到底都是为了获得身心的愉悦,即获得最大的审美享受;从客体旅游资源来看,民俗旅游资源可以说是真、善、美的载体。换言之,如果说碧海金沙令人心旷神怡,那么,民俗则给人热情真切,绚丽多姿的感受。

(2)**参与性** 由于民俗是一个地区或一个民族的人们生存环境、生活方式的一种反映和表现,民俗旅游资源基本上都保留在现实、具体的人们生活之中。人们创造了民俗又代表着民俗,掌握着大量的民俗旅游资源,其本身也是一种民俗旅游资源。因此,这就决定了民俗旅游可以观看、欣赏,但更需要参与和体验。一般说来,可供观看、欣赏的民俗旅游景观往往是表层的、浅显的或经常发生的,而需要参与和体验的民俗旅游内容则多为内在的而深刻的。

(3)**区域性** 这是民俗发展在空间上所显示出来的基本特征。任何一个民族和地区的民俗都是不能脱离地域的,因而,这里的区域性,一方面指民俗旅游资源由于受一定地域的生产条件、自然环境的制约,其民俗事象具有浓郁的地区色彩的个性和民族特色。就蒙古族服饰来说,内蒙古东部地区、西部地区有着明显的差异,各个部落的服饰更是异彩纷呈。另一方面是形容民俗旅游的环境,如同为内蒙古草原民俗,但东西部地区差异甚大,西部地区的阿拉善戈壁、中部地区的鄂尔多斯高原和北部呼伦贝尔草原地区的民俗各具特色。

(4)**苦乐性** 许多民俗旅游活动都是艰苦或十分艰辛的,但也正因为困难,一些人对自己的旅游经历记忆犹新、回味无穷。就观光旅游而言,"世之奇伟、瑰怪、非常之观,常在于险远",故精彩的观光需要付出艰辛。就民俗旅游而言,虽然大多数资源体不在险要之地,然而,许多资源,特别是奇特、神秘的资源,要么处于比较封闭的地理环境之中,要么存在于人们的生活内容和精神世界之中。所以,无论是徒步还是深入生活,都可能较为艰苦,可能会遇到诸多现实困难,而只要这些艰苦和困难是客观存在的而不是服务不周导致的,那么,一旦旅游结束,它们就会变成旅游者宝贵的精神财富。

(5)**复合性** 民俗中有许多民俗是由多种文化类型互化与整合的结果,表现出了多层次、多形式的复合性特征。对于民俗旅游主体来讲,在参与和体验民俗活动中,有意无意地由观赏转为参与,由猎奇转为了解。如在内蒙古草原民俗旅游中,敖包祭祀是一个必不可少的活动,初到内蒙古草原旅游的人,都会对蒙古族敖包崇拜产生猎奇心理,当看到或了解其精神象征意义时,旅游者也难免不会为之动容,于是往往由猎奇开始转向体验,积极参与到蒙古民族这一神圣的精神民俗活动之中。此外,民俗旅游还具有原则性、发展性、趣味性等特征,在此不一一赘述。

(二)民俗旅游的作用与影响

民俗旅游具有广泛而深远的社会影响,这种影响会随着旅游业的发展而不断增长。民俗旅游的社会影响对象主要是旅游地、当地居民和旅游者,影响的范围主要涉及经济、文化、社会结构以及人们的心理与行为。一般情况下,民俗旅游对旅游地和当地居民的影响比较大,对旅游者的影响比较小。旅游者在旅游地停留的时间比较少,能够自主选择的旅游项目不多,与当地居民接触时抱有外乡人的心态,来去匆匆造成了间离效果,不可能受到太多影响。但是,当地居民要不间断地面对所有旅游者,接触旅游者是他们生活的一部分,因而会受到更大的影响。民俗旅游既可能促进社会的发展、进步,又可能给社会带来压力、威胁和破坏。正如科学给人类带来了文明,人类却又为文明付出了高昂的代价一样,民俗旅游的发展,对于人类赖以生存的环境,对于人类的经济文化事业,对于人类自身,也存在正负两方面的影响。

(1)**积极作用** 首先,民俗旅游的积极作用表现在经济方面。发展旅游可以获得较大的经济收入,尤其是外汇收入;通过旅游可以加速货币回笼,促进市场的繁荣与稳定;旅游业能够刺激其他产业的发展,改善国民经济的结构;开发旅游能够使区域经济水平得到不同程度的提高。

其次,在社会文化方面,旅游可推动科学文化的交流与进步,促进民族文化的发展,并有助于提高人们的文化知识水平。旅游业可以提供更多的劳动就业机会;旅游可以促进人类社会的文明进步;旅游可以促使便民设施的改善。

再次,满足人们返璞归真的渴求,促进人们的身心健康。随着人类社会生活的进一步机械化和现代化,面对紧张的工作生活节奏和物欲喧器,回归自然成了现代旅游者的普遍动机。而面对世态炎凉、人性异化、宦海沉浮和商战得失,人们渴求回归自然,希望能通过旅游找回生活中失落的朴素、简单、真诚、热情。在诸多的旅游类型中,民俗旅游最富有人情味、最能满足旅游者的这种渴求。

第四,增进交往,促进人类平等意识。不同民族、不同地区、不同种族、不同国度的人们,通过对异地风采、异族民俗的了解、体验,不但会消除彼此间的偏见与隔阂,而且还会促进相互间取长补短、共同进步,因为"古往今来每个民族都有在某些方面优越于其他民族"的心理。不同民族或地区之间的人们之所以存有歧视、不信任心理,一是由于众所周知的历史根源,二是由于相互间缺乏交往和了解所致。

第五,保护民族文化和自然环境。针对大众旅游对资源及环境造成破坏和污染的现实,生态旅游应运而生。作为全球旅游资源开发和旅游产业可持续发展的战略,生态旅游主张保护自然景观和人文资源,强调保护自然环境和人文环境,而民俗旅游绝大部分的内容属于生态旅游的范畴。事实上,由于旅游业的发展会带来旅游目的地的经济繁荣,而民俗旅游资源的开发者、经营者和消费者又引导旅游目的地人民积极抢救与保护当地传统文化,开发经营民俗旅游产品。因此,如今已出现了很多因发展民俗旅游致使民族文化得以传承的事例。

(2)消极影响 民俗旅游在带给旅游地诸多积极影响的同时,其消极影响也是不可忽视的。首先,由于对民俗旅游资源的过滥开发和不正当商品化,使原本古朴美丽、内涵独特的民俗事象变得低级庸俗,失去了原有意义。其次,民俗旅游还会干扰当地居民生活。大量旅游者的涌入,对当地居民的日常生活、交通、卫生等都会造成不便。第三,缺乏原则性,易与当地居民发生冲突。俗语说:"入境问禁"、"入乡随俗",这是民俗旅游中必须遵循的原则,但旅游者因对当地民俗禁忌等缺乏了解或其他动因,往往对旅游目的地的民俗缺乏应有的理解和尊重,因而,在无形中会伤害当地居民的感情并产生矛盾冲突。因为当地居民常常把旅游者对他们的风俗习惯的尊重看成是对他们本身的尊重,把旅游者对他们的风俗习惯的轻蔑看成是对他们本身的轻蔑。

尽管民俗旅游有一些负面作用,但是,与其诸多的积极作用相比,它们毕竟属于局部问题,只要充分认识其严重性和危害性,同时采取积极主动的措施加以防范,就能将其负面影响降到最低程度。

[思考题]

1. 如何认识民俗与旅游的关系?
2. 辨析民俗旅游、旅游民俗的概念。
3. 目前,你所了解的民俗旅游类型有哪些?
4. 如何认识民俗旅游的消极影响?
5. 你的家乡有哪些民俗旅游资源?请介绍。

第三章　内蒙古草原民俗旅游概述

内蒙古草原民俗作为内蒙古历史文化的一个重要组成部分,呈现出历史性、宗教性、区域性、差异性、复合性和相互渗透性等诸多特点。它是适应一定的社会生活而产生、传播和继承的,其主要功能在于规范和促进人们的社会生活,从而"使之巩固、发展或得到有效调整"。这一章,重点论述内蒙古草原民俗旅游、内蒙古草原民俗旅游资源的概念、特征与类型,以及内蒙古草原各自治民族的概况。

一、内蒙古草原民俗旅游及其相关概念

"内蒙古草原民俗"概念,来源于"草原文化"[1][2]之称,是指一种具有草原游牧和狩猎文化特色的民俗。本书所述及的内蒙古草原民俗,主要是指内蒙古自治区主体民族,即蒙古族的民俗,以及达斡尔族、鄂温克族、鄂伦春族等三个自治民族的民俗。在阐释内蒙古草原民俗这一概念之前,先了解一下有关"草原文化"的内涵。

(一)草原文化

草原文化是近几年提出的一个概念,从历史角度阐释,草原文化是中华民族文化的主源之一,它与黄河文化、长江文化并列为中华文化的重要组成部分。顾名思义,"草原文化"必然要与草原有着密不可分的联系,草原文化的载体,就是适用于游牧与狩猎的草原和作为传承草原文化者的蒙古族与达斡尔族、鄂温克族、鄂伦春族等自治民族。草原,简单说就是大面积保持着草本植被或灌木植被、没有或少有乔木植被的温带半干旱地区。这些地

---

① 邢莉、易华著《草原文化》第1-3页,辽宁教育出版社,1998年。
② 赵芳志主编《草原文化》第80-95页,上海远东出版社,香港商务印书馆,1998年。

区,一般不宜开垦经营农业。①

我国是世界上草原资源最丰富的国家之一。全国草原面积355万平方公里,约占全国土地总面积的37%,相当于欧洲土地总面积的1/3,与澳大利亚、原苏联和美国的草原面积相仿。其中位于我国正北方的内蒙古草原,由东至西长达3000多公里,是"欧亚草原带"的东端,也是我国最重要的畜牧业基地。它东有大兴安岭,山高林密,野生动物繁多,是天然绿色宝库;南有阴山山脉,海拔高度一般在1000米至1500米,大部分属于"远看似岗阜、近看成平地"的坡状起伏、宽广辽阔的草原,地征呈典型的季风气候。寒冷、干燥、日照强烈,蒸发量大,是内蒙古草原的主要气候特征,它适宜于各种牧草的生长,是牲畜天然的粮仓,因此,草原也就成为人类赖以生存和发展的摇篮,草原独特的自然地理环境为草原文化提供了地域条件。与此同时,共同的草原地域,必然形成从事游牧与畜牧业生产的共同经济生活方式,从而也逐渐形成共同语言(例如生活在内蒙古草原上的游牧民族大部分属于阿尔泰语系)和共同心理素质,自然,也具有着草原游牧的共同特点和共同的文化。草原文化和中原农耕文化相比较,其创造者当然也就不是从事农业生产的民族而是从事畜牧业生产的民族了。内蒙古草原历史文化悠久,是中国北方从事畜牧业生产的众多游牧狩猎民族的故乡。从古至今,被称作"骑马民族"或"马背上的民族"的我国北方少数民族,在这里劳动生息,总数约有近20个,其中时间最长、人数最多、贡献和影响最大而且迄今仍主要从事游牧和畜牧业生产的,则是蒙古族。她创造了辉煌灿烂的历史文化,代表着草原文化的最高成就。因此,草原文化不仅仅是一种地域性的文化,而且也是一种民族性的文化,它是从事游牧和畜牧业生产的北方少数民族所创造的共同文化。

当然,这里所说的蒙古族文化代表着草原文化的最高成就,并不是说二者是等同的,更不可相互替代。我们所阐述的草原文化,指的是包括蒙古族在内的历代北方游牧、狩猎民族共同创造的具有民族特点和草原生活特色的多民族文化,它既包括由狩猎走向游牧的蒙古族文化,也包括迄今为止依然保留着狩猎生产特征的达斡尔族、鄂伦春族、鄂温克族的文化。

这样,我们对草原文化的性质就有比较明确的认识了。草原文化,是由草原特定的自然地理环境所孕育的一种地域文化;同时,它又是由中国北方骑马游牧和狩猎民族所共同创造的一种少数民族文化,其发源地和分布区就是内蒙古草原。我们将草原文化的"草原"限定为内蒙古草原,首先是因

---

① 张明华著《中国的草原》第1页,商务印书馆(北京),1996年。

为内蒙古草原具有典型性。这里的草原面积广，达88万平方公里以上，在我国五大草原中居于首位，占自治区土地面积74%多；这里地域也颇大（除包括现今自治区外，其延伸部分东达东北三省，南至河北省承德、张家口，山西省雁北，陕西省榆林以北的沿长城一线，西到宁夏和甘肃的河西走廊），而且自东向西拥有疏林草原、草甸草原、干旱草原和荒漠草原等多种草原类型。其次，内蒙古草原距今70万年前已有人类活动，历史上开发甚早，文化遗存极为丰富，已被认定为全国的"文物大省"之一。内蒙古草原文化发达，与中原文化时有撞击、冲突和交流、融合，不仅发展脉络清晰，其地域文化的特点也很鲜明。第三，内蒙古草原是北方游牧和狩猎民族的故乡。世界上还没有一个草原，像这里一样先后容纳过20多个狩猎与追逐水草的游牧民族。这些游牧和狩猎民族勇猛强悍，"上马则备战斗，下马则屯聚牧养"[1]，战斗力极强，不仅在中国北方建立过若干堪与中原王朝抗衡的"马上行国"，而且还多次进入中原，建立起大统一的封建王朝。伴随着政治、军事上的大有作为，它们在经济、文化上也卓有建树。一个辉煌灿烂的草原游牧文化体系，正是经过它们世世代代的努力而发展成熟起来，从而对中国乃至世界文化作出了不可磨灭的贡献。

（二）内蒙古草原民俗

草原文化是中国北方狩猎和游牧民族祖祖辈辈在内蒙古草原上、从特定的生产条件和生活环境出发而创造出的物质财富和精神财富。而凝聚着草原各族人民聪明才智和独特的思想观念、思维方式和生存方式的风俗，可以说是草原文化的重要组成元素之一。那么，内蒙古草原民俗在它的内容和形式上，都应该有自己的特征；也就是说，它的界定必须有一定的质的规定性，并不是所有的内蒙古草原或自治区境内的各民族的风俗习惯，都可称之为"内蒙古草原民俗"。

一般说来，民俗是群体的人们在社会实践中形成的共同的生活模式、行为模式和思维模式。它的生成受到一定的自然环境、物质生产水平、生活内容与方式、社会历史和共同心理等条件的制约。内蒙古草原民俗也不例外，它必须与以上因素相互适应，因此，我们将民俗的生成与一般性概念推及于内蒙古草原民俗，便可得出如下定义：内蒙古草原民俗是指内蒙古地区游牧民族和狩猎民族长期在同一文化区域、同一地理环境和社会生活中，相沿成袭的生活及包括思想和行为的文化活动，诸如衣食住行、婚丧嫁娶、人生仪

---

① 引自《元史》兵志一，中华书局，1976年。

礼、教信仰、节目娱乐等内容广泛、形式多样的生活模式、行为模式和思维方式。它以规律性的活动约束人们的行为和意识。这里述及的游牧和狩猎民族，主要是指繁衍生息于内蒙古草原并作为主体民族的蒙古族，以及达斡尔族、鄂温克族和鄂伦春族等三个自治民族。他们在长期的生活实践中创造而且世代相传承的风俗习惯，即是内蒙古草原民俗的主要内容。草原民俗体现了内蒙古各民族文化、地域文化的基本特征，同时，也正是这种独具特色的地域文化，构成了内涵丰富的草原民俗。特别是草原民俗中的生态伦理观、诚信价值观及自由开放、不畏困难、积极进取、和谐共进的民族精神，为内蒙古草原民俗旅游发展注入了深厚的文化底蕴，提供了持久发展的精神内动力。

（三）内蒙古草原民俗旅游

内蒙古草原民俗旅游是指旅游主体通过对内蒙古草原原生态民俗文化的游览与探秘，来满足自己旅游审美意愿的一种文化休闲行为。简言之，就是以内蒙古草原地区游牧和狩猎民族独有的民俗事象为目的与对象的旅游活动。

内蒙古草原民俗是游牧民族和狩猎民族共同创造的社会物质和精神财富，它既有重大的社会文化意义，也有独特的社会价值。所谓社会价值，与我们通常所讲的社会功能、社会作用、社会效益等，都是指上层建筑反作用于经济基础，意识形态反作用于物质生产和社会存在所产生的一种力量、一种影响。在一定时期、一定条件下，这种力量和影响可以是相当大且不可低估的，但是社会价值又不完全等同于社会功能、社会效益、社会作用，它往往包含的方面更为广泛，内容也更为深刻。内蒙古草原民俗的社会价值，并不完全表现为现实生活中的某种明显的功能、效益或作用，而是比较间接、比较软性地作用于各个民族和全社会的精神生活领域。

具体而言，内蒙古草原民俗旅游的价值，主要体现在以下几个方面：第一，加深对游牧和狩猎民族的认识与理解。内蒙古草原民俗植根于内蒙古独特的自然环境，真切地反映出各个时期、各个地区人民的生产、生活方式和思想观念，进而使旅游主体能够真切地感受到人文风情，探寻其约定俗成的文化心理。第二，是了解游牧文明的窗口。严格地说，游牧与狩猎民族只是一个历史的范畴，而源远流长的草原民俗，却可以上溯到人类的原始时期，无论是鄂尔多斯高原的"河套人"，土默川平原的"大窑文化"，还是西辽河流域的"红山文化"，都表明中国北方远在新石器时代初期就有人类居住，史前文化十分发达。但这里的史前文化，从大量出土的动物骨角化石、动物

图案和纹样饰物来看,显然区别于中原黄河流域的农耕文化,从而打破了以往视中原文化为正宗(以仰韶文化为代表)的传统观念,确立了中华文化多源说的学术地位。从这一意义上讲,内蒙古草原民俗对我国的人类学、文化学、考古学、历史学研究均有重大意义。第三,内蒙古草原民俗,不仅使我们可以了解到游牧民族社会发展形态以及物质和精神文明的水平,而且还可领略草原民俗未经现代文明所过滤、修饰、雕琢的原生态的朴素与雄浑之美,从而获得美的享受,达到旅游的预期目的。如阴山岩画、蒙古族民间舞蹈、蒙古包、"斜仁柱"等民族建筑、丰富多彩的节日活动等无不具有自然朴实、简练淳厚的特色,特别是草原民俗的雄浑美,更是令人感奋。内蒙古草原民俗生成于北疆草原荒凉乃至险恶的地理环境之中,由此造就出北方游牧民族骁勇善战、拼搏强悍的习性,因而,开出的草原精神民俗之花必然具有草原文化的雄浑之美,这一特质在音乐、舞蹈、美术等艺术门类中表现得尤为突出,豪放、威武、激越、遒劲,乃至带着苍凉、悲壮,给人以一种"富贵不能淫,威武不能屈"的英雄豪气,一种粗犷而高尚的令人奋发向上的审美情感,这些都是马背民族独特的民族性格在民俗文化上的反映,这些都会使久居繁华都市的旅游主体受到刚健清新的生命形态的冲击,从而得到另一种自然与人生的启迪。

二、内蒙古自治区自治民族概况①

(一)蒙古族

蒙古族是一个勤劳勇敢的民族,多少个世纪以来,一直生活在漠北大草原。她的活动区域东至大兴安岭,西达阿尔泰山,北与贝加尔湖毗邻,南与万里长城相接。她从山谷走向草原,由丛林狩猎民成为草原游牧民,经历了一个相当长的历史过程。在这漫长的岁月里,伴随着地域、气候、植被、生产的特点,逐渐形成了有别于农耕文化的独具特色的草原文化,成为人类最辉煌的文化类型而令人瞩目。

蒙古族是一个伟大智慧的民族,公元13世纪初叶,元太祖成吉思汗及

---

① 本节主要依据下列资料写成(一)国家民委《民族问题五种丛书》编委会编的《蒙古族社会历史调查》、《达斡尔族社会历史调查》、《鄂伦春族社会历史调查》、《鄂温克族社会历史调查》,内蒙古人民出版社,1986年。(二)其他历史文献及前人对蒙古族、达斡尔族、鄂伦春族、鄂温克族的研究成果。

其子孙登上世界历史舞台,曾在本土建立了蒙古汗国,在欧洲建立了金帐汗国,在西亚建立了伊利汗国,在中亚建立了察合台汗国与窝阔台汗国,同时,在中原地区建立了多民族统一的元朝帝国以及明蒙对峙的北元政权。元朝的建立,在中国现代疆域的形成、行省建制确立、中西文化的交流、农牧经济的交融、驿站航运的开发、天文地理的研究等方面,都取得了创造性的成就,促进了古老的中国走向世界,为中华民族的发展作出了历史性贡献。

蒙古民族历史悠久,分布地域广阔。据统计,目前除中国外,蒙古、俄罗斯、阿富汗等国都有蒙古族聚居。据统计,全世界蒙古族人口大约有800万人,其中蒙古国有200多万人,俄罗斯近100万人,主要居住在布里亚特自治共和国和卡尔梅克自治共和国,在鞑靼自治共和国、图瓦自治共和国、楚瓦什自治共和国也有蒙古人居住。我国的蒙古族,根据1990年第四次人口普查统计,其人口已达4806849人,占世界蒙古族人口的一半以上,遍布内蒙古、辽宁、吉林、黑龙江、新疆等全国30个省(区)市。其中,内蒙古自治区现有蒙古族人口417万多,约占全国蒙古族人口总数的78%。我国除内蒙古自治区外,另有三个蒙古族自治州:即巴音郭楞蒙古族自治州、博尔塔拉蒙古族自治州、海西蒙古族藏族自治州;八个自治县:即和布克赛尔蒙古族自治县、河南蒙古族自治县、肃北蒙古族自治县、杜尔伯特蒙古族自治县、前郭尔罗斯蒙古族自治县、阜新蒙古族自治县、喀喇沁左翼蒙古族自治县、围场满族蒙古族自治县,共12个蒙古族区域自治地方。此外,河北省承德地区、河南省南阳地区、贵州省大方县、湖北省洪湖市、山东省鄄城县和淄博市、云南省通海县新蒙乡、四川省盐源县大坡蒙古族乡和沿海蒙古族乡、福建省惠安县涂岭乡等地,都有一定数量聚居与散居的蒙古族。①

"蒙古"为蒙古族本民族的自称,最初只是蒙古语族诸部中一个部的名称,为唐代"室韦"的一支,《旧唐书》称"蒙兀室韦"。"蒙兀"是"蒙古"一词最早的汉文译名,后来又有"蒙骨"、"朦骨"、"萌骨子"、"盲骨子"、"萌古"等多种同音译名,"蒙古"的汉文译写始见于元代文献。额尔古纳河(唐代称望建河)东岩一带是蒙古部的历史摇篮。约公元7世纪,蒙古部开始向西部蒙古草原迁移。到12世纪,已经散布在今鄂嫩河、克鲁伦河、土拉河等上游和肯特山以东一带,发展繁衍为许多部,各有名号。辽金时期多以"鞑靼"或"阻卜"泛称蒙古草原各部,还把漠北的蒙古部称黑鞑靼,漠南的汪古部称为白鞑靼。13世纪初,以成吉思汗为首的蒙古·孛儿只斤氏家族统一了泰尔赤兀、弘吉剌、札答兰、塔塔尔、蔑儿乞、克烈、乃蛮、汪古等草原各部,逐渐

---

① 波·少布著《蒙古风情》第2页,香港天马图书有限公司,2000年。

融合为一个新的民族共同体。"蒙古"也由原来的一个部落名称衍变为民族名称。蒙古民族是"游动"的民族,她的生存方式离不开草原。"内蒙古草原"是我国自古到今最富饶的牧区,面积达88万多平方公里,合13亿多亩,占全国草场总面积的四分之一,居全国四大草场之首。历史上,畜牧业生产和游牧生活一向是蒙古族赖以生存的主体经济和生活方式。

蒙古族有自己的语言文字。蒙古族使用蒙古语、蒙古文。蒙古文是以回鹘文字母为基础的拼音文字,已有近800年的历史,字母上下连书,行款从左到右。在我国,现行蒙古文有29个字母,无大写、小写的区别,印刷体和书写体很近似。世界范围内的蒙古民族曾经使用过回纥蒙古文、八思巴蒙古文、托忒蒙古文、新蒙古文等四种文字:①回纥蒙古文,由古代畏兀儿人使用的回纥文字母基础上改制而成,故称回纥蒙古文。中国现行蒙古文的前身就是回纥蒙古文。②八思巴文,在藏文和梵文字母基础上创制的一种拼音或音节文字。元世祖忽必烈为了有效地施政和统治各民族,特命元朝国师八思巴大喇嘛创制"蒙古新字"(即八思巴字),拼记蒙古语、汉语、藏语、维吾尔语和梵语等。八思巴蒙古文,作为官方文字,随着元朝的灭亡亦被淘汰。③托忒蒙古文,是中国新疆蒙古族使用的一种方言文字。17世纪中叶蒙古卫拉特部和硕特人札亚·班弟达大师根据卫拉特方言特点,在原有蒙古文字母基础上改制而成。托忒蒙古文能够接近卫拉特方言的实际发音,比较准确地反映出元辅音音位系统。近350年以来,托忒蒙古文一直被中国新疆蒙古族沿用着。④新蒙古文,是蒙古国现在通用的一种拼音文字。新蒙古文是在俄文字母基础上创制的,故又称斯拉夫蒙古文。1941年由蒙古人民共和国政府批准推行。俄罗斯境内的布里亚特蒙古自治共和国、卡尔梅克蒙古自治共和国,于20世纪30年代末期也分别创制了以俄文字母为基础的新蒙古文,现仍在使用。

蒙古族信仰民俗的内容相当广泛。最早,蒙古人从远古祖先那里继承了对大自然的崇拜;黄教传入蒙古地区之前,蒙古族信仰萨满教,16世纪后普遍崇信喇嘛教。蒙古族的婚姻为一夫一妻制,实行同姓不婚的习俗。丧葬一般为土葬、火葬和野葬。衣食住行都具有自己的特点,尤其是生活在聚居区的蒙古族大都保留了传统的民俗,如男女都穿蒙古袍,饮食多以牛羊肉和奶食品为主,粮食、蔬菜为辅。新中国诞生前居住蒙古包,现多已定居,改住砖木结构的房屋。蒙古族能歌善舞、热情好客、勤劳勇敢、憨厚豪爽,拥有许多传统美德。节庆,除了过春节等节日外,每年7、8月间都要隆重举行那达慕大会和祭祀敖包活动。由于地域环境等多方面原因,内蒙古东、西部地区,以及农、牧区的蒙古族在某些习俗上有一定差异。当然,随着历史的变迁和社会的发展,蒙古族早已不再是单纯的以游牧为生的"马背上的民族"了,农业、工业、交通、经贸、文化、艺术、体育、教育等各项事业,都已获得了全面的发展。

(二)达斡尔族

达斡尔族也是具有悠久历史的民族。达斡尔族主要分布在内蒙古自治区呼伦贝尔市莫力达瓦达斡尔族自治旗和鄂温克族自治旗、鄂伦春族自治旗、黑龙江省齐齐哈尔市郊区和新疆维吾尔自治区塔城市一带。据1990年第四次全国人口普查统计,达斡尔族人口已达到121357人。内蒙古自治区达斡尔族人口有71396人,占全国达斡尔族总人口的58.83%,该地区约90%的达斡尔族人居住在呼伦贝尔市,而莫力达瓦达斡尔族自治旗是其主要聚居地。

"达斡尔"是达斡尔族固有的自称,我国历史文献中有达呼尔、打虎儿、达乌尔等不同音译名称。据史学家考证,达斡尔族是以洮儿河流域为发祥地的契丹族的后裔,隋唐时期的契丹族君长"大贺氏",就是达斡尔族的先祖。17世纪中叶以前,达斡尔族居住在黑龙江北岸一带,17世纪中叶,迁到嫩江流域和大兴安岭一带。清初,达斡尔族与鄂温克族、鄂伦春族统称为索伦人。康熙六年(1667年),又以"打虎儿"的写法正式写入史书。达斡尔族在历史上就有保卫家乡、反抗侵略者的光荣传统,17世纪沙俄入侵精奇里江达斡尔族居住地,达斡尔族人民奋起反抗,进行了多次不屈不挠的斗争。近代史上,达斡尔族人民多次反抗国内封建军阀的统治压迫,涌现出奇三等反对贪官污吏的勇士,出现过少郎和岱夫反对军阀、救济穷人的壮举。

达斡尔族经济生产以狩猎为主,畜牧、渔业和农业为辅。他们的生活区域大都选择在依山傍水之处,房舍院落修建得十分整齐,风格独特,多为"介"字形的房屋,给人以大方雅观的印象。达斡尔族信仰萨满教,也有少数信奉喇嘛教。达斡尔族的语言属阿尔泰语系蒙古语族,有布特哈、齐齐哈尔、新疆三种方言。达斡尔族有自己的语言,没有文字,在清代多使用满文。呼伦贝尔地区的达斡尔族现多使用蒙古文和汉文,新疆塔城地区达斡尔族除使用汉文外,还精通哈萨克语和哈萨克文。达斡尔族由于没有本民族的文字,口头文学艺术甚为发达,且内容丰富多样,民间传说、故事和民间叙事诗涉及到社会生活的各个领域。音乐、舞蹈颇具民族特色。民间流行的一种名曰"木库连"的器乐,结构简单,易于制作且声音悦耳动听。

达斡尔族聚居的地区还被誉为"曲棍球之乡"。在达斡尔族民间体育中,曲棍球是一项享有盛名的传统体育活动。据古书上记载,早在我国的辽代,达斡尔族的祖先——契丹人中就盛行与现代曲棍球十分相似的一种体育活动,叫"击鞠"。千百年后的今天,曲棍球运动不仅在达斡尔族中广泛流传,而且有了新的发展,每当节日或喜庆之日,年轻人便组成两队,各设营门,进行曲棍球比赛。

更为有趣的是,达斡尔族还在夜间进行火球比赛。火球用桦树上的白菌疙瘩做成,球体抠空后浸进松明之类的易燃物,开球时将球点燃,使其借助风力燃成小火星,随着双方队员的激烈拼搏,火球在黑夜中往返穿梭,形成一道道绚丽的火线,很是炫目。

(三)鄂伦春族

鄂伦春族是我国人口较少的民族,而且是我国 11 个从原始社会末期直接跨入社会主义社会的少数民族之一。据 1990 年全国第四次人口普查统计,鄂伦春族人口为 6965 人,主要分布在内蒙古自治区东北部的鄂伦春族自治旗、扎兰屯市、莫力达瓦旗和阿荣旗,黑龙江省的塔河、呼玛、黑河等地。

"鄂伦春"为鄂伦春族的自称,其含义主要有两种解释:一是"住在山岭上的人们",二是"使用驯鹿的人们"。前一种解释较为普遍,也为广大鄂伦春族群众所接受。鄂伦春族长期以来是以狩猎为主,采集、捕鱼为辅的经济形式,直到解放初期狩猎业仍然是鄂伦春族经济生活的主要支柱。大小兴安岭茂密的森林、纵横的河流是理想的天然猎场,这里有丰富的动物和鱼类资源。长期的狩猎生活,使鄂伦春族对狩猎生产怀有浓郁的感情,直到现在许多鄂伦春族仍把狩猎作为主要副业。鄂伦春族的游猎生活并不是在茫茫的大森林中漫无边际地游动,而是有固定的范围和一定的规律,他们一般以氏族为中心,以"乌力楞"①为单位,在一条或几条河的流域、方圆几十公里或者几百公里的范围内活动。鄂伦春族隆冬季节的住地比较固定,春、夏、秋季随着主要狩猎对象栖息地的不同而迁徙。

历史上鄂伦春人狩猎生产的目的,主要是为了生活所需,猎到动物后"食其肉、衣其皮",或用皮毛围盖住所,衣、食、住所需均出之于野兽。随着社会交往的日益发展,生产资料及生产用品需要量的逐渐增加和与外界交换的日益频繁,自给自足的狩猎经济开始往商品化方面发展。这时的猎获物,除了一部分供自己衣、食用外,其余部分,如贵重的细毛皮和鹿茸、熊胆、麝香等药材,主要作为商品交换或出售。如今由于大小兴安岭林区的过速

---

① 乌力楞:鄂伦春语,指同一父系血统的 3-5 户、祖孙 3-4 代人及家庭组成的游猎组织。鄂伦春族日常的生产生活都在"乌力楞"内进行。

开发,野生动物日趋减少,鄂伦春族群众响应国家关于保护野生动物资源的号召,采取了"护、养、猎相结合"的生产方针,猎业逐渐由主业转化为副业。

鄂伦春族多信奉萨满教,奉熊为图腾,平时称熊为"俄特日肯"(即老爷子)或"雅亚"、"贴贴"(即祖父、祖母)。鄂伦春族有自己的语言,没有自己的民族文字。鄂伦春族的语言属阿尔泰语系通古斯语族,民族内部因地区不同,个别语言有方言差别。17世纪以后,随着与外民族的接触才传入了满文和汉文。现在鄂伦春族人多兼通汉语、达斡尔语、鄂温克语,通用汉文。

在长期的历史过程中,鄂伦春族与其他民族一道,用自己勤劳的双手为开发和建设富饶美丽的大小兴安岭、缔造我们伟大的祖国做出了自己的贡献。长期的游猎生活,使他们练就了坚强勇敢的性格和好骑善射的本领,同时也用自己的聪明才智创造了灿烂独特的文化。物质民俗与精神民俗都带有鲜明的民族特色。鄂伦春族因为没有自己的文字,所以口头文学以口耳相传的形式一代代流传下来,神话、传说、歌谣、谚语都是鄂伦春族口头文学创作的重要组成部分。此外,他们还有桦皮雕、木雕、骨雕、纺织、绘画、音乐、舞蹈、摩苏昆①等传统艺术。

(四)鄂温克族

鄂温克族也是我国人口较少的兄弟民族之一。据统计,鄂温克族现约有2万人,主要分布在祖国东北部边疆额尔古纳河以东,嫩江西岸的广大山林、草原及河谷地区,人口多聚居于内蒙古自治区呼伦贝尔市的鄂温克族自治旗、鄂伦春族自治旗、阿荣旗、扎兰屯市,另在黑龙江省的讷河、甘南县和新疆伊犁地区也有少数鄂温克族聚居。

"鄂温克"是鄂温克族的自称,意为"住在大山林中的人们"。鄂温克族将西伯利亚一带的大山林(包括外兴安岭、勒拿河、阿玛扎尔河等广大地区)都称为"俄哥登"(大山林),而住在这些大山林中的人便叫"鄂温克"。"鄂温克"的另一种说法是指"住在山南坡的人",也有意译为"从山林走向平原的人"。

由于历史上居住在不同地域,鄂温克族曾有不同的称谓。居住在鄂温克族自治旗、阿荣旗、扎兰屯市、莫力达瓦达斡尔族自治旗、讷河市等地的鄂温克族,被称为"索伦";居住在陈巴尔虎旗和鄂温克族自治旗锡尼河流域的鄂温克族,被称为"通古斯";居住在根河市敖鲁古雅饲养驯鹿鄂温克族,被

---

① 摩苏昆:鄂伦春族语,意为讲唱故事。这是鄂伦春族传统的一种说唱结合的表演艺术形式。内容多讲唱英雄故事。主要流传于黑龙江省鄂伦春族聚居区。

称为"雅库特"。但在鄂温克族内部,都自称为"鄂温克"。中华人民共和国成立以后,党和政府根据各地鄂温克族人民的意愿,于1958年3月决定把原有的"索伦"、"通古斯"、"雅库特"称谓,统一改为鄂温克族。鄂温克族通用鄂温克语,鄂温克语属阿尔泰语系满－通古斯语族,有布特哈、莫尔格勒(陈巴尔虎)和额尔古纳(敖鲁古雅)三种方言。鄂温克族没有本民族文字,清代曾学习使用满文。目前,牧区的鄂温克族多使用蒙古文和汉文,农区和林区的鄂温克族多使用汉文。

鄂温克族的宗教信仰形式主要有自然崇拜、祖先崇拜、图腾崇拜和萨满信仰。鄂温克族自治旗内的旅游以草原、森林观光和民俗风情体验为主,以避暑、度假、疗养、观鸟为辅。鄂温克族与其他民族一样,也拥有悠久的历史和独特的文化。鄂温克族的民间文学以绚丽多彩的民间传说和神话故事为主:有关于人类起源、民族起源的传说;有赞美正义、勇敢,颂扬忠贞爱情、揭露丑陋邪恶的神话;还有传授生产知识的狩猎故事。此外,鄂温克族还非常喜爱舞蹈,男女老幼都喜欢唱歌跳舞,歌舞是他们生活的重要部分。音乐舞蹈的特点是:音调单纯,动作简单,边歌边舞,最喜欢的歌舞主要有"欢乐之火"舞、"阿罕拜"舞、"爱达喜楞"舞、"哲辉冷"舞。这些都是在节日或婚礼时鄂温克族边唱边舞的曲式。鄂温克族的竞技及游戏活动主要有赛马、射击、摔跤、滑雪等项目。

三、内蒙古草原民俗旅游资源及其特征

在界定内蒙古草原民俗旅游资源这一概念时,先了解与之相关的旅游资源、民俗旅游资源的内涵。

(一)旅游资源

由于旅游学界对旅游这一核心要领的泛化理解,至今旅游资源这一概念没有一个统一的认识。关于什么是旅游资源,仍在继续探讨之中。下面列举几个比较重要的定义:①杨时进、沈爱君认为,凡是由自然力和人类社会造成的,有可能被用来规划、开发成旅游消费对象的物质或精神的诸多因素,都可被视作旅游资源。① ②保继刚、楚义芳认为,旅游资源是指对旅游者具有吸引力的自然存在和历史文化遗产,以及直接用于旅游目的的人工创

① 杨时进等主编《旅游学》第36页,中国旅游出版社,1996年。

造物。① ③谢彦君认为,旅游资源是指客观地存在于一定地域空间并因其所具有审美和愉悦价值而使旅游者为之向往的自然存在、历史文化遗产或社会现象。② ④李天元认为,凡是能够对旅游者具有吸引力的自然事物、文化事物、社会事物,都可构成旅游资源。③ ⑤目前,对旅游资源最权威的界定,来自《中国旅游资源普查规范》。这一规范提出,自然界和人类社会凡能对旅游者产生吸引力,可以为旅游开发利用,并可产生经济效益、社会效益和环境效益的各种事物和因素,都可被视为旅游资源。

从上述概念对旅游资源内涵界定的共同性来看,可以把旅游资源理解为:客观存在的、包括已经开发利用和尚未开发利用的、能够吸引人们开展旅游活动的一切自然存在、人类活动以及它们在不同时期形成的各种产物的总和。④

(二)民俗旅游资源

民俗旅游资源是因旅游资源研究专门化而形成的一个专有名词。民俗旅游资源是构成民俗旅游地吸引旅游者的民俗旅游产品的基本要素,是各地区发展民俗旅游事业及开展民俗旅游服务的基础条件。到目前为止,民俗旅游资源这一概念也没有得到一个广泛认可的界定,以下是几个比较有代表性的观点:①陈烈、黄海认为,民俗旅游资源是指能吸引旅游者、具有一定的旅游功能和旅游价值的民族民间物质的、制度的和精神的习俗。如生产与生活习俗、游艺竞技习俗、岁时节日习俗、礼仪制度习俗、社会组织习俗、祭祀信仰习俗、文学艺术等。⑤ ②邓永进等认为,民俗旅游资源是指能够激发人们产生旅游动机,吸引人们进行旅游活动的风土人情及其载体。⑥ ③巴兆祥认为,民俗旅游资源是形成旅游者从客源地到旅游目的地参加民俗旅游的促进因素,是能为旅游企业所利用,具有一定的旅游功能和旅游价值,并可产生经济效益、社会效益的各类民俗事象的总和。⑦

综上所述,民俗旅游资源就是对旅游者具有吸引力、具有一定的旅游功能和旅游价值的民俗事象的总和。从民俗与旅游的关系来看,民俗旅游资

① 保继刚等编《旅游地理学》第72页,高等教育出版社,1999年。
② 谢彦君著《基础旅游学》第64-65页,中国旅游出版社,2001年。
③ 李天元编著《旅游学概论》第89页,南开大学出版社,2001年。
④ 邱扶东著《民俗旅游学》第108页,立信会计出版社,2006年。
⑤ 陈烈等著《论民俗旅游资源的基本特征及其开发原则》第272-277页,载《热带地理》,1995年第3期。
⑥ 邓永进等著《民俗风情旅游》第37页,云南大学出版社,1997年。
⑦ 巴兆祥主编《中国民俗旅游》第235-236页,福建人民出版社,1999年。

源就是指各个民族、各个地区因受到不同历史文化、自然环境、民族传统、科技水平等的作用,在生产和生活各个方面表现出来的特殊的民俗事象,如饮食习惯、节日庆典、服饰装束、民间艺术、工艺特产、人生礼仪、丧葬习俗、游艺竞技、宗教信仰、民间建筑等,只要能够为旅游所用,它们就是旅游资源。

(三)内蒙古草原民俗旅游资源

内蒙古草原民俗旅游资源是旅游资源的一种,了解民俗旅游资源的基本要领,对理解内蒙古草原民俗旅游资源有重要的借鉴和指导意义。从上面关于旅游资源的诸多定义中不难发现,旅游学界把"能够激发人们的旅游动机"和"吸引旅游者"看作是旅游资源的本质属性。因此,在旅游学界尚未给内蒙古草原民俗旅游资源给予界定的今天,我们借鉴、综合诸家观点认为:内蒙古草原民俗旅游资源是指内蒙古地区草原游牧民族和狩猎民族,即蒙古族和达斡尔族、鄂伦春族、鄂温克族等自治民族独有的、能够激发旅游者产生旅游动机、并有一定旅游功能和旅游价值的民俗事象的总和。

内蒙古草原民俗旅游资源数量丰富,种类多样,其中有相当一部分颇具诱惑力与感召力,其中以草原系列和蒙古族民族文化系列为主的旅游资源优势最为突出,并在国内占据强势地位。首先,内蒙古草原是富饶的天然牧场,作为世界四大草原之一、中国五大牧场之首,其草场面积达 8667 万公顷,其中可利用草原面积 6818 万公顷。其次,具有积淀深厚的历史文化,如大窑文化、红山文化、鲜卑北魏文化、辽文化、蒙元文化、草原丝路文化等。第三,有三个独有的实行旗县级民族区域自治的少数民族:达斡尔族、鄂温克族、鄂伦春族的民俗风情。第四,有分布广泛的召庙、王府等古建筑。第五,有承载古老文明的古城、古长城遗址,岩画。第六,有闻名于世的森林、沙漠、湖泊、河流、山脉、特殊地质地貌等景观。此外,还另有口岸、边境风情等诸多旅游资源。

悠悠历史长河中的内蒙古草原是一个极富魅力的地区。中国北方众多的游牧与狩猎民族在这里先后出演了无数彪炳史册的"历史剧",在整个人类的文明史中,在内蒙古草原这一特定地区,各个民族无论人口多少,无论存在久暂,都对人类文化宝库做出了自己独有的贡献。内蒙古草原民俗就是一个可以观赏其文化宝库的窗口,从这个窗口能够看到内蒙古草原昔日富有特色的文明史,秀丽多姿的自然风貌,丰富多彩的各民族文化内蕴以及独具魅力的民俗文化景观,并以此把握草原人不息的信念及精神质涵。

（四）内蒙古草原民俗旅游资源的特征

内蒙古草原民俗旅游资源，就其产生原因和存在属性来看，可以划分为自然旅游资源和人文旅游资源两大类，其中人文旅游资源，又可以划分为历史文化旅游资源和民俗文化旅游资源。民俗旅游资源是具有多种属性和特征的文化现象，其存在的形式、内容、类型多种多样。从民俗旅游资源的旅游功能与旅游价值的角度来看，内蒙古草原民俗旅游资源主要具有以下六个特征：

（1）地域性与民族性 地域性是指不同地域所拥有的不同的民俗事象，或同一类民俗事象的内容与形式在不同地域存在的差异。民俗的地域性具有普遍意义，无论何种或何类民俗事象，都会受到一定地域的地理条件、气候条件、生产生活等条件的制约，表现出某种程度的地域色彩。民俗对自然环境具有很强的依赖性和适应性，自然环境的不同往往会造成民俗的差异，不论是饮食、服饰、居住、行旅，还是婚丧、节庆、工艺、竞技、游戏等等，都会存在或多或少的不同。例如，生活在内蒙古草原的蒙古族与生活在云南地区的蒙古族，由于自然环境的不同而拥有不同的生产、生活方式，而不同的生存方式和生存环境，必然导致其风俗习惯的差异。

当民俗事象转化成旅游资源时，它的地域性特征主要表现在以下两个方面：第一，民俗旅游资源存在于特定的地域，任何地域都有自己独特的民俗旅游资源，民俗事象如果离开了自己产生和传承的地域，旅游功能和旅游价值就会大打折扣，甚至荡然无存。第二，民俗旅游资源开发的最佳模式是原生形态模式，只有在民俗产生和传承的地域进行旅游开发，才能够真正体现民俗事象的本来面貌和文化内涵，同时保证民俗事象按照自身的演变规律传承和发展。例如：内蒙古草原民俗旅游资源尽管可以"传播"和"翻版"，但是，民俗旅游资源中最具魅力者，仍然扎根于原生土壤，属于其土生土长的地方。换句话说，它的"原版"为一定地区所垄断。如蒙古族民歌中的"呼麦"、"长调"，是对旅游者最具吸引力的文艺形式，它也可以在其他地区或场所进行"翻版"式演唱，但与在笼盖四野般的穹庐中的那种天人合一的咏唱效果是完全不同的，给旅游者带来的震撼和感受也是完全不同的。再如，蒙古族饮食中的烤全羊，它的烤炙形式、佐料和原羊等几乎都要以当地的物产为原料，而这些往往又为其他地区所没有，而替代性的"翻版"性的烤全羊，往往使人觉得不够味道，介乎似是而非。这都说明民俗旅游资源的地域性与价值性的重要。

民俗旅游资源的民族性是指任何民族都拥有自己独特的民俗旅游资

源,民俗旅游资源的民族性决定于民俗的民族性。民俗的民族性是指任何民俗事象,举凡衣、食、住、行、岁时节庆、民间信仰、社交往来等,都是在一个民族特有的历史文化与社会生活的背景中形成的,并通过民族特有的心理与行为习惯体现出来,成为一个民族约定俗成的事象,具有不同于其他民族的特征。例如,每个民族都可能有自己非常独特的节日、信仰、竞技、游戏、娱乐、交往习惯、民间艺术、工艺品等等。

当民俗事象转化为旅游资源时,它的民族性特征主要表现在以下两个方面:首先,同一类民俗旅游资源在不同民族中具有不同的特征。其次,不同的民族世代传承着很多不同的民俗事象,由此构成的旅游资源有着相当大的差别。例如:由于内蒙古草原民俗所构成的各民族特殊的历史传统和风俗习惯的不同,也使得内蒙古草原民俗具有鲜明的民族性。在饮食民俗方面,蒙古族饮食与达斡尔族的饮食有很大的不同;在居住民俗方面,蒙古族的住所以"蒙古包"为主,鄂伦春族的住所则是"斜仁柱"。在宗教信仰方面:北方少数民族在历史上,其宗教信仰多受"万物有灵"观念的支配,但到近代,他们的信仰才逐渐发生了变化,如鄂温克族和鄂伦春族仍以自然崇拜为主,蒙古族受藏传佛教的影响多信仰喇嘛教,达斡尔族则依旧多信奉萨满教。

(2)**自然性与神秘性** 内蒙古草原民俗旅游资源的自然性,主要表现在它的真实性与和谐性。真实性也被称为原版性。正如大家所知,无论服饰、饮食、民居,还是礼仪和民间节日,凡是能够成为旅游资源的民俗事象和载体,都是一个民族或地区人们生活的本来面目和真实反映。任何背离真实和原版原则的"创造"都会被视为非自然而导致旅游者背弃。和谐性是指民俗风情及其载体都是一定环境的产物,它们与自然环境和各种景观往往和谐并存、互不排斥、相辅相成、相得益彰。任何排斥自然环境和其他景观的各民族的人为性民俗,都不可能成为旅游资源。

民俗的神秘性和它的原始起源密不可分,许多民俗事象有着久远的历史,有些事象甚至可以追溯到人类社会的初期。虽然经过历代的传承,发生了各种各样的变异,但是,相当多的民俗事象中,依然蕴含着非常古老而原始的形式与内容。民俗的神秘性主要表现在两个方面:第一,人们在按照某些民俗行事时,带有一种神秘的心理,认为事情之所以要这样做,是因为历来如此,是由某种神秘力量所赐予,非个人能够理解,也非人力所能控制。例如,自然崇拜、祖先崇拜、图腾崇拜等,都在一定程度上具有一种不可理解的神秘性。第二,有些民俗活动本身表现出一种神秘气氛,人们慑于这种神秘氛围,往往更加笃信,而越笃信,做起来就越具有神秘性。①

内蒙古草原民俗旅游资源的神秘性,是指在众多的民俗事象中,均有一些不可理解或不可捉摸的神秘色彩。如藏传佛教在蒙古草原地区盛行后的"野葬";鄂伦春族"斜仁柱"中有关"玛鲁"神位的相关习俗;鄂温克族的"熊神"崇拜;达斡尔族的"萨满舞"等。这些民俗习惯或出自于对自然和自身的认识有限,或出自于充分利用和适应地理环境,或为了某种"神圣",或为了种种"美好"的祈愿,总之,因为它们神秘莫测,旅游者才对它们心驰神往,才能产生向往和了解的愿望。

(3)稳定性与情感性 内蒙古草原民俗旅游资源历史相沿成袭,具有相对的稳定性。这种相对固定的风俗习惯,不是可以轻易改变的。传承至今的内蒙古草原各民族民俗,基本上没有背离原有模式。不过,随着社会经济和政治条件的变化,内蒙古草原民俗的形式与内容也在发展变化中,多民族的杂居和旅游业的发展,也使一些民族民俗趋于渗透与融合的态势。

内蒙古草原民俗的情感性,意味着人与人之间平等和睦、尊重信任、关心帮助、真诚友好、热忱交往。由于生存竞争的加剧和生活节奏的加快,由于商品经济的发展和单元式住宅的普及,人与人之间逐渐变得冷漠、虚伪、自私和缺乏交流,变得缺乏人情味,而内蒙古草原民俗旅游资源却更多地为人们展示了富于人情味或情感性的生活方式:如打动人心的礼仪,"人人为我、我为人人"的合作、分配制度,一吐为快、心心相印的爽直性格,"来者都是客"的古朴民俗,如此种种,举不胜举。如果说,自然性、地域性和神秘性,在一定意义上,为其他地区旅游资源所共有的话,内蒙古草原民俗旅游资源的情感性特征则为其他任何旅游资源所不能企及。

总而言之,由于民俗事象是极其复杂的文化现象,所以对一般旅游者来说,丰富多彩的民俗旅游资源,可以拓宽视野、增长知识、扩大见闻、陶冶心灵、丰富情感,从而启迪智慧,提高修养。对于专家、学者和研究者来说,透过民俗旅游资源,可以直观、亲切地了解民俗事象的形式、内容和类型,实现原本比较艰苦、枯燥、乏味的田野调查的目标,为系统描述民俗事象形成和发展的影响因素、传承和变异的过程与特征,最终深刻地把握民俗事象的本质规律,奠定实证研究的资料基础。推进民俗和民俗旅游理论发展,可以科学地指导旅游地社会、经济、文化、旅游的发展,为各地区开辟更加广阔的民俗旅游空间。

---

① 张紫晨著《中国民俗与民俗学》第39页,浙江人民出版社,1985年。

四、内蒙古草原民俗内容的遴选与旅游资源类型

（一）内蒙古草原民俗内容的遴选

前面已经对民俗和内蒙古草原民俗的概念进行了阐述,在这里我们再一次强调:民俗就是民间的风俗,民俗是指不同地域、不同民族地区和特定自然与社会环境下,在长期的生产、生活和社会活动中所形成的风俗习惯。内蒙古草原民俗包罗万象、内容极为丰富。在内蒙古自治区118.3万平方公里的广袤土地上生活着蒙、汉等49个民族近2350万民众,各民族由于居住环境、生产、生活条件和历史条件不同,逐渐形成了各具特色的风俗习惯。其中,内蒙古草原民俗所述及的各民族在语言、居住、饮食、服饰、礼仪、游戏、竞技、行旅、节庆、结社、婚嫁、丧葬、禁忌、信仰、祭祀、娱乐、艺术、神话、传说、故事、歌谣、谚语、谜语等方面,呈现出明显差异,反映了各民族心理、意识、情感与生产、生活方式的不同。民俗体现了一定的民族特点,也成为区分不同民族的重要标志。独特的内蒙古草原民俗,从不同侧面真实地反映了每一个民族的历史和现实生活,体现了每一个民族的理想与情感,是每一个民族文化传统的真实表露。它是创造于民间又传承于民间的、具有世代相习的传承性事象(包括思想和行为),是劳动人民创造的民间社会生活文化,是人类物质文明和精神文明的积累,是传统文化的基础和重要组成部分之一,是蕴藏丰富的文化宝库。

古朴淳厚、瑰丽多彩的内蒙古草原民俗,作为中华民族悠久历史文化的组成部分,像一颗璀璨的明珠,闪耀着中华民族古老文明的光辉,像一条历史的彩练,联结起中华民族灿烂文化的昨天、今天和明天。内蒙古草原民俗以其神秘的色彩和诱人的魅力受到越来越多的旅游者的青睐,人们越来越希望通过旅游走进内蒙古草原不同地区、不同民族中去,实地体验另一种生活方式,感受另一种风情,希望通过观赏和参与异族民俗风情活动,扩大眼界,丰富知识,开阔胸怀。因此,内蒙古草原民俗具有很强的旅游吸引力,同时,也可以从中看到,内蒙古草原各民族因生活环境、历史发展、社会经济、知识传统、宗教信仰等诸多方面的不同,所形成的异彩纷呈的民俗是社会形态的"活化石"。内蒙古草原民俗的内容极其丰富,如果将内蒙古草原民俗在一本篇幅有限的著述中一一详加介绍,无论如何是做不到的,这就需要对所介绍的民俗内容加以选择。

本书对内蒙古草原民俗内容的遴选,主要是从旅游实践的角度出发,具体一点讲,就是立足于旅游客体或接待者的立场,从旅游主体的要求来考虑本书所介绍的对象与内容,而不是从对旅游资源开发和利用的角度去考虑。本书下编中遴选的:服饰民俗、饮食民俗、住行民俗、人生仪礼、节日娱乐、民间信仰、民间工艺等方面内容的选择标准,完全是基于旅游的食、住、行、游、娱、购等六大要素所决定的。

(二)内蒙古草原民俗旅游资源类型

前面谈到,不同旅游者的需求,构成了不同旅游类型方式的形成。因为旅游类型方式是旅游者与东道主之间的互动关系产生的结果,那么,在谈及内蒙古草原民俗旅游的类型前,先对旅游者的目的和动机作一简要分析。

美国著名的旅游人类学家史密斯(Valene Smith)在她主编的《东道主与游客——旅游人类学研究》一书中,把旅游者分为五类:①民族旅游者。他们到异地是寻求异域风光或异质生活,如参加一些当地活动、歌舞、仪式、购买土特商品等。②文化旅游者。这些人寻求的是有"地方色彩"的文化现象。如当地人的服饰、饮食、居住、节庆等是他们关注的对象。③历史旅游者。主要目标是参观历史文物名胜古迹。④生态文化旅游者。在参观当地生态与自然景观的同时,欣赏与之相应的民俗文化。⑤娱乐型旅游者。纯粹享受大自然的赐予,追求娱乐和享受。

以色列著名人类学家科恩(Erik Cohen)把旅游者也分为五类:①存在性的游客。这类游客主要是在精神上想要摆脱长期的现实,到外面的某些现存世界去感受另外一种生活和文化。②实践性的游客。这些游客只到他们认为是"中心"的地方去旅游。③体验性的游客。他们到异地旅游,寻求和参加当地人的真实生活。因此,这类旅游者对"真实性"的要求较高。④娱乐性的游客。他们到异地旅游主要是享受和休息,对真实性不过多关注。⑤转移性的游客。他们通过旅游来转移自己的注意力,忘却以前的事,以求放松心情。①

通过以上归纳分析可以看出,在这个全球经济一体化、世界文化多元化、国际政治多极化的时代,彰显个性,追求体验,已经成为时代精神的主要潮流。在这种社会背景下,当代旅游者的旅游需要日趋多样化,仅仅依托传统的自然风光和人文古迹难以完全满足他们的旅游需要。大力开发新型旅游资源、调整旅游产品结构,最大限度地满足旅游者的旅游需要,已经成为

---

① 张晓萍主编《民族旅游的人类学透视》第18-19页,云南大学出版社,2005年。

旅游从业者的当务之急。开发旅游者感兴趣的民俗旅游资源,增加旅游产品的类型,丰富旅游产品的文化内涵,是旅游从业者的必然选择。同时,我们也清楚地意识到,不同旅游者的需求,决定着所在地旅游类型的形成。如果依据旅游人类学家对旅游者目的、动机等需求的分析和所划分的类别,内蒙古草原旅游推出的十二种类型方式:即草原旅游、民俗文化旅游、历史文化旅游、森林生态旅游、沙漠旅游、地质地貌旅游、水域旅游、边境旅游、冰雪旅游、产业与科普旅游、红色旅游、节庆旅游等,①是不能与旅游者的需求相适应的。随着时代的发展,人们对旅游类型的要求也日渐提高,旅游不再单纯是为消遣和娱乐,它所蕴含的历史、文化内容越来越为旅游者所关注。因此,旅游从业者有必要以理论为指导,将内蒙古草原民俗旅游资源与地域特色进行整合、重组其类型方式,既要关注旅游者的需求,也应突出内蒙古草原民俗旅游资源的优势。在对内蒙古草原民俗旅游资源进行分类之前,先将旅游学界对民俗旅游资源分类作一简单介绍。

民俗旅游资源分类的实证基础是民俗的分类和旅游资源的分类,而这两个领域又是争论比较多的领域。分类标准的多样化,造成了民俗和旅游资源分类的多样化。下面介绍几种主要的分类。

①按照民俗事象的存在形态和表现形式,民俗旅游资源可以分为四类。一是物质民俗旅游资源。物质民俗旅游资源是指以物化形式存在的民俗事象,主要包括:饮食服饰、交通设施、民间工艺制品、民居聚落、生活用具等。二是社会民俗旅游资源。社会民俗旅游资源是指以社会组织、规约、习惯等形式存在的民俗事象,主要包括称谓民俗、生育民俗、财产继承民俗、婚嫁礼俗、民间信仰、民间节日等。三是精神民俗旅游资源。精神民俗旅游资源是指以观念意识形式存在的民俗事象,主要包括禁忌民俗、口承语言民俗、民间艺术民俗、游艺民俗等。四是仪轨民俗旅游资源。仪轨民俗旅游资源是指直接规范各种民俗活动程序、仪式的习俗模式和制度性体系,如人生仪礼的程序、畜牧的轮放制度等。

②按照旅游者的需求倾向,民俗旅游资源分为以下四类。一是休闲观光型民俗旅游资源。休闲观光型民俗旅游资源是指具有明显的外部特征,容易引起旅游者注意,并能满足旅游者休闲观光需要的民俗事象。如民居、服饰、节日活动等。二是参与娱乐型民俗旅游资源。参与娱乐型民俗旅游资源能够使旅游者参与民俗活动并获得娱乐需要的满足,是旅游者对民俗旅游资源提出的进一步要求。民俗旅游资源的大众性,意味着其中有许多

---

① 马志洋编著《中国导游十万个为什么——内蒙古》第13－15页,中国旅游出版社,2006年。

群体性的民俗活动,这些活动既有观赏性又有参与性,如射箭、赛马、摔跤等。旅游者可以通过参与这类民俗活动,放松自己的身心,在领略民俗文化意蕴的同时,全面地感知、体验民俗旅游的乐趣,满足自己的娱乐需要。三是考察型民俗旅游资源。考察型民俗旅游资源比一般的民俗旅游资源具有更深的民族性、地域性、神秘性、益智性色彩,更能反映某一地区或某一民族文化的基本内涵和特质。它主要包括民间信仰、传统聚落、方言土语、神话传说、传统民居、耕作习俗等。四是商品型民俗旅游资源。商品型民俗旅游资源是指具有旅游吸引力和实用性、纪念性、工艺性,并且能够开发旅游商品的民俗事象。

③根据中华人民共和国国家标准《旅游资源分类、调查与评价》,民俗旅游资源可分为八类。一是地方风俗与民间礼仪,即地方性的习俗。如待人接物礼节、仪式等。二是民间节庆,即民间传统的庆祝或祭祀节日和专门活动。如蒙古族的那达慕大会、鄂尔多斯地区成吉思汗祭奠等。三是民间演艺,即民间各种表演方式。如蒙古族的"好来宝"、"安代舞"等。四是民间健身活动与赛事,即地方性体育健身比赛、竞技活动。如蒙古族的博克、赛马以及各种马术活动、棋类竞赛等。五是宗教活动,即宗教信徒举行的法事活动。六是庙会与民间集会,即节日或规定日子里在寺庙附近或既定地点举行的聚会,期间进行购物和文体活动。如各地元宵节的灯会等。七是饮食习俗,即餐饮程序和方式。如各地区、各民族的烹饪方法和程序、菜肴类型、风味小吃、餐饮服务等。八是特色服饰,即具有地方和民族特色的衣饰。如鄂伦春族的皮装、蒙古族的袍服等。

民俗旅游资源的分类方法还有很多,如按照开发程度,可以分为已开发、半开发、待开发的民俗旅游资源;按照地域,可以分为各省市的民俗旅游资源;按照民族,可以分为各民族的民俗旅游资源。诸如此类的划分,只要找到合适的标准,就可以无限地划分下去。对民俗旅游资源进行分类的目的,是准确把握民俗旅游资源的本质特征,为旅游从业者更加合理地开发民俗旅游资源提供参考与便利。

民俗旅游,对旅游者来说,是一种高层次的文化旅游,在文化差异中满足他们求新、求异、求乐、求知的旅游需要;对旅游业来说,是一种具有丰厚文化内涵的旅游产品和旅游商品,是直接展示本地区、本民族文化的广阔舞台。旅游资源规划与开发研究者认为:旅游资源是诱发旅游动机和旅游行为的事物的总和,对旅游者来说,它是旅游活动的对象,是旅游活动的客体。旅游活动具有异地性,即以人们的地域移动为主要特征,而诱发人们地域移动的主要动力应是旅游资源的内容。旅游活动是旅游者的旅游动机与旅游资源对旅游者的吸引力二者相一致时形成的,在旅游活动的"食、住、行、游、购、娱"六大要素中,"食、住、行"是旅游活动的必备条件,"游、购、娱"是旅游活动的主要内容,其中的"游"更是旅游活动的核心,而旅游资源正是"游"的主要对象和刺激旅游需求的内在动因。如果没有旅游资源,旅游活动中"游"的核心内容就没有实现的可能,也就无所谓什么旅游活动的进行,更不会有旅游者。可以说,旅游资源是人类旅游活动的基础和前提,旅游资源吸引力的大小决定着旅游需求量的多少。

　　鉴于此,为求有效地扩大内蒙古草原民俗旅游资源的吸引力,为求有效地刺激旅游需求的增长,在划分内蒙古草原民俗旅游资源类型时,应考虑到以下五个因素:首先是内蒙古草原民俗旅游资源的"草原"这一地域性特征。其次为内蒙古草原民俗事象本身所具有的民族特色;第三是内蒙古草原民俗旅游资源开发的实际需要和能力;第四是凸显草原民俗的文化内涵,挖掘草原民俗的文化精神,将潜在的资源优势转化为现实的竞争优势。第五是从有利于激发人们旅游动机的角度出发,最大限度地展示内蒙古草原民俗的精髓。游牧与狩猎民族是内蒙古草原民俗文化的主要载体和承载者,他们"顺从长生天"的生态观与伦理观、坚守诚信的价值观以及开拓进取、勤奋向上、互助合作、敬畏自然、保护环境等民族精神质涵,都为内蒙古草原特色旅游产业注入了深厚的文化底蕴,提供了持久的内动力。在崇尚天然、绿色、环保的今天,人们更多地把目光转向了古朴的大草原,转向了草原人特有的生存模式。

　　在遵循以上原则的基础上,根据内蒙古草原民俗旅游资源的存在形态及"以现有资源为基础,以市场为主导,产品的供需关系,投入与产出比"[1]等旅游资源开发的理念,充分考虑内蒙古草原民俗的地域性、综合性、永续性、文化性和旅游者的多样性等特色,运用专项旅游和原生形态等行之有效的旅游规划理论与方法,[2]将内蒙古草原民俗旅游资源整合、划分并表述为几下五大类:

（1）呼伦贝尔草原民俗旅游资源　呼伦贝尔得名于境内的呼伦湖和贝尔湖。"呼伦"、"贝尔"蒙古语原意为"水獭"和"雌水獭",可见当初两湖一带以鱼为食的水獭之多。呼伦贝尔是多民族聚居区,据 2003 年统计,该地区共居住有 35 个民族。这里浓缩着内蒙古草原民俗的精华,专家认定,呼伦贝尔是蒙古族的发祥地,当年成吉思汗就是从"莫尔道嘎"（蒙古语,意为

---

① 高峻主编《旅游资源规划与开发》第 112 页,清华大学出版社,2007 年。
② 何雨等编著《旅游规划论》第 5 页,旅游教育出版社,2004 年。

"上马出征"),率蒙古骑兵部队朝西南方向开始远征的;至今呼伦贝尔还保留有蒙古族巴尔虎部、布里亚特部、额鲁特部的诸多民俗文化特征。呼伦贝尔还是达斡尔族、鄂温克族、鄂伦春族等三个少数民族自治旗所在地。作为北方游牧民族和狩猎民族文化的摇篮,呼伦贝尔是内蒙古草原民俗旅游资源最富集的地区,其中尤以蒙古族民俗文化和达斡尔族、鄂温克族,鄂伦春族民俗风情最具优势。该区域草原民俗旅游资源可分为以下六个亚类:①呼和诺尔草原蒙古族民俗游。②巴彦呼硕敖包文化游。③金帐汗草原游牧文化游。④敖鲁古雅鄂温克民俗风情游。⑤兴安岭鄂伦春族民俗风情游。⑥莫力达瓦达斡尔族民俗风情游。

(2)锡林郭勒草原民俗旅游资源 "锡林"为蒙古语,意为"丘陵地带";"郭勒"意为"河流","锡林郭勒",蒙古语全部含义为"丘陵地带河"。锡林郭勒是内蒙古自治区草原类型最全的区域,有最华丽的草甸草原,有最具代表性的典型草原,有向荒漠过渡的荒漠草原。锡林郭勒草原是我国惟一保留着完整的草原生态系统的国家级草原生态自然保护区。锡林郭勒草原历史悠久,是蒙古族聚居较集中的地区,至今保留有苏尼特、乌珠穆沁、阿巴嘎、察哈尔等蒙古部落的传统民俗,传承着丰富多彩的马背文化,持有着游牧民族与大自然、大草原和谐共处的人文生态系统。这里有元代蒙古人建起的第一个都城——上都城,元世祖忽必烈在此即位。锡林郭勒还是大元可汗、蒙古族女中豪杰满都海·彻辰夫人("满都海",蒙古语意为"兴旺发达";"彻辰"意为仁慈神圣)、清代蒙古族著名数学家明安图、清朝反抗列强侵华主战派代表人物裕谦的故乡和他们建功立业的地方。锡林郭勒是蒙古族"长调"民歌(列入《世界人类口头和非物质遗产名录》)的传承地,被誉为"草原歌王"、"长调歌圣"的哈扎布生眠于此。该区域草原民俗旅游资源可分为以下六个亚类:①灰腾锡勒草原民俗风情游。②白音锡勒草原"马背文化"游。③元上都蒙元民俗文化游。④乌珠穆沁游牧生活游。⑤察哈尔蒙古族节庆民俗游。⑥浑善达克那达慕游。

(3)鄂尔多斯草原民俗旅游资源 "鄂尔多斯"是蒙古语"宫帐"的复数形式,意为"很多的宫帐",因成吉思汗灵帐"八白帐"而得名。鄂尔多斯保留有许多游牧民族的文化传统,蒙古族民俗风情浓郁。这里有着较为完整且相对原始的草场,天然植被茂盛,野生动物繁多,自然景色优美,整个草场以旱生、丛生草为主。鄂尔多斯历史悠久,民俗文化独特,是与周口店山顶洞文化、宁夏灵武市水洞沟文化齐名的鄂尔多斯人原始文化的发祥地。相传,成吉思汗率军南征西夏途经鄂尔多斯,被这片缓缓流过的无垠草地和美丽蓝天所陶醉,认为这是"头枕黄河、身卧草原、手握天柄、眠望苍天"的风水宝地。① 之后,达尔扈特人承担着守护成吉思汗陵的职责,世世代代祭奠着"圣主"的英灵。成吉思汗陵是全体蒙古人心中的圣殿,也成为中华民族共同的精神财富。该区域草原民俗旅游资源可分为以下四个亚类:①成吉思汗"圣主"祭奠游。②鄂尔多斯婚礼民俗文化游。③库布其沙漠民俗娱乐游。④鄂尔多斯蒙古族民间娱乐游。

(4) 科尔沁草原民俗旅游资源 "科尔沁"为蒙古部落名,源于蒙古语,意为"带弓箭的侍卫"。蒙古族女政治家——清太宗孝庄文皇后、僧格林沁王、嘎达梅林是这片土地的骄傲。科尔沁草原是全国蒙古族人口最集中的地区,亦是内蒙古自治区最好的天然牧场。科尔沁文化悠久,蒙古民族文化资源丰富,这里的蒙古族素以民间歌舞"安代"、说唱艺术"好来宝"、科尔沁派"马头琴"演奏、科尔沁短调民歌为人们所称道。② 科尔沁草原蒙古族还以"擅养马,精骑术"而名闻遐迩。场面壮观、气势汹涌的赛马已成为科尔沁草原蒙古族人民的传统体育项目。该区域草原民俗旅游资源可分为以下四个亚类:①科尔沁草原"马背文化"游。②库伦"安代"歌舞娱乐游。③珠日河草原"那达慕"游。④大青沟蒙古族民俗风情游。

(5) 阿拉善草原民俗旅游资源 "阿拉善"为蒙古语,意为"野骏马"。阿拉善与贺兰山谐音而义同,因贺兰山远望形如奔腾的野骏马而致使贺兰山西部地区得名为"阿拉善"。阿拉善历史文化悠久,早在新石器时代就有人类活动的足迹,自春秋起,狄、匈奴、鲜卑、党项、回纥、蒙古等多个少数民族在此繁衍生息,汉唐以来这里还曾是"丝绸之路"的重要枢纽。阿拉善属荒漠干旱区和半干旱区,地广人稀、沙漠多,著名的巴丹吉林、腾格里、乌兰布和三大沙漠由西向东横亘全境。巴丹吉林沙漠里,生长着2.2万公顷世界宝贵的自然遗产——原始胡杨林,胡杨古老、高大、耐干旱、枝繁叶茂,至今已有一亿三千万年的历史,阿拉善人将其赞为"三个一千年的神树",即"活着不死一千年,死了不倒又千年,倒了不朽还千年"。该区域草原民俗旅游资源可分为以下五个亚类:①巴丹吉林沙漠风情游。②"驼乡"蒙古族那达慕游。③居延蒙古族历史文化游。④元代要站——哈拉浩特(黑城)游。⑤腾格里蒙古族民俗娱乐游。

此外,内蒙古草原民俗旅游资源还包括乌兰察布草原民俗旅游资源、巴林草原民俗旅游资源和乌拉特草原民俗旅游资源等。可以说,以上五大草原旅游资源类型基本体现了内蒙古草原民俗文化、地域文化的特征,也可以

---

① 潘照东、刘俊宝编著《草原明珠——内蒙古主要城市由来》第91页,内蒙古人民出版社,2003年。
② 额尔德木图、孟和编著《科尔沁文化史》第46页,内蒙古人民出版社,2002年。

说是独具特色的地域文化构成并丰富了作为草原民俗的旅游资源。内蒙古草原地域辽阔、地理气候条件迥异,游牧、狩猎民族的分布、文化也存在着明显的差异,因而,内蒙古草原从本区域的民俗旅游资源的实际特点出发,策划、规划本区域民俗旅游资源类型,不仅可以展观内蒙古草原民俗文化的共同特点,而且还能够凸显民俗文化特色,从而更好地树立和打造草原民俗旅游的品牌。

[思考题]

1. 你如何理解内蒙古草原民俗这一概念?

2. 简述内蒙古自治区各自治民族的分布情况。

3. 内蒙古草原民俗旅游的特征有哪些? 为什么要强调其情感性特征?

4. 为什么说呼伦贝尔是内蒙古草原民俗旅游资源最富集的地区?

5. 为什么说成吉思汗陵旅游区是蒙古族民俗文化旅游的龙头?

6. 简述自己熟知的蒙古族饮食或行旅民俗事象。

7. 为什么称阿拉善盟为"驼乡"? 谈谈你所了解的阿拉善蒙古族民俗风情。

下 编

内蒙古草原民俗

第四章　服饰民俗

　　服饰,从被创造开始就有了文化属性,同时也具备了沿习至今的几种基本功能。服饰的首要功能是实用,即保护身体,在寒冷季节或地区用以御寒保暖,在炎热地区则用以防御蚊虫叮咬。服饰的另一个基本功能是美化身体。早在原始时代,人类就用兽齿、贝壳和各种颜料来装饰和美化自己。时至今日,这种美化的功能已经发展到无所不至、登峰造极的程度。可以说,人类在服饰的实用目的中创造着美,又在审美的过程中按照美的尺度拓展了实用价值。服饰的第三个基本功能是社会标识作用。起初它被利用为不同部落的标志,接着又发展为不同社会等级、不同民族的标志。

　　几千年来,服饰伴随着人类的生活和生产活动不断发展,不断完善,服饰与各民族所走过的历史、所处的自然环境、所选择的生产方式以及经济基础、物质文明、社会习俗、心理素质、审美观念等密切相关。服饰,从创造它的第一天起就标志着人类向动物界的最终告别,涵盖了社会文明的所有特性。中国是举世闻名的衣冠服饰王国。在这历史悠久、统一而多民族的国家里,内蒙古草原各民族服饰可称为中华民族服饰文化宝库中的一颗璀璨的明珠。本章将主要介绍蒙古族、达斡尔族、鄂温克族和鄂伦春族的服饰种类、款式风格、面料色彩、构成制作及相关的一些风俗习惯,以便广大读者及旅游者对内蒙古草原各民族服饰与民俗文化有一个系统的了解。

一、蒙古族的服饰

　　蒙古族的服饰,是蒙古民族传统文化不可分割的组成部分。从上古到蒙古汗国,从元、明、清到近现代,随着历史的发展,历代蒙古族人民在长期的生活和生产实践中,发挥自己的聪明才智并不断吸收兄弟民族服饰之精华,逐步完善和丰富自己传统服饰的种类、款式风格、面料色彩、缝制工艺,创造了许多精美绝伦的服饰,为中华民族的服饰文化增添了灿烂的光辉。

蒙古族服饰,是反映蒙古民族各个历史时期物质文明和精神文明的重要载体,它有着悠久的历史和代代相传的优良传统,因此,千百年来一直为蒙古族人民所喜爱和沿用。蒙古族服饰以自己独特的款式风格和精湛的制作工艺,屹立于我国乃至世界服饰之林而经久不衰。

蒙古族服饰的发展变化,与其世代繁衍生息的草原地理、气候之间有着密切的内在联系。蒙古族民众顺应草原环境规律,因势利导从事游牧业长达八百年,蒙古高原冬天寒冷、夏天炎热、春天干燥和秋天凉爽的气候决定了蒙古族服饰的薄、厚、长、短等季节特征。

蒙古族服饰从它的材料、工艺、款式到穿着、使用过程都体现了本民族固有的风俗特点,由于穿着者的分工特点、社会地位、男女性别和年龄差别也能够体现出明显的不同风格。这些现象的出现除关系到蒙古族审美观念以外,主要决定要素是服饰的社会属性,其中社会分工的细化能够直接影响服饰的款式与制作。此外,服饰除为蒙古族提供了实用需求之外,还能满足丰富多样的精神需求,蒙古的服饰民俗中蕴含着宗教、礼仪、娱乐、象征等多种内涵。

(一)蒙古族服饰的种类

蒙古民族部落众多,生活地域广阔,加之各地区民俗和自然环境的不同,促成了各地蒙古民族服饰的一定差别。如果依据地域或部落划分,蒙古族服饰可分为:阿拉善服饰、乌拉特服饰、鄂尔多斯服饰、察哈尔服饰、苏尼特服饰、土默特服饰、乌珠穆沁服饰、阿巴嘎服饰、巴林服饰、喀喇沁服饰、科尔沁服饰、布里亚特服饰、巴尔虎服饰等10多种类型。依据年龄和性别可分为:老年男子服饰、中年男子服饰、青年男子服饰、少年服饰、儿童服饰与老年女子服饰、中年女子服饰、已婚女子服饰、少女服饰等。依据季节可分为:春季服饰、夏季服饰、秋季服饰和冬季服饰。依据分工或服饰的功能可分为:日常服饰、礼宴服饰和摔跤服饰、射箭服饰、赛马服饰、萨满服饰、喇嘛服饰等。

(二)蒙古族服饰的用料

远在旧石器时代,蒙古高原的人类就已经创造了遮体护身的服饰。正如《蒙古风俗鉴》所记载,古代的蒙古人曾用叫桑达利的一种树叶做讷莫,围在腰间,即护腰儿。后来,他们打猎取皮做衣或以毛毡做衣。周朝以后,北方草原开始传入布匹。唐朝以后,传入各种绸缎,蒙古族的服饰质料与样式开始发生变化。明清时期,随着蒙古族商业和手工业的发展,蒙古族的服饰进一步得到发展,特别是随着蒙古族与其他民族之间的经济文化交流,各种面料相继出现,不再限于羊皮、貂皮等皮料,逐渐出现了丝绒、花缎、丝绸,以及后来出现的斜纹布、的确良、毛料、水洗布、牛仔衣料等都可作为蒙古族服饰的用料,但蒙古族依然青睐于传统的绸缎面料制作的服装。

(三)蒙古族服饰的款式与制作

(1)**蒙古族服装的款式**　蒙古袍的款式因地区而略有差别,但总的来说都是袍式衣服。不同之处在于袍子的开衩、袖口、下摆及其装饰等部分。开衩,即在蒙古袍两胯向下的部分开衩,如鄂尔多斯、察哈尔地区的蒙古袍都开衩,而且在开衩处镶上各种颜色的绲边。有的地区则不同,如布里亚特、乌珠穆泌等地区的蒙古袍就不开衩,他们的蒙古袍较之开衩的更为肥大宽松,尤其在腰胯以下都可以打褶。蒙古袍的袖子也有两种款式,即有、无马蹄袖之别,有马蹄袖的长袍,其特点是袖口上翻,呈马蹄状,比较肥。按地区来看,巴尔虎和土尔扈特等地区的男袍有马蹄袖;按季节分,牧人冬季长袍的马蹄袖较大,夏季长袍的马蹄袖较小;按性别来看,男袍的马蹄袖较大,女性和老年人的马蹄袖较小。蒙古袍有无马蹄袖的长袍,即袖口不向上翻,只有宽窄两种袖口,科尔沁、喀喇沁一带女袍就无马蹄袖,且袖口较窄,而喀喇沁贵族女子的长袍袖口就比较肥。蒙古族的长袍还有宽下摆与窄下摆之别,阿拉善、达尔罕、喀尔喀等地区蒙古族的袍子是宽下摆,土默特、科尔沁、喀喇沁等半农半牧区的蒙古族的袍子是窄下摆。此外,元代以前,蒙古袍是左衽,从元代始则出现右衽,个别地区现仍有左衽习俗。

(2)**蒙古族服饰的构成与制作**　主要有蒙古帽、蒙古袍、腰带、坎肩、便裤套裤、蒙古靴、女子装饰、男子佩饰等。

①**蒙古帽**。蒙古帽子的种类很多,这里介绍几种在蒙古族服饰中常见的帽子款式。

罟罟冠。也写作顾固冠、固姑冠等。这是元代蒙古族已婚女子所戴的高冠。它是一种显示女子身份贵贱和社会地位高低、具有浓厚民族色彩的冠饰。一般采用桦树皮围合缝制,成长筒形,冠高约 1 尺,顶部为四边形,外面包裹着五颜六色的绸缎,上面缀有各种宝石、琥珀、串珠、玉片及孔雀羽毛等装饰物。元朝灭亡后,这种冠饰失传。

圆顶圆檐帽。有圆尖顶、漫圆顶两种。如陶日奇克帽、喀拉喀帽属圆尖顶,帽顶有用红线编织的布结。漫圆顶圆帽,帽顶无装饰,而帽边缘有各种装饰,绣有各种云纹和几何纹图案。蒙古族多在室内或参加庆典、过年过节时戴此类帽。

圆顶卷檐帽。又称礼帽,是在中原毡帽基础上逐渐演变而成的,现代蒙古族戴这种礼帽的较多且佩戴者多为男子。礼帽一般用精纺呢料制作,多为黑色、棕色或灰色。帽筒前高后低,帽顶中央稍凹陷,帽筒与帽檐相接处缀以花纹镶边。

暖帽。也称蒙古帽,近代称之为风雪帽,有尖顶、漫圆顶两种。前额有很窄的小檐翻卷,后有帔,内挂貂、獭、银鼠皮,可遮盖颈部,抵御风雪,既暖和又美观。风雪帽是由元代的鹰帽发展而来的,其形状犹如一只欲飞的雄鹰。风雪帽用布帛缝制,帽子的翻边外部钉有兽皮,顶部缀有硕大的玉石或布结顶,后边缀有两条各色绸布飘带。现在的风雪帽主要有尖顶和圆顶两种式样。蒙古人冬季从事户外劳动时主要戴风雪帽。

头巾。蒙古族不分男女老幼都有使用围巾围头的习俗,现在多为女子使用。头巾的种类和式样很多,多用丝绸制作,颜色丰富艳丽,一般而言老人和男子的头巾稍素淡一些,女子和童少年的头巾非常鲜艳,而且头巾的围法有区别、有讲究。蒙古族围头巾的习俗与马背生活有直接的关系,骑上骏马飞驰,往往使人头晕目眩或两耳轰鸣,如果用头巾紧围前额,可防止出现上述不适现象。

②**蒙古袍**。蒙古袍是蒙古族服饰中最具代表性和标志性的民族服装。依据面料,大体可分为皮袍、布袍、绸缎袍;根据季节可分为棉(皮)袍、夹袍、单袍;依据性别可划分为男式蒙古袍和女式蒙古袍。

蒙古族一年四季都穿长袍,只是根据季节变化厚薄不同而已。夏季穿单袍,春秋穿夹袍、冬穿皮袍或棉袍。男装和女装各地风格略有不同。男装有自己的特点,如在颜色上,蒙古族青年男子多喜用靛蓝、宝石蓝、黄褐色、浅棕色面料,中老年男子则多用深棕、深绿、深紫、藏蓝等颜色。一般来说,男子长袍比女子的简单大方,衣扣多用刻有吉祥图案的铜扣或银扣。遇上年节,就穿颜色鲜艳的吊面皮袍,再套上坎肩或马褂,腰系腰带,脚蹬蒙古靴。女式蒙古袍比男式的精致考究,从颜色上看,以红色、浅蓝色、乳白色、粉色、绿色为主,老年妇女多喜欢墨绿色。

蒙古袍作为蒙古族服饰文化中的重要内容,有其自身发展的规律和特点。首先,蒙古袍具有适合马背生活的特点,能够起到御寒和保护身体的作用。被称为马背民族的蒙古族,他们的生活、生产、征战都离不开骑马。而蒙古袍的前摆和内摆紧裹双膝,后摆紧包腰部和臀部,左衽前襟保护胸部和腹部,马蹄袖在冬天能起到手套的作用。其次,蒙古袍还具有适应游牧生活的特点。蒙古袍穿着方便,只要扣上前襟和腋下的两道扣子,即可完成穿着过程,再者,蒙古袍一般都宽大厚重,而且多用皮毛等优质面料缝制,白天穿着蒙古袍不仅能遮挡和保护全身,而且能防止蚊虫叮咬和动物的侵袭。晚上睡觉时脱下蒙古袍后可当被子盖,保暖而且防止潮湿。蒙古袍的这种多功能和特点,适应了蒙古族野外牧羊和经常迁徙的生活,符合蒙古族游牧生活的需要。

③坎肩。北方各民族,男女都喜欢穿坎肩,尤其是妇女。坎肩的种类很多,有长坎肩和短坎肩,有开衩和无开衩坎肩之分,另有男女之别以及日常生活穿着和礼仪场合穿着等区别。

坎肩也是蒙古族传统服饰之一,是一种罩在蒙古袍外面的装饰性无袖短衣,蒙古语称普通的蒙古坎肩为奥吉或乌吉。奥吉有两种:一种无领无袖,短及腰间,套在长袍外边,男女皆可穿,但男子穿的较多;另一种是女式坎肩,长到过膝,前后左右均开衩,套在袍子外边穿。近代,坎肩的款式有了较大变化,有大襟、对襟的,有左衽、右衽的,有的有领、有的没领,有前后开衩的,也有两侧开衩的。坎肩是装饰性服装,所以一般都用绸缎缝制,而且用大量的库锦、彩虹条、金银曲线条进行镶边,用金、银、铜、宝石、珊瑚钉扣祥,缝制工艺十分讲究。

④腰带。蒙古语称腰带为"布斯",所谓腰带就是穿着蒙古袍以后围系在腰部的带子,腰带是蒙古服饰的重要组成部分。蒙古族男女都扎腰带,只是已婚妇女除外,故称她们为"布斯乌贵"(意为不系腰带的人),后来布斯乌贵一词竟演变成为女人的代名词。腰带一般长约二十尺。男子的腰带比较宽,缠在腰间后,把腰带两端左右两侧绾一结,下垂穗子;腰带的颜色为绿、黄、杏黄、宝石蓝等颜色;扎腰带时还要上提袍子。女人扎腰带不上提袍子。青年男女的腰带多为橘红、翠蓝、黄绿、紫红等颜色。腰带和蒙古袍一样,在蒙古族生活和生产中具有重要作用:一是保暖和保护。腰带和蒙古袍形成一个整体,将蒙古袍紧紧裹贴于身,使蒙古袍产生更为保暖作用,亦使骑马人的内脏不因颠簸而受损。马的奔跑对人体内脏产生剧烈的震动而使人难以忍受,甚至对内脏产生损害,所以用宽厚的腰带紧裹腹部防止内脏的颠簸。二是实用。腰带上可以佩挂很多随身应用的物件,便于携带和使用,比如战时可挂刀剑和弓箭,平素悬挂火镰、餐刀和银碗等。

⑤裤子。蒙古族穿的裤子有单裤、棉裤、皮裤、套裤等。过去,蒙古族牧民一般穿皮裤,裤子的款式肥大,长腰,前面不开口。裤类中还包括套裤、护膝等。套裤是一种无档无腰,上系带的裤子,用带系在裤腰上。面料有棉和皮等,是牧民最好的防寒服装。护膝也能起到防寒作用,它是用羊皮制成的约一尺多长的皮筒,套在裤子外边膝盖处。

⑥蒙古靴。蒙古靴子是非常有民族特色的服饰。蒙古靴用牛皮、马皮

制成,其特点是靴身宽大,靴内衬有皮子或毡子。此外,蒙古族穿用的靴子还有马靴、毡靴和马海靴(布靴)。马靴用牛皮制成,一般是在骑马时穿,根据需要又可分为高筒和中筒,从款式上看,靴头宽大,靴勒高瘦。毡靴是用羊毛或驼毛擀成的毡子所制,其特点是轻便、保暖,尤其在雪地里更为适用。马海靴以黑布、条绒制作,靴帮用补花、绣花装饰,有多种美丽的花纹和图案。马海靴穿着特别柔软舒适,夏季可防蚊虫叮咬,冬季能防滑且防寒,穿起来也灵巧方便。

蒙古靴是蒙古族在特定的自然环境和长期畜牧经济生活过程中创造出来的,其作用主要是实用于蒙古民族的生活,能够在骑马时护踝,防止脚部和小腿被磨破;在草原上行路时防止裤腿和脚部被荆棘撕破或虫蛇袭击。

(四)蒙古族男子的佩饰

蒙古族男子不仅身着蒙古袍,腰系宽厚的腰带,头戴风雪帽,脚蹬蒙古靴,而且还佩带有多种饰品。蒙古族男子的传统佩饰品主要有褡裢、鼻烟壶、烟荷包、火镰、蒙古刀、耳环、手镯等。

(1)**褡裢** 这是装鼻烟壶和哈达的长方形竖口小袋子。褡裢用布帛缝制,绣有各种花鸟动物,四周用库锦、金银曲线、彩虹条镶边。褡裢的一头装鼻烟壶,一头装哈达,悬挂在腰带左前侧,起到装饰作用。

(2)**鼻烟壶** 它不仅是盛放鼻烟的容器,也是蒙古族用于相互问候的礼仪工具。其造型多系扁圆、溜肩、底大、颈小的矮扁瓶。材料有玛瑙、玻璃、水晶、银、玉、石、瓷、木等。有内绘花与外刻花两种工艺。上等鼻烟壶盖多为银制,上面镶嵌有珊瑚或松石大圆珠,盖上自带一个形如挖耳的小勺,可以伸进鼻烟壶颈部的细孔里,从中挖出鼻烟。蒙古人见面时有交换鼻烟壶的礼节。朋友见面,各掏出自己的哈达和鼻烟壶,将哈达的口(指折叠出两片的那面)面朝对方,架在自己的手腕上,右手拿着鼻烟壶,把哈达搭在对方的手腕上,用右手把鼻烟壶递过去。对方用左手接鼻烟壶,各放于右手,在手心里旋转一圈后,再递送到对方的左手中,哈达搭到对方的手腕上,这样各自又把鼻烟壶和哈达相互交换了回来,同时口中不停地互致问候。现在蒙古族主要在过年过节时以鼻烟壶相互拜年问安。

(3)**烟荷包** 蒙古语称哈布塔盖。荷包有荷叶形、桃形、葫芦形、番茄形、椭圆形、心形、长条形、菱形等。荷包的上端和下端都有库锦镶边,正面有美丽的花卉、草木、蝴蝶等。蒙古族姑娘到十二三岁时,开始向母亲学习针线活,再大一些就独立绣制荷包。绣荷包有各种规矩,如绣制禽鸟图案时,先绣头身,后绣翼尾;绣花草时,先绣枝叶,后绣花朵。如不按顺序绣制,则认为不吉利。荷包是一种饰物,同时也有多方面的功能:一是应用功能,里边可以装鼻烟壶、烟草等物品;二可作为信物和礼品相互馈赠。

(4)**火镰** 是火柴进入蒙古族居住地之前,蒙古人随身携带的取火工具。用精铁与燧石相撞产生的火花引燃草制的火绒取火。它与蒙古刀合挂在腰间左侧,成为一种装饰。后来,由于火柴的广泛使用,以火柴取代火镰后,蒙古族男性就只佩挂蒙古刀了。

(5)**蒙古刀** 是游牧民常用的餐具,由刀、象牙筷、佩带组成。刀一般长一尺左右,分为刀身、刀柄、刀鞘三个部分。刀身以优质钢为原料打制而成,刀柄长 25－26 厘米,刀鞘长 16－17 厘米。刀柄和刀鞘均用檀木制成,以银片或铜片镶嵌。筷子用象牙或象骨制成,刀鞘旁边还有装筷子的两个小孔。蒙古刀有多种功能,既是餐具又是宰杀牛羊的工具,也是佩挂在腰带上的装饰品。

(6)**碗袋** 是装银碗的套子。由布、柳编、毡和桦皮等缝制而成。碗袋一般是纺锤形的,两头有出处(就是把口折叠起来穿绳的一种工艺,一揪绳子,口就可以扎住)。碗袋可带在腰间,柳编的多挂在马鞍鞒上,在家时挂在哈那头上。出门时带在身边,游牧、狩猎、出征或寻牲畜到异地,装入碗筷,以备用餐。

(7)**银碗** 是蒙古族男子的餐具和重要饰品。蒙古人出门远行时都要随身携带银碗,到别人家喝茶时拿出自己的银碗使用,这样显得卫生和礼貌。银碗上多镂刻有云纹、几何纹、吉祥纹等各种图案和饰纹,制作工艺精美。蒙古人用布帛缝制绣花的布袋子,把银碗装起来以便携带。现在蒙古族多用银碗为贵客敬酒。

此外,蒙古族男子还带耳环、手镯等饰品。这些饰品多用金银制作,并镶嵌宝石和珊瑚。男子带耳环和手镯与女子不同,仅带一只,而且带在左耳和左手腕上。这些饰品本为蒙古族男子的日常生活和生产的工具,但智慧的蒙古族将它们经过艺术处理,使其具有了便携性、装饰性特征。

(五)蒙古族女子的佩饰

蒙古族女子的佩饰主要以金、银、珍珠、珊瑚、玛瑙、翡翠、琥珀、绿松石、青金石等贵重材料制作。蒙古族女子装饰品的种类和式样繁多,加工技术极为精湛,是难得的艺术性和装饰性相结合的民族瑰宝。蒙古族女子传统佩饰主要有银座、坠子、钗簪、耳环、耳坠、发辫、发髻、字勒、荷包、手镯、戒指等。另外,蒙古族女子头饰有明显的地区特点和部落差别,已婚女子和未婚女子的头饰也有明显的区别。

（1）**银座**　又称为头箍、额箍，是蒙古族女子头饰中最华贵的装饰。它是固定各种头饰的总盘，这种装饰平素一般不戴，逢年过节或喜庆日子才佩戴。如在鄂尔多斯妇女的头饰中，额箍由镶半球形珊瑚松石的布底套圈，其他部分由珠子、珊瑚、玛瑙、绿松石、青金石组成，其中靠两鬓垂至两肩的挂串是最华丽的部分。

（2）**坠子**　蒙古语中称"隋和"。坠子是蒙古族已婚女子平日经常佩戴的轻便头饰，由褡带、坠子等组成。挂坠子的长条褡带由一寸宽的青色绸缎缝制，上面缀有翡翠、珊瑚、绿松石等饰物，是戴在头顶垂于耳后的装饰物。在褡带两角下面挂坠子，坠子下端有珊瑚装饰的银质蝴蝶，其下用银环连着银质蝙蝠、吉祥结和虎面装饰，最下面还有三串精美的穗子。

（3）**钗簪**　是绾头发的一种首饰。钗多用金、银、玉制作，工艺简繁不一，是已婚女子盘云髻时不可或缺的饰用品。造型以龙凤、花鸟、蝴蝶、蝙蝠状为多。簪多为银制，柳叶形居多。

（4）**耳环和耳坠**　蒙古语中耳环称为额莫格，多用银制作，再镂以各种图案，有的还镶嵌各色宝石和珊瑚，小巧玲珑，多为未婚女子所喜爱。耳坠是用银片和圆柱形或圆球形珊瑚串起来的一种饰物，长3－5厘米。一边耳朵佩戴2－4只，多者戴8只，这是已婚女子佩戴的耳饰。

（5）**发辫和发髻**　蒙古族女子喜欢梳发辫。根据年龄不同与婚否等情况又有不同的样式。小姑娘一般留圆顶独辫发，十二、三岁之后留后垂式独辫封发。其梳法是头发并于颈后，上端扎二指左右宽的红头绳，然后梳成一条辫子。已婚女子一般梳两条辫子，分垂于胸前。有的地方稍有差异，如呼伦贝尔西部、锡林郭勒东部地区，女子的发式多从前头起两分，头后扎束，前额缀以一串串珍珠，两鬓则以各种宝石等串成的长穗垂于左右两耳边。哲里木地区的女子常用布套套在束发上。蒙古族已婚女子有梳发髻的习俗，东部地区的已婚女子出嫁则束为髻，首饰多用金银。察哈尔一带已婚女子的发髻更为独特，她们分发辫为二，盘绕额上，作平顶形，名曰"盘羊头"，用丝绸类发筒套上，然后用五支簪钗缠发髻。

（6）**字勒**　是挂在长坎肩两侧腋下的银质装饰。字勒上面是一个法轮，表示无灾无病，其下连着银质吉祥结，表示吉祥如意，再下联结四根银穗子，在每根穗子的下端均有一个小巧玲珑的银质小铃铛。

（7）**荷包**　是蒙古族女子带在前襟纽扣上的饰物。荷包多用绸缎缝制，上面绣有花鸟等各种精美图案，是女子表现自己针线功力的实物。平常二三个荷包连挂在一起，内装香草、针线、牙签、鼻烟壶等。

（8）**戒指和手镯**　戒指多用金或银制作，有的镶嵌宝石。未婚女子戴在小指上,已婚女子戴在无名指上。手镯以银质、玉质为多。蒙古族已婚女子习惯双手佩镯,未婚姑娘只戴一只手镯。

（六）蒙古族的特殊服饰

蒙古族的特殊服饰是指在特殊时间、特殊场合所穿的服饰,即竞技、婚丧、节日娱乐、宗教祭祀活动中所穿用的各种不同的服饰。这类服饰与日常服饰有所差别,且根据不同情况有不同的款式及功用。蒙古族的特殊服饰主要有那达慕服饰、婚礼服饰、葬礼服饰、宗教服饰等,为旅游所需,在此主要介绍以下二种特殊服饰:那达慕服饰和宗教服饰。

（1）那达慕服饰 那达慕大会上有摔跤、射箭、赛马等三项传统体育活动,在举行那达慕大会时,此三项活动的运动员都要穿特殊的服装。这些特殊服装的起源、形成与北方游牧民族的戎装有直接联系。文献记载,古代蒙古人从小习武,一旦被指定为兵丁就要发给甲胄等戎服,参加军事首领主持召集的军事训练活动。在这样的训练活动中,兵丁们除了向富有军事本领的老人学习骑射、比武、挥戈上阵等军事技术之外,还要参加摔跤、射箭、赛马等那达慕项目,以显神威。这种训练形式,非常适合生产、生活和军事三位一体的北方游牧民族的社会制度。那达慕服饰,其外观具有古代戎服的特点。从蒙古族的历史来看,到了蒙古汗国和元代才把摔跤、射箭、赛马定为国家级的竞赛项目,还制定了一定的服饰,从此,对那达慕盛会的参赛者就有了服饰方面的要求。

①**摔跤服饰**。蒙古族摔跤服饰各地区有不同的特点,如漠北地区的摔跤服饰主要由将军帽、短袖坎肩、三角形摔跤裤、大翘尖靴等组成,漠南地区的摔跤服饰则由坎肩、三色彩带、护身颈结及肥裆裤、套裤、香牛皮靴子组成。前者能显示摔跤手们健美发达的身材,而后者则能显示摔跤手雄壮威武的英姿。鄂尔多斯、卫拉特、阿拉善一带的摔跤服饰比较简单。近、现代蒙古族摔跤服饰各地区基本已趋于一致,主要由景嘎（护身颈结）、卓德格（摔跤坎肩）、绍都格（三角形摔跤裤）、摔跤裤、套裤、包腿、彩带、围裙、靴子、靴捆等组成。

景嘎(又称吉祥带)。这是摔跤手脖子上戴的绸缎条,主要是由裹有绸布的皮圈和绸缎、哈达之类的彩带组成的项圈。彩带虽一指多宽,却来之不易,其数量越多,说明该摔跤手获胜的次数也越多。

卓德格。这是为了便于相互抓拿对方而穿的坎肩。主要用香牛皮、鞣牛皮、粗面革布料制作,香牛皮卓德格较为普及,从式样上看,有开放式和封闭式两种。按地区也可分为喀尔喀、科尔沁、察哈尔、卫拉特、乌珠穆沁、阿巴嘎等卓德格。内蒙古地区普通使用的是察哈尔卓德格,而且使用开放式卓德格较多。开放式卓德格又叫做蝴蝶坎肩、翅膀坎肩,因为形状像蝴蝶翅,实际上它就是一种紧身坎肩,有领口但无领,袖子很短,有一后片,前面几乎什么都没有,用两根皮条裹回来,扎在腰上就成。卓德格无论是用什么材料制作,领口、袖子边缘一带一定要用香牛皮或粗革层层镶边,用皮筋、丝线、麻筋等密密地缝纳,在这些部位和后腰两侧用银铜炮钉镶嵌,防止出汗后难以抓拿。后背中心位置还有一个五寸见方月亮状的银镜或铜镜。铜镜上有錾花或鼓出来的龙凤狮虎及象、鹿等图案,也有各种纹样、蒙古文篆字或方块蒙古文字。

摔跤裤。这是一种肥裆裤,用 16 尺或 32 尺白布做成。有的用同样的面料做成摔跤裙代替裤子。裤子外面有套裤,这种套裤无腰无裆,两只裤腿单独分开,每只裤管上端前高后低。在高处钉一条带子,系在腰带上。套裤的面料、装饰图案、色彩等因人而异。老摔跤手多用昂贵的面料,年轻的则用色泽鲜艳的面料,镶云纹和铜钱图案。腰间还要围三色彩带,它一方面给摔跤手增添威武的气派,另一方面又能保护身体。

包腿。有些地区,如乌珠穆沁的摔跤手普遍使用绊踢技巧,为了保护小腿,便发明了包腿。它用竹子做成,将竹片削成竹算儿,从踝骨开始,一直缠到膝盖以下。在呼伦贝尔居住的蒙古族和鄂温克族中,有一种护膝板也很有特点,它用皮革制作,呈长方形,上宽下窄,下端切出半圆形豁口,使护膝板攒入靴中,豁口可套于脚上,并以皮条系于豁口两端绑在脚上,防止摔跤时脱落。护膝板呈弧形裹在脚上,露出靴鞒之上的护膝板正面,其上绘有各种油彩图案。图案有藏传佛教的八宝图案纹饰,如白狮、白象等。还有八结盘肠纹以及马、牛、虎等纹样。技法上多线描涂或彩绘,色彩对比度较强烈,使主纹突出而又显得明快和谐,有时在边饰上加绘花草纹,形成了呼伦贝尔草原蒙古族和鄂温克族摔跤服饰特有的风格。

围裙。摔跤手的又一种装饰物,它是由红、黄、蓝三色绸缎、布条扎起来,穿缀在一根结实的皮条上,牢牢地扎在腰间。在摔跤坎肩下边、裤带和套裤上边再紧紧地捆上一层,使花花绿绿的布条在风中或垂缀或抖动,仿佛一头无敌猛狮。

靴子。摔跤手穿用的靴子底部多用熟牛皮制作,靴帮和鞒用香牛皮制作。靴子的作用主要是保护脚部,使摔跤手站稳,以便更好地发挥摔跤手的各种技巧。为了使靴子不滑脱,还要用一条结实的皮条捆上几圈,这就是靴捆。它长 2 米,宽约 2 厘米,一头拴铜、铁环或打死结,在靴子上缠三到五圈。

②**赛马服饰**。一般有儿童和成人穿的两种不同赛马服饰。儿童参加赛快马,其服饰要求色泽鲜艳、穿着轻便。而成人参赛的项目较难,如赛走马、赛颠马等,因而这两种赛马服饰各有特点。儿童赛马服饰包括袍、裤、靴子、冠巾等。长袍无论袖子还是下摆都较短,面料用薄绸制作,色泽鲜艳,领口、大襟、小摆、袖口边上都镶有漂亮的沿边和图案装饰。裤子用一样的面料来制作,但裤脚要紧、裆要宽松。脚上着轻便靴子,也有的人只穿袜子。成人的服装比儿童要丰富一些,要有全套的鞍具,全套的服装。一般来说,骑手要穿轻巧的服装,这样可以增加速度,面料要柔软、吸汗、轻薄。蒙古袍要短而紧身,颜色以天蓝、白色、粉红为主,衣边有装饰图案。帽子更是多种多样,有尖顶圆帽、风雪帽等。帽子上缀有镜子或星形装饰,使其闪烁发光。帽子在鬓角处缀两条带子,其后也缀有彩带。

③**射箭服饰**。射箭服饰较之摔跤服饰和赛马服饰,显得略简便一些。蒙古族射箭服饰分骑射、步射两种,骑射服饰除全套弓箭和射手所穿戴的全套传统服饰之外,还要有备齐全套马具的骐骥等;步射服饰除射手所穿戴的全套传统服饰之外,还要备齐弓、箭、弓套、箭袋、护袖、扳指、箭靶等射箭所需的用品。

(2)宗教服饰 蒙古族的宗教服饰主要包括博服饰和喇嘛服饰两种。蒙古族博(萨满)服饰,据有关资料及书籍介绍,蒙古族古老的博服饰是白色的,到了近代,博服的颜色、款式发生了较大变化。以科尔沁地区为例,博服可分为两大类,一类是博服,另一类是盔甲服。

①**博(萨满)服饰**。博服分为头饰和裙子两大部分。头饰,因性别而异,博的头饰有三种:一种是用大红绸包头;一种是帽式头饰,是用毡子制成的盅状帽盔,周围有一圈帽檐,顶端有帽结和红缨。另一种是铜冠,习惯上称为多郭拉嘎(即盔)。这种盔用铜或铁制成,盔上的装饰不完全一样。有的装有剔地母——五佛冠、五福冠,即在盔的正面刻画出五个并排的莲花瓣状物,中间的略大一些,有的在莲花瓣的两侧再刻画神树、铜钱和饰纹。这种剔地母,有的直接刻在铜上,有的则刻画在纸板上,然后以布衬连接系在铜盔上。有的头盔上还有三根铜柱,每根柱上装有铜铃和小鸟,系上三色或五色的彩绸。不论哪一种盔,里面都有棉布制作的衬帽,帽檐前边装有黑色丝线的穗遮住眼睛,蒙语称哈拉哈布其。女博的头饰简单,只是把头发梳成一根三股大辫,并在辫梢上系三个红缨穗。

博裙。科尔沁蒙古族博的衣服主要是法裙(由衬裙和罩裙组成)。衬裙多以布织,分左右两片,每片略呈上窄下宽,套于衬裙外,用一根布带连接系于腰际。罩裙是一个宽围腰,下垂多为上窄下宽的长飘带。有的飘带中间或末梢还分别缀有一只小铃铛和穗子。飘带的片数不尽相同,有 21 条的,也有 23 条或 27 条的。飘带有的每条自成一色,有的每条又由七色、九色等多彩的丝绸或布块拼接而成。据德国民俗学家海西希介绍,蒙古族的萨满服还有一种盔甲服(斑点服),它也是科尔沁博的服饰之一。

博的主要法器为铜镜和鼓。博的鼓一般用铁圈蒙以皮革制成,其状如蒲扇,直径为 30 厘米,下有 12 厘米长的铁手柄,鼓柄尾端拧成 3 个环,环上又挂 9 个直径 3 厘米的小铁环。年长的博一般用白色鼓,年轻博一般用红色鼓。铜镜是博很重要的佩饰:一种是素镜,形制较单薄,背面中心有钮,无纹饰,外沿有边儿,与满族、鄂伦春族的铜镜一样;另一种则较为厚实,背面中心有钮孔,多装饰。另有鞭、宝剑、腰刀等,也用来做法器。

②喇嘛服饰。16 世纪以后,蒙古地区黄教替代了萨满教。黄教在蒙古族政治、经济、文化等方面也都产生了直接的影响。18 世纪是黄教在蒙古草原的全面发展时期。黄教喇嘛有一套服饰和法器,他们戴的帽子有三种:一种是喇嘛在焚化面塑时才戴的光绍帽,这是用黄绸制作的桃形帽;一种是巴森帽,卓尔济以上学位的喇嘛日常戴的帽子;一种是沙姆帽,又名沙萨尔帽,这是喇嘛诵经时戴的帽子,样子像鸡冠,顶部还有缨子。喇嘛的衣服有袈裟、斗篷、沙弥服等。袈裟,长 14 尺,宽 4 尺,是一种红、黄、紫三色茧绸制作的长条服,从左肩上斜裹到右腋下,缠在身上。这是高级学位的喇嘛才披的。斗篷用黄布制作。沙弥服由额楞和沙姆塔布构成。额楞是一种坎肩,是喇嘛穿的一种上衣。沙母塔布是多褶的罩裙,套在平时穿的白布裙子上边。喇嘛还有一种似短袄的服装,叫做道德贵。另外,跳鬼神时,根据不同节日和不同角色,要穿各种样式的服饰,戴各种面具。

(七)蒙古族的服装与佩饰禁忌

服饰是了解一个民族历史文化、生产生活、社会风俗和审美观念的一面镜子,蒙古族在长期的历史发展过程中,创造了许多独具风采的衣冠服饰。服饰反映了蒙古民族独特的风俗习惯和思维方式。

(1)冠饰禁忌 帽子是蒙古人心目中极为尊贵且神圣不可侵犯的饰物。帽子不仅满足了蒙古民族物质生活中的冠戴需要,而且帽子还被赋予很多社会象征意义,比如蒙古帽顶象征一个人的气质和朝气,帽顶下飘逸的红缨象征一个人的兴旺与发达,帽檐象征一个人升腾的气运,帽子后边的飘带象征着为主人召唤福气。蒙古族不仅用名贵的宝石、珍珠、皮毛、丝绸制作帽子,而且在冠戴方面还制定有很多的礼俗。蒙古人认为:人之首是智慧之源,而帽子是保护人首之物,礼当至高无上。日常生活中不准乱放或乱扔帽子,忌讳踩踏和迈过帽子,否则被视为对帽子主人的极大侮辱。摘帽后,必须把帽子放在高处、忌讳触动别人的帽子,尤忌随意戴用他人的帽子。此外,还禁忌同时戴两顶帽子、歪戴帽子和帽檐朝下;放帽子时忌讳帽里朝上或随手乱扔;忌讳戴丢而复拾的帽子或在路上拾别人的帽子。小孩忌戴猫皮、狍皮、狐狸皮帽。在迎送客人、敬酒、献哈达和参加庆典、集会、祭祀、婚礼等正式场合,都要冠戴帽子,以示郑重、庄严和尊敬。

(2)**蒙古袍的色彩** 蒙古袍的颜色同样体现着蒙古民族的风俗习惯,就其色彩而言,也具有丰富的象征意义。比如白色标志纯洁、吉祥和富庶;红色标志幸福、高贵和向上;蓝色标志雄俊、诚实和智慧;绿色标志繁荣与富庶;黄色标志崇高与永恒。

(3)**蒙古袍的禁忌** 蒙古族认为穿袍子是一种严肃的事情,其过程即是尊重自己又尊重他人,因而,敬酒端茶时不能捋袖,也不能袒胸露颈,衣服的下摆不能从锅碗瓢盆上扫过。蒙古族视衣领为极尊贵之物,认为"人有兄长,袍有衣领",故不能随便跨越、踩踏衣领。折叠、存放和赠与他人袍服时衣领必须向上,忌穿无领蒙古袍。进家脱衣服放置时,衣领朝西北方向,不能冲门。衣服的里襟是福襟,可以用来擦手,以得福气,其他民族不明其理,以为是不讲卫生,其实别有讲究在其中。存放袍子时,前襟要朝上,朝下是死人的衣服。缝袍子时,切忌留下线头。忌讳穿蒙古袍不结扣或把大襟夹在腰带中,禁穿无扣子的衣服或向他人赠送无扣子的衣服。

(4)**蒙古袍的"迷拉礼"** 若要缝制新的蒙古袍送给孩子或青年人穿着时,要进行"迷拉礼",这种习俗一般是由长者手托装满奶食糖果的盘子高声朗诵祝颂词,赞美新袍并祝福年轻人,还要在衣领上涂抹一点鲜奶,把盘中的食品分散给众人。

(5)**蒙古袍的馈赠礼俗** 蒙古民族的传统礼节中有相互赠送服饰表示美好祝福的礼俗,其中把赠送蒙古袍视为最高礼品。蒙古族尤其崇尚乳白色的蒙古袍,他们把乳白色的蒙古袍赠送给最尊敬的人,以此表达自己真诚的心意。此外,蒙古族还有忌穿他人未穿过的衣服、特别是忌讳男子穿袍不扎腰带或随处乱扔腰带、用腰带结扣等。

二、达斡尔族的服饰

达斡尔族在清代以前,以皮衣为主要服饰。这是出于狩猎和防寒的需要,也是由于居住边疆,交通闭塞、无商贸所致。据史料记载,17 世纪中叶始,异族商贸者到达斡尔族聚居的黑龙江以北地区,以物易物,输入绸缎和棉布后,达斡尔族开始用绸布制作服饰。

(一)达斡尔族服饰的用料

达斡尔族男性服饰以皮料为主,只是一些内衣和夏天的衣服用棉布制作,春秋和冬季基本上都穿皮制衣服。男装的皮料因地而异:布特哈地区穿狍皮做的衣服;齐齐哈尔地区一部分人曾用狍皮,有的人还穿羊皮料的服装;海拉尔地区的人们则以羊皮为衣料。达斡尔族服装的这一差别,是由生产、生活方式决定的。以狍皮为材料制作服装,是传统狩猎业在生活习俗上的反映。狍皮具有抗寒磨耐、适于做四季衣袍、帽靴、手套的优点,特别是在野外劳动时不可或缺。很早以来就已定居的达斡尔族,形成了男主外女主内的劳动分工方式,男子从事狩猎、捕鱼、伐木、放牧、种地等野外劳动,所以仍然沿袭了古老的穿着狍皮衣袍的习俗。女子从事采集、挤牛奶、侍弄园田、制作桦皮用具、鞣皮缝衣和家务劳动,穿着狍皮服装不方便,在能够得到布料的条件下,转向穿着布料服装是必然的。自20世纪初以来,随着棉布、绸缎和其他衣料的增加,棉布服装日益普及,皮衣逐渐减少。

(二)达斡尔族服饰的款式和制作

达斡尔族男子多穿长袍式衣服,因季节更替而又有不同。女装多用布料制作长袍,根据季节不同分棉、夹、单衣裤。男式单服左右开衩,女服不开衩。男扎腰带,女不扎腰带。传统的达斡尔族服饰主要由帽子、袍子、坎肩、裤子、鞋靴、手套等构成。

(1)帽子 达斡尔族的冠饰主要有四种:一是称为"米亚特·玛勒格"的帽子,它是用有鼻、眼孔和耳的整狍子头皮制作,还要保留两只狍耳,并在原来的眼孔处,嵌入黑亮之珠做眼球,另有用狐狸或猞猁、狼皮毛做帽耳。这种帽子冬季戴既耐用又暖和,在狩猎中还能起到掩护的作用。二是毡帽。三是礼帽。四是头巾。头巾是达斡尔族女子夏天的头饰。

(2)袍子 达斡尔族传统男装曾以狍皮制品为主,大致可分为三种:第一种达斡尔族称为"德力"。大部分由立冬至春节期间打的狍皮制成。这时的狍皮毛色棕黄、绒毛密度大,柔软暖和。这种皮袍前后开衩,以便骑马,所用的纽扣有铜扣,也有用皮条编结的扣子。"德力"还用羊皮、羊羔皮、狐狸皮、猞猁皮、狼皮做成。第二种称作"哈日米"。是清明前后至立夏打的狍皮做成的。有八月狍皮(克热·哈日米)和二月狍皮(挂兰其·哈日米)之别。制法和样式与"德力"相同。它适用于春、秋两季穿用。"哈日米"毛色红黄,绒毛稀短,皮质结实,在野外干活耐磨耐剐。"德力"和"哈日米"的袖口、领口、襟衽、下摆上均用黑色大绒或染成黑色的皮条缝出宽二寸的镶边。为了便于骑马,均在"德力"和"哈日米"左右或前后开衩,衩口也用黑大绒或褐色皮缝出吉祥结等形状的图案。男式皮袍领子后面正中部,悬有貂皮或狐狸皮双尾,饰为活动围脖。第三种,称为"坎肩"。用鹿、犴、狍皮制作。通常钉有7个或9个扣子。扣子有铜扣,也有用皮条编结的扣子,坎肩有旁开口和前开口两种式样,开口边襟、袖口、领口、下摆边缘绣以精美的对称图案。

达斡尔族女子夏季穿单布裤和单长袍、冬季穿棉袍、小棉袄和棉裤,以蓝色或黑色为多。生活富有者还准备有绸缎料长袍,以备参加各种典礼时穿用。绸缎服装花色因年龄不同而有别。年轻女子的绸缎服装颜色鲜艳,镶以不同颜色的花边,做工讲究,美观大方。老年人的长袍以灰色、蓝色为多,外套黑缎上衣或过膝长坎肩。随着时代的发展,达斡尔族服装除了一些老年人穿长衣外,大多数人,尤其是中青年、少年都穿当今流行的服装,只有在节庆时节才穿民族服装。

（3）**腰带**　达斡尔族成年男子必须系腰带,特别是在参加庆典或集会时,不系腰带会被认为是不讲礼貌。达斡尔族的腰带或皮制或布制。布制腰带多喜用青布或蓝布。腰带围腰缠绕几层之后,两端分别掖在背后两侧,对称地自然下垂。

（4）**皮裤**　达斡尔族冬天穿毛厚的皮裤,一般用狍皮、羊皮做成。用夏天猎取到的狍皮做的裤子,适用于春、秋两季穿用。另外,还有称为"绥毕"的皮套裤,上端有带,系于腰带上。

（5）**鞋靴**　达斡尔族男子的鞋靴,主要有奇卡米、斡洛奇和得热特莫勒等三种样式。奇卡米是用狍腿皮缝靿,用狍脖子皮做底,适用于寒冷季节。斡洛奇为布靿布底或布靿皮底,穿于春夏秋季。得热特莫勒是一种穿着既轻便又舒适的布靿皮底的靴子,上有长的扎绑带子,靴子里穿毡袜或塞满乌拉草,这种靴子适合于冬季劳动时穿用。另外,还有用犴腿皮做的长靿靴子,称为塔特玛勒,一双靴子用八个犴腿脚皮,毛朝外,用牛脊皮做底。达斡尔族靴子做工精致,靴面绣有各种美观的图案。穿达斡尔族靴子走荆棘泥淖,不损不失;走雪地,耐冻耐久,轻而无声,靴筒不进雪,靴底不打滑,尤受猎人欢迎。

达斡尔族夏天也喜欢穿纳底绣花布鞋。绣花技艺的高低,是评价达斡尔族年轻女子才气的标准之一。男式布鞋帮、鞋尖上都绣有白云云纹图案,以示踏云向上。女式布鞋则用彩色丝线绣出红花等各种朴素的图案。

（6）**手套**　达斡尔族长期居住于北疆寒冷地区,春夏短暂,秋冬季漫长,因而手套在达斡尔族服饰中也是不可缺少的。达斡尔族称手套为"博力"。博力分为三种：一种叫哈奇·博力（两叉手套），大拇指和四指分开的款式，从事一般劳动时戴。第二种是额莫替·博力，形式同前一种，不同之处是手套的套长，长到能系小胳膊处，在手腕处开活口能随时将手从中露出来，便于打猎和使用各种劳动工具。第三种是霍若·博力（分五指的皮手套）。这种手套比较讲究，在手套的指头、指关节、手背和手套口处，均缝贴上用绒布、黑色兽皮剪出的花纹装饰。

（三）达斡尔族的佩饰

（1）**男子佩饰**　达斡尔族男子都扎腰带，腰带上还多配以精美的饰物，左侧腰带上悬挂绣花的烟荷包、烟袋和火镰。穿烟荷包的皮条末端，拴有一颗叫"克鲁克塔"的特殊核桃，别在腰带下边以防烟荷包从腰带上滑落。带鞘的猎刀挂在右侧腰带上。

（2）**女子佩饰**　达斡尔族女子的佩饰，主要是在服装的襟衽、袖口、摆边、领口上均镶配本色美的绦子，右侧大襟上佩挂缎制绣花荷包和手帕。

（3）**女子发式**　达斡尔族女子的发结与满族近似。达斡尔族女子，小时在头顶中心留圆发，束一小辫垂于后边。到了十五六岁时在头的前半部留发，分成人字形，绕两耳上部，与头顶发合束一条长辫。接近结婚年龄时，留全发，仍束一辫。未嫁女子不能露出鬓发。结婚时用线齐剪脸上汗毛，并戴头饰。

（4）**女子头饰**　达斡尔族女子的头饰有三种：第一种达斡尔人称之为"曼格尔齐"，是额头上戴的一种头带。一般用四层格布，裱上彩绸面，黑缎子沿细边，并加以刺绣及小花边等装饰制成。年龄和身份不同，式样和色调也各异。十至十五岁少女戴的色彩鲜艳，多用对比色调，下缀一排小珠帘，左右各带一条约16厘米长的红色或绿色的穗子。未婚女子戴的是中间较高的长条形头带，上面用各色略薄些的料子做成立体或半立体花鸟，多数呈对称式，下垂珠帘、色彩有较为素雅的头带。第二种是"莲棉日托"（类似满族的两把头）。以前，达斡尔族姑娘结婚时开始戴的一种大头饰，似扇形冠，用青素缎子作料，上面插许多簪子和花，冠两侧下檐附三串珠饰。第三种是"库金"。这是妇女头上的装饰物。用它遮盖头的后部，后面垂一根哈勒布恩库，形状为一个花盘结，下面有二尺长的穗子。此外，达斡尔族女子还喜欢各种首饰，如耳环、手镯、戒指等。

（四）达斡尔族的特殊服饰

（1）葬礼服饰 达斡尔族亡者的寿衣比较讲究,穿得越厚后人生活就越好,但不能穿毛织品,需穿棉布做的寿衣,连鞋都要用棉布做鞋帮、鞋底。寿衣针迹不必仔细。服孝时,由于辈分、亲疏远近的区别,孝服的类别及服孝期限也不一样。亡者之妻、亲子和宗侄,要穿全身白孝服,其中长子外套白马褂,服孝期三个月,脱下孝衣后穿素服三年。女子头戴白布条孝帽、穿白鞋。如果是亡者的第三代叔伯侄子和弟弟,则服孝两个月,将白布叠为三层（约三寸宽）系于腰间,布头由背后跨左肩（女子右肩）下垂至脚踵。五代的莫昆近亲服孝一个月,孝服只是一条白带子,系于腰间,下搭前面,与衣服下摆相齐。服孝期满时还要举行解孝的仪式,时间是在忌日后第九十九天,亲友们都要来参加。要杀牛羊,摆供品烧纸祭祀。祭礼完毕才可脱下孝服,并捆成一束,在烧纸的火上净化后收起来。在一周年、二周年或三周年时,还要举行同样的仪式。一周年时,出嫁的女子脱掉素装。服孝时,十几岁以下的儿童不服孝,认为小孩服孝有碍发育。

（2）萨满服饰 达斡尔族的萨满服称为萨玛石凯,海拉尔地区称为扎瓦。萨满所穿的衣服是用熟得很软的犴皮裁制而成,其款式是对襟的长袍,袖子和腰身、下摆都很瘦,扣上扣后不能迈大步。从长袍领口一直到下摆均匀地钉有8个大铜扣,长袍前面和左右襟上各钉有小铜镜30个,两边共计60个,背部钉有铜镜5个(4小1大),其中大的是护背镜。在左右袖筒及长袍前面、左右下摆均钉有绣着各种纹样、长约五六寸宽的黑大绒各3条,共12条;在左右下摆的每个绒条带上,钉有小铜铃10个,共60个。护心镜配在衬衣外面。在长袍上还要套披肩,上面嵌有360只小贝壳,两肩处有布制的雌雄鸡。萨满所穿的裙子称为哈拉邦库。在萨满服后面的下半部,由24条飘带和绣有日月和松树下绣着鹿形的布片做成,24条飘带下层12条长一尺七八寸,上层12条长七八寸。在萨满服的左右两旁钉有各九根皮条,长二尺多,在这些皮条的综合处系博吉勒岱(铜或铁制,形如铁勺把),左4右5共9个。

三、鄂温克族的服饰

（一）鄂温克族服饰的用料

鄂温克族的服饰用料过去以皮料为主,至今仍有保留。由于居住地区、经济生活等方面的差异,各地鄂温克族在服饰的用料方面也略有差别。如在牧区的鄂温克族多用羊皮,在嫩江流域居住的鄂温克族则用狍皮,他们根据春季和冬季猎获的狍皮制作不同季节的衣服。居住在敖鲁古雅地区的鄂温克族的衣帽鞋靴及被褥都用兽皮制作,衣服则用刮去毛的狍皮。近百年来,他们也开始使用棉布及其它的衣料。

鄂温克族喜欢较深颜色的服装,无论男女都穿蓝色或黑色;衣服镶边或加缝道,均喜欢用绿色、浅蓝色;禁穿白色服装,有的也禁穿红色。早期穿皮衣因禁白色,熟皮时都要用树皮水煮或用烟熏为黄色或绿色,也有用木炭涂成黑色,用兽血染成紫血色。

(二)鄂温克族服饰的款式与制作

由于鄂温克族居住分散,所处的生活环境不同,因而服饰有着一定的差异。敖鲁古雅地区鄂温克族女子的衣服很有特点,她们穿前开口的裙子,镶花边,大翻领。老年妇女的裙子下端肥大,圆领垂到肩上,衣服颜色以黑色、蓝色为主。男式服装,主要用狍皮制作,鹿、狍皮为次,长皮袍带大襟、右衽,下边前后左右均开衩。居住在莫尔格勒河一带的女子服装,风格更为鲜明,无论是冬夏,衣服样式都是连衣裙,上身较窄,下身裙部有褶,较宽大,呈筒式。这种裙子有季节、年龄、婚否的区别。已婚女子的衣袖中间缝有一条有颜色的道子(约宽半寸)。从上衣上看,只有已婚女子可以穿坎肩。在衣肩上也有不同,已婚女子的衣裙肩部有重叠加式的起肩,比肩高出一点,呈小翅形,未婚的则不起肩。鄂温克族的服饰主要包括帽子、袍子、腰带、裤子、靴子、袜子和手套等。

(1)帽子　鄂温克族猎民一般都用狍、鹿、狍头皮做帽子,制作时保留兽皮双耳,毛朝外,绣出兽头的口鼻,镶嵌两眼,帽里用灰鼠皮或猞猁皮制作。男子戴兽头皮帽,形象逼真,温暖舒适,是狩猎的好伪装,小孩戴此帽,活泼可爱。最具民族特色的是鄂温克族男子的帽子,帽形呈圆锥形,帽顶尖端有似红缨枪的穗子,帽面多用蓝色或天蓝色的布料缝制,帽耳可放下遮耳,也可折回到帽盔里,帽耳冬天多以洁白的羔皮或水獭皮、猞猁皮为里,夏帽则可用呢绒衬里。另有一种无帽耳夏帽,帽檐宽约一寸,缝有水獭皮,帽盔呈环形。现代男子一般多购买成品帽子,鄂温克族女子则习惯包头巾。

(2)袍子　鄂温克族男子最普通的劳动服装就是"苏温"(大毛长衣)。这种皮袍款式类似蒙古袍,一般是用七八张熟好的羊皮制作,皮板朝外,结实且保暖。二是被称为"胡日苏"的短皮衣。这是大衣外面套穿的上衣,袖子很宽,据说是礼服的一种。冬季皮衣一般用 6 张大毛皮做成,春秋皮衣一般用小毛皮制作,也有用羔皮制作的。三是被称作"胡布其苏温"的羔皮袄,是用 30 多张羔皮制作,用布或绸缎做面,带大襟,右边钉扣,在领子、襟、衣边开衩上都要镶边,做工精致,这是会亲友和年节时才穿用的礼服,平时很少穿用。通常羔皮多给幼儿做衣服。有的猎民喜欢穿坎肩,小立领对襟,衣襟镶边。狩猎地区的鄂温克族男装离不开兽皮,冬季用长毛皮,春秋用短毛皮,夏季用光板皮。近百年来,鄂温克族开始用棉布和绸缎做袍子。

鄂温克族女子服装风格异常突出,地区差异鲜明,上衣一般均为袍或裙,早期穿兽皮袍,后多用布、麻、绸等纺织品。阿荣旗鄂温克族女式上衣,款式似满式长袍,低圆领,宽袖,左襟搭盖右襟,领、袖、襟镶边和绣花,左右两侧下端开衩,右侧系扣;在长袍外面穿坎肩,高圆领,对襟无扣,领扣处缝穗式装饰带,可自然下垂也可系住;下摆呈弧形,左右襟两侧下端也缝穗式装饰带;坎肩的领、肩、襟均镶空边。居住于牧区和敖鲁古雅地区的鄂温克族女子都穿连衣裙,款式基本相同,如敖鲁古雅女子的连衣裙,衣领较大,领子上有白绿道镶边,前面对襟、下摆宽。老年女子多穿蓝色、青色的衣服,少女穿红色、天蓝色的服装。陈巴尔虎旗鄂温克族女子,无论冬天还是夏天,一般都穿连衣裙,裙子的上身较窄小,而下身既宽大又多褶,连衣裙上套彩色布镶边的坎肩。如今,鄂温克族的服饰随时尚也在变化,只有居住在牧区和林区的鄂温克族女子仍穿着民族服装。

(3)**腰带** 鄂温克族男子都扎腰带。一直到现在,男子扎腰带是庄重礼貌的表现,不束腰带被认为是不礼貌。鄂温克族男子腰带有二种:一种是犴皮腰带。这种腰带宽约三指,两端切成细条皮穗,因不便打结,所以夹在腰间,穗子垂在外边。另一种是用布或绸子制成的腰带,长约 2 米,多选用黑、绿、浅绿色等。

(4)**裤子** 鄂温克族男子用狍皮做裤子,两张狍皮可制作一条裤子。冬季用皮厚毛长且熟软的狍皮、犴皮做裤子,春夏的狍皮裤用皮薄毛短的狍皮制作。也有羊皮裤,用四张羊皮做一条裤子,可穿三四年之久。在裤子上还要套苏威(狍皮套裤),这种套裤用去毛的羊皮、帆布制作。狍皮套裤用夏季的薄皮制成,套裤用长带将套裤系在裤带上。皮套裤的膝盖处缝有圆形图案,既结实又美观。

(5)**靴子和袜子** 鄂温克族无论男女老幼都穿皮靴。季节不同,靴里不同,秋冬季靴子都以皮毛为里;夏季靴子去毛皮。靴子多为獐皮或犴、狍、鹿腿皮制作。牧民常做牛皮底、羊皮、牛犊皮或马皮靴靿,通常缝绣有花纹,有的在足尖上也缝花纹。鄂温克族的鞋靴主要有五种:第一种是哈米(狍皮靴)。这是用熟软的狍子腿皮做成,靴底子是用狍子的脖子皮,推光毛加工鞣软后做成的。第二种是和木楚热(犴腿皮靴子),用八张犴腿皮可做一双靴子,毛朝外,勒高,制作方法和哈米一样。第三种是温特,这是鄂温克族穿用的较为普遍的靴子。早期是用牛皮为底,羊皮或马皮做靴勒。近年来也有用白色帆布做靴勒的。皮靴有冬用和夏用两种,由于靴内无毛,他们冬穿毡袜夏穿皮袜。第四种是得布特(用白布做鞋面的乌拉)。第五种是温塔(布鞋),鞋板前尖中间合缝,一般用黑布、绸缎做面。鄂温克族的袜子有狍皮袜子、羊皮袜子、毡袜子和布袜子。皮袜子和毡袜子在少数鄂温克族中间穿用,许多人不穿袜子,用毛皮包脚,或简单缝制套在脚上,再穿皮靴,冬季防寒防冻很适用。

(6)**手套** 手套是鄂温克族的必需品。早期皮手套有毛皮的和去毛皮的。式样有两种:一是拇指与四指分开式,另一是五指全分式,二者手背上一般都绣有花纹图案。

(三)鄂温克族的佩饰

(1)**女子冠饰与发式** 鄂温克族女子的冠饰和发式各地区略有不同。在陈巴尔虎旗居住的鄂温克族女子的发式很有特点,她们一般梳双辫,并在双辫上套发套,与布利亚特蒙古族女子的发式、发套相似,这种发式在其他鄂温克氏族部落中是没有的。从前,这里的鄂温克老年女子在双辫上套上发套后,在辫梢上还佩饰银坠,这种银坠直径为10厘米的大银环或银元大小的银坠,并用丝绳或银链连在一起,使双辫呈弧状垂于胸前。老年女子多喜欢用深蓝、深紫色发套,在其正面多绣暗花纹样。年轻女子则喜欢以浅绿、草绿、浅紫、红色为主,并且在发套上绣花草连理枝纹样,多为竖式饰绣。发套一般宽约5厘米,长短不一,最长可达50厘米左右,其长短可随辫子的长短而定。

(2)**女子佩饰** 鄂温克族女子的佩饰有烟荷包、香囊、耳环、耳坠、戒指、镯子等。鄂温克族女子自清代中叶以后,服装款式多仿满族女子服式,为右衽长筒袍服,宽袖。在长袍左衽多饰挂丝制烟荷包或是香囊袋,有长方形、葫芦形、宝瓶形、石榴形等,并在烟荷包或香囊袋底部垂饰两条红丝线穗。鄂温克族女子都戴耳环。早年鄂温克族用铅铸耳环,之后用银制作耳环。耳坠是已婚妇女的一种装饰品,用银链串珊瑚、松石、玛瑙等物而成,一只耳朵上约戴三个耳坠。戒指也是鄂温克族女子喜爱的饰物。鄂温克族先民用骨、铜、铁、银和金子做戒指,女子一般习惯戴两个戒指。已婚妇女很喜欢镯子,她们一生至少要有一副镯子。镯子多是铜或银制。

(3)**男子佩饰** 鄂温克族男子的佩饰有腰带、烟袋、刀具等。一般腰带前佩戴丝制绣花烟口袋,腰带背后佩有刀具,刀壳及刀把多镶有银质雕刻图案。早期鄂温克族猎民,身前佩戴小钱褡,两侧佩戴刀具和火镰袋,适用于出猎,后成为装饰物。早期鄂温克族男子都戴戒指,质料与女子戒指相同。男子和女子一样,也有截红铜镯子的,鄂温克族认为红铜可治病。鄂温克族男子经常骑马,并用力拉缰绳,长期劳累,胳膊的骨肉之间有了黄水,以至成了一种慢性病,戴上红铜手镯就能治好这种病。鄂温克族男子戴耳环是为图吉利,据说戴了耳环的男孩子好养活。

(四)鄂温克族的特殊服饰

（1）**葬礼服饰** 鄂温克族在人去世后,要给亡者梳头、刮脸。过去在没有棺材的年代,如果是夏天去世的,将尸体用桦树皮或苇子、席子包好,放在木架上进行风葬。如果是冬天死的,用桦树皮或苇子包好放在木架上,等春天开化以后再放入坟地。夏天去世者,直接入土,不再放在木架上。老人去世,五代内服孝。叔叔死了,只在身上斜戴一条白带子,腰上横围一条白带子。服孝期三个月内不许喝酒、剃头。丈夫死妻子戴孝,妻死丈夫不戴孝。

（2）**萨满服饰** 由于鄂温克族历来多分散居住,因而不同地区鄂温克族的萨满服饰大致相同而又有所区别。共同特征首先表现在萨满的穿戴上,萨满服装一般都用鹿皮或犴皮制成,帽子上有两个鹿角造型,萨满手持圆形或呈椭圆形单面皮鼓,且都有面具饰物。

居住在呼伦贝尔陈巴尔虎旗的鄂温克族,他们的萨满服蕴涵着深厚的文化内容。萨满服有袍子、帽子等,还有佩饰,诸如鼓、鼓槌、手杖等。从袍子和帽子就可以了解其萨满服的特点。

该地区萨满长袍是长筒形对襟式袍服,紧长袖,双袖下方缀约 18 厘米、宽约 15 厘米的皮穗,下摆处左右各饰长约 17 厘米的双层皮穗条。袍上饰满有蛇的造型,共有 17 条,其中小蛇造型有 12 条、大蛇造型有 5 条,而以蛇形制作的扁平条饰(蛇皮图案造型)与蛇造型的数目相同。小蛇皮造型有 12 片,大蛇皮造型有 5 片。蛇造型的制作方法为:先缝一个筒形布套,筒内塞进兽毛(后用棉花替代),使蛇形立体化。蛇的整个躯体分为头部、尾部、身躯三个部分,蛇头与真蛇相似,头的外形呈扁三角形,腭部呈半圆形弧状,较宽大,上腭两侧饰有双眼,口部向内凹进。颈部以下的身体部分则呈圆筒形,用绿红、紫、蓝等彩布缝合而成,使蛇身呈花色。尾部圆锥形,尾尖呈"V"形。在蛇的头尾均有 15 根被环饰的彩布条,说明在圆筒形套子里有 15 条蛇。一般来说,大蛇造型长 116 厘米左右,直径为 12 厘米左右;小蛇长 30 厘米左右,直径为 5 厘米左右。蛇皮造型分大、小两种。大蛇皮长 134 厘米左右,宽 19 厘米左右。蛇皮造型上端呈梯形,饰有眼睛。整个造型用双层面料制成,上层用彩绸、布接缝制成,下层用白布制作,以表示蛇背和蛇腹部花纹。蛇皮躯干部分分为四段间隔,每段宽 19 厘米、高约 5 厘米。另外在四段间隔带左右两侧有长约 4 厘米、宽约 1 厘米的蛇足标志,多为红色。蛇皮造型末端还有蛇尾造型。小蛇皮造型,长约 50 厘米左右,宽约 10 厘米左右。萨满袍子的蛇造型和蛇皮造型放在一起,往往用蛇皮造型盖住蛇造型。在萨满帽子的鹿角枝杈上,分上、中、下三层挂饰小蛇形布塑和小蛇皮饰带,每层挂两条,左右共六条(蛇皮也是每层两条)。在其上缀饰黄、红、蓝三色布条,很鲜艳。在萨满帽后檐下面,有三个直径 5 厘米的铜铃,每一个铜铃上挂一蛇形造型、一个蛇皮造型,并比后面的要长一些。

敖鲁古雅和索伦部鄂温克族萨满服饰也都有蛇的造型。敖鲁古雅鄂温克部落的萨满服配有一件裙子。裙子的构造分为腰围和飘带,两个部分均以鹿皮制作。裙腰上有红、蓝交替的长宽不等的条线式装饰。飘带又可分为上、下两层。上层较短,长有 20 厘米左右,宽 5 厘米。飘带的末端有 8 厘米左右的 10 根穗饰。在上下层飘带的正面,饰有距离相等的蓝、红两色交替的横式彩线道饰,一组组横式彩线间隔为 3－5 厘米。长短飘带总数有五六十根。裙子的飘带装饰为蛇皮图案,飘带正面的红、蓝彩线,应视为蛇皮图案,即蛇背纹饰的再现。更值得注意的是,在飘带间,又加饰着用两种色彩反差较大的皮毛缝成的筒形造型,其中有长约 52 厘米的黑白相间的皮毛条,共有 6－8 条。还有一种是用黑色线绳(均为粗线)拧成的辫式带,其末端也饰有皮穗。这些以皮毛或线绳组成的装饰,也是蛇造型装饰。在索伦部鄂温克族中,萨满服的蛇造型有些变异,他们的萨满服分裙子和上衣两部分,裙子又分为裙腰和飘带两部分。裙腰宽一些,约有 15 厘米,裙腰下边缝接 12 条布制的飘带,每条长 70－80 厘米,宽带 4－5 厘米,飘带的末端呈外凸形三角形;在三角形的顶端又用彩线纹饰,在每条飘带上还有 14 节象征鳞片的饰物,以红、黄、蓝、绿等彩色布缝制而成。鄂温克族萨满服饰除袍子、帽子、裙子等外,还有护心镜、护背镜、铜铃、鼓及鼓槌等佩饰。

四、鄂伦春族的服饰

(一)鄂伦春族服饰的用料

鄂伦春族的游猎生活,需要耐寒经磨的衣服。过去,他们的衣着都是用

狍、鹿、犴皮制作,其中狍皮最多。皮衣耐寒耐磨,适于北方寒冷的气候和猎民翻山越岭的游猎生活。近百看来,鄂伦春族的服饰发生了很大变化,特别是近年以来,中青年男女多着各种面料的中山装、西装及时装,民族服装也多用流行的面料制作,而居住在山区的鄂伦春族及老年人仍喜欢传统面料的民族服装。

(二)鄂伦春族服饰的款式与制作

鄂伦春族男式皮袍分长、短两种,这两种款式均带大襟,袍边和袖口都镶有薄皮边。皮袍的前后左右均开衩。女式皮袍款式与男服基本相同,但鄂伦春族女子不穿短袍。另外,女袍仅开下边左右衩,不开前后衩。皮袍纽扣多以犴骨制作,将犴骨磨成长圆形,中间钻孔后钉在袍子上。不论男女,穿长袍均扎腰带,早期的腰带是鹿、犴皮制作的。鄂伦春族的服饰包括帽子、袍子、裤子、靴子、手套等。

(1)帽子 鄂伦春族的帽子共有四种:一种是狍头皮帽,制作方法与达斡尔族和鄂温克族差不多,不过鄂伦春族的稍有特色。他们在帽子的前额正中以黑布条补绣出底边呈两弧线相交的长方形装饰块,在上面还要以红、黄、绿三色线做边饰绣条。据说,鄂伦春族在黑龙江左岸生活时多戴这种帽子。迁到嫩江流域后,只有中青年猎人在狩猎时戴此类帽。鄂伦春族女子也曾戴狍头皮帽子,还戴一种平顶翻边的皮帽。儿童喜欢戴狍头皮帽,以补花绣出狍子的双眼和鼻子、嘴等造型,并在双耳下垂饰长 15－18 厘米的红穗,儿童戴上这种帽子显得更加活泼可爱。第二种帽子是猞猁头皮帽子,这是鄂伦春族女子冬季喜欢戴的帽子,缝制方法与狍头皮帽相似。他们用同样的方法,在此种帽子上面缝合出耸立的双耳,金黄色的双眼,因为猞猁的眼睛是黄色的,故仿之。第三种是深赭石色的四方开耳毡帽,前后的耳小,左右的两耳是底呈半圆弧形的大护耳。帽耳内镶上野生动物的皮毛,多用狐狸皮、貂皮、獾子皮等细毛皮来装饰。第四种帽子是尖顶帽(称为巴里)。这种帽子一直垂到两肩及后背,遮住整个头部和后颈部,既遮日又防晒,还能防止蚊虫叮咬。在帽子的顶尖有红缨,帽边还绣有各种图案。

(2)袍子 鄂伦春族男子的衣服主要是用狍皮制作。冬季的衣服用皮厚毛长的狍皮,夏季的衣服用皮薄毛短的狍皮。男子皮袍分长袍、短袍并均带大襟,前后左右开衩。长皮袍是为冬季出猎时在途中穿的,到了狩猎地点换成短皮袍。夏季出猎时穿红杠子短皮袍。青年男子穿的皮袍还要染上黄色,染料是用腐朽的柞木熬的水,将熬出的黄水鞣在皮板上。鄂伦春族女袍的式样同男子皮袍,但无长短袍之别,皮袍的前后也不开衩。在脖领周围、左右两侧开衩处和袖口上,均绣有各种吉祥花纹。一般中青年女式皮袍多染成黄色,制作上比男装要讲究一些。老年妇女和幼女的皮袍只镶边,不绣花,也不染色。不论男女,穿皮袍均扎腰带。自从布匹、绸缎传入鄂伦春族聚居地以后,他们也做布制小褂和裤子。鄂伦春族女子爱穿红色或绿色的长袍,她们喜欢在领口、袖口和开衩处绣有各种花纹。布袍的外边套马褂或坎肩。

(3)**裤子** 鄂伦春族的裤子主要有短裤、套裤和长裤。男裤用狍皮来制作,老式裤子裤腰较宽,裤子不太长,只遮住膝盖,把套裤套在上面。套裤上下钉有皮绳,上边的皮绳系在腰带上,下边的系在靴上。冬天的皮裤用带毛的皮制作,夏天的皮裤用皮板制作。到了民国时期,男式裤子变长,直达脚面。布裤也是从民国时期开始的,一般是在夏天穿。布料进入鄂伦春地区后,被用来缝制衬衣、衬裤。女短裤较长较瘦,裤外侧和裤脚口都镶有云纹边。款式很有特色:裤腰两侧开衩,前裤腰上带兜肚,有带子套在脖子上,后裤腰两侧钉带子,系在腰前面,如厕时,只需解开腰中系的带子。老年女子过去穿短裤,外穿套裤,青壮年女子多穿长裤,不再穿套裤。

(4)**靴子** 鄂伦春族的靴子主要分三种:一种"其哈密",男女均可穿,特别是出猎时都要穿这种皮靴。"其哈密"是用狍腿皮做靿,狍脖子皮做底的半高靿皮靴。二是"温得",这是用鹿腿皮做靿,鹿皮或犴皮做底的高靿皮靴,高至膝盖。这两种靴子主要是冬季穿,在里面穿狍皮袜子。二是"奥路奇",夏季穿的矮靿靴子。这是用去毛的狍皮制作,或是布靿皮底靴。近现代用多层布纳成鞋帮,用野猪皮或熊皮做底。鄂伦春族在靴子里穿的袜子有皮袜和棉袜两种。皮袜用带毛的狍皮缝制。

(5)**手套** 鄂伦春族的手套有五指手套、手闷子和"考呼路"等三种。五指手套做工精细,多用狍皮缝制,手套口镶有灰鼠皮边、绣云纹花边,手背也绣有各种花纹,尤其女式手套更为精致,她们常以缝制精美的手套,显示自己的针线手艺。手闷子即拇指分开的手套,"考呼路"与手闷子相似,但在手腕内侧开口,双手可以自由伸收。

(三)鄂伦春族的冠饰与佩饰

(1)**男子发式** 20 世纪 30 年代前后,在前额处留垂发,有二三厘米长,似刘海发式,头后边留长七八厘米的头发。外出时,头发卷入帽子里,有些老年男子还留有清代满式长辫子,垂于背后或是盘于顶,现已不见。

(2)**男子佩饰** 主要有烟荷包、带筷子的猎刀、火镰、烟袋等。鄂伦春族男子所用烟荷包多呈葫芦形,或用狍腿皮制作,或用有白色斑点狍皮制成。

近代又出现了一种正方形的双层缝合布块,外层四边饰黑布宽边,中间为各种色块。做好后将三个角向内折合缝成兜形,用另一个角面为盖,背面及内兜面都有刺绣花纹,以花草纹居多,有少量的鸟兽树木。

(3)**女子头饰** 鄂伦春族女子头饰现在能见到的有三种形式:第一种是德力布亥,是由宽5—8厘米、长约与自己的头围相等的黑色布带制作,也可用其他深色布制成带子,这种宽布带的末端钉上条带,可以系在脑后;条带上下边有彩线饰纹,上面还以各种颜色的纽扣组合成图案,非常漂亮。这种头饰多为少女及年轻女子佩戴。第二种是鄂伦春族女子喜欢戴的一种帽子叫"阿文帽"。这种帽子是圆顶四方开耳帽,颜色多呈灰白。有的人喜欢在阿文帽顶上做装饰,用红色或黑色的线、绳套扣纽制成,也有的是镶嵌骨扣,在帽顶下坠饰红缨或穗子;有的人则在帽子额上饰宽约4厘米的黑布条带,条带上刺绣几何形暗纹,额前正中有几何形骨片饰,后来改用玉片饰或其他石料饰片,在帽子左右大耳外侧半圆形内,做弧形彩线多层边饰纹;有的在帽后插饰一条乌黑的貂尾,非常雅致。在四方开耳内镶缝上猞猁或赤狐皮毛。第三种头饰是头巾。鄂伦春族女子劳动时以头巾裹头,除禁用白色外,其他颜色都可用。另外,她们还喜欢扎腰带,年轻女子多用黄、紫、蓝等颜色的布腰带,老年妇女一般扎黑色、深蓝色的布腰带。

(4)**女子佩饰** 鄂伦春族女子佩饰主要有皮包和项链。

①**皮包**。皮包是鄂伦春族女子喜爱的饰物。她们喜欢用皮包装东西,这种皮包有大或小的挎包、背包、手提包等。从工艺上看主要有两种:一种是纯皮毛镶嵌工艺制作,用两三种毛色反差较大的毛皮组合而成,如有黑与白、黄与白、黄与黑、黑白黄相间等,不同颜色的皮毛互换镶嵌在一起制成。第二种是在板皮上以补花的形式做装饰,先用黑色皮剪出纹样后贴在板皮上做补花,由中心纹饰和边角纹饰相配,构成一个图案画面。近现代鄂伦春族女子多以布料制作各种刺绣包。

②**项链**。鄂伦春族女子喜欢在胸前饰项链。为大环形五彩珠串成,下端向下垂饰五行长15—18厘米的五彩串珠饰。在过去,鄂伦春族少女及年轻女子曾用金属做环形项圈,后来改成串珠式的项链。

(四)鄂伦春族的特殊服饰

(1)**葬礼服饰** 鄂伦春族如果有长辈去世,尤其是老年人去世时,氏族或家族中五代以内的近亲都要服孝三个月。父母去世,子女要戴孝三年。配偶死亡也要戴孝,如果妻子死了,留有子女,丈夫要戴孝三个月,没有留下子女则只戴七天。如果丈夫死了,其妻服孝三年,也有一年者。在服丧期间不准理发,不准穿新衣服,不准参加娱乐活动。孝是用白布做的腰带或头巾。子女给父母戴孝穿白布长衫,待送完葬之后,只扎白腰带或白头绳。有的地方还把褥子的四边镶上白布,表示对配偶的哀悼。最隆重的是周年祭,所有亲属和左邻右舍都来参加。届时,在住房前盖一个斜仁柱,里面搭架床铺,床上铺好被褥、枕头等,象征死者回来休息,还要摆放祭品和烟、酒、肉、布料和衣物,众亲友在篝火边守夜直至天亮,才告结束。

（2）**萨满服饰** 据《鄂伦春族社会历史调查》、《鄂伦春族游猎文化》等书介绍,鄂伦春族的萨满服饰包括长袍、飘带裙、帽子等。萨满的服装是一对襟长袍,全长约1.3米,长袍上有各种饰物、多种附件,有护肩（类似小孩的围嘴,搭在肩上）、护身（长方形,从胸部至膝盖）,上面绣有彩色花纹,底下坠穗,左右共两块,护身上还坠有四排铜铃。飘带裙用一条腰带附几十条由各色布条组成的飘带制成,有的飘带上还绣有禽兽、树木和日月等图饰。圆形铜镜悬挂于前胸和后背,前胸一边三面或七八面不等,直径10-12厘米;后背上的一面铜镜最大,直径15-18厘米。长筒形铃由铜制或铁制,长约15厘米,上细下粗,呈圆锥形,共有20个,缝在一条皮带系在腰上,铜铃奔在后腰。萨满帽子的骨架为铁制,帽口系一铁圈,上面是十字形半圆顶,在十字上安两只三杈或六杈的铁制鹿角,鹿角杈的数量表明萨满的资历,帽子的铁圈、铁架都用彩色布条缠起来,帽檐前面坠以串珠或黑丝绦,遮到鼻子以上部位,帽子的后半部附以各色绸条或布条,黑丝绦和各色绸条、布条也可看成是蛇的象征物。

[思考题]

1.蒙古族服饰的种类有哪些?
2.简述蒙古族服饰的款式。
3.蒙古族特殊服饰有哪些?简述摔跤服饰的款式。
4.谈谈达斡尔族、鄂温克族、鄂伦春族传统服饰的共同特点。

第五章　饮食民俗

民以食为天,饮食在人们生活中占有十分重要的位置,它不仅能满足人们的生理需要,也能够在一定程度上满足人们精神层面的需求,从而形成丰富多彩的饮食文化。饮食民俗是这种文化的形象化表现。内蒙古草原广袤辽阔、物产丰富,各地区、各民族的饮食习俗颇具特色,而且自然生态环境与内蒙古草原各民族生活方式有着密切的关系,他们在各自的生活、生产活动中创造和积累了许多利用不同自然资源的经验与方法,努力就地取材,摄取满足各种基本需要的饮食资源,从而形成了独特的饮食模式与习俗。本章主要介绍内蒙古草原各民族的餐饮器具、饮食结构、食品制作、饮食禁忌以及与之相关的风俗习惯。

一、蒙古族的饮食

(一)蒙古族的餐饮器具

蒙古族的餐饮器具随着经济的发展而不断变化。蒙古族牧民在饮食中使用的传统器具不仅具有实用性和艺术性,且多是就地取材制作。从材料上看,多为皮制和木制器具,也有铁制和铜制的。从实用性角度看,比较适合蒙古族的"白食"与"红食"相结合的饮食结构,同时,蒙古族的餐饮器具还有适应游牧生活方式的特点。从艺术性方面讲,器具上多刻、画、镶有多种富有民族特色的图案。

(1)**木制炊饮具**　蒙古族餐饮器具多以木制,木制器具包括木碗、木匙、木桶、木槽、木制奶桶、敖古尔、木制搅茶臼及木槌、木杵等。木制的奶桶是圆柱形,高约一尺半,中间有一道箍,加盖,两边各安一木把。蒙古族牧民盛米的器具称敖古尔,约有两人高,直径有一至一尺半,其形状有圆锥形和圆柱形,上端、中部、底部均刻有传统花纹,或呈菱形,或呈枝蔓形,很有民族特色。木杵是用来搅马奶、捣米、捣茶的简单器具。搅茶臼及捣槌也都是用木料制作的。

（2）**皮制饮具**　蒙古族喜欢用动物的胃做贮存器,大牲畜的胃可贮存上百斤肉食或奶食。还有叫虎忽伦的用来装酒水的饮料器皿,它是用马皮或牛皮来制作的,其形状呈元宝形,中间部位呈壶嘴状,上有木塞,木塞的顶部有一孔,可穿入皮绳,或挂在身上,或挂在马上携带。皮制奶桶是由剥下的整个牛皮制成,可容300升。

（3）**金属炊具**　可分为铁、铜制两种。铁制的主要有铁锅、铁勺、奶桶等。铁锅四周有檐,铸有传统花纹,有的还铸有蒙文,煮肉、熬奶茶都用这种锅,锅的大小根据需要选择。铁制器具还有盛食品时用的勺。铜器器具有茶壶、錾花东布(高筒壶)。茶壶多为铜制,造型各异,大多为圆形或椭圆形,比农耕地区所用的稍大一些。茶壶也有银制的,较著名的有一个清代龙纹银壶十分精致,造型非常优美,其中心部分饰有团形图案,图案的主体部分是一条巨龙,栩栩如生,并在其上下配有各种卷草图案和莲花图案,壶嘴与壶把也有雕龙。錾花东布是一个盛茶或奶的壶,高一至一尺半左右,为圆锥形。奶桶也有铜制和铁制的,呈圆柱形。银碗也属蒙古族牧民喜欢的一种器具,此种碗说是银碗,实际是以木制,用银镶饰,其外面刻有花纹,多为传统的云纹、回纹和素朴变形的花草枝蔓,具有鲜明的民族特色。

（二）蒙古族的饮食结构与食品制作

蒙古族的饮食结构包括四大部分:一是家养牲畜的肉,蒙古人称之为"红食"。二是乳和各种乳制品,蒙古人称之为"白食"。三是粮食。蒙古人称之为"紫食"。四是蔬菜。蒙古人称之为"青食"。蒙古族最喜欢吃羊肉,牛肉次之,马肉则更少。他们多以狩猎的兔、鹿、野猪、黄鼠、黄羊、野马、鱼来补充食物之不足。蒙古族膳食的另一个重要组成部分是乳和乳制品。乳有羊、牛、马的乳汁。乳制品主要包括乳脂、奶酪、饮料等三大类。蒙古族还用野生植物作为调味品来食用,如沙葱、野果、蘑菇等。据文献介绍,从17世纪起,一些地区的蒙古族不但掌握了谷类和蔬菜的栽培技术,而且积累了饮食制作的经验,后中原农业技术传入,蒙古族也开始学会种植黍、稷、粟、秫等,还种植萝卜、黄瓜、番茄、葱、蒜等,随后,大米、白面和蔬菜逐渐进入他们的饮食结构中,包子、肉饼、饺子等逐渐成为他们的日常食用品。但由于自然和社会条件的差异,经济和科学文化技术水平的不同,各地区蒙古族的饮食与制作方式,特别是肉食、奶食、粮食的比例和品种有很大差异,我们所介绍的是蒙古族传统的且具有一定典型性的食品。

（1）白食　白食是指以奶（牛奶为主，羊、马、骆驼奶为辅）为原料加工制作的各种奶食品和饮品。奶食品常见的有：生奶油、白油、奶油、奶酪、奶皮子等。饮品有：奶茶、酸奶、奶酒和马奶酒等。

①生奶油。生奶油是将鲜奶过滤后，装在容器里，不遮盖，在20℃左右的温度下放置七、八个小时使鲜奶发酵形成固体状奶后，在固状奶上面浮着一层脂肪，这就是生奶油。这是奶食品中的上品，可搅拌炒米、稷子米饭吃，也可放在奶茶、面食、蔬菜中食用。

②白油。白油是从生奶油中提炼而成的。将生奶油放置在过滤袋中，挂在高处进行过滤，去除生奶油中的水分，然后将去除水份的生奶油放入容器中进行搅拌，将奶水分离，剩余的物质就是白油。白油有解毒的功能，尤其对有胃肠患者，吃点白油能起到缓解作用。

③黄油。黄油是从白油中提炼而成的。将白油放在锅中加热后，逐渐形成纯净的黄油。《蒙古族饮食文化》一书则认为，白油与黄油，是同时从生奶油中提炼而成的。

④奶酪。也称奶豆腐，它是将发酵的酸奶加热，蒸发水份，并将"昔日斯"（酸奶水）撇出，剩余的固质用勺背搅和，直到凝固成一体后装入模具成型、阴干，即成奶酪。食之半硬半软，微酸，健胃，不腻，增加食欲。

⑤奶皮子。奶皮子是把鲜奶放在容器中加热，煮开后不断的用勺扬汤止沸，使奶锅中产生很厚的一层泡沫，再用温火煨，泡沫逐渐凝结成一层脂肪，放置10个小时左右，奶汁冷却后，用一根细棍条从奶锅中心将结成的脂肪挑起，形成半圆形，放在盖帘上，在阴凉处晾干，即成奶皮子。奶皮子酥脆适口，味美香甜，是奶食中的佳品。通常用于祭祀、进贡、送礼或招待尊贵的客人。

⑥酸奶。酸奶是将鲜奶放入奶桶或奶缸中，保持25°至30°的温度使其发酵，奶开始起泡沫，变微酸。之后用木制杵杆不断的搅拌，最低要搅拌一千多次，将奶脂分离出来，即成酸奶子。也有将已经发酵的酸奶汁倒入奶桶中做酵引，然后加奶，使其发酵，也可成为酸奶。酸奶，保持稍稠的液体状态它是酿制奶酒的原料，也是蒙古族日常饮用的饮料，它有止渴生津、解暑表热的作用。

⑦奶茶。蒙语称"苏台切"。奶茶的主要原料是茶与奶，辅料有奶油、奶皮子、干肉、炒米、炒面、盐等。煮奶茶时先将茶砖捣碎放入茶锅中，然后加清水加热煮沸，用勺搅扬止沸，经几次搅拌后捞出茶梗茶叶，加入鲜奶，继续加热，用勺扬汤止沸，最后放少许盐，即可饮用。这是较为普遍性的煮茶方式。根据各地区蒙古族饮食需要的不同，有的地区则在奶茶中放奶油、奶皮

子、干肉,有的用羊油炒面、炒炒米后再加水加茶。东部地区饮用奶茶,是在清水中倒入鲜奶,煮沸后加盐即饮,不加茶和其他任何辅料,称这种奶茶为"清奶茶"。用砖茶煮奶茶是现代蒙古族的风俗,过去没有茶砖的时候煮奶茶用的茶料也是多种多样,据史料记载,有柞树叶、棒子树叶、文冠树叶、地榆叶、梨树果叶、山丁果叶、欧李果叶、黄芪、北芪、茶花、山藤、覆盆子、木香花、莎蓬、燕麦、稷子等,分别用这些植物的叶、茎、根、花、果煮奶茶或单独泡茶。这些植物营养丰富,具有一定的药用价值,尤其茶砖,有丰富的维生素C、蛋白质、鞣酸、芳香油等人体必需的营养成份。奶茶有提神、利尿、养胃、解毒、怯火、明目之功效,还可增强抵抗力。

⑧**奶酒**。酿造奶酒用牛、羊奶,但主要是用牛奶。首先用牛奶制成的艾日格盛在锅中慢火加热,锅上装一个两三米高的圆锥形木制蒸屉,蒸屉上吊一口小型生铁酿酒锅,酿酒锅下边,蒸屉上置一个陶瓷或其他质量的装酒容器,第二步是将蒸屉与吊锅连接处用布或毡封闭,以免漏气。这时酿酒吊锅里盛上凉水,下面盛艾日格的大锅继续加热,锅内的艾日格遇热变成气体蒸发,蒸气碰到装凉水的酿酒锅锅底后,变成水珠,滴入挂在蒸屉里面的容器中,即成奶酒。

⑨**马奶酒**。蒙古语称之为"策格"。实际"策格"在蒙古语中也是酸马奶之意,在一些历史著作中也有称"忽迷思"的。酿制马奶酒,首先将马奶装入皮瓮或特制的容器里,然后兑入用牛奶制成的已经发酵的酒曲或陈奶酒曲作引子,使马奶发酵。装好奶和酒曲后,每天用一根特制的木杵不断搅动,隔两三天后尝尝,味微酸者为佳,数天后乳脂分离,酒浆自出。这样酿制的马奶酒酒精度极低,一般在 $1.5°$ 至 $3°$ 左右,饮之兴奋不易醉。马奶酒醇香浓烈,营养丰富,是招待宾客的上品。马奶酒味酸、甘、涩。药用价值很高,据蒙古医典介绍,酸能开胃,助消化,祛湿,行气;甘能补弱,治伤骨,舒络,解毒;涩能化瘀,消肥胖,润肤,生肌。马奶酒不仅是可口的饮料,同时对人体具有滋补功效。马奶酒所含的蛋白质占 $2.7-3.5\%$,脂肪占 $1.6-2.46\%$,乳糖占 6% ,矿物质占 0.31% ,并含有大量的维生素。对治疗结核、胃肠、气管炎、风湿症、妇科病均有良好疗效。

(2)**红食** 红食是指用牛、羊、驼肉加工制成的各种肉食品。常见的特色"红食"品主要有:手扒肉、烤羊腿、牛肉干、铁板烧、全羊宴、羊血肠等。

①**手扒肉**。手扒肉是蒙古人吃肉食方法的一种通称。游牧民平常吃肉时不用筷子、叉子之类的餐具,而是一手持刀、一手执肉,一块一块的割肉吃,有时没有刀具,就用两手把着肉撕着吃,故得名手扒肉。手扒肉不是专门的一道菜肴,这是对食肉方法而言的。经过岁月的流逝,现在手扒肉逐渐

变成了一道肉菜的专有名称。现代人所说的手扒肉，就是将羊肉拆成若干块，洗净后下锅煮，不加任何调料，煮熟后盛入木盘上桌，大家围坐在一起，各自用自己的蒙古刀边割边吃，吃时蘸盐水或其他佐料，别有一番风味。

②**烤羊腿**。首先将羊腿用各种调料腌制，腌透后阴干，表皮抹一层奶油，然后放在炉中或放在炭火上烤，烤熟后，外焦里嫩，色泽金黄，酥脆适口，香而不腻。

③**全羊宴**。蒙古语称"布合勒"，意为"全"或"完整"。全羊宴有两种：一种是将羊宰杀后，清除内脏，下锅煮，不拆卸；煮熟后将整羊盛入木盘中上桌。另一种是全羊拆卸后，将两个前肢、二个后腿、后腰、脊椎、羊头等七件盛盘上桌。这七件如果详细分解，两个肩胛、两个肱骨、两个前臂骨、两个胯、两个股骨、两个胫骨、羊头等共 13 件。摆放时，先将二个前肢分左右放在木盘前半部，再把二个后腿分左右摆在二个前肢的后面，四肢中间放脊椎，脊椎上扣后腰，看上去就似一只羊平卧于盘中。最后将羊头放在后腰上。也就是说，除了羊的前胸、短肋、五脏、蹄子之外的肉全部上桌。最后，还要用奶食品作以装饰，以示吉祥。

④**小全羊宴**。小全羊宴用羊后腰、两个前肢、胸椎、无下颌的羊头等五件，摆放时，先将胸椎横放盘中，然后将两个前肢放置胸椎前两侧、上面扣上后腰，腰上放置羊头。小全羊宴的用料各地不一，有的地方则用肩胛、四条长肋、胸椎、胫骨等四件摆小全羊宴。小全羊宴仅次于全羊宴，一般是在人数少的情况下，用小全羊宴来代替全羊宴。

⑤**烤全羊**。烤全羊是从古到今蒙古族宴席中最讲究的一道名菜。民族特色浓郁，色香味形俱佳。只有在成吉思汗陵祭奠、民族大庆典、大型宾宴上才献烤全羊。这种饮食风俗延传至今不衰。烤全羊要用两岁绵羯羊，毛无杂色，用掏心法宰杀，用开水燎毛，开膛取出内脏，羊腔用清水洗净，然后放置各种调料腌浸，外面刷上奶油，整羊腌透后，风干，放入烤炉，将整羊用铁链吊挂，关闭炉门，四面加热，烤五个小时后出炉。烤全羊，色泽金黄，羊皮酥脆，肉味鲜美。烤全羊上席前，要装入大木盘，羊体平卧盘中，前腿跪曲，后腿前弯，头高抬，尾下摆。羊头挂一条白色哈达，以示吉祥。近几年改挂一条红绸布。然后，抬进餐厅，让宾客观览后回餐厅改刀上席。上烤全羊要分部位装盘上桌。先上羊皮，再上羊肉，接着上羊下水，最后上羊骨、羊汤，使每个用餐者都能品享到全羊的各个部位。

⑥**成吉思汗铁板烧**。源于成吉思汗时代，所以称成吉思汗铁板烧。相传，公元 1204 年成吉思汗率兵进军乃蛮部，途中围猎宿营时，看士兵在篝火上燎肉吃，肉熏得焦黑，便灵机一动，将一个士兵的头盔扣在篝火上，然后拔

出腰刀割一片肉放在盔上,立刻烤成外焦里嫩的炙肉片,铁板烧从此诞生。成吉思汗铁板烧的制作方法较简单:先把薄薄的肉片贴在发烫的铁板上,不久肉片会嗞嗞作响,肉香四溢,当肉片变得焦黄,水干油溢时,用筷子夹起炙肉片,在盛有芝麻酱、食醋、绵糖、精盐、香油、辣椒油等多种调料的小碗里蘸一下,便可食用了。它因脆嫩、香甜、麻辣、酸酥集于一身,所以不油不腻、清鲜可口、别具风味。然而,此佳肴在草原上曾一度失传,直至近些年,才重现故里,但它的制作工艺及用具已与上述古老工艺有所不同,不同之处主要是将肉片在铁板上少许烧烤,然后,在上面浇注专用汤料汁而成。

⑦牛肉干。牛肉干是蒙古族传统的风味食品。秋季宰杀牛羊后,将肉切成长条,用盐卤,然后晾干,即成肉干。秋天气候凉爽,肉条既不生蛆又不腐兰,肉质不变,晾干后体积小容易保存,游牧时携带方便。吃肉干时水煮或蒸、炸均可。

⑧羊血肠。一般都是由羊血加荞面搅拌后灌成,故此,得名血肠。宰完羊之后,将羊肠用盐水洗干净,牧人家一般不用洗洁精等现代洗涤用品来洗肠,因为,洗涤品的味道会破坏羊肠的原味,因此,一般都用盐水洗。再说草原上的牛羊与其他一些家畜不同,它们吃的都是纯天然、无污染的芳草,它们肚肠里的废物也可谓是"绿色之物",因此,洗肠肚时,容易洗净,驱味。洗干净之后,将小肠和肥肠切断分开,然后在羊血里搅进荞面或白面,用手把凝结的血块攥碎、搅均之后,加入食盐和葱花等调料,从肠口灌入。小肠约有二三丈长,为煮时方便,可断成数节,但不能撕掉连接肠壁的薄脂肪。薄脂肪,可以说是一种调料,有脂肪的血肠吃起来才油香,由薄脂肪连接的细肠煮好出锅时,盘成一团,宛如精美的盘香。

(3) **紫食**　紫食是指蒙古族传统的食品炒米和面食品。蒙古族传统饮食以"白食"和"红食"为主,但随着草原游牧地区与内地的联系加强,蒙古族饮食中紫食比重逐渐增多,尤其面食保留着民族传统的特点。在蒙古地区可用小麦面、荞麦面做出各式各样的食品。制作面食品主要有蒸、炸、煮、烙四种工艺。蒸类食品有包子、馅饼以及其他馅类面食;油炸类食品主要是炸果子;煮类食品有图古勒汤(犊牛面)、猫耳汤、肉面汤等;烙类食品有葱花饼以及荞面饼等。

①炒米。炒米是草原牧民日常食用的主食之一,是适合游牧民族生活方式的方便食品。它是用糜子米制成的。其制作过程有烀、炒、碾等三道工序:第一道工序烀(蒸)稷子。先在锅里盛上水,烧到八分开时将稷子倒入锅中,盖盖儿加热,水滚开后揭开锅盖儿,上下左右翻动,令其受热的温度均匀,再盖好锅盖儿文火闷一会儿,再来回翻动米,如此三五次后即可出锅。

这道工序中,稷子与水的比例一定要适当,掌握好火候。第二道工序是炒。炒还分为炒脆米、炒硬米两种。炒脆米时,在砂锅里放进些沙子,待沙子烧红后,然后将烀好的稷子放入热沙子中炒,一次炒二三斤;炒的时候要用特制搅拌棒快速搅拌,搅拌时发出爆花声。当爆花声停止时立刻出锅,晾凉筛出细沙即可。第三道工序是碾。稷子冷却后碾去外壳去糠,炒米呈黄色,米粒坚硬而脆,色黄而不焦,带有一种香味。炒米的食用方法:炒米用酸奶搅拌,加奶油、糖;也可用煮沸的鲜奶浸泡,或是干嚼,或是放入奶茶中食用。炒米不仅是蒙古人喜欢吃的米食,也是鄂温克族、达斡尔族喜欢吃的米食。现在,内蒙古草原各级城市中的宾馆、饭店用炒米奶茶当早点几乎成为一种时尚,也是蒙古人招待宾客的一种食品。炒米是游牧民根据自己生产特点创造出来的一种食品。游牧流动性大,水与火又不及时。炒米不仅携带容易,而且食用也方便,有火有水更好,无火无水也可,是适于游牧、旅行的最好的一种食品。

②**肉粥**。先将牛肉或羊肉切成肉丁,入白水锅炖煮,加少量食盐,再下米熬煮。熟时可加葱花和适量的酸奶,是为肉粥。煮手扒肉后剩的汤中加米成粥,蒙古语称"好力泰布达",其味更香浓。

③**奶粥**。先煮小米或炒米、大米于锅里。当米快熟时,再把鲜奶(一般是牛奶)兑进米锅里,熬沸后即可食用。

④**炸果子**。制作时,先将白面与植物油、鸡蛋、白糖和在一起,和好后擀成薄片,切成各种形状,再用羊油或牛油炸熟即成。炸果子味美可口,是祭祀、年节以及招待客人的佳品。

⑤**猫耳汤**。因形状像猫耳朵而得名。把荞面和好后,揪成大拇指大的小块,然后用拇指捻一下,就可捻成半圆形小片,形似猫耳。同时做好菜汤,放入牛、羊肉丝,等汤煮熟后将猫耳片下锅,这个猫耳汤就做成了。据说这是蒙古人迎接归猎者所吃的一种风味小吃。

⑥**肉汤面**。将白面或荞面和好后擀成薄片,切成一寸宽三寸长条,放入煮过羊肉的肉汤中,煮熟即可食用。

⑦**犊牛面**。蒙古语称为"图古乐汤"。将白面或荞面用温水和好,再擀成薄片,切成菱形小块,用白水煮熟捞出。然后把锅刷干净,放入适量牛奶烧开,将煮熟的面片放入牛奶中,再放些奶油与盐即可。这种小吃一般在接羊羔时节食用。

⑧**蒙古馅饼**。蒙古馅饼是具有内蒙古东部地区蒙古族饮食特点的面食。首先把白面和成软面,揪一小剂子放在手心,拍成薄片,填馅后团成圆形,然后再拍成薄饼,直到里面的馅显而不露为止。先用干锅烙熟后食用。

这种馅饼的特点是颜色金黄,皮薄馅足,香而不腻、柔软可口。辽宁省阜新蒙古族自治县蒙古贞部落的馅饼尤佳,全国驰名。这是蒙古族招待客人的必备食品。

⑨葱花饼。将白面和好后,擀成薄片,薄面片上洒上黄油摊匀,再撒上葱花、盐,卷成卷切成二寸长的段,每段用手拍扁再擀成薄饼,锅里放油加热烙熟即可食用。

⑩千层饼。将白面用温水和好后,擀成极薄的片,倒上羊油摊匀卷成卷,拍平再擀薄,然后用白油或黄油烙饼。这种饼的特点是起层多,故名千层饼,食而香软。

⑪荞面饽饽。荞面饽饽是上山打猎时食用的一种面食。将荞面用凉水和好,团成圆团或长圆形,用炭火、牛粪火或火盆中的火烧熟。外出打猎时带在身上,不论时间多长,这种饽饽除了外面有一层硬壳外,里面始终是软的,而且不易霉坏,适宜野外作业餐用,这是一种较为原始且简单的食品。

⑫荞面煎饼。将荞面和成粥状,放入葱花、肉粉、调料粉、盐等辅料,用筷子搅拌。然后将锅烧热放入羊肉或植物油,将粥状稀面摊在锅中,像煎饼一样一张一张烙,熟后即可食用。工艺简单,味道鲜美,是一种方便小吃。

⑬沙葱包子。将白面和好后揪一小剂子,擀圆形薄皮,将沙葱、羊肉馅包成圆状,蒸熟即食。沙葱包子是草原的特色佳肴。不膻不腻,鲜嫩可口。

(3)青食 青食是指蔬菜瓜果类食品。古代蒙古人和现代生活在僻边地区的蒙古族主要靠采集沙葱、沙芥、蕨菜、蘑菇、野果等作为"青食"。这是蒙古族白食、红食和紫食等传统食品的补充。在蒙汉杂居地区,蔬菜瓜果品种较多,甚至有些地区"青食"已代替了红食。当然,蒙古族的白食品、红食品、紫食品不仅仅限于上述几种,他们在游猎、游牧生产实践中,创造了诸多美食佳肴,如红烧羊胸、烧驼峰、清焖羊蹄、蒙古八珍、九九全羊宴等等,在此不一一赘述。

(三)蒙古族的饮食禁忌

蒙古族在长期的生活实践中,在饮食方面积累了各种经验,形成了诸多的约定俗成的禁忌习俗。

首先,蒙古族将白食视为所有食品中的珍品,在日常生活中,形成了以白为尊的传统习俗。他们往往用奶制品做饮食的德吉,所以围绕白食的加工和食用产生了许多的禁忌之俗。忌讳把奶桶等盛奶食的器皿扣放,否则视为一种不吉利的行为;忌讳有意无意倒洒牛奶,否则将会得到苍天的斥责;忌讳把奶食与肉食摆放一起,防止串味污染奶食品;加工和食用时忌讳在奶食品中放入盐碱等调料或加入葱蒜蔬菜等,否则被视为错误的制作和食用方法。这些白食禁忌之俗反映了蒙古族对奶食品的认识和加工食用的习俗。所以,无论是大小宴席,或与邻里间日常往来、招待宾客时,蒙古族都以白色食品为先导,除了特殊情况外,不管是冽冽寒冬,还是炎炎盛夏,主人一定要先给客人献上现煮的热奶茶,同时拿出一些奶制品来招待客人,来客不管是吃饱喝足,还是饥肠辘辘,一定要先品尝主人准备的奶茶和奶食品,以示对主人的尊重。茶礼过后,主人会马上端上喷香肥美的手扒肉或肉制品来款待客人。如果先不以白色食品招待,而直接端上红色食品,来客会认为主人不尊重来客,把他当成了"饿"棍,会非常不高兴。同样,客人不先品尝白色食品,看见红色食品上来就下手,那就要被主人小看,主人会认为来客不懂"规矩",不懂礼貌,不值得尊重。在内蒙古草原地区以最高礼节"全羊席"招待客人时,常常在羊头上放一块羊拐大的黄油,就是由此来表示,再高档的红色食品仍以白食为先导之意。

　　其次,围绕红食的加工、食用、待客也形成了许多禁俗。蒙古族宰杀羊、牛、驼等肉畜时采用一种传统的特殊的方法,因蒙古人非常忌讳直接用刀宰割肉畜的脖子放血并砍下其头。宰羊时,先将其放倒在地,持尖刀直捅其胸腔心脏部位,而后开个小口,伸进手去,用食指勾断其心脏主动脉令其速死,再将腔内鲜血舀入盆中,就地从完整的肉体上剥下完整的皮张。宰杀牛、驼等大畜,则以刀直刺其头后颈椎,令其速死,而后开膛、取血、剥皮。游牧民族终生与牲畜打交道,朝夕相处,与它们有了深厚的感情,不得不宰杀自己精心饲养的牲畜时,非常忌讳折磨牲畜,尽量想让它们死得快些,以减少其痛苦,在草原牧人的生活中,处处都能体味到游牧民族所独有的那种亲畜心理,如被狼咬伤、摔伤或碰伤的牲口,很难治愈时,草原牧人就会马上杀掉它们,以免其活受罪。蒙古族还有一些禁忌宰杀"特殊牲畜"的习俗,也是游牧民族"亲畜"心理的体现:如不杀种公畜,而且,它们到年老体弱时不能骑乘,也不能出售,死后葬于高处。还有多仔的母畜、役畜、神畜和在战争中或狩猎时出过大力,甚至救过主人性命的牲畜、各种比赛中夺冠为主人赢得荣誉的牲畜都不宰杀。极力避讳"宰"、"杀"等杀气腾腾、血腥味十足的词语,避讳使用让人毛骨悚然的"吃肉"等不吉利言词。蒙古族一般宰杀牛羊说成是"出魂"、"处理"、"准备食肉"、"喝羊汤"等,食肉也一般不说"吃肉",而习惯说"喝肉汤"或"喝羊汤"。

　　第三,在食用红食中,禁食死牲肉,认为死牲肉不洁净。禁食狗肉,因为蒙古族游猎时猎犬是他们最好的助手,游牧时期牧犬又是他的放牧工具,所以视犬为友,从不宰食,直到犬病死或老死为止,并进行埋葬。禁食马肉,尤其禁食白马肉,因为成陵八白宫中的溜圆白骏是受神封的神马,故不食马肉。禁食盲肠,认为吃盲肠会变白痴;禁食打结的肠,若吃噎马;禁食肠头、肚头、喉头,若吃它会变成快嘴快舌说闲话的人;禁食腹膜肉瘤,若吃会惊马;禁食胸骨柄,若吃胸骨柄,骑马时马打绊;禁食鼻软骨,若吃马打喷嚏;禁食尾根,吃了后,骑马时马尥蹶子;禁食胰,吃了胰会贪睡;禁食脾,吃了脾变青脸;禁食后脖筋,吃了会变小偷;禁食脊髓,吃了会变成没勇气的人;禁食母畜会阴肉,吃了变傻子;禁食脑浆,吃了流鼻涕;禁食淋巴,吃了变邋遢等,无不反映出蒙古民族在生活方面的喜好和精神信仰。

(四)蒙古族的饮食礼俗

蒙古民族饮食自成体系,食用的风俗礼仪更是丰富多彩。饮食礼俗 是蒙古民族饮食文化的重要组成部分,具体讲,主要有泼洒礼、德吉礼、涂抹礼和祝福礼等。

(1)**泼洒礼** 也称萨查礼,是指食用饮食品之前敬献天地祖先的一种礼俗。蒙古人认为一切饮食都是天地祖先对人类的恩赐,所以每个人在享用饮食品之前必须进行泼洒礼,表示自己的感恩之情。泼洒礼的具体操作过程是这样的:首先敬献苍天,其次敬献大地,再次敬献祖先,即一般进行三次泼洒礼,例如饮酒时用右手无名指沾杯中酒向天地弹三次;为什么用无名指呢?蒙古人认为其他几个手指在一般场合另有职责,只有无名指是净指。行泼洒礼的人必须恭敬地站立并整理衣帽之后用右手虔诚的举行此礼,表示对天地祖先的真诚。蒙古族过去在日常生活中普遍进行频繁的泼洒礼,现多在正式礼仪场合举行泼洒礼。

(2)**德吉礼** "德吉"意为"圣洁"、"首份"之意。在蒙古族日常生活中,德吉礼是敬重客人、长辈和亲朋好友的一个庄重而神圣的礼节。蒙古人把同样的饮食品在认识上区分为最初部分和剩余部分,把饮食的最初部分认为是最"圣洁"的,在喝茶或进餐时把饮食的德吉进献给长者或贵客,以此表达自己的恭敬之意。进行德吉礼时,进献者整理衣帽之后用双手把茶饭献给客人,客人也在整理衣帽之后双手接受茶饭。德吉礼是蒙古饮食中必须遵守的礼俗,平常在家中进餐时首先把饮食的德吉献给老人和父母,尤其在婚庆、聚会、祭典等重大宴席上严格执行德吉礼,必须以年龄的长幼和地位的高低敬献茶饭,所以游客到蒙古人家做客时,以年龄长幼和地位高低为序就坐和接受德吉礼。

(3)**涂抹礼** 涂抹礼也称为迷拉礼。涂抹礼都由长者操作,一般用右手无名指蘸鲜乳或酒涂抹于被祝福的物体上,而且在进行涂抹礼的整个过程中不停地诵祝颂词或赞词,在日常生活中经常看到这种礼俗。例如,大年初一主人对来客进行迷拉礼,让每个人尝鲜奶,表示祝贺新年的开始。又如,对每年的第一场春雨和第一声春雷进行迷拉礼,把奶茶洒向天空,口诵祝颂词,祝愿风调雨顺。再如,长者对新生儿进行迷拉礼,把奶油涂在婴儿的前额上,祝福他降生和茁壮成长;当孩子5岁左右正式开始骑马时,对孩子和坐骑都进行迷拉礼,祝福他成长为一名出色的骑手;当孩子7岁左右正式打猎时,同样进行迷拉礼祝福他成为一名好猎手。总之迷拉礼的内容特别广泛,凡是新事物的开始或形成,都要用饮食品的德吉进行迷拉礼,以示祝福。

(4)**祝福礼**　蒙古族的饮食祝福礼,是在食用饮食过程中赞美食品的同时祝福主人,以此表达自己感谢之情。蒙古族的饮食祝福礼中有饮茶祝词、饮酒祝词、喝汤祝词、全羊席祝词等诸多内容。饮茶祝词是客人喝完茶之时,客人中的长者代表大家向主人祝福。祝词的主要内容为赞美主人的奶茶,祝福主人身体健康、家庭美满。喝汤祝词是客人吃完肉以后喝肉汤时,客人中的年长者代表所有客人向主人高声祝福,祝词的主要内容为赞美主人的鲜汤,祝福主人五畜兴旺。喝汤祝词同时具有宣告宴席结束之意。饮酒祝词要在接受敬酒但未饮之前对敬酒者祝福,饮酒祝词内容要根据敬酒者身份因人而异。胛骨祝词是吃胛骨肉之时,客人中的年长者向主人祝福。全羊席祝词最为隆重,由老人主持并高声朗诵祝颂词,赞美五畜,感恩天地,祝福大家。祝福礼是蒙古民族饮食习俗中的重要内容之一,它代表了蒙古民族友好、向善的文化心理。

(五)蒙古族的饮食特征

饮食的新鲜洁净,是蒙古族饮食中的首要特征。蒙古传统饮食文化中有特别讲究洁净新鲜饮食品的习俗。尤其祭祀天地神仙和招待贵客时一定要进献新鲜的饮料和食物,只有这样才能表达他们的虔诚和敬重之情。蒙古族在日常生活中特别讲究新茶、新汤、鲜奶、鲜肉和新加工制作的奶油、奶酪等各种奶食品的享用。早晨起床后桶里有水的情况下,专门打新水熬新茶;来客时家里本来有肉的情况下,还要专门现杀羊,用鲜肉招待;各种祭礼活动更是讲究新鲜牛羊肉和新鲜奶制品。

其次,蒙古族在日常生活中,注重饮品的摄取,某种意义讲,蒙古人可以一日无餐,但决不可一餐无饮。这种饮食特点,反映出蒙古族生活的特定自然环境和所从事的游牧经济。蒙古高原干旱少雨,气候干燥,牧民整日在大草原上放牧,风吹日晒,人体水份容易消耗,所以饮品的需要量高于食物需求量。蒙古族有制作多种饮料的传统,甚至饮品的种类超过食品种类。蒙古族至今仍保留以饮品为主的饮食习惯,一日三餐中早晨和中午一般都喝茶,只有晚上才吃一顿饭。重视饮品的饮食习俗,在待客过程中也表现的十分明显,对来客首先敬献奶茶,而且忌讳问客"渴不渴"或"喝不喝"等不礼貌用语。平时请客,一般说请到我家喝茶而不说请到我家吃饭,客人到来后先敬茶,然后才进餐。

第三,讲究日常用餐适度,也是蒙古族饮食中的特征。蒙古传统饮食以肉、奶为主,均属于高营养高热量食品,而且蒙古族平时食用的食品多为高浓缩性食品,所以适量食用高热量高浓缩食品,即可满足人体需要量,无需用数量来补充;蒙古人认为过量食用是一种无益于身心健康,他们提倡少食,认为不饥不渴为最佳食用量。蒙古民族的这种饮食习俗,完全符合了蒙古传统食物的基本特点。内蒙古草原牧民至今保留着这种饮食习俗,一日只吃一顿饭,其他两顿均喝茶。

此外,蒙古族在日常生活中喜欢分餐就食。蒙古族牧民至今保留着分餐制的一些痕迹,例如喝茶时把炒米、奶酪、奶皮适量放入碗中,然后再倒上奶茶递给每人;吃手扒肉时由一人动刀把肉分割后每人分给一份儿;吃全羊席时长者指使一人动刀切割分给每位客人,其他人不能随意动手;尤其吃胛骨肉时,必须分给所有的人一份儿,否则被视为一种不吉祥的错误行为。过去蒙古族最忌众人从一个碗或一个盘中吃东西,但随着生活环境的改变,这种习俗正在逐步淡化。

二、达斡尔族的饮食

(一)达斡尔族的餐饮器具

达斡尔族的餐具有的与蒙古族餐具相似,有的和鄂温克族的差不多,如制造奶酒的器具及制酒原理与之相类似。他们也是将每天吃剩的奶装入酒缸(文格日,高三尺,上口直径一尺,下部一尺多),用搅杠搅动,制作时也用锅、木筒等类器具。据说过去他们还用塔古拉(将木挖空制作成)吃饭。盆类器具有过瓦盆,后来有了铁盆、铜盆、瓷盆等。刀具有菜刀、夸日特等。

(二)达斡尔族的饮食结构与食品制作

居住在东北大小兴安岭一带的达斡尔族和鄂伦春族、鄂温克族,根据当地特殊的自然生态环境从事狩猎、捕捞、畜牧和采集等经济活动,从中获取各种生活资料,形成了一种以渔猎、采集为消费对象的饮食结构。这一类民族人口虽不多,但他们的生活方式、饮食习俗独具特色。以前,这些民族都是靠从森林中捕获的野生动物的肉食为主,所食的动物主要有狍子、鹿、犴、野猪、熊、猞猁、灰鼠、獐子等,飞禽类有野鸡、飞龙、乌鸦、雁、野鸭等,其中狍子肉是他们较普遍的家常食物。过去,采用煮、烧、熬汤等简单烹调方法来食用,对狍、犴等动物的肝和肾则习惯生吃。此外,居住在靠近河流的达斡尔族和鄂伦春族、鄂温克族,还捕捞河中的各种鱼类和其他水生动物来作为食物。大小兴安岭森林地带生长着各种可食的野生植物,这些成了达斡尔族和鄂伦春族、鄂温克族女子采集的对象。她们采集的野菜有柳蒿菜、鸡爪菜、黄花菜、野韭菜花、木耳、蘑菇、山菠菜等十余种菜,其中柳蒿菜和山菠菜食用较普遍。所食的野果有榛子、山丁子、稠李子、山里红、山酸梨等。这些野生植物少部分鲜食,大部分晒干后食用,主要烩或熬成汤或熬粥,作为肉类食物的补充食品。明末清初,鄂温克族已突破单一狩猎经济形态,开始出现了牧业和农业经济,但部分鄂温克族仍以狩猎为主。鄂伦春族逐渐和外界交流,也开始经营农业,粮食逐渐成为他们的主食。达斡尔族在黑龙江沿岸居住时以狩猎为主,以农业为辅,那时的饮食以兽肉为主,主要种植大麦、燕麦、稷子、黑豆、豌豆、苏子等成熟期短的粮油作物。17世纪中叶后,他们迁居到嫩江流域,农业的比重大增,除大田作物外,大白菜、土豆、胡萝卜等作物的种植更为广泛。这个时期各种米面逐渐成为达斡尔族的主食,各种蔬菜成为主要的副食,肉食反而逐渐减少了。

　　大部分达斡尔族的主食以米和面为主。由于各地区达斡尔族的经济类型不同,米面的比例和吃法不尽相同。从事畜牧业的达斡尔族,肉食则较丰富,具体讲,达斡尔族饮食结构包括:米食、面食、肉食、饮品等四部分。

　　(1)米食　清末以来,齐齐哈尔和爱辉地区的达斡尔族以小米为主食,海拉尔和新疆塔城地区的达斡尔族以面食为主,莫力达瓦旗的达斡尔族直到民国初年,还很少种谷子,玉米也只种在园田里,用以啃青。自从日伪统治时期开始,达斡尔族在大田里种植玉米,开始吃玉米渣芸豆粥或玉米面蒸糕等。之后,稷子米成为达斡尔族主要米食品。稷子米由于加工方法不同,可做成各种食品,其加工方法有两种:一是将稷子在锅里蒸沸,烘干后推成米,达斡尔族称为敖斯莫。这种加工后的稷子米,已无黏性,有轻微煳味,很适合做干饭或鲜牛奶稷子米粥。第二种加工方法是未经蒸沸的稷子推成米,达斡尔语称为稀基莫,稍有黏性,除了做干饭外还做牛奶黏粥,还可加工成面,制作糕点。

　　①**敖苏木布达**。将稷子在锅里蒸沸烘干推成米后加工做成的干饭。制

作过程简单,在锅里倒进凉水,水开后下米,用笊篱捞出来再蒸。也有的加上芸豆做成干饭,拌以鲜牛奶或酸牛奶即可食之。这种饭香而可口,营养丰富,是达斡尔族喜爱的主食之一。

②阿勒莫布达。达斡尔族的米食之一。达斡尔族加工荞麦,除压成粉面外,还加工成米。加工时,在锅里蒸沸后炕干至八成熟,然后加工碾成米,达斡尔语称为阿勒莫,做成的饭叫阿勒莫布达。将这种米饭用酸牛奶拌着吃,是达斡尔族的传统美食。

③敖苏木切。将稷子米煮熟,熬成粥再加上鲜牛奶,稍加点盐,味道极好,是达斡尔族传统米食之一。

④燕麦米粥。有燕麦米鲜奶粥和燕麦米狍子肉粥两种,吃起来柔软可口,是达斡尔族老年人最喜爱的食物。

⑤拉里。达斡尔族称稠粥为拉里,一般是用稷子米或荞麦剂子加牛奶熬成的粥,还可拌上黄油或白糖食用。香甜可口,营养丰富。其品种很多,用稷子米做的称为希吉木拉里,用荞麦剂子做的称为尼吉拉里。这是达斡尔族喜爱的一种风味食品。

⑥黄黏米粥。婚礼时食用的一种粥。在婚礼的前几天,新郎要到岳父家举行吃黄米黏粥仪式。届时,请一位儿女双全的女子来主持,先让新郎新娘坐在饭桌对面互相喂,表示婚后夫妻二人的感情像黏粥一样如漆似胶。

(2)**面食** 居住在海拉尔和塔城地区的达斡尔族的主食以面食为主,如海拉尔地区用白面做面条或面片,以牛羊肉为汤。塔城地区主要种植小麦,故以面食为主,仿维吾尔人吃烤馕。烤馕的优点是耐放,做一次可以存放几天,临吃时切成薄片食用。后来,住在布特哈地区及齐齐哈尔地区的达斡尔族亦种小麦,这样,白面也成为他们的主食之一,也有一些有民族特色或地方风味的面食供人们食用。

①荞面饸饹。达斡尔族传统的面食。民国以前,荞面是他们的主食之一。荞面是用荞麦磨的面制作的面条,实际上就是面条的一种。达斡尔语称达勒布达。制作过程简单,用达勒(压面用的饸饹床子)来压荞面,这种饸饹床底有漏孔,上面有压的木杆。做饭时,将床放在锅上,床的三只木腿要立在锅台上,然后将和好的荞面压成面条,面条掉进有开水的锅里,来回搅动,适当的时候捞出来,放进凉水中冷却捞出控干,同时,要准备好飞龙汤、沙鸡汤、狍子肉汤等各种肉汤,用这些野味浇汤,就可食用。荞面不仅是达斡尔族的上等食品,而且常用来招待客人,也有用酸牛奶拌着吃。除此之外,荞面还可以做糖苏子饼。

②牛奶面片。将白面和好,擀成片待用。把鲜牛奶倒进锅里烧开,再将

擀好的面切成条,往烧开的牛奶里揪面片,加上盐即可食用。这种吃法很有民族特点。

③**希日格乐**。一种油炸面食。将发酵的稷子米面揉好,再卷成重叠的大小两个八字形,用油炸熟即成。这是达斡尔族传统的民族风味糕点,大约产生在民国之前或更早一些的年代,他们一直很喜欢吃这种糕点,但是后来因无原料也就不做了。这种糕点曾是年节、红白喜事上招待宾客不可或缺的食品。

④**瓦特**。达斡尔族糕点。用稷子米面和稠李子、山丁子等野果粉,拌以牛油、糖,然后用带有花纹的模子压制而成。多用于节庆和红白喜事。

⑤**绰帽乌图木**。达斡尔族面食之一。绰帽为盅碗形状,乌图木为馇馇类食品,合起来即盅碗状的窝窝。用荞麦面制作,和好面做成盘碗状的窝窝,直接放在烩菜上蒸熟而成。此种食品中渗进大烩菜的香味,鲜美可口,制作方便。

⑥**巴拉森乌图木**。达斡尔族面食之一。这是一种制作简单的烤饼。制作时,先和好面,然后擀成圆形,埋进火炭中烤熟食用,味道可口,别有风味。也可在野外打猎或打草时制作。

(3)**肉食** 各地区的达斡尔族因经济类型不同,肉食的数量、种类也不尽相同。布特哈、齐齐哈尔、爱辉等地区的达斡尔族普遍养猪,年节时杀猪,为年节和冬春季节食用。布特哈地区由于狩猎还占一定比重,他们的肉食中有狍子、野猪肉等,秋冬季还有野鸡、沙鸡、山鸡等。海拉尔地区及新疆塔城地区达斡尔族则以牛羊肉为食用肉,尤以羊肉为主。

①**手扒肉**。达斡尔族有吃手扒肉的传统习惯,这是他们狩猎时期饮食习俗的遗留。到杀猪宰羊时节,必做手扒肉宴请亲友。至今,仍有这种习俗,制作方法简单,用大锅煮带骨的手扒肉,有的则将一块一块的肉切成片食用,吃时以韭菜花、酱油当佐料。手扒肉和片白肉,不仅在年节时食用,而且在婚丧宴席上是必备的食品。吃席上还特别讲究手扒肉的部位,一般宾客为头桌,必须上尻背骨和肩胛骨,其他人次之。

②**血肠**。杀猪时,将血盛入盆中,再拌上盐、蒜、韭菜等佐料灌细肠,煮熟后切成片上桌。煮血肠的火候、时间要有一定的标准,平常找有经验的人煮,否则火大时血肠会爆裂,火小时则熟不透。这种血肠是达斡尔族喜爱的佳肴,也是接待宾客的风味食品。

(4)**菜食** 达斡尔族索重菜食,每家在房前屋后或左右两侧种植园田,有的人家园田的面积很大,可达数亩。园田里种植白菜、土豆、豆角、胡萝卜、大萝卜、黄瓜、倭瓜、西葫芦、茄子、青椒、韭菜、葱、蒜等,其中豆角品种较多。一般在农历七至十月,各种蔬菜加上啃青的玉米,曾是达斡尔族重要的菜食,现在有些地方也仍有此俗。冬季,他们储存的各种菜仍是饮食中不可或缺的食物。他们在夏秋季节,会晒干菜储存,如将豆角、茄子和西葫芦用锋利的刀子削成细条晾干储存,以备冬春食用。

达斡尔族的菜食以炖菜为主,除年节或招待客人外,很少熘炒。现在已改变这种饮食方法,大都已学会炒、烧、烤、熘等各种做菜的技巧,丰富了自己的饮食结构。

达斡尔族很善于腌制各种蔬菜,如黄瓜、茄子、胡萝卜、大萝卜和白菜都能腌成可口的咸菜。还用白菜的蕊和嫩叶碾成菜末,再加上蒜末、辣椒末腌制,这种咸菜很适合老年人食用,是达斡尔族的一种特色小菜。秋末制作后,放在缸里,一直吃到初春。他们还腌白菜,一冬天几乎每天吃酸菜烩菜,里面加上土豆、芸豆、肉、粉条等。春天时,达斡尔族女子采集野葱、野蒜、野韭菜、黄花莱和柳蒿芽等做菜食。他们很善于晾晒各种菜,如豆角、茄子、葫芦、柳蒿菜(俗称水蒿)等。其中柳蒿芽是达斡人最喜欢吃的野生菜食,他们称之为昆米勒。每年采集来现吃以外,大部分晒干储存,以备无新鲜蔬菜时制作烩菜食用。这种菜食的制作很简单,炖肉和芸豆时这些菜是不可少的主要成分,将它们和柳蒿芽炖在一起,放上盐等佐料即可。这些菜也是鄂温克族、鄂伦春族非常喜欢吃的菜食。如今,这一菜肴已登上了呼伦贝尔地区的餐桌,不论大小饭馆、宾馆都将其作为地区特色菜肴,招待宾客。

(5)**饮品** 奶制品饮料在达斡尔族饮食中占有重要地位,在以牧业为主或农牧并举的海拉尔和塔城地区的达斡尔人中,牛奶成了他们重要的食品。那里的达斡尔族每天必喝奶茶。熬奶茶时,先将砖茶水熬开,放进一些炒熟的稷子米,开锅后加入牛奶和盐,奶茶即成。在达斡尔族的农业区和山区,牛奶和奶酒同样是重要的饮料类食品。奶酒,主要是海拉尔地区的达斡尔族制作并饮用。制作方法是:他们将每天吃剩下的牛奶放入奶缸(缸高三尺,上口直径一尺,下部直径一尺半许),用布鲁日(搅杆)搅动。之后,将发酵的牛奶放入锅内,下面烧火加热,上面盖以木筒(布尔克勒,把粗木凿空而成,高两尺半,直径两尺许),筒上盖以盛凉水的锅(亚日里奇)。当伊克里的酸奶达到沸点时变成蒸汽蒸发,到亚日里奇底部遇凉冷却成小水珠,顺锅底下滴落到特置于布尔克勒里向下倾斜的细槽中,下端通过连着的漏斗流入瓶里。瓶里的液体便是奶酒。

(三)达斡尔族的饮食禁忌

达斡尔族不许孕妇吃驴肉,怕生出的小孩像驴。囤底和囤顶的粮食,不得给别人,日落后不得把粮食运出大门。不管远近不许把锅放在地上拉着行走。

三、鄂温克族的饮食

（一）鄂温克族的餐饮器具

鄂温克族早先所用的器皿和生活用具,多是用桦树皮和木制而成。桦皮制品有很多种,如洪给刊（桦皮桶）用来盛乳、洗脸,其他有桦皮饭碗、挤奶桶、盛油器。还有一种叫哈甘斯产（浅型晒奶干用具）、盛酸奶子的用具及制奶酒的桶,装茶装盐的盒子等盛东西的器具。因多为盛液体的东西,所以,制作时多用马尾捻线缝成,既不漏也不怕潮湿。刀子和匙子也是鄂温克族的重要食器,一般男子的身上都带有一把刀子,有的地方还用犴骨做筷子,用鹿角做盅。擦拭器具的布很特别,他们从河旁砍来柳树条子,用刀削成很薄的木片,鄂温克语叫西台,将西台浸到水里,用时拿出擦拭食器,用一两次就扔掉。

（二）鄂温克族的饮食结构与食品制作

鄂温克族以奶食、肉食、面食为主,一般是一日三餐,以晚餐为最重要。鄂温克族的饮食因居住地域、生产条件不同,形成了不同的饮食习俗。鄂温克族猎民与牧民在饮食结构上有一定区别,我们分别作一介绍。

（1）鄂温克族猎民的肉食 鄂温克族猎民的肉食以兽肉为主,其中以狍子、犴、鹿、野猪、灰鼠、飞龙和鱼为常用肉食,一般来讲,鄂温克族不习惯炒制兽肉,多采用生食、煮食、炖食和熬汤。

①生食。主要是生食犴、鹿、狍子的肝和肾,认为生吃肝肾最有营养。

②煮食。这是将犴、鹿、狍子等大兽,剥皮去脏后,将其从骨节卸成块水煮。煮肉时只放盐不加其他佐料,煮至八成熟,用猎刀割着吃,刀割时还可见血水,肉质鲜嫩。

③烧烤。这是野外狩猎或迁徙路途常见吃法,即用削尖的树枝或细木棍,把切成一片片的兽肉串起来在火上烤,待烤到肉片表面金黄冒油时,抹上盐即可吃。此种肉片八分熟,外焦里嫩,除大兽肉外,灰鼠、禽等也可烤食,鄂温克旗也常把肉切成块,放入烧过的木炭火中,待烧熟后蘸盐吃。烧烤兽肉肉鲜味美,在野外围坐在篝火旁,兽肉烤烧宴是别具一格的。此外,猎民们也烤烧兽肉干,肉干是将平时吃剩的鲜肉或熟肉,晒成肉干储存。生

肉干是将鲜肉切成细条或片,稍撒盐后晒在"海利克"(专门晒肉干架子)或挂在树枝上,晒成肉干;熟肉干是将肉煮熟后切片或条晒干保存。猎民出猎时的干粮一般是肉干,生肉干烧烤食用味道最佳。

④炖食。主要是炖鱼,一般是将鱼开膛洗净后,只放盐或放少许野葱,清炖后食鱼喝汤。

⑤熬汤。主要用禽肉做汤菜,如飞龙、野鸡、野鸭等,只放盐不加其他佐料,有时可加些菜、蘑菇,是一种汤菜。

(2)鄂温克族猎民的面食　鄂温克族猎民吃面食,早期是受到俄国人的影响,所以他们先学会用白面制作面包,后渐学会做面条,用大米和兽肉丁熬粥。居住在嫩江流域的鄂温克族,除传统的肉食、奶食外,随着农业的发展,面食比例在食物结构中逐步有所增加,主食也以粮食为主。粮食主要有稷子、燕麦、荞麦、大麦等。鄂温克族一般用稷子米熬肉粥、做奶米粥、蒸干饭,也用稷子米加工成面蒸发糕,做油炸饼等食用。燕麦米一般用于做肉粥,另有一种吃法是将燕麦压碎或炒燕麦面吃;荞麦米用做干饭、肉粥或碾成面食用。随着小麦、玉米、谷子等农作物的扩大种植,玉米、小米、白面就成了他们的主食。

(3)鄂温克族猎民的蔬菜　鄂温克族猎民吃蔬菜是从女子采集发展而来的,林海里许多野生食用菌、野菜、野果都是猎民们营养丰富的蔬菜。其中吃的最多是野葱、野韭菜、黄花菜、蘑菇、木耳、红豆、山丁子、稠李子,即采可鲜吃,也可晒干储存,供常年食用。

(4)鄂温克族猎民的饮品　鄂温克族猎民的主要饮品是驯鹿奶和奶茶。驯鹿奶浓醇,各种营养含量属动物奶中之佼佼者。人常说:"猎民是喝驯鹿奶长大的",鄂温克族猎民从出生到老年,几十年如一日,日日离不开驯鹿奶茶。猎户中男子还以酒为主要饮品。自制野果酒常年饮用,最喜欢的是"红豆酒"。红豆是森林中的野生浆果,黄豆般大小,味酸甜,将红豆果用桦树皮桶密封发酵,酿造出红豆酒。习惯上男子15岁以上就可饮酒,不加限制,对客人敬酒时,先自己喝,然后请客人饮用。

(5)鄂温克族牧民的肉食　鄂温克族牧民的主食是肉食,其中以羊肉、牛肉为最多,也有吃黄羊、狍子等兽肉的。在秋末,牧民就把准备过冬的牲畜肉备好(挑些肥的牲畜一次性屠宰),然后冻起来或是晒成肉干备用。夏季随吃随杀。肉食之中,认为羊肉最好吃,而且羊的胸、尾和肋等部位的肉更好吃,其次才是牛肉和山羊肉,再次是马肉和驼肉。黄羊、狍子的肉和山羊肉差不多。据说,羊肉的好吃与否与宰杀的方法也有关系。从远道赶来的羊,因为受累受惊,宰后的肉不好吃。从羊圈里赶出来,待其安静片刻后宰杀的羊,其肉味较为鲜美。鄂温克族在早期没有铁锅的时候,吃肉以烤食较多。其烤法是,在火焰熄灭后,把肉用削尖的柳条串上烤熟后食用。

手扒肉是牧民最爱吃的食肉方法。通常在宰牛羊之后,一定要吃一次手扒肉,用手扒肉招待贵宾也是最高礼节。烤肉也是牧民喜欢的一种吃法,烤肉法与猎民相同。喜欢吃烤羊肚、烤羊肾。鄂温克族还喜欢灌血肠煮熟食用。无论煮手扒肉还是烤肉都以煮烤得鲜嫩为度,不喜欢煮得太软,认为会失去肉味和营养。

(6) 鄂温克族牧民的面食　鄂温克族早期吃"尼勒格",即荞面,继尔吃俄罗斯的黑面,后来才吃白面。米食最初是稷米和小米,后来有高粱和玉米,再后来才有了大米。鄂温克族除少量种植稷子外,其余都是交换而来,解放后主要吃大米、白面。

面食的吃法主要有面包、油炸果子、发面饼、面条,后来也学会吃饺子、馅饼。稷米主要是用牛油炒后放入奶茶,或放入肉汤煮粥吃,小米、大米等也都煮粥吃。不喜欢吃干饭。鄂温克族牧民普遍喜欢吃带汤食物。肉和米或面混煮,有的还加奶,做成肉粥、肉面条。面包、发面饼、油炸果子均用发面,喜欢吃稍带酸味的面点。

牧民不种菜,也很少吃菜。称得上蔬菜的就只有野葱(鲁克)和"野韭菜"(吉格特)。

(7) 鄂温克族牧民的饮品与奶食品　鄂温克族牧民的饮品与奶食品较单一,饮品有奶茶和奶酒,奶食品有奶油、奶皮子等。

①*奶茶*。奶茶是鄂温克族牧民最喜欢的饮品,他们一日三餐都以喝奶茶为主,辅之于面包和油炸面食,只有晚餐才食用以肉为主的面条或肉粥。事实上奶茶是鄂温克牧民一年四季不可间断的饮品,既能当主食,又是饮品,奶茶的煮法与蒙古族奶茶相同。牧民每天早晚各挤牛奶一次,早茶一般用新鲜牛奶熬煮。鲜牛奶除喝茶外,有时也用于煮粥或做鲜奶面条。奶粥里放糖或盐,奶面条放盐是最常食用的晚饭。

②*奶酒*。奶酒也是鄂温克族牧民喜欢的饮品,称之为"阿拉刻义"。制造的方法是先做出阿义拉固,这种东西可饮也可制酒。制阿义拉固时,先将鲜酵装进人木桶里,每天在大木桶里倒入鲜奶并用毡盖起来保持梢高的温度,约过五六日发酵后,就成了阿义拉固。制酒时,把阿义拉固倒进锅里,上面扣上无底的桦皮桶,桶有旁口,有一流槽从口伸到桶外,槽的上端宽约二三寸,在桶内的中心位置上,待阿义拉固煮到沸腾时,桶上扣放一盆凉水,蒸汽上升遇冷顺槽就会流出奶酒。此外,鄂温克族牧民的奶食品有奶油、奶皮子、酸奶等,制作方法与蒙古族奶食品相同。

（三）鄂温克族的饮食禁忌

（1）**鄂温克族猎民的饮食禁忌**　禁吃鱼头，以防流产，禁吃供"玛神"神的鹿、犴头。鹿、犴的食道、肺，男女都不能吃。小孩不能吃鹿、犴、狍崽的肉，认为食其肉易得软骨病。打住鹿、犴、狍子当时不能吃其舌，也不能切断其食道，过三、四日后才可动。猎民不吃死畜，剥下皮子后扔掉肉。

（2）**鄂温克族牧民的饮食禁忌**　对死畜一般也食用，但扔掉内脏。宰杀的羊，其苦胆要扔掉，羊脾小孩不能吃，只能成人食用。带髓的骨头肉，习惯上让给老人吃。产妇不得吃腐烂的肉和有伤的肉。吃肉时一定要先割出一块肉祭火或祭神。

四、鄂伦春族的饮食

（一）鄂伦春族的餐饮器具

鄂伦春族餐饮器具主要有桦树皮、木和骨制品。鄂伦春族制造的桦树皮制具较之其他类型的器具更多，使用年限也较长一些。他们使用的桦树皮制具主要有有木灵开依（水桶）、阿汉（桦皮盆）、桦皮碗、卡米（桦皮篓）等，制作工艺多不复杂。做水桶时，将准备好的桦树皮剪成所需的形状，先缝一个圆筒，再上底，上口镶薄木边，在桶口边钻个孔，拴马鬃绳，以此桶提水。桦皮碗和桦皮盆的制作差不多，先用一块方形桦皮将四个角剪开，从剪开处折起来缝合，上口剪平镶木边，两者只是大小不同，分别用来盛饭和盛肉用。还有一种用一张大的桦树皮制作的篓子，鄂伦春族称做卡米。制作时先将桦树皮的四角剪开，折起缝上，它的形状是底部大上口小，呈梯形，上口镶有木边，盖和帮都刻有花纹，用于盛肉干、稠李子干和粮食等。古约文（拾果具）的制法如水桶，只是在口上多出一个舌形，舌形上有锯齿，用它刮小粒野果。在制作各种桦树皮制品时，凡遇缝合处，均用马鬃线缝合，用它缝合不易沤烂。骨制器，主要是用犴骨制作筷子，先将犴腿骨劈成条磨光后制成圆形筷子，或制成上半截方形、下半截圆形的筷子。铁制器具仅有刀子，鄂伦春族称考陶，形似匕首，安有木柄，带有木制的刀鞘。

（二）鄂伦春族的饮食结构和食品制作

鄂伦春族在相当一个时期是以野兽肉为主的，其中最多的是狍子肉，其次是鹿肉、犴肉、熊肉和野猪肉等。一些小动物和飞禽类也是他们的食物来源。鄂伦春族的饮食以肉食为主,辅以粮食,较少食用蔬菜。现随着生产经济条件的改变,鄂伦春族的饮食结构较丰富,但仍以肉食为主。

(1)**肉食** 鄂伦春族吃肉的方法有很多种,据一些资料统计,主要有烧、烤、煮、炖、晒等十余种方法。

①**烧肉**。将肉切成一块一块扔在火炭上,边烧边来回翻动,一直烧至外焦里嫩时,才可食用。这种吃法,一直保存到中华人民共和国成立之前,这是一种较原始的吃法。

②**烤肉**。用一根长木棍将两头削尖,一头插肉另一头插在篝火旁的地上,烤得外面焦黄里面还有点红心时,即可食用。

③**煮肉**。将狍、鹿、犴的胸腔、头蹄和内脏等(内脏切成大块)放在锅里煮,煮到一定的时候就捞出,此时的肉鲜嫩可口,捞出蘸盐水吃,所蘸盐水是用盐和煮肉汤调制撒些野韭菜花、野葱。这种吃法保留至今,成为民族风味菜肴,每当盛大节日或招待宾客,都会有煮肉上餐桌。

④**生食**。鄂伦春族习惯生吃狍、鹿、犴的肝肾,认为生食这些动物的肝可以清肝明目,生食肾可以强壮身体。

⑤**晒熟肉干**。将狍、鹿、犴肉切成小块,加些食盐和花椒藤用水煮,然后放在蒿帘上熏制、晒干后备用。

⑥**晒生肉干**。将狍、鹿、犴的腿肉切成细条,洒点盐腌渍,挂在木架上,然后用烟熏烤,烤成半熟后贮备。

⑦**骨髓油**。把动物的腿骨煮熟或烤熟,用猎刀或斧头将骨头砸断,吸食其骨髓,也有生吃骨髓的,认为有强身健体之功效。

⑧**炼熊油**。猎到熊后,将它的脂肪全部割下来炼油。炼好的油放在野兽膀胱或桦皮篓里。可用熊油烩菜吃。一般猎人出猎之前,喝上一碗熊油,全身会发热,能够起到抗寒解饿的作用。

⑨**灌血肠**。当猎人猎到野兽后,开腔时将其血倒入桦皮盆内,待其沉淀后,用其血清灌肠。

⑩**杂花菜**。将狍子的肺、里脊肉、头肉煮熟切丝,将狍脑壳砸开用其脑浆拌三丝,再加些野葱、食盐。杂花菜味道鲜美,是招待宾客的良味佳肴。

⑪**火烤鱼**。将捕获来的鱼插在木棍上用火烘烤,烘烤后刮鳞,再开膛去掉内脏,即可食用。

⑫**晒熟鱼干**。将鱼去鳞,除去内脏,切成小块,再用盐水煮熟晒干贮备起来,食物缺少时食用。

⑬**晒鱼坯子**。将鱼去鳞开膛,从脊背一劈两半,再撒盐腌渍,然后挂在

架子上用火熏干,贮备起来,到食用时水发后再食之。

⑭炖鱼。将鲜鱼或干鱼放在锅里和野菜一起炖熟而食。

⑮熬干鱼粥。将鱼干和米放在一起熬粥,这种粥营养丰富,适合年长者或婴幼儿食用。

⑯吃生鱼。将鱼去鳞开膛,清洗干净后,从其骨头上取下肉来再切成细丝,拌些盐等调味品食之。这种吃法和日本人吃生鱼片相似。

(2) **米面食**   清中叶后,鄂伦春族与周边民族联系增多,开始用猎品换粮食,他们的食物结构也发生了很大变化。鄂伦春族的米食主要有肉粥、稠李子粥、黏粥等。

①**肉粥**。肉粥有两种做法:一是把肉切成小块与小米一块煮粥,放入盐和野葱等佐料,另一种是在煮过肉的汤里下米熬粥,再放盐、葱等佐料。

②**稠李子粥**。稠李子粥的做法为:先把米淘净,待米煮到七八分熟时,将稠李子放进锅里面煮开,待稠李子爆开,粥浆呈粉红色时即可食用。稠李子粥色泽鲜艳,酸甜可口。

③**黏粥**。鄂伦春族称之为"老考太",制作方法简单,原料以小米、稷子米或黄米为多,将米淘洗干净,倒在锅里,加适量的水、盐和肉丝,煮到七八分熟时,用饭勺把米捣碎,达到黏稠为止,用筷子挑时能拉出丝来,举行婚礼的当晚,新郎新娘入洞房时要吃老考太,鄂伦春族还用它供神。

鄂伦春族的面食比米食种类多,主要吃法有烧饼、烙饼、面片、油面片、疙疸汤、烧金钢圈、油茶面等。

(3) **蔬菜**   鄂伦春族食用的蔬菜主要是野生植物和菌类,野生植物有柳蒿芽、黄花菜、旱葱、蕨菜、狍耳朵菜、鸭嘴菜等。各种野菜的吃法主要有凉拌、炖汤、炒菜、腌菜等。

(4) **饮品**   鄂伦春族的传统饮料的种类不是很多。据有关资料统计,鄂伦春族的饮品约有三种:一是在茶叶输入之前,主要用小黄芪叶当茶喝。有了对外交换后,主要是喝砖茶,有些人喝红茶。二是在春夏季,桦树水分较丰富时,从树干下部将皮切开小口,让小孩们吮吸流出的树汁。三是鄂伦春族过去也制作马奶酒饮用。

(三) 鄂伦春族的饮食禁忌

鄂伦春族有限制某些人和另外一些人共食的习俗,如在早期,男子狩猎,女子采集,猎取到野兽,男人们有时在猎场上首先享用,而女子则难得分享。这种由于分工而导致两性隔离的习俗,竟演变成广泛流行的一种禁忌,即禁止男女一起进食,特别是禁止妻子与丈夫共食。另外,在野外祭神的供品不许女子食用,怕女子冲犯了神灵。鄂伦春族还认为女子月经不洁,所以不许女子在经期吃狍、鹿、犴的内脏和头肉,否则子弹会穿不透野兽。产妇在产房居住期间,不许吃新鲜的野兽肉,认为吃后猎人就打不到野兽。孕妇不许吃獐子肉,不能铺獐子皮,绝对禁忌接触獐子,猎到獐子后,要放在斜仁柱背后孕妇看不到的地方,否则孕妇会流产。

[思考题]

1. 蒙古族的饮食结构及最具民族特色的一道名菜是什么?
2. 简述蒙古族的饮食礼俗。
3. 蒙古族的饮食特征有哪些?
4. 谈谈你了解的达斡尔族、鄂温克族和鄂伦春族的特色饮食品种。
5. 分析达斡尔族、鄂温克族和鄂伦春族的饮食禁忌及其意义。

第六章 住行民俗

　　衣、食、住、行是人们日常生活中须臾不可或缺的四大基本要素,也是人类社会赖以生存和发展的四大物质支柱。改善衣食住行的条件,一直是人类生产活动追求的重要目标之一,也是促进人类生产力与社会发展的一个根本动力。住、行与衣、食不仅同为人类生存所需物质之本,而且还同样盛开着人类精神文明之花。回顾历史,环视当今,举凡人类种种科技、学术、文化精神创作成果以及日常生活的风俗习惯,无不透射出各个历史阶段、各个地区、各个民族衣食与住行之文化。就内蒙古草原民俗而言,各民族的住、行也同衣、食文化一样,是最富地域特色和民族文化特性的。本章重点介绍内蒙古草原各民族的传统住所的造型、结构、布局、择址、搬迁、行旅习俗及相关禁忌。

一、蒙古族的住行

(一)蒙古包的造型与结构

　　蒙古包是蒙古族的传统住所,蒙古语称之为"蒙古勒格日",汉语释为穹庐、毡帐,而蒙古包一词则是蒙满合璧词,满语称家为"博",所以称蒙古族居住的毡帐叫"蒙古博",汉译时取其谐音为"包",故称蒙古包。蒙古包的形状、结构、布局、颜色以及蒙古包的迁居风俗,不仅完全适宜于草原自然环境和游牧经济生活,同时充分体现了蒙古民族的文化风俗和思想智慧。蒙古包呈下圆上锥形状,从材料来讲,由木头、毡子、毛绳组成,从结构上讲,由陶瑙(天窗)、乌尼(椽子)、哈那(网状木墙)、门和柱等五部分构成。

(1)蒙古包的木制构件

　　①陶瑙。陶瑙是蒙古包的天窗,向上面对着苍天。制作蒙古包木制构件时,先制作陶瑙,因为陶瑙的大小决定乌尼杆的长度和数量,也决定哈那

的高低与多少。陶瑙的制作工艺最为复杂，蒙古族十分重视和讲究陶瑙的制作，所以一般情况下都用柏木和榆木等上等木材制作。陶瑙的形状如同日月，同时具有一定的圆拱状，犹如一把打开的雨伞。陶瑙一般由三个大小不一的圆环形木梁和四个粗细不一的拱形横梁，组合成一个圆拱形天窗。在陶瑙最外围的圆环形木梁上附有很多小木件，形成方形插口，以备安装乌尼杆。陶瑙的每一个构件都有非常独特的名称。富有的家庭把整个陶瑙雕刻成艺术品，一般家庭也要把陶瑙饰以民族图案进行彩绘。

②乌尼。通常译为椽子(略似)。乌尼为蒙古包的肩，上联陶瑙，下接哈那，其长短、大小、粗细要整齐划一，木质要求相同，长短由陶瑙来决定，一般为横木的1.5倍，其数量多少，也要随陶瑙而改变，长短相等，这样蒙古包才能齐整。乌尼为细长椭圆或圆形的木棍，上端要插入或联结陶瑙，头部一定要光滑且稍弯曲，否则造出的蒙古包容易偏斜倾倒；下端有绳扣，以便与哈那头部套在一起，粗细由哈那决定，一般卡在哈那头的丫形杈中正好平齐为准。制造乌尼的木种和木质一定要一样，桦木易折，柳木易弯，松木为宜，红柳不折不弯，做乌尼亦甚宜。

③哈那。哈那是支撑整个蒙古包的网状木墙。野柳条柔性好，是制作哈那的最佳材料。选择直径约6至8公分粗，2米至2.5米长的顺直野柳条，经过加热之后压入特定的定型工具进行所需弧度成型，10数天之后，弯曲度完全定型再取出来，去皮削刮修整之后，用生驼皮或牛皮做铆钉，制作成高低和宽窄一致的网状可折叠的哈那。以陶瑙的大小来确定哈那数量的多少，一般由4组至10组哈那组成大小不一的蒙古包。蒙古族常利用哈那的折叠伸缩性，调节蒙古包的高低度，在雨水多的夏秋季节把蒙古包扎的高一些，可避免漏雨和保持包内的凉爽，在风沙大的冬春季节把蒙古包扎的低矮一些，可以减少阻力并保持蒙古包内的温度。

④门柱。蒙古包一般都有木制门和毡帘门。蒙古族非常重视蒙古包的门框，采用质地尚好的木材制作。蒙古包的木门都有彩绘和雕刻，大型蒙古包有四根木柱，中型蒙古包有两根木柱，木柱直接支撑陶瑙。蒙古包的木柱都雕有龙或几何纹彩画。

（2）**蒙古包的毡制苫布** 蒙古包实际上是用羊毛毡围成的毡房，所以蒙古人自称为毡帐民族。生活中蒙古族从不用黑炭等杂色羊毛制作蒙古包的围毡，而是用雪白色的绵羊毛制作蒙古包围毡。蒙古包夏天只用单层围毡，但冬天用双层或三层围毡。蒙古包毡制品主要有顶毡、顶棚、围毡、外罩、毡门等组成。近现代除继续使用羊毛围毡以外，还用白色帆布制作蒙古包的围布。

— 113 —

①顶毡。也称毡包之帽、顶饰，素为蒙古人所看重。拆卸毡包时，最先取下的就是顶毡，要放得远离人脚之处，防止践踏和跨越。它苫盖最高位置的陶瑙，故重视之。迁徙时，顶毡和佛像放在一起，走在车乘的最前面。它有调节包中空气、冷暖、光线强弱的作用。顶毡为正方形，四角都要缀带子，顶毡的大小以正方形对角线的长度决定。裁剪的时候，以陶瑙横木的中间为起点，向两边一拃一拃地度量。四边要用驼梢毛捻的线缭住，四边和四角纳出各种花纹，或者是用马鬃马尾绳两根并住缝在四条边上，四个角钉上带子。这样缭或缝的时候，苫陶瑙的那面一定要缝紧（一共两层）。这样才能扣在如锅底似的（拱形）陶瑙上，才不会让风灌进来把顶毡掀起来。掀开顶毡的时候，要把前面一半正好拉得叠在后面一半上，呈等边三角形，即所谓"白天三角形"。顶毡四角拴四条带子，平时三面的带子拴死，只有掀顶毡的这一边是活动的。

②顶棚。顶棚是蒙古包顶上苫盖乌尼的部分。顶棚好像一个人套在脖子上的圆垫肩一样，每一半像个扇形。顶棚一般由三层或四层毡子组成。量裁顶棚的时候，以陶瑙的正中心到哈那头（半个横木加乌尼）的距离为半径，画出来的毡片为顶棚的襟，以半个横木画出来的部分为顶棚的领，把中间相当于陶瑙那么大的一个圆挖去，顶棚就剪出来了。剪领的时候，忌讳把乌尼头露出来。乌珠穆沁地区蒙古人剪顶棚的时候，领子要比陶瑙的圆圈略小些，苏尼特和察哈尔顶棚的领子正好和陶瑙圈一般大。苫毡的制作讲究看吉日，好天在包外铺好毡子，正中用木橛钉住，用绳子按上面的要求来度量、画圆、裁剪。各种蒙古包的顶棚都分前后两片，前后两片衔接的地方不是正好对齐的，必须错开来剪，这样才能防止渗漏雨水以及风和尘土灌入。两片虽然大小高低基本重合，但一定要留可以错开的宽度。后片正好和陶瑙的东西横木平齐，前片要超出去半拃。里层的顶棚，要比外面的多放出半拃。因为里层苫毡在哈那头和乌尼脚相交的地方必须要包起来，这样外面的毡子就不那么吃紧，同时也使蒙古包的外观保持不变。

顶棚裁好后，外面一层的周边要镶边或压边。襟要镶四指宽，领要镶三指宽，两片相接的直线部分也要镶边，一般是用蓝布镶边，如不镶边，可以用两根马鬃尾搓的毛绳并起来以后压在边上，再紧紧缝住。这样做，可以把毡边固定结实（因为毡子是软的，容易拉长变形，爱起毛边），同时看起来也比较美观。

③围毡。围毡是围裹哈那的毡子，可视为蒙古包的腰部。一般蒙古包有四个围毡，里外三层，里层的围毡叫哈那布其，围毡呈长方形。裁缝围毡的时候，比哈那要高出一拃。在长度方面，西南的围毡从门框往西，比陶瑙

的西横木长一拃。东南的围毡从门框往东,比陶瑙的东横木长出一拃。东北的围毡,从东横木往北,比陶瑙的北纵木长出一拃。西北的围毡,从北纵木到西横木就可以了。围毡领部要留抽口,用以穿带子。围毡的两腿也有绳子。围毡边外露部分要镶边或压条。东南西南围毡与门框相接的部分要镶边或压条,东北围毡和东横木相接的地方要压条。有压条的围毡要压在没压条围毡的上面。围毡的襟(下面的部分)无压条,也不镶边。

④外罩。顶棚上披苫的部分,用红布或蓝布制成,它是蒙古包的装饰品,可以看作是等级的象征。相传,蒙古包的外罩是有腿或有舌人家的意思。缝裁外罩的时候,其领正好和陶瑙的外圈一般大(和顶棚的领重合)。外罩的腿有四条,与乌尼的腿平齐。东面和西面的腿,要顺着陶瑙的东西横木向下延伸。南面和北面的腿,要顺着陶瑙的南北纵木向下延伸。外罩的襟多缀带子。它的领和襟都要镶边,有云纹、莲花、吉祥等图案,绣得非常精致而美丽。

⑤毡门。毡门多用三四层毡子纳成,很重,以免被风刮起。长宽用门框的外面来计量,四边纳双边,有各种花纹。普通门多白色蓝边,也有红边的,上边吊在门头上。门头和顶棚之间的空隙要用一长条毡子堵住,有三个舌(凸出的三个毡条),也要镶边和纳花纹。

(3)蒙古包的带索 蒙古包由各种木制构件和多种形状的围毡组成,这些还要用粗细不一、长短不齐的几百米绳索才能把木制和毡制构件连接成蒙古包。蒙古族把用于蒙古包的绳索称做带索,区别于其他用途的绳索。蒙古包的各种带索都用马鬃、马尾和骆驼膝盖上的毛搓捻而成,所以非常结实耐用。蒙古包主要有围带、压带、网带、拽带、扎带等带索,另外围毡和乌尼杆本身就带有绳索,用于连接和固定。

①扎带。连接各组哈那和连接哈那与门框的带索叫扎带。将几组折叠的哈那打开并围成圆形以后,用扎带把哈那之间的接口和哈那与门框之间的接口紧紧捆扎起来,形成蒙古包下半部分的圆形网状木墙。蒙古包根据其哈那的多少,一般用5-11条扎带,每根扎带长约3米。

②围带。固定围毡和哈那的带索叫围带,它又可分为内围带和外围带。每一个蒙古包只有一条内围带,扎起哈那之后,首先用内围带从左门框至右门框把整个哈那紧紧围捆,使折叠式的哈那可以撑重。外围带是固定围毡图日嘎的带索。每一个蒙古包有上中下三条外围带,用外围带把围毡固定在哈那上形成毡墙。围带的制作比较讲究,一般用6条细绳并排缝制成扁形带子,根据蒙古包的大小制作长短不一的围带。

③压带。固定顶毡的带索叫压带。一般一个蒙古包有12条压带,这些

压带把两块顶毡牢牢固定在乌尼杆上。12 条压带左右斜向交错,在蒙古包顶部形成吉祥结,看上去十分漂亮。

④网带。固定顶毡下摆的带索叫网带。顶毡下摆沿边有很多绳扣,用网带绳索把这些绳扣和上围带连接捆扎成网状,防止顶毡的下摆被风刮起。

⑤拽带。防止蒙古包被大风掀翻而从天窗下垂在包内的带索叫拽带。拽带固定在蒙古包的天窗中心拱梁上,下垂在蒙古包内的拽带平时掖在乌尼杆上,每当刮大风或来旋风时把拽带取下用手下拽或吊一桶水,以防蒙古包被突然袭来的大风掀翻。

(二)蒙古包的布局

蒙古包的空间布局包括蒙古包内部布局和蒙古包外部布局两部分。

(1)内部布局　蒙古包历史悠久,形状固定,长期的宗教信仰和游牧生活已使蒙古包内形成一套固定的格局与模式,而且讲究严格,秩序井然。包里的空间分三个圆圈,八个方位,共计有十一处。

①第一个圆圈是位于毡包中心的火撑。在蒙古包落成以后,往包里摆放物品的时候,首先就是确定火撑的位置。在拽带上拴以重物,垂下正对的地方,就是支放火撑的中心点。火撑的四条腿一定要使两两的连线与陶瑙的纵木(南北向)平行。火撑外框放置的时候,以火撑为中心,四周的距离必须相等,而后安排出门口的地板。火撑最早为青铜,有三条腿,后为生铁制,变为四条腿。在出现三条腿火撑以前,大概只是放上三块石头,支锅煮肉吃。火撑和锅灶安放的时候,要放得端正,如果稍偏一点,可以向西北倾斜,因为门冲东南,不能向东南偏斜。放置锅盖的时候,锅盖梁儿要顺着陶瑙横木,不能与之交叉。锅旁一般是放置茶壶和火盆,壶嘴要冲着灶火,不能直对宾客摆放。

②第二个圆圈是家庭成员或宾客。早期,蒙古族男子从西面往下坐半圈,女人从东面往下坐半圈。当时东面为尊,因为蒙古族与别的种族一样,有过一个母权制的氏族社会时代。那时的人崇拜太阳,把太阳升起的方向看得很神圣,因此把东方让给了占统治地位的女性。当社会发展到父权制时代,又把西方当成了尊位。这样,虽然男女的位置没变,尊卑关系实际已经颠倒。家中的男人们,按照辈分高低、岁数大小,在西面由北向南排坐。东面女子座位也以此类推。北面和南面,又有特殊的划分:毡包的正北面为金位,为一家之主的座次。蒙古人的"金"字作为修饰语,含有尊贵、神圣等意思。举行婚礼或新居落成时,新郎最先落座于正北,新娘则端茶,摆奶食。在新郎喝茶的时候,祝颂者便吟唱:"坐在宽敞毡包的首席上,有诺颜(官

人)似的事业,有巴彦(富人)似的地位。"从中可以看出这个位置的尊贵。如果父亲年事已高,就把家政大权交给儿子,让他坐在北面,自己坐于西北。如果父亲早逝,不论大小,母亲都要让儿子坐在正面。蒙古包南面,尤其是门口不可坐人,特别是客人更不可坐于此。

客人在蒙古包中的座次,与上面家里人的坐法相同。年轻客人不能越过陶瑙横木(东西向)以北。主人如果请上坐的话,客人可以坐到正北或西北,但不可坐在西北佛桌前、灶火上头等地方,以示对主人、神佛、祖先、香火的尊重。女客要撩起袍子下摆,从东面绕过灶火就坐于东北面。东面一般留给女主人做饭用。来客如系喇嘛僧侣,要坐于西北佛桌前面。在喜庆宴会上叔叔和舅舅一起来,舅舅坐上首,叔叔则坐在下首,想来可能是母权制习俗的遗风。出嫁姑娘回娘家时,母亲要尊女儿上首落座,因为女儿已经成为娘家的"客人"。

婚礼上的座位与平时不同,男方的亲戚朋友坐于包西,女方的亲戚朋友坐于包东,且男女座次可以打乱。

在蒙古包里,就寝位置也颇有讲究。家庭成员平日入寝,主人夫妇在北侧,家中长者在西侧。如果睡不开,一般女子睡在东面。有宾客来访,一般要把最好的位置,即北面和西面让予其就寝。北面和西面的划分是,贵宾或长者睡北面,普通宾客睡西面。一般不请来客睡东面,一是表示尊重,二是主妇起来烧火做饭不方便。入寝还有讲究,不能把脚伸向佛爷或灶火,因此睡在西面、东面的人头朝北,睡在北面的人头朝西。如果家中物品较少,又无神位,大家也可以一律头朝灶火,脚冲毡包边缘。这是蒙古包里的第二个圆圈。

③**第三个圆圈是安置物品的八个方位**。蒙古包共有八个方位——从正北开始,西北、西、西南摆放男子物品,东北、东、东南半边多放置女子用的物品。巴尔虎部给儿子娶亲的时候,西半部的东西都是男方准备,东半部留让女方准备。女方来的时候,把东半部的墙根围子、毡垫、被桌、箱子、碗架都要带来,甚至还带有盛满牛奶的奶桶。这种安排,与蒙古族男右女左的座次、男女劳动分工有较密切的关系。

④**神位**。蒙古包西北侧放佛桌,上置佛像和佛龛。

⑤**男子用品摆放之地**。蒙古包的西半边,是男子用品摆放之地。赞词中说打开西面箱子看到的东西,全是男子用的,就是一个佐证。里面多有狩猎、征战之具。苏尼特男子用的马头琴也放在西边,蒙古族认为每天拉一曲《老马》,马群就不会走失,套马杆上的套索也吊在同样的地方。凡是马鞍具,都忌讳从上面跨越。

⑥**鞍具摆放之地**。蒙古包西南酸奶缸的前后,哈那的头上挂着狍角或丫形木头做的钩子。上面挂着马笼头、嚼子、马绊、鞭子、刷子等物。嚼子的口铁不能碰着门槛,放在酸奶缸的北面或挂在马鞍上。放马鞍的时候,要顺着墙根立起来,使前鞍鞒朝上,骑座向着佛爷。如果嚼子、马绊、鞭子不分开,笼头、嚼子要挂在前鞍鞒上,顺着左首的鞴鼻向着香火放好,鞭子也挂在前面鞍鞒上,顺右垂下。马绊要挂在右首梢绳的活扣上,马鞍如要挂在包里,可以放在哈那头或乌尼拴根绳子挂上,也可以放在专门放马鞍的架子上,前鞍鞒向前,像鞴在马身上那样放好。再靠后可以放酸奶缸之类。本来捣奶子是女子的活计,为何把酸奶缸放在西边? 原来,历史上挤马奶和做酸马奶(也算马奶酒)是男人们的营生。

⑦**被子和桌子摆放之地**。在佛桌和东北方向的箱子中间(北面),放着狮子八腿被桌。儿子成家时,父母一定要给新婚夫妇做一张被桌。这种桌子铺着专门制作的栽绒毯子,上绣三种图样的双绲边花纹,两头分别横放一个枕头,中间是新郎新娘的衣服被褥。新郎的枕头放在被桌的头部,新娘的枕头放在被桌的尾部。枕头向着香火,其顶用四方的木头制作,用蟒缎蒙皮,库锦饰花,四角用银子镶嵌。新郎的枕头自家准备,新娘的枕头从娘家带来,被桌上放衣服的时候,袍子的领口一定要朝着佛爷。袍子的胸部放在上首,男人的衣服放在上层,女人的衣服放在下层。蒙古人叠摆衣服的时候,如放在北面,领口朝西,如放在西面,领口朝北。领口绝对不能朝门,因为只有死人的衣服才这样摆放。

⑧**女子用品摆放之地**。紧挨被桌的东北方,是置放女子衣物箱子(脚箱)的地方,共有一对,里面有女人用的四季衣服、首饰、化妆品等。

⑨**食品摆放之地**。毡包的东墙是放碗架的地方。碗架分几层,可以放许多东西,如碗盏、锅灶、勺子、茶、奶、家具等各有各的位置。放置也有规矩:肉食、奶食、水等不可混放,尤其是奶食和肉食不能放在一起。因为奶里混进荤腥容易发霉,对做酸奶不利。这也跟蒙古族崇尚白色,不希望别的颜色污染白食有关。奶、茶要放在上面,水桶放在碗架的南侧。

⑩**炊具餐具摆放之地**。餐具中最重要的是(盛放羊背)条盘,放在东边最尊贵的上首,蒙古族认为家里的福就是条盘。条盘放在东横木前、碗架上面或挂在哈那头上,除了主人,他人不能动用它。初成家的年轻夫妇,在新包里吃的头一顿饭,就是用条盘端上来的羊肉,新郎吃的是胸椎,新娘吃的是胸茬。蒙古包里所有口朝上的器皿都要口朝上放置,不能反扣过来,但是锅、筐、箩头三样东西在外面可以反扣放置。筐、箩头放包外东南墙下,装有牛粪时口朝上,而空着时,要底朝天反扣过来,因空筐容易被风刮走。有客

来时,不能担着空桶或空筐朝客人迎面走过。家具中最尊贵的是奶桶,不能乱扔乱放,这是由先白后红的饮食习俗形成的,奶桶亦可用做招福的香斗。勺子、铲子、笊篱之类也不能反扣过来,柄儿向着香火口朝上放置。碓子、斧子放在碗架的下层,这两种东西是捣砖茶用的,一会儿也不离开,所以要放在一起。茶是饮品之尊,所以捣茶工具也不能乱放,给新郎准备新包时,碓子、斧子一个不能少。"碓子斧子在一起,亲家夫妇不分离。"

⑪**牛粪箱摆放之地**。东南近火撑的地方放着牛粪箱子。任何人都不能从箱子上跨越,也不能垂腿坐在上面。牛粪是用来生火的,无论是崇拜火,还是从尊重祖宗香火角度出发,进出时都要把袍子撩起来,不要让袍边扫着牛粪箱子;同样,火剪之类的东西碰了脚,你也要拿开,不能从上面跨越。

(2)**外部布局**　蒙古包的外部没有院墙,包与牛羊圈一般都离得很远,显得很分散,尤其水井多在二三里远的地方,各家都自备拉水车。灰堆多在东南,因牧区多西北风。马桩位于西南,运水的勒勒车在门前,库房在蒙古包西侧,羊暖圈和羔棚多在蒙古包北边,牛很少入圈,冬天一般自己回来卧在浩特周围,夏秋晚上不回家。马群由专人牧放,平时家里只有一两匹乘马,拴在马桩上即可。柴堆在蒙古包的西南侧,垃圾一般倒到蒙古包东侧较远处;南面或西面,有供挤奶用的练绳,是专用来挤奶时拴牛羊的;北面较远的地方,有羊砖或牛粪垛成的粪垄,包前有晒奶的架子,也可以把奶食品摊晒在蒙古包上。

(三)蒙古包的择址

选择居住地,蒙古语叫看努图克,又叫看盘。努图克的意思,既包括了给蒙古包选址,也包括营盘、草场等意思。牧民过去有四个努图克,就是春、夏、秋、冬四季轮牧,有四个建包的地方、四个营盘和四块大的草场。现在的看盘,主要是指长久居住的地方——冬营盘或定居点。看盘主要从气候、水草、疫病、狼害等方面考虑,既与经济方式有关,也与禁忌习俗有关。一般在选定四季营地后要先做记号,一般选择依山且开阔的地方,特别忌讳在岔道、牲畜走出的小径或旧包址上搭盖蒙古包。

①**冬营地**。主要选择茇茇草丛多、沙蒿沙竹密集、向阳背风不易积雪、相对封闭的地方,南北有山头,东西有大梁。选冬营地时,还要选像一个蒙古人铺开袍襟端坐那样的地形,后面靠山,前面是一望无际的辽阔草原。这样的地方,照看牲畜方便,向阳背风,目光远大,心情舒畅。选好草场之后,再选包址,如果马在哪里尿了,哪里就最吉利,也不用问喇嘛,就在哪里搭建蒙古包。这与蒙古族尚武爱马,视之为战友、宝驹等观念有密切关系。

②春营地。选址主要选择向阳有草的地方。夏营地要选择沙葱、柞檬、冷蒿、山葱、野韭菜等丰富的地方,适合远望的高地。这种地方夏天空气好,少蚊蝇,不怕洪水。蒙古族谚语说:"西北有沟的地方别打墓,东北有谷的地方别建包。"蒙古人认为这种地方容易窝藏狐狼鹰鹫之类。

③秋营地。选择带籽草丰富的山谷或地势低的地方扎盘。因为秋季风大,忌在风口扎盘,地势不能太高,因地势高的地方草枯得早。

(四)蒙古包的搭建

搭建蒙古包时一般遵循从下到上,从里到外的次序。木制构件的组合和围毡的覆盖,尤其每条带索的打结都有严格的要求和讲究,必须按照前后次序和技术要求搭建蒙古包,才能做到快速、标准和易拆卸。建好蒙古包之后,首先支炉灶,然后以炉灶为中心分配包内布局,为了又快又好搭建蒙古包,围绕蒙古包的搭建过程形成了诸多必须遵循的习俗:在搭建蒙古包门必须朝太阳升起的方向,所以蒙古包的包门都朝东南或正南,这种习俗不仅使蒙古包的包门朝向适应了蒙古高原多西北风和北风的气候特点,而且朝向太阳的包门寄托着蒙古人对生活和事业的美好愿望。搭建蒙古包的过程中,架天窗时一定在天窗的中心拱梁上涂奶油系哈达进行祭祀。此外,在搭建完成后还要举行"新包宴"。

新包宴:选好日子搭盖新包后,要在新灶上祭火,准备丰盛的食品,请左邻右舍来喝茶。来客将礼品呈上后,将哈达拴在坠绳上,由一位年迈的祝颂人,手捧哈达和盛满鲜奶的银碗,高声吟唱《蒙古包祝词》。说唱祝词的时候,要把满壶的鲜奶冲着天窗、哈那、乌尼等祭洒,或者把绵羊头、四根大肋、胫骨、尾骨等扎在红柳长棍的一端,以鲜奶为装点,向陶瑙、哈那指点一下,表示祝福。祝颂后,要把上述食品各取少许作为德吉献在火中,将羊头放在天窗的东西横木上,把奶酪在坠绳上夹放三天以示新包吉祥如意。毡包的祝词各地十分丰富,既有传统浪漫的成分,也有现实描述;既有古老历史的遗痕,也有当代新增部分;既有固定的套路,也有即兴发挥,极富艺术性。

(五)蒙古包的搬迁

蒙古包是游牧民族的居室,逐水草迁徙是游牧民族的生产和生活的重要内容。长期的迁居过程中围绕蒙古包的拆卸、运输、搭建、居住和做客形成了一套完整的程序和礼俗。蒙古族把这些程序和礼俗当作生产和生活中必须遵循的风俗习惯,一直保留到今天。

每当迁居时,首先主人骑着马去察看水草,确定新的草场和住址,然后选择良辰吉日进行搬迁。蒙古族认为,农历每月初三、四、五、十二、十三、十四、二十二、二十三、二十四日,是对人畜都有利的吉日,宜搬迁。在搬迁时特别注重方向,拆盖蒙古包时要按顺时针方向依次拆盖,搬迁时要移动火撑子的三块石头,如搬迁至他乡,则带走火撑子的一块石头。蒙古族认为,火撑子的三块石头是一个家族香火的开端,是家族香火延续、兴盛的奠基和吉祥物。常年的迁徙生活中,蒙古族已经掌握了一套较为科学的拆卸装运方法:拆蒙古包时一般都要遵循从上到下,从外到里的程序。把拆卸下来的围毡、木制构件和大量带索,都要按约定俗成方法进行折叠和捆绑。蒙古包的搬运一般都用勒勒车或骆驼,而勒勒车和骆驼的装运都有不同的方法和技巧。总之,蒙古包的拆卸和装运已经形成一套完整的程序和方法,这些方法和程序基本遵循了快速便捷、防止损坏、利于装卸和重新组建的原则。蒙古族在长期的游牧生活中赋予蒙古包的拆卸装运活动很多风俗,几乎每一个过程都有讲究和必须遵循的习俗,如蒙古族牧民至今有着把蒙古包拆装之后,必须把包址和周围环境打扫干净,把所有的垃圾填埋或用石块压实,拔马桩并把洞坑填平的习俗,他们认为必须这样做,否则必定会受到天地的惩罚。

每当拆卸蒙古包装备迁徙时,邻近游牧点,即浩特里的人都要过来帮忙,将毡包等装捆到车上以后,把热茶、奶酪、饼子拿到原包址上,为他们送行,临别时以吉祥言词祝福一路平安。最先启程的是神像和陶瑙。骆驼驮行以前,牵驼的女子开始穿新衣,牵上骆驼以后,绕着蒙古包旧址从东向南顺时针转一圈,再上马而去。长辈要在过去自己住过的位置上穿好新袍,骑马跟在驼队后面行进。搬家的时候,最前面走的是马群和马倌(为了不影响驼队的进程,马群要先行出发)。这家尊长所以要走在驼队末尾,主要是为了看看是否有东西落下,或驮子是否倾斜。小畜一般走在最后,由老人和孩子赶着前进。

搬迁途中,若是碰上住户,这家人要给搬迁者奉献迁徙之茶。女主人熬好新茶,连同盘子里的饼子一同敬上,献茶要用现熬的新茶,如把旧茶热了端上,则谓搬家人在新址上不能久住,若女主人没空,可由孩子送来。见有人送茶来,搬迁人马要停住,由年龄最长者最先接茶,而后是牵骆驼的女子。喝罢奶茶,送茶人还要向搬迁者祝贺。驼队启程以后,献茶人要从后面把剩下的茶洒在路上,祝福他们一路顺利。搬迁是游牧民族的重要生活内容,也是一件艰苦的事情,牧民把相互帮助当作天经地义的事情来做,所以这种进献奶茶的习俗一直保存到今天。

搬迁途中碰到的行人,一般从搬迁队伍的左右交臂而过,并从老人开始

——问安,同时,把左脚从马镫抽出来,互相寒暄着走过,以此来代替下马问好。搬迁途中遇上敖包和河流,还要说一些祝福的话,再把哈达系在敖包上并顺时针绕三匝而去。这种风俗可能是古代自然崇拜的产物。而且,蒙古族认为水是纯洁的神灵,忌在河流中洗手和沐浴,更不许女子洗衣物,或将不洁净的东西投入河中。牧民视水为生命之源,非常注意节约用水,并养成了节约用水、保护水资源不受污染的良好习惯。

快到新址的时候,这家尊长要先走过去,把一个签子插到早已选好的包址上。驼队一到,他便迎上去把女主人的马鞍取下来,放在新址东边夫妻将要入寝的床脚,一直到搭盖完蒙古包才能挪开。这可能是尊重女性的一种表现。在新址插签子的时候,要在灶火所在的地方放一块支撑火撑子的石头,蒙古族忌在别人搭过包的地方插签搭包。

(六)蒙古包的特色

蒙古包是游牧生活的杰作,是游牧建筑的极致。随着蒙古族游牧人口的逐渐减少,牧区草场的相对划定以及鄂温克族由猎民变成驯鹿的饲养人,鄂伦春族也走出大山放下了祖祖辈辈赖以谋生的猎枪,内蒙古草原上出现了大批定居的村落,各种房屋成了草原各民族的共同居所,而且有日益城市化的趋势,但蒙古包依然是蒙古民族最具特色的住所,是蒙古族审美追求的独特载体。蒙古包的特色主要有以下几个方面:

(1)独特的自然环境决定了蒙古包圆形锥顶外型 内蒙古草原平坦辽阔,每年冬春季大风不断,蒙古包的圆形锥顶外型正好适应这里的大风气候,从任何角度受风都因阻力小而不易被刮倒。草原上的冬雪季节集中且多暴雪,蒙古包的圆锥形包顶具有全面快速出水的优点,可以及时排出雨雪,使蒙古包不易被大雪压垮或漏水。

(2)游牧生涯创造出蒙古包可折叠易拆装的结构特点 游牧生涯最大的特点就是"游"。蒙古包搭盖迅速,它不要夯地打桩,只要直径六七米的一块平地就可以了。它是一种组合房屋,各个部分都是活的,搬迁省时不费力,联结式陶瑙,一个女子就可以搭起。蒙古人每到一处新址以后,把各部分从车或骆驼上卸下来,待生着火熬好茶的工夫,一座蒙古包就搭起来了。蒙古包易拆卸,它的围绳、带子都是活扣,绳、带一解开,苫毡和架木就自动分离。哈那、乌尼都是分根分片的,先取毡子,后取哈那,再取陶瑙和伞形(乌尼)细椽,不一会就可以拆卸并折叠起来。紧急情况下,联结式陶瑙的蒙古包一个人就可以很快卸完。插椽式陶瑙的蒙古包,除了卸陶瑙时需要一人帮忙以外,其他部件也可由一人完成,适宜牧区人手少的特点。运载也较方便,由于蒙古包的各个部件都可以拆开,往骆驼上驮载时,顶棚做驮屉,哈那、乌尼做驮架,围毡做垫子,上面放上锅碗瓢盆。联结式的陶瑙和乌尼是连接的,正好从中一分两半,形成两个半圆的槽子。骆驼身上一面一个,凹面朝上,锅碗瓢盆零七碎八的东西都可以往里装,运载十分方便。蒙古包简单轻便,除了陶瑙重一点以外,架木全用轻木。长期游牧生涯养成蒙古人不积攒坛坛罐罐的习俗,餐具和衣物平时就放在箱子里。蒙古包搬走的时候,把箱子放在勒勒车上,套上牛就可拉走。此外,蒙古包独特的构成,也使其修造格外方便。蒙古包的各个部件可以拆卸,因此不用大换全修,哪一根乌尼坏了,换上一根就成,如同换自行车的辐条一样。哈那哪片坏了,哪个皮钉脱了,可以随时修整。蒙古包还随时可以扩大,待生儿育女要扩大毡房的时候,把陶瑙换成大的,再增加几根乌尼,加一两片哈那就可以了。蒙古包还有很好的传音功能,由里知外,外面的响动很容易听到,对于一个游牧民族来说,在羊群不入圈的季节,在狼和鹰隼猖獗的时候,以及在兵荒马乱的年代,蒙古包的这种作用,发挥得更加明显。

(3)蒙古包体现了游牧民族的智慧 蒙古包的独特造型,具有了计时功能,蒙古包是蒙古人"永恒的日晷",蒙古包的陶瑙就是一个时辰表。蒙古人常根据日光照进陶瑙外圈、乌尼头、乌尼中部、哈那头、哈那中部、被桌、正座垫子、东面垫子、碗架腿等来划分时间。根据这种划分,就可以有秩序地安排一天的牧业活计,甚而宴会、祭祀也照此安排时间。举行婚礼时,新郎婆新娘,应该在午时(太阳照在正坐垫时)到家。秋天召福的时候,一般在午后太阳照到碗架子腿上,牲畜朝家扭过头开始。蒙古包计算时辰,从卯(兔)时开始,到酉(鸡)时结束。以 6 – 12 度偏斜的陶瑙圈为例,太阳照在陶瑙圈的时间正是早晨 8 点钟。太阳落山时分,正是阳光从陶瑙圈收回的时刻。日出到日落,阳光从天窗射入蒙古包内,每天的光线在包内顺时针绕一周,牧民根据太阳光线照射的不同位置,把一昼分为 12 个时辰,而且对每一时辰给予了准确的命名,以便准时安排生产和生活。

(4)蒙古包是蒙古族对幸福美好生活的寄托 蒙古民族自古尚白贵白,蒙语中称白色为"查干"。蒙古族认为白色象征着人类社会生活中的纯洁和真诚、光明和希望、富有和高贵,所以蒙古民族以自己最崇尚的白色作为蒙古包的基本颜色,用雪白的绵羊毡围裹蒙古包,以此祝福大草原的光明未来,使每个人生活在充满希望的白色蒙古包中,正如民谚所讲:"浑圆的陶瑙似金轮,辐射的乌尼如伞骨,四周的哈那如菱花,双扇的木门似双鱼。"其次,蒙古包的"圆锥"形状蕴含着蒙古民族对天地日月的认识和崇拜。蒙古人把蒙古包的天窗造成日月组合形,乌尼杆围绕天窗形成日月光芒四射状,哈那与乌尼和天窗组合成天幕形状。蒙古族认为苍天是圆形的,并且保佑着万物,日月给人们带来光明和温暖,大地无私地哺育着人类,所以把蒙古包建造成天地日月组合型,表示对天地日月的敬畏和崇拜。蒙古包内部造型,充分体现出蒙古民族古朴的自然观和人与自然和谐相处的生态观。再次,蒙古包的"圆形"寄托着蒙古民族的美好愿望。蒙古人观察到天地日月是圆形的,在游牧生活实践中认识到圆形物体不易破碎的现象,从这些认识和实践中引申出很多与圆有关的词汇,用这些蒙古语词汇形容和表达生活中的一切美好、圆满、吉祥的事物与思想感情。

　　蒙古包的这些特性,是游牧生活选择的结果,反过来又适应了游牧生活,成为游牧民族最理想的住所,成为一种对自然环境破坏最少的生态性住所。蒙古包较之土木结构的房舍,保暖性较差,这一特性铸就出蒙古人健壮和富有抗冻耐寒的体魄。蒙古民族居住方式和选择呈现了蒙古族对自然的敬畏。目前虽然多数蒙古族牧民已定居,但他们仍把蒙古包作为倒场、夏秋牧场的主要居室。

（七）蒙古包的禁忌

　　当到蒙古包时,在较远处下马或下车,切忌把车直接开到蒙古包门口;不能随意打狗,而应该招呼主人出来看住狗;进蒙古包时不能把马鞭、枪支、棍棒等带入包内,需要随身带刀枪,必须取得主人的同意方可带入包内;进包前应整理衣帽,然后从蒙古包门的左边撩起毡帘门而入,切忌从包门右边撩门进入蒙古包。做到上述一般礼俗,表示对主人的尊敬,否则视为对主人的极大不敬。

　　进入蒙古包之后得到主人的允许后可坐在北半部的位置。蒙古包内有门槛、灶火、木柱三个神圣的地方,客人在包内走动时手脚不可接触这三个部位。门槛寄托着全家人走向光明未来的希望,客人进出门时不可踩踏门槛,不能在门槛垂腿而坐,不能挡在门上,这是蒙古包的三忌。蒙古人把踩踏门槛视为踩踏主人的脖子,是一种极大的侮辱。

　　灶火是一家之中心,是最圣洁的地方,所以最忌外人动炉灶,否则视为污染灶火。另外蒙古人很重视木柱,视为自己生活和事业的支柱,忌讳别人随意触动或依靠。出入的时候,要把袍襟撩起,不可碰扫灶火的木框(火撑外面的木圈)。他们还忌讳向灶火洒水、吐痰、扔脏物,不能在灶火的木框上磕烟袋,忌讳向灶火伸腿,或在火撑上烤脚。不能把刀子等刃具朝着灶火放置,要把剪子、刀具装进毡口袋夹在蒙古包的衬毡缝里,或将刀刃朝外放在墙根下面。忌讳用刀捅火、翻火,忌讳用刀刃从锅里扎肉吃,更不可用刀在锅里翻肉。

蒙古包的顶毡和坠绳也不可随便触动。人有帽子,蒙古包也有帽子。蒙古包的帽子就是顶毡,所以不许触动。早晨拉顶毡的时候,用右手抓住顶毡的带子在胸前转一圈(顺时针),转到西面拉开。晚上盖顶毡的时候,用右手在胸前转一圈,拉回到东面。顶毡晚上盖住,白天揭开。如果刮风下雪,不论何时都要盖上顶毡。平素晴天丽日,忌讳盖上顶毡。只有哪家的人死了以后,才把顶毡盖上,或者把顶毡的三角向天窗垂下来,把带子拉到前面拴住,蒙古族一看就知道蒙古包里发生了什么,自然也就不进去了。

坠绳,就是拴在天窗正中用来固定蒙古包的拉绳,拉绳的带子夹在的包东横木以北第四根哈那头上的乌尼里。坠绳先从陶瑙和乌尼之间垂下弓形的一截,再将其端从乌尼里穿进去在乌尼上打个吉祥活扣掏出来。如果刮大风,就可以把坠绳揪出来,固定在地上拴牢。春秋季节刮大风的时候,用力把拉绳揪住,或者把它固定在外面北墙根的桩子上,可以防止蒙古包被风刮走。在掖坠绳的时候,垂下来的部分长短要适当,一般以站起不碰头、伸手能够着为好。蒙古人认为坠绳是保障蒙古包安宁、保存五畜兴旺的吉祥之物。出售大畜的时候,要从鬃、尾、膝上拔一小撮毛拴在坠绳上,意思是要把牲畜的福祉留在家里,不让它随买主跑掉;出卖小畜的时候,女主人要用袍子里襟擦它们的嘴,也是把牲畜的福祉留在里面的意思。男方到女家娶亲的时候,要把一尺长的缎哈达作为五畜的礼物,搭在对方的坠绳上。坠绳是一种家户生存、五畜繁衍的吉祥物,所以非常珍贵,外来者不可随意用手触摸。

(八)蒙古族的行旅

蒙古族自古至今行迁搬徙在其生产和生活中占有相当重要的位置。蒙古族行迁搬迁的工具主要是马和骆驼、勒勒车。

(1)**马** 马是蒙古民族最主要的行旅工具。蒙古民族是世界养马最早的民族,蒙古人养马的最终目的是以马代步。蒙古民族在长期的实践中掌握一整套科学的养马、驯马、用马的生产技术,而且根据实际需要和马本身的条件训练出各种用途的马。生活、生产、搬迁、行旅出征打仗都离不开马,他们充分利用马的力量和速度创造了辉煌的历史。

(2)**骆驼** 骆驼是蒙古民族行旅和运输的最重要工具。蒙古民族驯养了世界奇畜双峰骆驼,这种双峰骆驼体型高大,耐力极强,几天不吃草不喝水仍然可以负重几百公斤日行几十公里。蒙古人不仅骑乘骆驼,更重要的是用骆驼驮运货物进行远距离运输。一个人拉十几峰到几十峰骆驼形成一个驼队,每支驼队的最后一个骆驼挂一驼铃,防止驼队的意外走失或起到惊吓狼群的作用。历史上骆驼曾是草原茶丝商道最主要的运输工具。

（3）**勒勒车**　勒勒车是蒙古族最普遍的复合性行旅与运输工具,"勒勒"一名来源于赶车牧民吆喝牲口的声音。勒勒车具有悠久的历史并反映出草原牧民高超的制造技术,早在魏晋南北朝时期的敕勒部就能制作车轮大,辐数多的木车,被誉为"高车部"。后来的蒙古民族沿用这种高轮车进行运输搬迁和行旅。在呼伦贝尔草原上我们仍然可以看到它。勒勒车是蒙古民族传统的行旅工具,它多以桦木或榆木加工制成,车身重约百余斤,载重可达数百斤乃至上千斤。其特点是车轮大,车身小而轻,独牛拉独车,往往数辆或数十辆首尾相衔,由一、二个牧民（多为女性）驾驭在草原上鱼贯而行。勒勒车既便于短途运输,又适于长途搬运行旅。车轮高大是勒勒车的最大特点,这种特点非常适合跋涉茂密的草丛,深厚的积雪和连绵的沼泽,在平缓无路的大草原上可通向任何地方。勒勒车是蒙古牧民游牧迁徙的行旅工具,所以每家都有十几辆勒勒车,而且有水车、库车、篷车等不同用途的车。每当迁移时,常常十几辆勒勒车前后相连,象一列行进在草原上的列车。蒙古人用勒勒车进行搬迁运输,一个人赶十几辆勒勒车,几十人组成一个车队,从盐湖拉食盐或从农区拉粮食。此外,勒勒车也有其他用途,比如行进中遇到江河时把几辆车连接起来,可做船舶渡河,宿营时把勒勒车围做城墙防御袭击。

蒙古族是一个游动的民族,游牧迁徙本身就是一个行旅运输过程,所以蒙古民族十分熟悉传统运输工作,也有很多行旅与运输相关的民俗。游牧行旅运输一般以户为单位,迁徙时选择吉日和确定吉利方向,平原地区的牧民用勒勒车运输,山地和沙漠地区的牧民主要用骆驼运输。迁徙时亲朋好友还要送行,进行泼洒礼,祭祀天地,口诵祝词,祝福他们一路吉祥安康。

二、达斡尔族的住行

（一）达斡尔族的居室

达斡尔族先族的住房与鄂伦春族的"斜仁柱"构造近似,称为"柱克查"。迁居嫩江流域后,住宅建筑不断改进,定居后达斡尔族的住宅形成了自己独特风格,其显著特点是:院落整齐、布局合理、有围墙和园田;房屋宽敞明亮、介字形脊顶,房屋脊突出,形似"介"字,故名为"介字房"。达斡尔族传统习俗以西为贵,西屋为居室,内有南、西、北三面大炕相连,组成所谓"蔓子炕"。炕墙围装木板,间壁多用木板镶嵌,门及隔扇饰以木雕。一般年长者睡南炕,晚辈睡北炕,来客睡西炕。

(二)达斡尔族的居室布局

(1)室内布局 达斡尔族的住宅以多窗著称。如果是二间正房,在西屋南墙开三扇窗,西墙开两扇窗,东屋房门两侧各开一扇窗,共七扇窗。如果是三间房则加上中屋阳面二扇窗,共九扇窗。按传统习俗,达斡尔族的两间住宅以西屋为贵,屋内南西北三面连炕,东屋为厨房。东西两屋的间壁多用隔扇或板门,上面雕刻有凤凰、鹌鹑、老虎、鹿以及狩猎活动等各种图案。达斡尔族习俗,老人健在的时候,兄弟不能分家,因此,三世或四世同堂的人家很普遍。

(2)院落布局 达斡尔族的院落布局十分讲究,房屋功能齐全,配置有序。院四周是围墙,院门为两层或单层,宅院内有住房、仓房、碾房、畜圈等。其配置视贫富有别,富户的正房一般有三、五间。正房两侧是厢房、仓房或碾房,东南、西南、东北、西北是畜圈,正房近侧或正房南墙下是狗窝。仓房多以住房相连,盖成东西两间,用于储粮,存放农具和车辆。布特哈等地区,一般是住房的东南、西南为畜圈,东北为猪圈,西北为花池或烟苗温床,院中心线东面是仓房,西面是碾房。海拉尔地区住房东南是牛圈和牛犊,西南是牛圈(冬季喂草处),挨牛圈东面是夏季马圈(靠南)和仓房(靠北),东北是马圈(冬季喂草处),西北是牛圈(冬季圈牛),房后是菜地(冬季垛羊草),菜地东南角(马圈西面)是牛粪垛。院里住房东北角还有夏厨房,东南靠牛圈有奶食品晒台。

此外,达斡尔族每家都在房屋的后面或左右两侧,辟有成片的园田地。在房屋前后,散养家禽家畜。为保护园田作物,园田四周均筑围墙,以防牲畜侵害。围墙就地取材,有砍伐树木或柳条,编制篱笆围墙,在缺乏树木的地区,殷实户筑土墙,一般户则挖壕沟,以护其园田。由于住宅和园田相连,且各家又多直线排列,登高望达斡尔族居住的村庄,房屋成行,阡陌成片,十分规整。

(三)达斡尔族居室的选址与搭建

达斡尔族的住地选址多在依山傍水之处,座落在山的阳坡,临近江河的河谷平地上,既便于捕鱼和饲养牲畜,又可利用河谷两岸的平地或丘陵地耕种庄稼。达斡尔族是从事多种经营的民族,所以"依山""傍水""地平"是他们的首选。此外,屯落的屯基平坦宽阔,便于各家选定房基,并圈占一定面积的园田。

达斡尔族建造房屋,用木材搭架,为介字形脊顶,以松木为主,桦木为辅,柱埋地二、三尺深,栋梁五架,栋檩栋椽搭配架好。在埋栋柱之前要往坑里倒些苏子油,坑底垫一层草木灰,并用桦树皮紧裹栋柱入土的部分,以防栋柱腐蚀。近几十年来由于木材来源困乏,以平顶土房为普遍。盖新房除木工活请木匠外,土坯砌房墙等土活多请亲友帮忙,立柱上梁时选定吉日,杀猪或宰羊款待木匠和帮工者。

(四)达斡尔族的居住禁忌

达斡尔族一般不用白桦和榆木建房。房木上不许用刀划痕,不许钉铁钉,不许敲打房梁,女子不许睡西炕以及面对灶坑就坐、登房顶等。孕妇不能向灶坑张望,不能铺熊皮(怕流产),不许吃驴肉(怕生出小孩像驴),不坐驴车(怕误产期)。产妇一个月内不许出大门,怕玷污门神;不许到室内西北角,怕玷污家神;不许到井边,怕污染井水。产后不许推碾子,不许移动室内的缸坛等。

达斡尔族有产妇忌门习俗,以门前横放车轴为标志。如有要事非进不可,在门外放一铲炭火,让来人从火上跨过净身。忌门期间,外来的车马或出汗的马都不得进入院中。夜晚不许小孩顺着炕洞睡觉,不许小孩坐门槛和窗台,不许边走边吃,怕长粗脖子。孩子出天花期间,夫妇不同房,不许炒菜,不许做针线活。供神时不许背向神坐,不许在火盆上烤脚。

(五)达斡尔族的行旅

达斡尔族的经济生产方式多样,他们依山狩猎,傍水捕鱼,地平种田,因此,为适应其独特的生存方式。达斡尔族形成了许多独有的行旅交通工具,如在陆地主要是马和大轮车,水上行旅运输是木筏和独木舟,雪地则使用爬犁。

①**马**。马是达斡尔族主要的陆上行旅工具。外出远行者如携带品不多或走崎岖山路时均骑马,可日行百余里。每个达斡尔族男子都有熟练的骑马技术,倘若外出的人或携带的物品较多,就用专用马套车赶路。套车的马和乘骑的马不能混用。达斡尔族视马为宝,即使对套车的马也不能乱用鞭子抽打。认为用鞭子乱抽马是一种不可饶恕的罪过。没有马的人家用牛套车,达斡尔族对牛也不以抽打来催速度。

②**大轮车**。大轮车是达斡尔族又一种陆上行旅运输工具。为了遮蔽风

雨,达斡尔族将车厢左右和后边用苇席围起来,车顶用苇席或棉毯制作。大轮车在达斡尔族的行旅运输中起到过重要的作用。

③爬犁。冬季下大雪时,达斡尔族使用爬犁,爬犁也叫雪橇。在深雪没膝的雪原上,它要比车马优越得多。

④独木舟。达斡尔族的水上行旅工具是独木舟和小木筏。独木舟,达斡尔语称"介波",是用粗大的松木开槽而成,载重量小,一般可乘坐二人或运载二、三百斤的货物。嫩江水路主要使用独木舟。小木筏达斡尔语称"特米",是将碗口粗木杆编排而成,主要用于横江摆渡。

三、鄂温克族的住行

(一)鄂温克族的居室

鄂温克族自古以来游猎于深山密林中,没有固定的住所,用来遮雨御寒的房子叫"撮罗子"。后来,由狩猎转为畜牧业的鄂温克族,定居放牧,居住的蒙古包。鄂温克牧民居住的蒙古包,其式样、结构与蒙古族的蒙古包一样,只是形状较小一些。此外,居住在不同地区的鄂温克族受其他民族的影响,还有"马架子"、"草房"、"木刻楞"等多种住房。解放后,鄂温克族猎民和牧民实现了定居,猎民定居游猎,牧民定居游牧。住房大致有三种:一种是乡镇新居,砖木结构的红砖瓦房,宽敞明亮,房屋开西窗。房前屋后间或有一两棵松树或白桦。每户有院,用剥皮桦木或松木杆围架成院围墙,屋内现代家具电器齐备。第二种是林中新居,在靠近猎场且适宜驯鹿生活的地方,盖建"木刻楞"房屋,即俄式板房,四面为圆木横垛起的墙壁,向南开门,门旁和西墙开窗户,地基较高,顶为人字形,用圆木板搭盖,有的在顶外装有铁皮。屋内也有现代设施。第三种是游猎游牧时的临时住房,除蒙古包、帐篷外,还有活动板房。鄂温克族最具代表性的居室为"撮罗子"。

(1)撮罗子 "撮罗子"鄂温克语称为"萨喜格柱"或"西格勒柱",意为"用小杆搭的房子"。"撮罗子"素有"仙人柱"的美称,亦作"斜仁柱"、"歇人住",汉语称"撮罗子",是定居前鄂温克族猎民居住的圆锥形帐篷。

撮罗子由两部分组成:一部分是"柱"的木架子,鄂温克语称为"希楞",即就地取木搭起的伞状木架。一般选择三根上端有叉的树杆为主柱,将其叉顶叉地斜立,呈圆锥形,再在主柱的间隔上搭架20-30根辅助杆,在日出方向或向南方向留门,即完成"希楞"。第二部分是围子,即围在木架上的遮盖物,鄂温克语称为"铁哈"。围子材料多种多样,夏季常有桦树皮、有用毛绳编的苇笆、有柳条编笆干,冬季常用狍皮、鹿皮或其他兽皮,近年来,冬季多用毛毡;夏季用帆布等。搭盖时将围子覆盖在"希楞"上,在门的两侧,围子延长自然垂下似门帘,也可系在门的左右柱上。阿荣旗和辉河一带鄂温克族撮罗子的搭建,吸取了蒙古包圆顶结构,用一圆木穿许多眼,将三根主柱穿入圆顶眼中;三足斜立成为锥形架子,辅助柱也分别插入圆顶眼中,搭成"希楞",同样用围子覆盖。这种蒙古包似的圆顶形撮罗子,被称为"奥布海"。斜仁柱大小因人口和季节而异,夏大而冬小。大则高7米,底径8米;小则高4米,底径6米。柱中央为燃篝火处,用以做饭取暖,三面以芦苇、兽皮等席地为床,进门正面为"马路"(亦作玛鲁)和家中未婚男子、小孩及男客人之卧席,女子不得在此卧坐;左右两侧为"奥路",右为长者卧席,左为年轻夫妇卧席。门多东向或南向。数个斜仁柱只能排成一字形或弧形,不可前后排列。

(2)**木刻楞** 鄂温克族猎民也有少部分人住"木刻楞",木刻楞也称为俄式板房。木刻楞主要搭盖在森林密布便于就地取材的地方,是一种全木建筑。鄂伦春族的木刻楞又称"莫纳",将五六米长的圆木破成两半,并排竖立起来,围成方形封上顶,用泥将缝隙抹住,就可以住人。也有较豪华的木刻楞,从顶到底全是厚重的木板或方木,外面造型也很美观。

(3)**靠力宝** 这是鄂温克族建在树上的仓库。鄂温克族在游猎线路的森林中,常由几户合建一个"靠力宝",它是选四棵自然生长间距适当的高树,离地高三、四米,锯断树冠,留下树干为柱,用较细的圆木搭成木制小房。仓库的四框和底部都是圆木,库顶以木板搭成人字型盖,底部留一开口,由地面竖起一根粗柱,上端插进开口,竖柱上砍成可攀登的口为梯子。库内存放粮食、肉食及衣物和生活用具。

(二)鄂温克族的居室布局

(1)**室内布局** 撮罗子有大小之分,小的能睡四、五人,大的可睡七、八人,一般高约4米,直径6米左右。"柱"内门正对面是"玛鲁"神位,中间是火位,男子住火位以北,女子住火位以南,除主妇和不满15岁的女孩可到"玛鲁"神位附近外,成年妇女不得越过火位。火位是生火做饭兼照明的地方,火位的火一般不可间断,夏季冒烟可驱蚊虻,冬季取暖,夜间照明。

鄂温克人特别耐寒。冬季撮罗子除改用皮围子外,柱内只烧火取暖,地上铺狍皮褥子或狍鹿头皮垫子,身盖毯子或一条被子。撮罗子内除放置随时要用的衣服、被褥、粮食、生活用品和妇女用的针线、刀子、斧子外,其余物品都放在外面。撮罗子两旁稍后处,放置驯鹿鞍架子,鞍子整齐排列,鞍上放置米面、皮子、桦皮苫子等,禁忌任何人跨过鞍架子,必须由右绕过鞍架子从左返回。

撮罗子的门向南(古代是东或东南)开,用柳条编成,用木板搭成低铺。火撑位在正中稍靠门处,由柱顶吊下锅来,悬于火撑之上,用以生火做饭。用完后还可把锅放在火撑之上,或移放它处。家具以桦木为多,工艺精美,其本身就是艺术品。门对着的位置是玛鲁位,最前面是男女长辈的席位,然后依次靠后。东面是卑位,年幼的孙辈可与祖父母同住。当家中人口增多需另住时,一般由已婚晚辈中年龄最大的先迁出。

（2）院落布局　鄂温克族的院落布局也相当规范。住萨喜格柱的鄂温克族将祖先神(敖教勒)、牧神(吉亚西)、影神(阿农),悬于柱顶圆木上,门神(德力格丁,桦皮剪的面具)悬于门上;住马架子和草房时一律供在西墙上,最南是祖先神,中间是牧神,影神靠北。马圈一般在日出的方向,牛圈一般在日落的方向,数量少的牛马圈在一处。家犬白天可以进屋,夜间赶出室外。出生不久的牛犊怕冻坏,可宿在屋内灶边。

（三）鄂温克族的居室禁忌

鄂温克族的住所不准骑马乘车直接进入院内,必须在大门外或远一点的地方下马下车,否则被视为对主人的不敬。不准拿鞭子和枪进屋,产房尤其如此。妇女生孩子要另搭萨喜格柱,离住房至少一丈。七日之内禁止男子进产房,即使住了马架子和草房,也不准在炕上生孩子。产妇都在灶旁生产,十几天后才能上炕。

鄂温克族还有一个奇俗:建成新居,自家忌住,一定要请外姓人先来住头宿。为此,他们要事先约好一人来借宿,主人假装不同意,在对方一再要求下勉强应允,主人至少要杀一只小鸡款待。第二天送走客人后,主人一家才搬进新居。

（四）鄂温克族的行旅

鄂温克族的行旅运输工具与其生产、生活环境有着密切的联系,其行旅工具主要有马、驯鹿、大轮车、马车、滑雪板、雪橇等。

①大轮车。鄂温克族牧民很早就使用大轮车搬家、赶集、取水、拉柴、送牛奶,大轮车是他们最常用的交通行旅工具。大轮车与蒙古族的勒勒车相似,两个大轮子,套犍牛拉车,每户约有三、四辆,车是全木制造的,结构简单。

②马车。指俄式四轮,鄂温克语称"鲁塔特勒格"。一般套一匹马,大的套两匹马,既能乘坐行旅,又可运输物品。还有二轮快车,只用于乘坐,跑得很快。

③雪橇。雪橇多以木制,用两根略带弯曲的长木杆做底,再装三、四根横木杆,即可套马拉。冬季下雪后,雪橇是牧民最好的运输工具,主要用于运羊草、牛粪,也可坐人。另外,鄂温克族也骑马和驯鹿,也使用滑雪板为雪地行旅工具。

四、鄂伦春族的住行

(一)鄂伦春族的居室类型

鄂伦春族有自己独特的居住方式,他们为适应游猎生活,设计的居室易搭易拆易迁移;适应四季气候变化,房子形状和搭盖物料各异,冬暖夏凉。居住在不同地区的鄂伦春族房屋建造虽有区别,但主要的居住方式基本相同,有斜仁柱、雅塔安嘎、土窑子、木刻楞、林盘、库米汗、草房、麦汗、开依塔柱、奥伦等。

①斜仁柱。又称"楚伦安嘎","楚伦"是尖,"安嘎"是房子,意即尖顶房子,指鄂伦春族定居前住的圆锥形帐篷。"斜仁柱"是鄂伦春族使用最多的原始房屋。这一类居所,是一种原始建筑。在鄂伦春语中"斜仁"是树干的意思,"柱"是房子的意思,就是树干搭盖的房子。这是鄂伦春族的叫法,汉族称之为撮罗子或仙人柱,鄂温克族称萨喜格柱,达斡尔族称为柱克查,蒙古人称乌日扎。

②"雅塔安嘎"。　即鄂伦春族妇女的产房,是专为临产妇女搭盖的房子,其结构及建造方法与"斜仁柱"相同,只是比一般"斜仁柱"小且简陋,冬季覆盖草帘,草帘外盖狍皮等,夏季只盖桦树皮或草帘。产房要建在离原住"斜仁柱"较近的东南侧。产房内备有铺盖、火盆、脸盆,设左右两个铺,产妇住右铺,婆婆或女伴住左铺。产妇满月后,产房即可拆掉。

③土窑子。主要用于越冬避寒,后来从事农业的鄂伦春族常住这类房,可住三、五年不搬迁。土窑子一般选择有山有水,离猎场或农耕近的地方,土窑子有两种:一种是在朝阳的山坡挖约一米多深的土坑,土坑内立几根柱子,钉两根横梁,选择较长的椽子一头摆在横梁上,另一头直接插入土坑边沿,上面盖一层芭条,抹一层泥,再盖上草。坑壁即墙壁,朝阳一面安上门

窗。屋内塔二、三张木架床铺,地中间生火。这种土窑暖和但潮湿、昏暗。另一种土窑比第一种略有改进,搭盖方法相似,但不挖土坑而是在平地上,四壁是木椽子上抹泥,室内搭火炕,这种土窑子明亮,暖和且不潮湿。

④**木刻楞**。木刻楞是用圆木架起的木房子。选择直径 30 厘米左右粗的圆木,按需要尺码截好,把每根圆木的两面砍平,将两端砍成相同规格的凹凸槽形,然后把砍好的木料一层层垛起来,垛时使凹凸槽交合,接缝严实,垛成四壁,搭盖房盖,安门窗,将缝隙用泥封死。大小兴安岭的鄂伦春族最乐于建筑这种木刻楞。

⑤**林盘**。即桦皮棚,是度夏避暑的简易住房。林盘选择地势较高、通风凉爽、有水有树、饲草茂盛的地方搭建,或建在土窑子、斜仁柱、木刻楞的旁边,搭建方法是:先立 6 根柱子,其中 4 根约一米多高,相距约 4 米左右,另外两根 3 米左右高,立在前两对柱子中间,再放 3 根梁和 40–50 根椽子,即搭成架子,再在上面覆盖桦树皮,缝隙可通风,棚内设施与“斜仁柱”相同,床铺用圆木搭起一尺多高,人居住于棚内,烧火做饭在棚外。

⑥**“库米”**。或称“库米汗”,是夏季或春秋在野外狩猎期间的临时居住棚舍。建造库米选择地形条件与桦皮棚等住房环境相同,所用材料有两种:一种是 2 厘米多粗的树条子;另一种是大张桦树皮。先将树条子插在选好的空地上,每隔一尺插一根,插间距为 2 米多,长约 3 至 4 米的两排,两排的树条子对称,然后将树条子上端弯回,两排上端相搭系好,形成半圆形,再将一头插 6、7 根树条子堵住,上端向另一头方向弯回,搭在弧形条上使之固定,另一头留作门。然后将桦树皮覆盖在树条子架外。为使桦树皮固定在弧形棚架上,还可在桦皮外再插 5、6 对树条子,同样向内弯回相搭系好,压住桦树皮,库米内一般只搭铺住人,烧火做饭另搭小棚。

⑦**布棚**。即帐篷,鄂伦春语称“麦汗”,是猎人狩猎随身携带的防雨棚。一般用白布制作,将幅宽约一米的白布裁成 5 米左右长的三或四块,并列缝合;在四边缝上马尾绳,并在两头各钉五、六个绳套。把布搭在一人多高的横杆上,两侧布等长;向外拉,开形成 45 度斜角,用木桩将绳套穿好钉入地下固定,布棚要绷紧;雨水可顺布棚面流下。

⑧**奥伦**。奥伦是存放东西的仓库。一般搭在游猎区中心或经常路过的地方。建造时先立 4 根 3 米多高、顶端带杈的柱子。剥掉其树皮,上面放两根平行的横木,在横木上摆一排木杆为库底座,上用树枝做半圆形架子,覆盖桦树皮,用树条与底座捆好,一端留门。另钉做梯子,用时立于门口,不用时放一边。奥伦内存放不常用的东西如衣服、被褥、弹药、马具、粮食、肉干、干菜及其他生活备品,需要时来取用。鄂伦春族过去每家都有一架奥伦,但

无需看管,如果有猎民一时未打得猎物,可不经主人同意到任何一家的奥伦里取食物,以后如数送还,不送还主人也不计较,认为是拿取者一定有困难,在外打猎谁都会出现这种缺粮、缺肉的情况,但他人的奥伦物品不可多用,一般只准拿一两天用的食物。

(二)鄂伦春族居室的选址与搭建

鄂伦春族居室有多种类型,"斜仁柱"是鄂伦春族最原始且最具代表性的住所。鄂伦春族一般将"斜仁柱"建在背风朝阳的山坡上,附近有水有树有草。"斜仁柱"的建造结构分为两部分:一是木质骨架,二是覆盖围子。骨架由 30 根左右的 5－6 米长的木杆搭成,先用两根主干支起,然后将 6 根顶端带权的杆子搭在主干上互相咬合支立起来,再把顶端套上柳条圈,在柳条旁架上其余 20 多根树干,"圆锥形"的骨架就搭成了。覆盖物由三个扇形围子组成,一般有五种材料制作。(1)狍皮围子。用狍皮制作,用鹿、犴筋线缝制,周围用黑薄皮镶边,四角及周围钉有皮带,用皮带将它固定在"斜仁柱"骨架上。围一个"斜仁柱"需两个大围子,一小块围子。两个大块围在骨架的两侧,小块围在骨架后面,大块围子需 25 张狍皮,小块圈子需 10 张狍皮。(2)"搭路",即未加工的,象瓦一样的桦树皮。这是直接从桦树上剥下来,一块压一块覆盖在骨架上,上面再用树干压住,这是最简陋原始的一种覆盖物。(3)"铁克沙"是经加工的桦树皮。将桦树皮剥下后,去掉硬皮,取中间平整部分,裁剪成方形,放在大锅里蒸煮,晒干后桦皮变得柔软耐用,然后用马尾线缝合连接,并用桦树皮镶边,四角及周围钉有皮绳。一个"斜仁柱"需四、五块一丈多长的桦皮围。(4)芦苇帘,将芦苇去掉叶子、用马尾线穿起来,四角钉有皮绳。一个"斜仁柱"需四、五块一丈多长的苇帘。(5)布制围。这是布匹传人鄂伦春族地区后才使用的。把白布镶黑边,一块长一丈五尺左右,一个"斜仁柱"需三、四块布围,五种覆盖物有时单独使用,有时交叉使用,冬季一般用狍皮围子,也有的下半截用狍皮、上半部用芦苇帘。春秋及夏季一般全部用桦树皮或"铁克沙",也有的上半截用芦苇帘。有了布围子后,一般上半截用"搭路"或"铁克沙",下半部用布围。覆盖围子时,在"斜仁柱"顶端留有空隙,四季不遮挡,便于通风采光,门一般留在西南侧或东南侧,挂有狍皮或柳条制成的门帘。

(三)鄂伦春族的居室布局

"斜仁柱"的门一般朝西南或东南,内部的铺位很简单,冬季用木头将三面围起来,铺上草,上面再铺上狍皮即可,夏季则栽起一尺高的四根木桩,上面横搭两根长木,再在长木上搭些圆木或半圆木,铺上草和桦皮,就成了供人坐卧的铺位。铺位正对门的位置叫玛鲁,两侧的叫奥路,两路中间是火塘,用以取暖、做饭和保存火种终年不灭。玛鲁是老年男子和男客的席位,女子不得就坐,两侧可放枪支、弹药等物,右侧是年长夫妇的席位,左侧是年轻夫妇的席位。未婚的儿子可住在玛鲁上侧,如有女儿,可在进门右侧搭一个奥路,供其居住。玛鲁和奥路里侧放桦皮箱和皮口袋等物,用以装衣物、粮食、肉干等物,一般是谁用的东西就放在谁的里侧。左侧年轻夫妇席位的头顶搭有横木杆,坠有可吊小孩的摇篮。神位有两处,博如坎(木制神偶)装在四五个桦木圆盒里,悬挂在玛鲁正中一米处靠西的几根斜仁(树干)上。此外,斜仁柱后面还有一株小树,上挂数个桦皮盒,里面也供着博如坎。这些供神的地方女子都不能靠近。

儿子长大或人口增加住不下,可再搭一个"斜仁柱",其他姓氏的人也可以来搭"斜仁柱"。三五个这样的"斜仁柱"就成为一个"乌力楞"。乌力楞,早期很可能是同一家族成员的居所,后来逐渐演化成地域性的村落。斜仁柱前有晒架,用树干搭起,铺上柳帘即成,以供晾晒肉干和野菜之用。因为斜仁柱周围没有墙壁和栅栏,各家之间的界限就不是那么明显,但一家斜仁柱前后的空地习惯上是属于这家人的。

(四)鄂伦春族的居所禁忌

鄂伦春族建造房子的禁忌有:住在一起的各户,建房时一字形排列,不准前后排列;房门朝东南或西南方向开,朝正南方向的斜仁柱门很少,不朝北开门;房舍忌讳建在一棵树下,认为孤树是罪孽之物的化身,会受牵连;忌在死水洼旁、石柱子下、山洞附近搭建房舍。其次,因为斜仁柱内供奉诸神,怕触犯神灵,所以孕妇不能在斜仁柱里分娩,要另搭产房。在产房居住期间,产妇不许吃新鲜的兽肉,否则猎人会打不到野兽。孕妇绝对禁止与獐子接触,也不能吃獐子肉、铺獐子皮;猎到獐子后,要放到斜仁柱背后孕妇看不到的地方,认为碰触獐子孕妇就会流产。

(五)鄂伦春族的行旅

鄂伦春族在特殊的生产、生活环境中,形成了独特的行旅运输方式。鄂伦春族传统交通工具有驯鹿、马、雪橇、大轱辘车、桦皮船、犴鹿皮船、木筏、滑雪板等。

①驯鹿。据有关资料记载,驯鹿曾经是鄂伦春族的重要行旅工具,无论迁徙还是狩猎都要用驯鹿驮载。由于驯鹿载力小,一次只能驮几十斤的东

西,而且驮了东西便不能乘骑,乘骑就不能驮东西,所以逐渐为马匹所替代。

②马。从17世纪马匹传入到鄂伦春族民住地区之后,在许多不同品种马匹的基础上逐渐驯养出了享有"山林之舟"声誉的鄂伦春马,并一直成为鄂伦春族的主要行旅工具。马不仅跑的快,用以追逐野兽进行狩猎,而且驮载能力也很大,鄂伦春族搬迁驮运或探视访友都要以马作为行旅工具。

③雪橇。雪橇和大轱辘车都是用马作动力的重要行旅工具,能装载烧柴、饲草等不便驮运的东西,还能运载猎物、粮食、家具等物品,装载量很大。尤其在鄂伦春族地区出现了农业之后,开始普遍使用雪橇和大轱辘车。鄂伦春族自己制作的雪橇较简单,只要砍来两根自然弯曲的木杆,稍作修理就可以做底,然后安上四个木桩,再装上两根横梁便可以使用。这种雪橇虽然简单,但是在山林里穿行比较轻便,一般只套一匹马就可,因而猎民常用这种雪橇拉着东西到较远的地方狩猎。与外界交换来的雪橇虽然装载量大,但较笨重,因此,只能在家附近拉烧柴、饲草等,也可以装载猎物到较远的村屯做交易,并拉回所需的粮食、饲料、衣物、食盐等一些生活用品。另外,还有一种更简易的雪橇,不仅冬季使用,其他季节也可以用。这种雪橇鄂伦春语叫"依日乌黑",其做法是砍下两根四、五米长且枝叉较多的树条,在上面盖放三、四根横木杆再套上马就可以拉走。这种雪橇既能拉东西,也能坐人,而且土道、山道、雪道都无影响。树条拉坏还可以随时更换。这种雪橇虽然原始,但因其简便易行直到今天仍在使用。

④大轱辘车。这种木制车多数是交换来的,大轱辘车进入鄂伦春族地区基本上是在农业出现以后,它主要用于农业生产,有时也装载猎物到附近村屯做交易,同时拉回自己所需用的东西。

⑤桦皮船和犴(或鹿)皮船。桦皮船是鄂伦春族传统的水上行旅运输工具,不仅用其捕鱼和狩猎,而且还可用其搬迁、做交易。桦皮船很轻,一个人就可以扛走,但运载量却很大,一次可乘两、三个人或载四、五百斤重的物品,并可任意穿行于江河湖泊之中,直到现在大兴安岭地区的鄂伦春族仍然使用这种船。犴(或鹿)皮船是鄂伦春族在山里为渡河而制作的临时性运输工具。其作法是把新打到的整个大犴或鹿皮毛朝外做成船形,然后晾晒,晒干后不易变形时就可以下水使用。皮船载重量很大,一次能装载三、四百斤重的物品,能乘坐二、三个人。这种船不怕碰撞,但一次使用的时间不能过久,至多用半天左右,时间久了,犴(鹿)皮就会浸泡变软。

⑥木筏。鄂伦春语叫"特额木",是临时渡江河湖泡所用的一种水上行旅运输工具。制作方法很简单,将浮力较大的几根圆木摆放在两树横木之间,再将拇指粗细的十几根柳条用火烧,柔韧之后用其捆绑在两对横木上即

可。不仅可用其乘人狩猎,亦可载物横渡江河湖泊,是猎人们常用的一种水上运输工具。

⑦*滑雪板*。滑雪板鄂伦春语叫"刻依纳",这是一种简便的雪上行旅运输工具。滑雪板在鄂伦春族地区使用历史悠久,史书上就有"骑木而行"的记载,过去几乎每个青年猎手都有一付滑雪板,在冬季大雪封山的时候就可以行走如飞。鄂伦春族不仅用其追逐野兽,而且还可以用来递送音信、探亲访友等。滑雪板都是由猎人自己制作。制作滑雪板要选用质地坚硬、有弹性的桦木、落叶松等木头作原料,首先把木头砍成薄板进行晾晒,待晒干后才能进一步加工。做成的滑雪板前端有半尺长的撬头,中间还要钉上一个皮套以备穿用时伸脚,另外还要做两根掌杆,滑行时只要用力向后掌杆就可以飞速前行。滑雪板有长短两种,长约有二米,短的有四尺左右。至于用哪一种滑雪板,首先要看雪的薄厚,如果雪软且浅,其承受能力小则用长的,雪硬且深就可以用短的。其次,如果走平原需要较快的速度,就用长的;如果爬山穿林,需要灵便点,就用短的。因为长的速度虽快,但转弯不灵便,短的速度虽慢,转弯却很灵巧。如果要上坡,还要在雪板后部钉上带毛的狍皮爪子,这样可使滑雪板便于前行,不易倒退。

[思考题]

1. 蒙古包的结构是怎样的? 何为"新包宴"?
2. 蒙古包有哪些特色?
3. 谈谈你所了解的蒙古包禁忌。
4. 勒勒车是什么样的交通工具?
5. 什么是"斜仁柱"? 达斡尔族建筑形式和特点是什么?
6. 达斡尔族、鄂温克族和鄂伦春族最具民族特色的行旅工具有哪些?

第七章　人生仪礼

人生仪礼是指人在一生中几个重要环节上所经过的具有一定仪式的行为过程,主要包括诞生礼、成年礼、婚礼和葬礼。此外,标明进入重要年龄阶段的祝寿仪式和一年一次的生日庆贺活动以及日常生活仪式等,亦可视为人生仪礼的内容。①

人生仪礼是社会民俗事象中的重要组成部分。每一个人之所以经历人生仪礼,决定因素不只是本人年龄和生理变化,而且其生命过程的不同阶段中,生育、家庭、宗族等社会制度对他的地位规定和角色认可,也是一定文化规范对他进行人格塑造的要求。因此,人生仪礼是将个体生命加以社会化的程序规范和阶段性标志。人生仪礼与社会组织、信仰、生产与生活经验等多方面的民俗文化交织,集中体现了在不同社会和民俗文化类型中的生命周期观和生命价值观。内蒙古草原各民族的人生仪礼与其他民族有许多不同之处,同时多民族和环境地域的复杂性也使其呈现出丰富多彩的形态。因篇幅所限,本章主要对内蒙古草原各民族人生仪礼中的诞生、婚嫁、丧葬及祝寿、日常生活仪礼及相关风俗习惯加以阐述。

一、蒙古族的人生仪礼

(一)蒙古族的生育习俗

历史上蒙古族人口增长缓慢,因此对添丁增口格外重视,对妇女生育异常关注,而且总觉得除人类自身外,另有不可知的神灵在操纵人间生育,于是便产生了一些生育习俗。

①*坐月子*。按传统习惯,蒙古族妇女分娩时,分娩的方向四季有别,即

---

①　钟敬文主编《民俗学概论》第 156 页,上海文艺出版社,1998 年。

不准朝天狗张嘴的方向：春季禁忌向东，夏季禁忌向南，秋季禁忌向西，冬季禁忌向北。蒙古族妇女生孩子，忌外人进产房，一般要在屋檐下挂一明显的标志：生男孩挂弓箭，生女孩挂红布条，客人见此止步。

②**分娩**。分娩后首先请接生婆尝德吉(食之精华，炒米和奶油)，再由接生婆将婴儿洗净，口中灌些奶油以清肠胃，用清洁的剪刀或利刃割断脐带，并将胎盘装入五谷杂粮和奶油深埋于地下，之后，清水化红糖给分娩妇女喝下，提高体温，祛除火气。月子里的妇女不吃生盐，不下河趟水，不去碾房和井沿，不做重体力劳动，不吃刺激性食品。食物主要是新鲜的绵羊肉汤及其他营养丰富的汤类食品。婴儿如果是男性，在蒙古包门的右上方挂弓箭，以示男儿之勇，驱逐豺狼；女孩则挂红布条，以示女儿之巧，刺花绣缎。产妇、婴儿住处要挂帷幔，示意外人不得随便出入。其次，不得在马桩、柱子及悬挂衣物的长索上拴牲口，不准带着凉风贸然入屋内，不准吵闹和喧哗，特别是在产期一个月内，不准从产妇家借物，以免带走奶水。

③**睡摇床**。婴儿在七天之内，肚脐一般已经脱落，这时，按照习俗孩子要睡摇床。依据其功能，有的地方将摇床亦称为摇车、摇篮。孩子的摇床，多选用能开花结果的树木，如山丁、杏、榆、松、李等木材制成。摇床通常由娘家在婴儿出生后送来，它倾注着亲生父母的全部希望和祝愿。摇床要请聪明、灵巧、子女齐全、生活富裕的人制作，送摇床的过程也较郑重，绝不可沾土或中途放在地上。

一般来讲，婴儿睡摇床之前，还要有个小仪式，有外祖父母以及亲属等少数人参加，也有请接生婆参加的。仪式主要是由有经验的妇女代替产妇进行，用奶油涂抹摇床祝福。如果是女孩，在哈拉(摇床两侧护栏)上挂镜子，祝她明镜般白净，花儿般美丽；男孩则在哈拉上挂小弓箭和蒙古刀，祝他成为能骑善射的好汉。褓褓布铺在炕口袋上，上面平铺不凉不热的细沙，放好婴儿。孩子的母亲唱起摇篮曲，婴儿甜甜入睡。至此，摇床宴正式开始，亲朋祝贺主人喜添子孙。

④**满月**。孩子满月，蒙古族要举行满月仪式。满月宴的当天开始解除一切忌讳。满月仪式时，为使孩子长命百岁，要做"长寿"面，不放肉类，这一天以奶食品为主招待客人。宴席开始时，家长以孩子的名义给每位来宾敬酒，孩子的母亲抱着孩子给每个人叩头，参加仪式者，给孩子送礼祝贺，农区多送食品、衣物，牧区送奶制品或羊，婴儿的外祖父母送的礼物最多，邻居还要给婴儿挂彩线，既祝福婴儿福寿绵长，也含拴住之意。

⑤**命名**。婴儿满月这一天也是给孩子起名的日子。蒙古族姓名的整体结构是姓·名，如包·孟克、王·巴特尔等。现在一般蒙古族聚集区多以名

字称呼。蒙古族命名的方式,主要有以下几种:

一是按民族心理习惯命名。男子多以历史英雄人物命名,如铁木尔、忽必烈、哈萨尔、格斯尔等;有的以长辈期望、意愿命名,多以幸福、大喜、坚强、富有、结实之意命名,如吉雅泰、巴雅尔等;有的以勇猛矫健的动物命名,如阿尔斯楞、巴尔斯等;有的按婴儿出生时,祖父的年龄命名,如那音台(八十)、依仁台(九十)等;有的按蒙古古代公认的社会称呼命名,如巴特尔(勇士或骑士)、莫日根(神箭手);有的以贵重的金银或坚硬的铜、铁命名,如阿拉坦(金)、蒙根(银)等。女子有的习惯以明亮的星辰命名,如娜仁(太阳)、萨仁(月亮)、敖登(星星)等;有的习惯以美丽的花草树木命名,如其其格(花卉)、海棠、梅花等;有的以善良的珍禽类命名,如香鹄、美鹿等;有的以贵重的珠宝玉器命名,如塔娜(珍珠)、哈斯(玉石)等;有的以象征女人命运的名字命名,如呼吉雅(赐儿子)、杜达古拉(带弟)等。此外,女子按出生月份命名的也颇多,如正月、三月、腊月等。

二是喇嘛教传入内蒙古东部地区以后,许多长者专门请喇嘛、活佛给孩子赐名,这种名字多为藏名,如尼玛、仁钦、桑卜、扎布等。

三是随着蒙汉民族长期杂居和互为影响,有的蒙古人在名字的前面加上了姓氏,如金·布和、韩·乌力吉、海·格日乐等;也有在自己的名字前面加上父名的字头,如苏·扎布、玛·巴特尔等;汉蒙杂居区的蒙古族除起蒙古名字外,另有汉名,或直接起汉名。

⑥周岁宴。蒙古族为孩子过周岁生日,大致与满月相同。在周岁宴仪式中,除请父母双方的至亲外,还邀请睦邻来参加。亲朋好友携带整羊、砖茶、衣服、玩具等礼物,前来参加周岁宴,通常在上午举行剃胎发仪式。首先请父母双方至亲中的长辈入席,以茶点、果品款待宾客,庆贺剃发仪式开始。主客老人一边吟诵剪发祝词一边剪下第一束头发放入盘中,将剪刀递给下一位来宾。客人们依次给孩子剪下一束头发,孩子的父亲则向每一位剪发的客人行屈膝礼,高举着盘子请客人把剪下的头发放在盘中。给孩子剪发时,要留下汇到前额的头发(桑麦),把剪下来的头发团成一个小圆球,配上青铜或铜钱,嵌上贝壳、珍珠、绿松石等,缝在孩子的后领上,再用细皮把铜钱串起来,在一头系上小铃铛和箭矢,做成一尺多长的两三根皮条串,缝在孩子后领的发球上。

剪发仪式之后,就是抓周。将弓箭、笔墨、鼻烟壶、糖果、奶食、剪刀、珊瑚等物摆在桌子上,让孩子随意抓取,以卜其将来的志向。男孩如果抓弓箭,人们就会说:"这孩子长大后从戎参战,成为一名英雄。"如果首先抓取笔墨,人们就会说:"这孩子将来会成为学者为国效力。"如果女孩首先拿的是黄油,人们会夸奖她:"将来挤百头牛,炼制整坛黄油。"如果先拿糖果,就会说:"这孩子将来命好,会嫁给富贵人家。"如果先拿的是剪刀,就会说:"这孩子将来一定是一个远近闻名、精于针线的巧姑娘。"这些祝愿和吉语,寄托了长辈对后代的无限期望。之后,主妇献上整羊将宴席推向高潮,并敬酒奏乐,唱起民歌。最后,在赞颂父母无私奉献的高尚品德的歌声中结束周岁宴。"抓周"过后,大家就开始畅谈痛饮,载歌载舞。这就是蒙古人来到人世间之后,首次举行的最隆重而热闹的宴席。从此,草原儿女如歌如诗的人生便拉开帷幕,周岁生日之后,一直到61岁前,草原蒙古人一般不再举行生日宴,据说年轻人设宴过生日,会折福。除了在12岁生日时,个别地方或个别家庭举行本命宴或开锁宴之外,大多数人家不举行欢宴。而到61岁寿辰时,要举行祝寿宴了。在草原上61岁是人生的一个非常重要的界线,无论是谁,从此将步入老年行列。之后,老年人是每逢本命年都要举行祝寿宴。

⑦哺育。蒙古族非常重视孩子婴幼时期的哺育。为了预防疾病,对周岁内的婴儿要用盐水洗澡。遇有小孩生病,门上挂一红布条,严禁外人进入,尽量不带婴儿参加各种筵宴和集会,以防传染疾病。严禁给婴儿食用辛辣食物,夏季,除给婴儿哺食母乳外,也辅以熟牛奶或羊奶,在冬春季节,让婴儿吸吮煮熟的绵羊尾油。

蒙古族非常重视子女的形体美和健康发育,因此,一直用褴褓包裹婴儿直到学爬。带领刚学会行走的幼儿时,要双手抱起或干脆抱着走,不能只拽其一只胳膊,以防止幼儿手腕关节脱臼;也不能剧烈摇晃孩子,以防伤及婴幼儿的五脏六腑,背负婴幼儿乘马时,不能使其奔跑过快。严禁对孩子进行突然的恐吓,以免影响孩子身心正常发育。男孩子长到五六岁时,父兄便为他制作弓箭和手布鲁,教练手法。女孩长到五六岁时,母亲或姐姐们教她用手工制作布娃娃或荷包,以做针线活为游戏,为日后的生活奠定基础。此外,长辈们还言传身教,教孩子帮助他人,团结友爱,尊重长者,礼貌待客,路遇他人定要问候或请安,在家庭内亦不能直呼长者的名字,所有这些都已融入于蒙古族的日常教育之中。蒙古族忌讳生人用手抚摸小孩的头部,认为生人手不洁,摸了孩子头部,会有害于孩子的健康发育。

⑧领养。由于自然条件的影响,蒙古族生育能力较低,如果夫妇到中年仍没有生育孩子,就要考虑领养孩子,乡邻亲友也会帮助他们物色和推荐。蒙古族在领养孩子接续香火时,首先要考虑这个孩子的父母、家庭传统的好坏、品质和智力优劣等。领养人与孩子的家长直接谈妥后,挑选吉日举行领养仪式。

领养日清晨,领养孩子的这家男主人在"风马"旗幡香柱上焚香并吹响号角,高诵"圣主祭词"和"守护神祭词",跪倒叩拜,并在灶中焚烧侧柏、鲜奶,祈祷"万事吉祥"。然后夫妻俩穿上新衣,带着装有礼品的褡裢,骑着马顺时针方向绕蒙古包一圈后,再向孩子的住地驰去。到被领养者家中先品尝奶食,用过茶之后,拿出奶食、点心和哈达,并把它们摆放在户主面前。然后为孩子的父亲献上哈达,上面放一块整砖茶,夫妻俩同时行屈膝礼。之后,将布帛、绸缎放于哈达上献给孩子的母亲,夫妻俩再次行屈膝礼,并给被领养孩子的兄弟姐妹散发点心、糖、水果等。领养孩子的男主人还要给将要领养的孩子送上鲜奶干、黄油等。领养孩子的女主人给孩子送些礼品和靴帽、衣服、褯褓等生活必备用品。

以上仪式结束后,孩子的家人献上"领养孩子的茶",孩子的父母正式把孩子交给前来抱养他的夫妻,由丈夫首先接过孩子,在孩子口中放入一点奶食,亲吻一下交给妻子抱好,之后,前来领养孩子的夫妇向孩子的亲生父母赠礼,并邀请孩子的亲生父母参加他们举行的庆宴。届时,孩子的亲生父母被请上贵宾座位,大家一同用茶、喝酒、吃羊背子。宴席持续到第二天的日出时分。孩子的亲生父母返回时,作为对孩子亲生母亲的回报,还将请人送去鞍辔俱全的一匹乘马。孩子抱入家门后给他品尝奶食,领养的父亲祭火,母亲给火神磕头,最后,点燃位于蒙古包内西北部佛龛中的佛灯,让孩子向神龛磕头,这样,领养的孩子正式成为这个家庭的成员。

(二)蒙古族的婚嫁习俗

血缘关系在蒙古人的生活中起着非常重要的作用,他们认为同一个氏族出自同一个祖先,所以同氏族不通婚的习俗流传至今。蒙古族的婚俗丰富多彩,具有传奇式的魅力,各部落的婚俗虽然大同小异,但也独具一格。古代,蒙古族男女青年成婚时,双方骑着马走向草原深处,把马绊好,两人将套马杆平行地插在地上,两个套鞭结在一起,并结成吉祥连环结表示结婚,这种婚俗被称之为套鞭结缘。在历史上,蒙古社会从母权制到父权制,从血缘婚到专偶婚,经历了多种婚制的相互影响和变化,所以婚制带有不同社会制度的痕迹,有些婚制一直延续到 20 世纪中叶。

(1)**蒙古族婚姻制度** 历史上蒙古族曾出现过抢婚、从表婚、交换婚、收继婚、入赘婚以及聘婚与买卖婚等婚姻制度。

①抢婚。蒙古族从奴隶制向封建制过渡时期,随着对偶婚的发生,抢婚开始出现。氏族社会时,本氏族内不能通婚,这就必须到外氏族寻偶,由于游牧部落生产经营方式的特点,与其他部落相近游牧的机会很少,因此择偶要到几百里乃至千里之外去寻觅,这种客观条件,加之中世纪英雄时代在

"美人与战利品"口号的影响下,古代蒙古族人经历过抢婚习俗。

②**从表婚**。两姨亲与姑舅亲之间通婚,实际是血缘婚的遗风。姑舅家结亲要比其他人有优先权,一般情况下姑做婆的为多,舅做公的极少。

③**交换婚**。也叫换亲。两家的兄弟姐妹相互交换结婚。严格地说这是偶婚制遗风在现代婚俗中的反映,虽然它已不是偶婚制的情况,但这种形式依然存在。

④**收继婚**。也叫转房。蒙古族氏族内禁婚,所以男子要从外氏族取妻,为了繁衍氏族的人口,外氏族妇女嫁到该氏族后,再不能脱离该氏族,如果丈夫死了,只能再嫁该氏族中其他成员。

⑤**入赘婚**。即劳役婚。男进女家,在岳父母家中劳动生活,成为女方家的一员,这是古代从妻居婚制的遗俗,尤其女方家庭生活困难或无男孩的家庭,入赘婚率更高。在科尔沁部还有一种从妻居婚制,即男方不经任何婚姻形式到女方家与其情人同居,同居时间没有固定要求,多则十年八载,少则三春五秋,同居期间可以生儿育女,然后选择适当时机回自己家举行结婚典礼。

⑥**聘婚与买卖婚**。正常的聘婚,并无经济价值含义,后来聘婚逐渐演化为实际上的买卖婚,尤其清末以后,随着蒙古社会封建化的进程,聘礼已成为人的交易价格。聘婚通常要由男方送彩礼给女方,至于彩礼数目要经媒人说合,讨价还价后商定。蒙古族主要以牲畜来兑现聘礼,同时也有相应数量的金银首饰、绫罗绸缎、毡包车辆、肉奶酒茶、日用杂品等。按古俗,蒙古族视九为吉数,所以聘礼的马、牛、驼、绵羊、山羊都满以九数,或一九或二九,直至九九八十一头匹,若家境贫寒付不了九数,则取九以下之三五七等奇数。

(2)蒙古族的成婚方式   蒙古族的成婚方式主要由以下内容:即求婚、订婚、聘礼、接亲、送亲、婚礼等构成。

①**求婚**。蒙古族的求婚是指男方向女方求婚,而女方向男方求婚的则很少。男子到了青春年龄,父母便为自己的儿子选择中意的姑娘,从部落、姓氏、年龄、相貌、品格、身体、技能等方面考虑,如果与儿子的情况般配,就托媒人去说亲,如果女方表示有意时,媒人与男方家长和求婚者本人带上白酒、哈达、羊肉、奶油等礼品亲自登门正式求婚。随从的歌手或赞词家要唱求婚歌或诵求婚赞词,求婚之歌与求婚赞词没有固定的曲词,可以即兴随编随唱。

②**订婚**。男方经过多次登门求婚,取得女方同意后,男方家要举行订婚仪式,女方的父母和亲属都要参加订婚仪式。男方家设订婚宴款待亲友,并

向女方父母和亲属敬献哈达。订婚仪式上要决定聘礼的数目、时间以及结婚日期。

③聘礼。也叫过彩礼，是订婚以后、结婚以前最重要的一个步骤。过彩礼分过小礼与过大礼两种，过小礼是向女方家送上规定数目中的部分聘礼；过大礼是将全部彩礼送清，聘礼以九九礼为最高，送聘礼时女方家设宴招待送聘礼的客人。

④婚礼。婚礼大致可分为接亲、送亲、婚礼三个步骤。接亲是指新郎接新娘而言，这是结婚典礼的开始。接亲过程中有"抢帽子"、"闭门拒客"、"求名问庚"、"沙恩图宴"、"扮装"等五个仪式。男方娶亲时要由亲家长老、新郎、陪郎、祝词家、歌手、随员等几十人组成的车马队伍去接亲。新郎身着蒙古袍，脚蹬马靴，头戴缨帽，身背弓箭，斜披哈达，腰挎蒙古刀，看上去像一名武士。临行前新郎要向火神叩拜，新郎的父母要为接亲队伍献上马奶酒，接亲队伍一路欢歌奔向新娘家；在距新娘家约有几里地时停下来，拢一堆篝火，喝酒、唱歌、跳安代舞，此间派一专人去新娘家送信，使对方有所准备。

娶亲的头一道关就是抢帽子。新娘家接到娶亲队伍来的信息后，立即派出一个马队去迎接，骑手们到达娶亲队伍的休息地后，便动手抢新郎的帽子，接亲队伍立刻迎战，有的保护新郎逃脱，有的拦截对方骑手，一场抢帽子的争夺战就开始了，这是智慧与力量的角逐，女方家奋力抢夺，男方家设法保卫，如果帽子被抢去，要费好多周折才能索回，这对男方娶亲队伍来说是失败的象征，也是高兴之余的耻辱，如果新郎挣脱并安全跑进新娘家门就算娶亲胜利。

第二道关就是闭门拒客。当新郎摆脱了抢帽子，胜利地跑到新娘家门时，娶亲大队也随之赶到，可是新娘的嫂嫂们佯作不知，组织一群人挡住门户，提出一些问题，男方祝词家要一一作答，并赞扬新娘家，直到女方家的嫂嫂们满意，才开门将娶亲队伍迎入庭院。

第三道关就是求名问庚。娶亲队伍迎进庭院后，女方家设求名宴，新娘的嫂嫂们及陪娘们为一桌女席，新郎、陪郎与男方的祝词家，向这桌女主人求名问庚，从而引起另一场"交锋"。男女两家双方就以这种形式经过相当长时间的对答，直到女方满意，告之名庚为止。

第四道关就是沙恩图宴。沙恩图是羊胫骨，所以也叫求骨宴。沙恩图是结婚的标志，爱情的信物，新郎必须把胫骨弄到手，才能把新娘接回成亲，所以沙恩图宴在接亲中是个特别重要的议程。女方举行沙恩图宴时，设一桌主宾席，一面坐女方的四个陪娘，另一面坐新郎、陪郎和男方祝词家、歌手。宴席开始，上沙恩图时，女方家人总是偏袒陪娘们，故意叫她们把沙恩图抢到手;这时新郎在陪郎、祝词家、歌手的陪伴下,向陪娘们乞讨羊胫骨,调皮的女主人竭尽全力考验新郎的诚意和脾性,向新郎提出各种难题,百般刁难和嬉戏新郎;新郎则忍耐顺从,千方百计求取羊胫骨,歌手则在一旁陪歌助兴,赞歌一首接一首,一直唱到女主人满意,将羊胫骨用布包好交给新郎为止。新郎拿到羊胫骨,标志着接亲成功,立刻揭去新娘的盖头,然后就可以启程。在沙恩图宴上,如果新郎先抢到羊胫骨,那么就用准备好的绢布包好,放在皮靴子的鞘中,这时陪娘们又出新花样,让新郎当场将羊胫骨掰断,以检验新郎的力气。只要羊胫骨一到手,男方祝词家马上赞颂沙恩图,标志着第四道关已经顺利通过。

第五道关,就是扮装,也是最后一关,女方父母要送给新郎全鞍马一匹以及蒙古袍、帽、腰带、靴子、蒙古刀、火镰、荷包等。送亲是指女方家送姑娘而言,与男方接亲队伍相伴而行。接亲送亲是同一议程的两个方面。

(三)蒙古族婚礼仪式

婚礼是结婚的核心仪式。婚礼分为拜天祭火、牵手结发、试探技艺、喜庆婚宴四个步骤。

①**拜天祭火**。这是婚礼的第一个程序,拜天与祭火要同时进行。在庭院中先放一张小桌,桌子正中置一香炉焚草香,香炉前点燃三盏佛灯,香炉右侧摆放一碟奶食品,左侧摆放五谷杂粮,桌前拢一堆篝火,婚礼中的祭火被视为繁衍之火。之后从桌子通至门口铺一条白色条毡,当日出之时,新郎新娘站在桌前,向南北东西四个方位叩头,示为拜天。然后向篝火叩拜并洒祭奶酒、奶食,示为祭火。祝词家致《祭火词》后,拜天祭火结束,新郎新娘要从铺设的白毡上走进新居,当走到门口时,还有一个赞荷包仪式:新娘事先要把亲手绣制的荷包交给男方,当两位新人走到房门时,祝词家站在门口,手拿着新娘绣的荷包赞颂,并将荷包抛向空中,围观者奋力争夺这只被视为吉祥物的荷包。赞荷包仪式完毕,新郎新娘方可入室。

②**牵手结发**。这是婚礼的第二个程序。新郎新娘进屋时要相互牵手走进新房,表示夫妇白头偕老。男女青年结婚时,必须认一对梳头父母,相当于干亲。担当新娘的梳头妈者,必须儿女双全,与新郎新娘不犯属相,与新郎新娘父母年龄相仿。新郎新娘进屋后,新娘由梳头妈将姑娘发式改为媳妇发式,这叫分头。因为蒙古族姑娘梳一条辫子,结婚后把一条发辫分成两个或若干个,以便绾头,所以叫分头。发式改毕,新娘即成为已婚妇女形象,新郎新娘双双向父母敬酒,施蒙古礼,正式认亲。牵手结发程序结束。

③**试探技艺**。这是婚礼的第三个程序。当新娘分发完毕,婆母要新娘

做针线活,如钉荷包飘带或其他零活,从操作中看新娘做针线的技巧与能力。如果确实心灵手巧,婆母要向新娘的母亲送厚礼,以答谢对女儿的指教。这时新郎的弟弟妹妹们跑进来向嫂嫂索要新婚礼物,并将新娘坐的褥垫扔在地上以示祛掉晦气。

④**喜庆婚宴**。这是婚礼的最后一个程序。男方家举行正式婚宴,男女双方的亲朋好友、左邻右舍全部出席。新郎换新装,头戴红缨帽,脚蹬鹰嘴靴,身穿青缎袍,腰挎蒙古刀。新娘也要装饰,盘头发式,额缠珊瑚带,头插银钗,耳挂玉坠,手戴银镯,身穿长衫,襟挂荷包,然后新郎新娘逐桌叩拜、敬酒、点烟。祝词家、歌手们要为主宾席唱歌、颂赞词。

婚礼结束,女方的送亲队伍即要返程。送亲队伍出发时,还要举行告别宴,欢送送亲队伍,向女方的亲家长老及所有成员敬上马酒、献哈达,直到送亲队伍上马远驰,婚礼方告结束。

(四)鄂尔多斯和布里亚特蒙古族的婚嫁习俗

婚嫁,是人生历程中最绚丽的一页。婚礼,是人世间最温馨的乐章。蒙古族的婚嫁习俗中,鄂尔多斯和布里亚特蒙古族的婚礼,极尽张扬着它古老的礼数及其规矩,婚礼中的象征物和道具很多,不仅洋溢着祝赞的神圣,而且充满各种戏剧性"冲突"和虚拟性对答,整个婚礼呈现出浓浓的喜庆和浪漫气息。

(1)鄂尔多斯蒙古族婚礼 鄂尔多斯蒙古人订婚、迎娶、婚礼都遵循一套传统形式进行。

①**订婚**。订婚有小订、大订之分。男方媒人携带一盘圆饼、两瓶酒、几条哈达去女方家,向女方父母敬酒、献哈达,并向女方父母提亲。男方媒人全面介绍男方诸方面的情况,然后女方也请人到男方家协商婚姻事宜,这为小订。男方媒人领着男方的近亲和未来的女婿,携带整羊、酒、哈达去女方家登门拜访,女方家设宴款待,双方确定彩礼数目、聘礼日期、结婚时间。此为大订。

②**迎娶**。这是鄂尔多斯婚礼的前奏。娶亲队伍出发时,男方举办送别宴。先在禄马风旗杆旁燃一堆篝火,在禄马风旗杆北侧铺一条白毡,娶亲队伍一排就座,前面放一张桌子摆放各种奶食品和圆饼,请娶亲人品尝。然后新郎拜灶,行离别礼,祝词家为新郎行泼酒礼、祝福礼,祝词家分别诵《弓箭赞词》、《骏马赞词》,娶亲队伍按顺时针方向绕屋一周,随后策马出发。距女方家不远时,全体下马,选择一高地拢火祭奠,并将一个盛酒的铜壶埋入地下,称之为土酒,然后派人向女方家送信,告之娶亲队伍已到。娶亲队伍

到女方家后,新郎要骑马绕女方家一周。女方家在禄马风旗杆旁举行隆重的迎亲仪式:新郎下马后,女方将一支白翎箭放入新郎箭囊之中,与带来的五支箭配成偶数,将弓箭挂到禄马风旗杆上,然后大伙簇拥着新郎进屋,这时女方家的两位嫂嫂站在门口拦门拒进,男方祝词家与女方嫂嫂们展开歌与赞词的"交锋",经过一番"较量",直到男方送给一袋奶食品,以示恭敬,才准进屋。娶亲主婚人向新娘父母献哈达、敬酒、敬鼻烟、献全羊;祝词家领着新郎与女方家人和亲友见面,敬酒叩拜。娶亲主婚人用佩刀割一块羊肉,拿到室外向长生天和成吉思汗献祭,再取一块羊脂祭火,之后,大家唱歌、喝茶、吃饭。

③**求名问庚**。这是鄂尔多斯婚礼中最有趣的场面,双方祝词家经过长时间的问答才能打开僵局,男方将求名问庚的全羊礼品摆在嫂嫂们的桌子上,全羊上面放上哈达和金银双环,并向首席嫂嫂敬酒。新郎献的哈达与金银双环将交给新娘保存。双方献全羊后,酣饮、宴乐,通宵达旦。

④**梳妆宴**。启明星东升之前举行梳妆宴,新郎桌上摆全羊,另外还有一只绵羊脖子;新娘桌前也摆全羊,这两只羊被称为离娘羊。仪式开始,新娘的梳头父母发话,让女婿拧断羊脖子,以测新郎的气力,接着梳头妈为新娘开脸梳头,将一条粗辫子分成若干细辫子,以便新娘戴头饰。分发梳辫后给新娘戴上辫饰发套,头上蒙一蓝色绸巾盖头,等待出发。

⑤**送别宴**。旭日东升,双方主婚人向众亲友敬献新娘出嫁酒,岳父岳母向新郎赠送服装、佩饰,之后,在门口铺上白毡,举行送别宴。宴毕新郎把六支箭放入箭壶,挎在身上,上马启程,这时女方家人向娶亲队伍用银碗敬紧镫酒,新娘叩别灶神、叩别父母、告别亲友跨上马背。送亲队伍与娶亲队伍同往,走至半路,娶亲主婚人将来时埋在地下的土酒取出,敬献给同行的送亲队伍,至此,娶亲仪式全都结束。

⑥**婚礼**。送亲、娶亲队伍到达后,送亲队伍也要以顺时针方向绕屋一周,这时,禄马风旗杆前燃两堆篝火,实行火净仪式,新郎新娘下马,祝词家将新郎的箭置于禄马风旗台上,新郎用羊角挑起新娘的马缰绳,两人从两堆火中间穿过,然后新娘走白毡,脚不沾土进入家门。为欢迎送亲队伍的到来,男方家举行迎亲宴,设全羊席,宾主就座后享用各种食品。新娘进屋后祭拜火神,在灶前行三拜九叩礼,并将奶油、羊脂投入熊熊燃烧的灶中,祭灶后新娘向公婆和亲属赠献礼品,亲友也要回赠礼物。举行正式婚宴时,新郎新娘要向主婚人及所有的客人敬酒三杯,以示对亲友的莅临深表谢意。次日凌晨还要举行白马宴:在新人的蒙古包门前拴好两匹白马,铺一条白毡,放一张桌子,桌上摆放全羊、砖茶、烟酒等物。祝词家吟诵《白马宴颂》,同时

用奶食品涂抹白马、新房和新婚夫妇。白马宴后新娘到公婆的蒙古包，从婆母手中接过拴有哈达的奶勺，行使家务，从此新娘成为家庭主妇。

⑦**告别宴**。最后，为送亲的人举行告别宴。告别宴在禄马风旗杆北面举行，东侧坐娘家送亲人，西侧坐婆家亲朋好友，先品茶，然后摆全羊席。男方还要交割大订彩礼，同时向新娘父母兄弟每人赠送一匹坐骑。客人告辞，男方敬紧镫酒，婚礼结束。

（2）布利亚特蒙古族婚礼　布里亚特婚礼也颇有独特之处，相亲时，必须在村头西南方下马，绊好马后再进村，这是相姑娘的标志。媒人说亲时，不仅要与女方父母相求，同时还要到女方伯、叔、舅等所有亲戚家去求亲。聘礼分为父母礼、新娘礼、亲属礼等。女方要把男方的礼品向亲友展出，赠送的骏马也要乘骑周游，给众乡亲观览。女方的陪嫁与男方的聘礼等量。布里亚特女子出嫁前要由一名长老率出嫁女子组织三至九人的队伍，走村串户，到所有亲友家去告别，直到娶亲前才回来。出嫁的前一天晚上要举行新娘的那达幕，内容有三项：一是乌查宴，宴席摆羊后腰，后腰蒙语称乌查，故称乌查宴。乌查宴上，长老、父母、新娘、伴娘同坐一席，共唱乌查歌。二是跳篝火，乌查宴毕大家手牵手，围绕篝火载歌载舞，欢声笑语，助兴致乐。三是藏戒指。参加游戏的人分成两伙。选一名有威望的老者藏戒指，两伙人分头去找，找到者为胜，败者罚歌，直到启明星出现方结束，预示接亲时辰已到。

布里亚特婚礼中，接亲时有一个抢姑娘的仪式。当娶亲队伍到达，新娘上车之时，众伴娘将自己的辫子与新娘的发辫联接在一起，不让新娘上车，引起一场很有风趣的抢姑娘活动。举行婚礼时，还有一个很别致的抢枕头仪式。当新娘下车还没有进新房时，男女双方的青年蜂拥而上，争着将新娘从娘家带来的行李被褥送至新房铺好，哪一方抢先送到，哪一方为胜利者。这种活动叫抢枕头，只有把行李铺好，新娘才能进屋。婚礼近尾声时，还有一个抢"太阳"的活动，实际上是男女双方赛马战，这是对马力的较量，谁的马得第一名，谁就是抢来了"太阳"，斟酒庆贺。

（五）蒙古族的祝寿礼仪

蒙古族除了周岁生日宴以外，直到61岁很少举行生日宴。以蒙古族的习俗，过13岁、25岁、37岁、49岁的本命年，只是在亲属间象征性地送礼庆贺，不举行宴会，而过60岁、73岁、85岁等高龄本命年时，子孙们选好吉日，提前邀请亲朋好友、左邻右舍，举行祝寿仪式，这就是传统的祝寿宴。也有个别地方在老人60岁、70岁、80岁、90岁寿辰时举行祝寿庆典，其内容与形式都与本命年的祝寿宴基本相似。

祝寿宴,是按一定程序进行的。设祝寿宴的家庭首先要把那些该通知到的亲友都通知到,前来祝寿的亲朋好友们,在正月初一或特定的过寿吉日,赶在太阳升起前,来到老人居住处,叩头拜年,敬献哈达和礼物。无论是亲朋好友还是乡里乡亲,馈赠的礼物都要讲究"三礼"、"九礼"或"九九八十一礼"等吉祥的数字。"礼物之首为哈达",哈达,是蒙古人送给长者和贵宾的最圣洁、高贵的礼物。它不是一般意义上的物品,而是一种象征,是一切美好心愿的载体。因此,给祝寿老人敬献哈达时,要庄重、大方,请老人坐在首席之后,用双手将哈达举过头,把哈达的幅头折叠口面向老人敬献,然后跪拜行礼。老人回递时,也会把折叠口换过来,再冲着对方递过去,并赐其美好祝福,长者以此表达良好的祝愿。对每个接受祝福的人来说,祝词是人生当中最珍贵、最吉祥且求之不得的特殊礼物,尤其是受到"寿比南山"的慈祥老人的衷心祝福时,任何人都会感到无比的幸运。随着时代的变化,人们在寿宴上不仅能受到寿星的衷心祝福,而且还会受到"福如东海"般安康老人的亲吻。

给老人祝寿,不仅是庆祝老人高寿,而且也是庆贺老人对家族、对社会所做出贡献的庆功宴。因此,对每位老人和其家人来说,寿宴是人生中非常重要的宴飨之一。送奉给寿星的礼物有多种多样,除了哈达之外,还可送盘龙绣云的瓷碗和银、木制碗、烟酒、绸缎、布匹、衣服、鞋子、银币和羊背子等礼物,最忌讳送帽子,因为帽子是扣着戴的,或者说是倒扣之物,因此"扣帽子"一说与倒霉一词相近,是非常不吉利的。蒙古族有送烟荷包的古老习俗,这是因为烟荷包口永远都是朝上的,因此,它是蒸蒸日上的象征,蕴含有欣欣向荣之意。

蒙古族的祝寿宴隆重而庄严,礼仪参与者讲究衣冠端正,态度虔诚恭敬。当然,要载歌载舞时,往往会是另一番情景,有时欢庆会通宵达旦,直到朝霞升起时,祝寿者才伴着草原晨风回家。幸福圆满的祝寿宴,就此结束。

(六)蒙古族的丧葬习俗

葬礼是人生的终结仪式,是一个人对人生和社会的告别,因而它是蒙古族生礼仪的重要组成部分。蒙古族在不同的历史时期实行过不同的葬俗。概括而言主要有石葬、野葬、风葬、土葬、火葬五种。

①**石葬**。据《蒙古风俗志》载,公元前 7 至 2 世纪之际,蒙古族各地广泛采用的是石墓仪式。所谓石墓,就是把石板侧埋于地下,成一四方形的围墙,然后把死者和殉葬品安置其中,最后再掩埋起来成为坟墓。至上世纪中叶,科尔沁右翼前旗一带仍保留着石墓葬俗。

②**野葬**。这是蒙古族古老的葬俗。所谓野葬就是人死后弃尸于野外。古代部落酋长、王公贵族，经过萨满占卜指定野葬场，而一般牧民可任意野葬。野葬是在人死后用白布缠身或用白布盖尸，或装入白布袋中放在勒勒车上，套上一头犍牛在广阔的草原上行驶，任意颠簸，什么时候尸体从车上颠下来，此处就是野葬地。尸体丢在野地后，任野兽飞禽吞啄，以为吉兆，是死者灵魂上天堂的象征。如果亡者尸体保存完好，家人则要请萨满跳神，超度死者灵魂早日归天。佛教传入后，多请喇嘛念经超度亡灵。

野葬有两种葬仪：一种是裸体葬，将尸体用清水洗净，白布缠身，脚朝行进方向置于勒勒车上，再用白布罩尸，运至野葬墓地。另一种是着装葬，死后身着生前所喜欢的服饰，载于勒勒车上，盖篷布遮阳、行往葬地。然后送葬人用毛毡将尸体抬至山顶放置，由萨满主持葬礼。首先将尸体头北脚南仰卧于毛毡上，摆正四肢，点燃事先准备好的距尸体前3米远的一堆篝火，组织送葬亲友跪拜于篝火前，并宰杀一匹马或其他牲畜作悬杆祭，萨满致祭词。祭毕，亲友向篝火洒祭奶酒，投掷乳酪，焚烧肉、茶、布缕以及亡者生前所用的小型器物。萨满带领送葬人按顺时针方向围绕尸体转三圈，然后跳火净身，火净仪式后整个野葬仪式结束。

在佛教盛行的地区，主持野葬的萨满逐渐被喇嘛所替代，喇嘛主持葬仪后，宰牲悬杆祭被取消，增加了现场诵经的场面。野葬后，每年清明节，家人要到葬地将禽兽啄食后所剩之先人尸骨，摆成一个完整的人形骷髅，以示敬祖，每年一次，尸骨剩多少摆多少，直至尸骨全部消失为止。蒙古族认为骷髅是祖先死后的形象，所以每年去摆尸骨相当于其他民族的清明扫墓，以怀念故人。

③**风葬**。比石葬、野葬还要早的一种葬俗，它是狩猎生产时期的产物。风葬也称树葬，即人死后将尸体置于树上。蒙古族的风葬已近绝迹。

④**土葬**。这是较晚期的葬俗。13世纪时记载土葬的较多，而且是人死后将尸体连同他的帐幕一并埋葬。先要挖一个大墓穴，把毡包放在墓穴中，并摆一个小桌，桌上放一碗肉、一碗马奶。亡人躺在桌子旁边，将他生前所用之物都放在周围，同时还要殉一匹马，期望死者在另一个世界既有帐幕又有马骑，还有肉和奶食可享用。古代人墓葬后，要杀一匹或几匹马，将马肉取出，然后将带有马头、四肢的马皮里塞进干草，用木杆将其立于墓前，这种形式是以马祭天，是为死者向长生天祈祷。后来这种土葬逐渐简化为只葬人不葬帐幕与马匹了，但它仍属秘葬，因为墓穴上不留坟包，埋葬后用草覆盖于上，使人不能发现。后来土葬发展为深葬，而且有了棺木，死者再不是直接用土掩埋，而是装入棺木中埋之，这是土葬的又一发展。明朝以后，土

葬变化很大,秘葬与深葬逐渐消失。

由于中原葬俗的影响和佛教的传播,古代蒙古族的土葬逐渐开始演化,人死后普遍装棺木中土葬,并在地面上留墓冢为标志。木棺也分卧棺、坐棺两种。所谓卧棺,就是将亡人卧于棺中行葬;所谓坐棺,就是将亡人置坐于棺中行葬。坐棺也叫立棺,由棺座、棺身、棺顶三部分组成,入殓时,让亡人双腿盘坐在棺座中,身躯直立于棺身,头部则在棺顶形成一个盘腿坐式,然后用一根直径约4厘米的圆木棒,外缠白布,支撑下颌处,以免头部下倾。由于木料的厚度不一,亡人体形大小有别,所以坐棺的尺码大小也不一,以亡人能坐在里面不挤不旷为准。坐棺外部形状就像一座小庙宇,还要彩绘各种图案,棺顶绘青瓦,棺身绘朱红大门,两侧配以各种图案,棺座绘日月星辰、山川湖海,看上去显得特别端庄肃穆。用坐棺行葬的有三种人,一是较有名望的喇嘛,二是虔诚的佛教徒,三是在家中静修的尼姑。埋葬时,坐棺半卧于地下,掩土,地上留坟冢。

⑤**火葬**。佛教传入蒙古族聚居地后,蒙古族开始实行火葬。施行火葬的大多是王公台吉、喇嘛等贵族,在民间火葬的是无子女的孤寡老人,未婚的男女青年,传染病患者,被凶杀者,车祸、雷击等非正常死亡者,以及妇女难产致死者,普通牧民很少火葬。喇嘛阶层也不是全部火葬,主要对转世活佛、寺庙有名望的高僧才实行火葬。喇嘛火葬时,先筑一座三四米高的砖塔,塔内底部架一堆薪柴,塔钵内设铁算子,塔顶四面留通风的烟口。火葬时举行隆重葬仪,全体喇嘛列队诵经,并伴以各种宗教乐器,走向葬塔,将尸体放在塔中的铁算上,呈端坐状,全体喇嘛站在塔前诵经,主持喇嘛上前将塔底架好的薪柴点燃,霎时火焰升起,将尸体火焚,喇嘛击鼓吹号,高声诵经,以示助焰。当尸体化为灰烬时,格斯贵喇嘛将骨灰收入坛缶中,放在塔中铁算子上或埋入塔底。然后全体喇嘛在主持喇嘛率领下绕塔三周,再回到原地齐诵葬经。诵毕,葬仪结束,全体喇嘛回庙。事后将葬塔修饰一新,封闭塔门,便成一座灵塔。对于枪杀、雷击、难产、自缢、传染病及其他非正常死亡者实行火葬时不修灵塔,在野外放一堆柴草焚化,后将骨灰埋入墓地。

(七)蒙古族的日常生活礼仪

蒙古族礼俗较多,充溢于日常生活的方方面面,概而言之主要有做客礼仪和待客礼仪两种。

(1)**做客礼仪** 茫茫草原,常常几十里几百里不见人烟,远行者饮食、居住都需要得到帮助,于是,从远古时代开始,关心他人、帮助他人、礼貌待人作为每一个蒙古人遵循的礼俗，一直沿袭下来。蒙古族见面必致问候，好客是蒙古族的突出特点，对来客，不论相识与否，一律欢迎，一样问好。如果请客人进包，主人则前边引路，到了蒙古包门前，主人要站在门的西侧，右手放在胸前，微微鞠躬，左手指门，请客人先进包。进包后，慷慨大方的主人，把飘香的奶茶和炒米，独具草原风味的黄油、奶酪、奶饼，一一摆到客人面前。在蒙古包里做客，奶茶是待客上品，主人敬茶讲究"四好"，即茶叶好、调煮好、茶具好、礼貌好。茶叶好，并不是要名茶，只要茶叶纯净清洁、干燥有茶香就好，这样熬出的奶茶才会滋味醇厚；调煮好，是指要有好水、新鲜奶，煮熬最好用铜锅或钢锅，熬茶的火候、时间也要适当；茶具好，是指喝奶茶的壶和碗要有一定的讲究；礼貌好，是指主人敬茶时要举止大方，态度和蔼。蒙古民族中有"浅茶满酒"的习俗，敬茶一般为茶具的四分之三或五分之四，如茶过满，不但不好端，还有逐客之意。

蒙古族自古有"以西为大，以长为尊"的习俗。西为大，主要表现在佛龛、祖像、墓地的方位和房间、坐席的位置上。蒙古族佛龛、祖像都要供在毡包或房屋的西北角上；墓地也是以西为大，按辈排列；房屋（包括毡包）及坐席也都以西为大。蒙古族无论在自家内，还是到别家做客，都很注意辈分。

蒙古族是一个好客、讲礼仪的民族，有宾客来访都要迎出门外，还要嘱家人监管狗。主客相见，晚辈要向长辈屈右膝请安。客人由主人陪同走到门前，请客人先进。蒙古包内，对着包门的正面为上座。客人若比主人辈分高，主人要让出自己座位，请客人坐正座。客人辈分比主人低则不能坐正座。客人走时，仍以礼相送。

到蒙古包做客，客人一定要在离包二三米远的地方先唤人，以便主人出来迎接，若骑马或乘车到蒙古包做客，在快到包房时，马要慢骑，车要慢开，以免惊动畜群，倘有狗叫，暂不要下马或下车，以防狗咬。等主人出来叫住狗后，才能下车、下马，并按主人的示意把马拴起来。这里需要注意的是，不能听见狗咬就骂狗、打狗，这不仅有违"打狗要看主人"之礼，而且忌犯蒙古族爱犬之习俗，在草原，马和狗是辅佐助主人的伴侣。

进蒙古包时不准携带牧鞭、弓、箭、刀、枪等物，如带入包内，特别是长鞭子、粗棍子，主人会认为客人没教养、野蛮、没礼貌。坐时最好要盘腿，如不能盘腿，腿可伸向门口的方向，切记不可把腿脚伸向火炉。蒙古包内一般铺着毡子，客人在毡子上就座，可以不脱鞋。客人不能从主人的衣、帽、被褥、枕头等物上跨过，若无意犯忌，要将被跨物品在火上绕几圈，以示去污还净。客人在包内就座后，向主人及全家致以问候，走时，应按进门时的路线走出蒙古包并招手致意，互致再见。这里忌讳的是，不要一出蒙古包就上车上马，一般应走过一段路，等主人包后,再上车上马。

主人敬酒,客人要双手接过,不可用左手给主人递东西,酒宴上,不论受酒或敬酒,都要把挽起的袖子落下来。主人躬身双手端出奶茶,客人应欠身双手去接,稍停放再端起来喝。主人敬上的第一碗奶茶,客人如果不喝,主人心里就会反感,视为瞧不起主人,不尊重主人。

日常起居中不准用脚碰锅灶,进出门都不能踩门槛,亦不可用烟袋、刀剪、筷子等物指他人头部,那样会被认为是对他人的莫大侮辱。在蒙古包内不准下蹲,也不能随意吐痰。蒙古包内有人生病或有产妇时,在包门上要挂一块小红布条,来访的人就知道这个包是不能进的,表明主人不便招待,若有要事可在包外约主人出来相谈。

赠送礼品,礼物不论多少,要在午前送去,在蒙古族民俗中,"九"是一个吉祥数。定亲要按九的倍数送定亲礼,拜谒成吉思汗陵用九种祭品,哈达也以九尺长的朗翠为最佳,婚宴上唱的是《九九礼歌》,那达慕大会上奖给冠军的奖品是九九八十一件,蒙古族并不完全是以九显示富有,而是把九视为吉祥的象征。

（2）**待客礼仪**　按照蒙古族的礼俗,有客必待,来客无论尊卑远近,都以真诚相待,一律受到礼遇。客人骑乘的马匹要由主人派专人精心饲养,绝不疏怠,所配马具也要放在安全、洁净的地方。不论主人经济条件如何,都要倾其所有款待来客。蒙古族的待客礼仪很多,归纳起来,大致有敬烟、敬酒、献哈达、献德吉、献整羊整牛等。

①**敬烟**。敬烟是待客的见面礼,敬鼻烟壶在献哈达之后进行。平日不献哈达,则可以先敬鼻烟壶或交换鼻烟壶,有宾客来访,从长者开始,依次与客人递换鼻烟壶。客人接主人的鼻烟壶时,按礼也应将自己随身携带的鼻烟壶同时递到主人手里,于是就一手接一手递,递则必须用右手。相互交换鼻烟壶后,各自打开对方的鼻烟壶盖,将里边的鼻烟取出少许,轻轻闻一闻,盖好再把鼻烟壶归还原主。敬鼻烟壶时,双方如果是平辈,只相互交换鼻烟壶;一方如果是长者,须请长者就座,晚辈就地站立,相互交换鼻烟壶,待长者嗅过鼻烟,晚辈把鼻烟壶微微举过头顶,双手恭敬地捧还长者,以示对长辈的尊敬,并有领受长者对自己关照之意。同辈女性之间互换鼻烟,一般不嗅,只是将对方的鼻烟壶接住后,躬身施礼,轻轻用壶体在自己的前额上触贴后归还原主。如果是非常敬重的长者来临,需将自己的鼻烟壶盖打开一半,双手捧献上去。敬献鼻烟壶之礼可使生客之间无拘无束,而熟者逾熟,如果两人曾有纠葛,经过多方面的劝说,只要愿意交换鼻烟壶就说明已弃前嫌,可以和睦相处。

②敬酒。斟酒敬客,是蒙古族待客的一种最普遍的传统礼节。蒙古族认为,美酒是食品之精华,五谷之结晶,拿出美酒敬献客人,可以表达草原牧人对客人的敬重与爱戴,以及崇高的敬意,客人若表现出客气的样子,主人会用诗一般的语言唱歌劝酒,特别是鄂尔多斯地区的劝酒歌,常常一曲接一曲,而且一曲比一曲热,深情地表达着草原人的心愿,通常客人接杯畅饮或转赠给别人,劝酒才算罢休。

③献哈达。这是蒙古族世代相传的礼仪。蒙古族不论是在佛像前祈祷,还是节日、婚丧、喜庆、祭祀、谒见尊长,以及日常亲友迎来送往,都少不了献哈达这种礼节。哈达,是藏语音译,是一种礼巾,由绸或帛制成,颜色多为白色,也有蔚蓝色和黄色的。白色表示洁白朴实,象征人们拥有一颗洁白的心灵。蔚蓝色象征人们的生活像蔚蓝的天空,万里无云,清爽欢快。黄色多用于宗教界人士。哈达的长度不等,一般在一尺二到一尺五之间,两端的拔丝约半寸。哈达的长度也有三尺以上的,最长达到九尺至一丈二,称朗翠大哈达。

哈达的长度、质料的优劣和献哈达的方法,要看受者的身份和与自己关系的远近,对尊者和长辈献哈达,身体要略向前倾,哈达对折起来,折缝向着接受者,两手捧着举过头顶,放到接受者的座前或足下;对平辈,只要将哈达送到对方的手中或腕上就可以了。献哈达时,必须鞠躬,用双手捧着,若不鞠躬或用单手送,是不礼貌的,接受哈达的人,通常动作姿态要同献哈达的人一样以示谢意。

二、达斡尔族的人生仪礼

(一)达斡尔族的生育习俗

①坐月子。达斡尔族女子生产时,要到外屋的炕池或在地上生产,过去都是蹲着生产。临产时要请接生婆或有多次接生经验的老年女子帮助生产。分娩时,男子不得进入产房,所有事情都由女子来承担,当父亲第一次看到新生儿女时,要举过头顶,达斡尔族认为这是吉祥之举。

在产妇坐月子期间,要在房门框上放新生儿父亲的一只鞋,直到满月,或在房门前的院里横放一根大轱辘车的车轴,以示家有产妇坐月子,期间,外人不得擅入屋内,如果有要事非进屋不可,则在屋门外边放一锹火炭,从上面净身后才可入屋。产妇一个月内不出院门,不到屋内西北角放神龛的地方去,也不许到井边,不许推碾子,不可移动屋里的缸、罐等。

②满月。孩子满月前,要给孩子剃一次头,待满月时,母亲抱着新生婴儿去亲友家串门,所到人家都要给孩子脖子上套一挂线,以示长命百岁,还要盛宴给予招待。满月时还有一个重要的仪式就是给孩子命名,一般孩子多由爷爷奶奶起名,父母也给孩子起名,也请有学问的亲友起名的。达斡尔族一般都以小名相称,待上学或工作时,再另起"官名"。

③摇篮。达斡尔族在养育婴儿时,需用摇篮作为婴儿卧具。其制作颇有讲究,从摇篮的制作者来说,要请心地善良、为人正派、手艺精良的木匠,认为这样的人制作的摇篮才安然,而且摇篮制作者最好兄弟姐妹齐全或儿女多。摇篮材料的选择,讲究从茂密的稠李子丛林中选其树干弯向太阳方向的稠李子树,单独的稠李子树或被雷击、风刮而倒下的稠李子树不能选用,认为独树难避风雨,用此种树木做材料,摇篮里的孩子爱哭闹。

摇篮由二寸多高的 U 形周帮作为框架,分为头部和肢体两个部分,两部分周帮用鹿筋或皮条固定在一起,且头部周帮要翘为一定角度,便于孩子躺着舒适。在摇车头部身段相接处下面,横系着一根兽筋线,线上挂野鸡腿骨发出响声。头部周帮下缝钉有摇篮头衬,它是把半圆形的数层厚布和剪抠出半圆洞的黑色鹿皮缝钉在摇篮周帮上,然后在上面贴缝刺绣花草或云卷纹,或对称的福、喜等汉字图案。肢体部周帮下面用木钉子钉上较轻的杨木板。摇篮成形后,在摇篮周帮外侧绘制各种图案,其中头部周帮中间位置,有酷似耳朵形状的云卷纹图案,此处还挂一些串珠、贻贝、铜钱等。在周帮上下边缘绘上略像弓形的连续纹样和几何菱形、圆形连续的单独纹样,在上面刷一层桐油,使之发亮美观,起到保持图案不褪色和木质防腐的作用。

摇篮头部的周帮,中间架弧形柳条,上罩纱布,防止蚊虫叮落;其两边挂有三到五个串有玉珠、小贝壳、铜钱的皮条,在底部横挂串有二十多个鹿腿小骨或野鸡小腿骨的响坠儿,随着摇篮拉动,响坠儿有节奏地敲打底板,催促孩子进入甜蜜的梦乡。达斡尔族一般在孩子出生十来天就放在摇篮里,认为早睡摇篮,孩子的手脚会长得直,晚上一般要把孩子从摇篮里抱出,让他(她)睡在母亲身旁,直到孩子学走路时,才不再使用摇篮。

④抓周。小孩子到一周岁时,家里要给孩子过周岁生日。过周岁生日时,家里做黄油拉里,也有吃寿面的,还要在桌上摆放毛笔、算盘、弓箭模型及顶针、纸张等,为孩子举行抓周仪式,认为孩子第一个抓到什么,长大了就会从事什么样的职业。

（二）达斡尔族的婚嫁习俗

达斡尔族很早就实行一夫一妻制和族外婚制（氏族外婚），即属于一个始祖后裔的同哈拉、莫昆者不能通婚，而且还保持着等辈婚原则，即不同哈拉、莫昆之间虽可通婚，但如果有较近的亲戚关系时，必须是同辈才能通婚。也有姑表亲之间成婚的，其中多为姑母的儿子娶其舅父的女儿，姑母的女儿嫁给舅父儿子的较少，认为娶姑母的女儿是回头婚，姑血倒流，会影响下一代的健康和智力发育。不许兄死弟娶嫂，或弟死兄娶弟媳，尤其是弟娶嫂被认为是伤风化，因为达斡尔族自古待嫂如母辈。

招赘婿和童养媳在达斡尔族婚嫁习俗中只是个别现象，只有无子或无女或生活特别困难者，才招终身养老女婿，并让女婿继承家业。女孩上边下边的孩子都夭折了，就认为女孩命薄难养，才把她许给子女较全的人家做童养媳借点儿"命"，长到十五岁以后与其夫同房。

达斡尔族的婚姻程序，分订婚、过彩礼、结婚三个阶段进行。

订婚以言为凭，以磕头为据，向无例行文书婚约之风。订婚时，由男方家长请一位与女方家有亲友关系且善于辞令的人（男女均可）做媒，到女方家提亲，介绍男方家庭和男子的情况。女方父母认为合适，就答应订婚，提出彩礼条件，媒人回到男方家，介绍女子及家庭情况、彩礼要求。男方同意后，媒人再次来女方家回复，并落实彩礼条件，如果双方都满意，媒人就打开缠有红布的酒瓶，给女方的老人及父母斟酒磕头，表示感谢与祝贺。女方家则留媒人吃饭，表示亲事已成，双方均不能反悔或赖婚。

订婚是婚事的第一步。订了婚就要由男方家去女方家过两次彩礼。第一次是过食礼（达斡尔语称察恩特）。送彩礼时，女婿要穿戴整齐，同车夫（一般由长一辈的人担任，最好是伯叔等有口才而又懂礼貌的者）一道赶车前往。彩礼包括：马一匹，乳牛一头，肥猪九口或七口。如果送羊，至少五只；酒九十斤，成斗的稷子米；还有西日格勒（用生稷米粉拧叠做成的油炸点心）、霍若鲁（用小米面粉掺糖和牛油压制炸成的饼子）、瓦特（用山丁子、稠李子等野果干和奶干磨成粉掺拌红糖、牛油压制成的点心）、武如莫（奶皮子）等。每样彩礼上都要系上象征喜庆的红布条。彩礼送到的当晚，举行便宴。

据说，彩礼中送马是意味着牵连两家亲，送乳牛是意味着还报母亲对女儿的养育之恩，送猪、酒、点心等，是为了招待女方亲人。在彩礼车到来之前，女方家就将大门关闭，并在门口安排一位把门人，准备与男方"交战"。彩礼车来到后，车夫与把门人经过几个回合再三恳求，才开门让进庭院。车夫领女婿进屋后,先向长者们行请安礼,装烟敬酒,说明来意,并向女方长辈介绍礼物数量规格,女方家以酒宴招待亲友。酒宴进行中,要在大舅哥的带领下,给岳父母和女方莫昆的中老年长辈敬酒、请安、叩头、认亲,在送彩礼的整个宴席过程中,姑娘要到别人家躲避起来,不能见未婚夫。散席后,大舅哥领着妹夫,到各家拜见本莫昆和近亲长辈;女方家在接受女婿的认亲叩拜之后,让女婿把送彩礼的马骑回去,或挑一匹更好的马回赠给女婿。

双方确定结婚吉日后,在婚前一个月左右,女婿第二次送结婚彩礼。这次主要送布匹、饰衣、被褥、首饰、钱、酒等,并通知具体婚期,双方各自开始准备婚礼用品。

结婚的前几天,女婿到岳父家迎亲。此刻,女方家族要召开莫昆会议,推选出送亲的男女傧相各三名。舅嫂奉命做好拉里或挂面。岳父母让女婿和女儿一起食用,以祝福新婚夫妻似黏米稠粥般亲密和睦,像挂面般长寿。吃拉里或挂面时,还要请一位儿女双全的女子陪吃,意思是祝福新婚夫妇儿女双全,大多数人家在吃完拉里后,就让女儿女婿合房,也有一些人家,在女婿第二次送彩礼时,就让吃拉里合房。过了一两天的合房生活后,女婿先回去,到了结婚吉日,岳父家套上篷车,带上女儿的嫁妆,与亲友前往送亲。送亲路上按惯例要拢火休息,围着篝火吃点心、喝酒,路遇者不管相识与否,均可享用喜酒、点心。送亲喜车到来之际,男方家派出能说会道、懂礼貌的两个人,骑着马带着酒前来迎接,他们先向长者请安问好,说明来意,向傧相们敬酒表示欢迎,并用苦房草沾酒向新娘车上点几滴,祝福日后多生子女。喜车途经的街道两旁、庙宇和大树上都要挂红布条,而且喜车路过的水井也要用红布盖住,待喜车走过才可撤掉红布,传说井是龙的眼睛,井水是龙的眼泪,如果让新娘看到龙的泪水,就会过那种流不完泪的日子。当送亲车队来到新郎家的时候,喜车必须迎着太阳走过来,预示前途光明,如因路远日落后到达,必须在大门西侧挂一面镜子,象征太阳,以期婚后吉利。送亲车队来到新郎家大门口后,除新娘和陪娘以外的人,都在大门外下车下马,新郎的父母和其他直系亲属等候在门口敬酒欢迎,行礼问好,送亲人员通过庭院欢迎的人群,以男左女右的排列,站在房门两侧。

喜车则停在院子西南方,地上铺好红毡(或红布),新娘蒙着红盖头,由陪娘扶下车,踩着红毡来到新房,进屋时,屋门上边挂着一个铧子,还有几个人手里攥着五谷杂粮,向新娘泼洒,意思是铁避邪,粮食象征富裕。新娘被扶进正房西屋后,面对南窗(认为是喜神方向)盘腿坐在南炕上(也叫坐财),妯娌们给她掀去红布,梳理头发,或由新郎用戟(以铁避邪之意)挑开新娘红盖头,与此同时还要有一人拿镜子照新娘脸部,意为照走妖魔,留下新娘的美貌。

新婚酒宴开始前,先由主人给客人敬烟献茶,然后才上席。上席时各桌等级不一样,头桌长辈席要上瓦其(尻背肉);第二、三桌要上达勒(肩胛骨肉)。席序分三道,先是酒席,接着是肉菜席,最后是饭菜席。酒宴开始时,男方陪客致祝词,其内容大致是欢迎送亲的男女傧相,并为新婚夫妇祝福。达斡尔族没有闹洞房的习俗。

次日早晨,为送亲者再摆宴席以示欢送。席间,傧相还要悄悄拿走一个碗碟或酒盅,意思是娘家的福气,不能让新娘留在女婿家。男方家除给送亲者带一些莫吉(带骨肉)外,还带给一两口猪和几斤酒,并由新郎父母以双杯敬上欢送酒,女婿给傧相们叩头,并骑马直送到屯外几里路后才下马请安,告辞而归。散席后,新娘由妯娌们领着,给祖父母、公公婆婆、亲属、长辈敬烟叩拜,三天内,新娘不做家务和劳动,七天或一个月后,新娘在新郎偕同下,同车回娘家探亲,住几日返回,婚礼正式结束。

(三)达斡尔族的丧葬习俗

达斡尔族的丧葬方式因死因不同而有差异,正常死亡者普遍实行土葬,有些情况实行火葬和风葬,如孕妇难产死亡、吊死者、被打死或被枪毙者、暴死野外者、暴病死亡者、淹死者、被雷击者等非正常死亡者,都要实行火葬。他们的骨灰不能埋在家族坟地,只能埋在离家族坟地百步以外的地方。墓地里墓位排列有一定的规矩,顺着岗坡,高处埋先辈,往下依次世代相接。平辈者兄左弟右;夫妇相并,夫左妇右。死于麻疹、天花的小孩和萨满的尸体,都要实行风葬。丧葬仪式包括停灵、入殓、祭灵和出殡安葬。

①停灵。当逝者咽气时,在两只手里放些黄纸(黄纸当钱)、瓜子,以便到阴间给阎王爷食用以减免罪恶。还要放小鞭子、小口袋大酱,说是到了阴间路上会碰到很多饿死鬼及狗和狼,阻碍去路,给饿死鬼一些黄纸钱,拿鞭子抽打狼和狗,就能顺利走下去,据说守门鬼最爱吃大酱,到了阴间的门口给守门鬼大酱后就容易进入。

去世后,晚辈中岁数大者要给他更换寿衣、净身,然后将尸体头朝南、脚朝北停放在西炕边沿下的垫板上,用白绸哈达盖住脸,此时禁止放声哀哭,怕死者不能安息长眠,头前放一张桌子,桌上供熟公鸡、饭菜、水果、点心等,并点燃一盏豆油灯,而且在遗体胸部置一面镜子,镜面向着遗容;左侧放一杆装着烟的烟袋,儿子和儿媳不时换装新烟,日夜守灵。

②入殓。一般在停灵后第三天入殓,入殓前,要用新棉花沾水或用酒擦洗亡者遗容口鼻眼睛等,通常都由老妪擦洗,之后由长子扶头部,大家将尸

体连同褥子一起抬起，从东向西，循着太阳出没的方向，连转三圈后出房门，使亡者迷失方向，不让其灵魂留在屋内或再回转。棺材内贴上金银箔纸剪的日月模型，棺底用铜钱摆成北斗星，并随殓亡者生前用过的首饰、鼻烟壶、饭勺、筷子、刀、小锅、小木锹、烟袋等日用品。

③祭灵。出殡前一天，要举行隆重的祭灵仪式。先由一位族内兄长跪在灵柩祭桌前，诵读告灵祭文，内容包括亡者姓名、年龄、籍贯、一生经历、患病和亡故日期、送殉葬的金银箔及亲友祭奠物的数目等，家人和亲友晚辈，均在灵前跪听，前排为女儿，二排为儿子，三排为侄子，四排为近亲，五排为亲友；亡者的平辈和长辈则肃立。当晚，灵前点燃一盏长明灯，长子长媳跪着守灵，以牛马肉招待亲友，叫做吃告灵饭。接着由全体亲友轮流守灵，通宵达旦。在整个葬仪过程中，祭灵仪式是最重要的一环，对辈分高、年龄大的长者尤为隆重，死者的同辈和晚辈莫昆成员、娘亲和姻亲，都要携带献祭的金银箔纸和捐祭的挽金来参加。娘亲献的祭品尤为讲究，通常都带一口活猪，现场宰杀献祭。

④出殡。安葬选择黄道吉日出殡，入殓到出殡，通常都放三至五天时间。起灵时，长子走在灵车之前，将马缰绳头扛在肩上，或把白色孝带绑在灵柩前面拉；其他人多跟在灵车之后，长者骑马或坐车，送葬队伍号啕而去。灵车经过邻居或各家时，都要有人出来送灵，在灵车前面撒点酒，烧些金银箔纸，在去墓地途中，如遇河水就需要祭灵，祈求灵魂安全过河，到了墓地，由长子扶持灵柩，放入事先挖好的墓穴内，并把祭品连同亡者生前常用衣物和亲友所送冥钞焚在墓穴前。先由长子挖第一锹土后，大家动手把灵柩埋住，在地面上堆成一个小土包。安葬回来后，送葬者必须跨过大门外烧的篝火堆才能进屋，表示"清洗"。亡者子女在大门口叩拜致谢，之后，亡者家属把献祭的牛马猪肉的大部分煮成手抓肉，少部分做菜，并准备大量的酒，招待亲友。亡者的长子长媳向亲友敬酒，表示致谢，散席时，还要给娘家亲长者磕头致谢。在逝世一周年、二周年、三周年时，还要杀猪宰羊，上坟烧纸，并设悼宴，举行祭奠仪式。

（四）达斡尔族的日常生活礼仪

①敬老。达斡尔族是很注重传统礼节的民族，敬老是礼仪的核心，人人以敬老尊长为荣，老人和长辈享有很高的地位待遇。当老人出门时，儿女必须给老人准备好携带的东西，套好车，备好马，将车或马牵出大门外，扶老人上车坐稳，才可把缰绳交给老人。老人回来时，晚辈必须出门迎接，并向老人请安；进屋后，帮老人脱衣摘帽，泡茶装烟，还要管好小孩，保证老人安静。

正房西屋南炕是老人专用的坐卧起居所在,老人就寝时,晚辈要给铺叠被褥,晚辈和一般来客不准坐南炕。老人要在南炕吃饭,儿子必须在坐卧起居的北炕吃饭,老人吃饭时,儿孙媳妇必须立在一侧侍候,当老人吃完饭时,儿孙媳妇要先送漱口水,然后敬烟,最后才可收拾餐具。

儿女出门回来,先到上屋(正房西屋)向老人请安,媳妇回娘家,回来后也要先向公婆请安,年轻人遇见村中老人,不管是不是亲戚,都要请安问候。到外村外地,不论相识与否,进屋见了老人必须请安。料理家中诸项大事,必须征得长辈同意。老人在屋时,晚辈不得背对老人而坐。父母健在时,儿子不准留胡须。

②**好客**。达斡尔族以热情好客闻名,宾友光临必出门相迎,并以烟酒招待,送客时必须让年长者先出门。出堂入室,男女老幼都有讲究:老者在前,幼者在后,女者领先,男者靠后,所通过的里外门,均由晚辈或年少者主动开关。老人相谈时,晚辈不得在一旁高声说笑,也不准插话问话,长辈问话,晚辈必须立刻起身回答,晚辈在任何人面前,任何情况下都不准道出长辈之名。

③**请安**。达斡尔族有平素对同辈长者或长辈行请安礼的习俗。男子请安时要伸左腿,两手放在膝盖上,弯右腿,眼看对方,向前弯腰。弯腰的程度,根据对象或年龄而有别。女子请安时屈双膝下蹲,把双手放在膝盖上,稍低头即可;姑娘平素不给任何人请安,对需要请安的近亲长辈,双膝略屈略蹲即可。请安时要按身份顺序进行,即先老人后同辈。

达斡尔族礼仪方面,还有一些习俗是必须注意遵守的,诸如马鞭不准带进屋内,不准乘坐马车进院等。凡是以刀剪、筷子等锐器指点他人,踏坐于门槛、窗台,桌上扣放酒杯等,都被看作是不讲礼貌、不吉利的行为。火被敬仰,严禁往火里投掷不洁之物,或往灰堆便溺,也不准在火堆、火盆上烤脚。不准女子跨越男子躯体及服冠,一旦违禁,必须将男子的衣帽,在烟火上熏三下以示还其洁净。

三、鄂温克族的人生仪礼

(一)鄂温克族的生育习俗

①**生育**。鄂温克族对女子、产妇有许多限制,认为女子不洁,孕妇不能唱歌、跳舞。生育前,要在离住房10米以外的地方搭盖撮罗子做产房,由婆

婆照顾产妇。产妇生产时多在炕旁的地上,不得上炕,7 天内禁止男人入产房,10 天后产妇可散步并上炕入寝,一个月后才能搬回原住房。

②**抓周**。鄂温克族女子生育初胎时,要杀猪或宰牛来宴请邻近的老年人,求其为小孩起名。鄂温克族怕孩子不好养,常给孩子戴耳环并给他做反襟的衣服。小孩子长到一岁时,请一位年老女性在小孩子面前放一个小桌子,在桌子上摆上饼干、毛笔、马粪、酒壶、针线、顶针等物,举行抓周仪式,如抓到马粪预示小孩子能过富裕生活;若拿毛笔,预示成为有学问的人;先拿酒壶,长大后可变成好饮酒的人。女孩子先拿顶针,预示着将来一定会成为心灵手巧的姑娘。

③**命名**。鄂温克族早先都用鄂温克语起名字,20 世纪 50 年代开始启用汉名,即在名字前边写上姓,如原来姓杜拉尔现在则变成"杜"姓,原来姓涂克冬现在则变成"涂"姓,原来姓那哈塔现在则变成"那"姓,但鄂温克族的乳名多用鄂温克语,如诺诺(男孩子之意)、浩陶(女孩子或姑娘之意)、玛兰代(木槌之意)。

④**教育**。鄂温克族从诞生到成年,按学习生产劳动技能的过程,可分为三个重要的年龄段:7－8 岁是学习、劳动的起点,12 岁是正式参与实际生产活动的年龄,17－18 岁是成人年龄。鄂温克族猎民的孩子,6－12 岁之间主要在游戏中学习狩猎知识和生活知识。常见的游戏有打熊、打犴游戏,搬家游戏;一般在 12 岁以前,都能学会射箭、瞄准、吹鹿哨、犴哨,并能初步掌握猎物活动规律,能帮助大人做些看管驯鹿,为驯鹿熏蚊子等辅助劳动。在此年龄段,也是孩子们锻炼身体和意志的阶段,学习滑雪板并举行比赛,有目的地让孩子置身于危险竞技活动和艰苦的环境中,受到磨炼。12 岁结束游戏和辅助劳动,正式从事生产劳动,家长会给孩子一支旧猎枪,开始打灰鼠,并随大人参与猎获大兽的活动,学习各种猎物的捕获技能。16 岁,便可开始猎鹿、犴等大兽,能够亲自猎获大兽,是孩子们成长为猎民的标志。

鄂温克族牧民的小孩,从 7 岁左右开始学习生产技术,帮助母亲看管小牛犊,在蒙古包周围放牛犊。女孩还要学习挤牛奶,父母要专门为小女孩制作小奶桶和小凳子。若 10 岁的女孩还未学会挤奶,会被认为是笨女孩。男孩 7 岁开始由大人牵着学习骑马,最初与父亲或哥哥同骑一马。10 岁开始学放羊,17 岁时学习宰杀牛羊,18 岁由放羊转为放马,这是成年的标志。男孩一般在放马中学习驯马,到 20 岁若不会驯马和宰杀牛羊,会被认为有缺陷。

(二)鄂温克族的婚嫁习俗

鄂温克族的婚姻也是一夫一妻制,其特点主要表现在氏族外婚与交错从表婚上。他们的三大氏族即杜拉尔、涂克冬、那哈塔之间同辈男女彼此通婚,一个氏族内部绝对禁婚,鄂温克族有姨表婚,但两个姐妹如都嫁到一个氏族,子女之间便不能结婚,因为他们的孩子都是一个氏族的人。鄂温克族也有入赘婚,只要双方父母商量好,把近亲召集在一起举行小宴后,再把儿子送到女方家即可。入赘婚要供养姑娘的父母,权利与儿子一样,只是不改原姓,可以管理和使用老人的财产,但不可拿回原家族。

在婚姻制度中,早期有"夫兄弟妇"之俗,即哥哥死了之后,弟弟可以娶嫂子,但哥哥不能娶弟媳妇,认为这样辈分不合。这种婚姻的手续是:嫂子和弟弟一起到女方家族,女方家族如同意便可促成这桩婚姻,如不同意,则改变这种意愿。鄂温克族寡妇不再嫁的很少,一般家庭可以把寡妇从男家接回,再嫁给别人。鄂温克族女性择偶不以富裕为条件,一般只要劳动好、社会舆论好、正派就行。

鄂温克族成婚分三步进行,第一是订婚。父母给儿子订婚,一定要请另一氏族的一男一女且能言善讲者做媒,媒人说亲一次成功的很少,一般要到女方家几次才行,如女方父母同意,就在媒人带来的酒瓶上偷偷系上一条红布条,并强迫媒人喝四大碗酒,直到酩酊大醉,订婚才算成功。第二步是男方家给女方家送礼。送礼时,女方母亲向男方家要一头乳牛,父亲要一匹马,女孩要一定数量的布。过彩礼时一般要由女方家设宴招待,且女方家族的人都要参加,男方有兄嫂舅舅参加,同时通告结婚的具体日期。第三步是婚礼。结婚那天,新郎及其亲友要到女方家请安、敬烟,女方要赠给新郎烟荷包、钱褡、鞋,新娘家还要在一个大桌子上摆上两碗小米做的阿米孙(似粥),新郎碗中的阿米孙给新娘吃,新娘碗中的阿米孙给新郎吃,这样,新郎新娘就算相识了。传说,鄂温克族过去不是女人嫁给男人,而是男人嫁给女人,所以直到今天还保留着新郎在新娘家住几日的风俗。新郎一般在女方家住三天,现在一般只住一天,第二天与新娘一起回男方家,男方家还要派人迎接,并在沿途烧许多火把指示方向。这时新娘的辫子改成髻子,红布盖头,父母姐妹同行送亲,男方家则设宴款待女方亲友,女方亲友返回时,还要敬酒,婚宴直到很晚才结束。新娘的红盖头由嫂子揭开后,新娘正式成为夫家成员。

（三）鄂温克族的丧葬习俗

鄂温克族现在丧葬方式一般采用土葬,过去在没有棺材的时候,先风葬后土葬。有人在夏天逝世,就用桦树皮或苇子、席子等包裹,放在木架上风葬。如果是冬天去世者,用桦皮或苇子包好放在木架上,先风葬,等春暖花开以后,再埋入坟地。如果亡者是小孩一般直接入土埋葬。

逝者如果是70岁以上者,全氏族的人都参加帮助埋葬。因为70多岁后的死亡叫成佛,被看成是荣誉,参加埋葬的人都希望有同样的岁数。男子殉葬品主要有烟袋、烟口袋、小刀、小锅、火镰。女子头上有毛巾,其他殉葬品有烟袋、烟口袋、耳环、镯子、戒指、簪子等,留下的衣服一般给同辈老年人,不给青年。

萨满(巫师)的死亡与凡人不同,一般由其他萨满来埋葬,但不能入毛哄(家族)的坟地。萨满入葬后,还要把他用过的法衣用桦皮包好,放在坟墓周围,三天后拿回来捆上,等待新萨满问世时再打开。

坟地每个大家族一处。鄂温克族近代以来选择坟地多请汉族阴阳先生看风水,选有山有水的地方。一般被雷击死者不能入毛哄的坟地,被枪打死的人也不能入毛哄的坟地(怕再有人以此方式死亡),因难产而死的女子同样不能入毛哄的坟地,鄂温克族认为,一切鬼都是由难产死亡的女子变成的。

（四）鄂温克族的日常生活礼仪

鄂温克族的日常礼仪也是以敬老为核心,遇见年老者和长辈必须屈膝请安,并给老年人敬烟。鄂温克族也是"以西为大",屋内的座位一般是最西边位置是祖父祖母、年长者和同辈人的座位,之后是父母兄长等按辈排列。吃饭必须年老者和长辈先开始吃,然后小辈才可食用。如果上山打猎,必须塔坦达,即氏放首领先吃,然后其他人食用。塔坦达一般是由同一氏族中岁数最高者担任。

鄂温克族流传着这样一句话:外来的人不会背着自己的房子,你出门同样不能带去你的家,如果你不招待外来的客人,你出门就没有人照顾你。因此,鄂温克族对来客不论认识与否,首先对他的生活给予照顾。对尊贵的宾客拿出猪尾骨和猪肩骨招待,因为猪尾骨和猪肩骨被鄂温克族视为最贵重的食物。

四、鄂伦春族的人生仪礼

（一）鄂伦春族的生育习俗

①**生育**。历史上，鄂伦春族认为女子生育是不洁净的，因而有着许多清规戒律。他们认为孕妇不可骑马，否则会使马匹生病或死掉。妇女怀孕后不准见死人、包括亲生父母在内，否则会使亡者有罪而终在地狱，不能托生于世。孕妇在临产前几天要搬到临时搭盖的产房去居住，要与所有男子隔离开来，坐月子则由女性关照，产妇满月之后才允许搬回与家人同住。

②**满月**。婴儿满月之后，就要放在摇篮里，摇篮挂在母亲铺位一侧的房梁上。如果是女婴，一生下来要穿耳眼，三四岁时就带上耳环。鄂伦春族反对婚外男女不正当关系，但是不准弄死或歧视私生子，私生子会得到全氏族的保护与帮助。

③**教育**。父母对孩子的教育，主要是采取口耳相传的形式，在实践中进行，当孩子刚刚懂事，母亲就给讲许多生动而有趣的动物、神话及英雄故事，使孩子从小受到教育。孩子五六岁时就跟随母亲去采集，从而使孩子熟悉周围的环境和各种野生植物。女孩子到七八岁就能帮助母亲做些简单的家务劳动，到十一二岁就能学做针线活，十四五岁时，就能独立操持家务了。在女孩子的整个成长过程中，主要由母亲进行教育。男孩子的教育则由父亲承担，当男孩子七八岁时父亲就训练他骑马和射箭。到十来岁时就让他用枪瞄准、射击或参加赛马等游戏，并让他开始射猎小动物，到十二三岁时，父亲就要带他到山上去狩猎。父亲在狩猎过程中，不仅要实地讲解狩猎方法，而且发现野兽时，还要给小猎手以射猎的机会。男孩子一般到十五六岁时，就能够单独狩猎了。当小猎手第一次猎得狍子、野猪等较大动物时，要举行咬指仪式，即全氏族的人们都来祝贺，长辈们一走进房门就一边祷告莫日根莫日根（英雄），一边用牙轻轻咬一下小猎手的大拇指，祝愿他成为一个出色的猎手，然后大家共享猎物。

（二）鄂伦春族的婚嫁习俗

鄂伦春族实行一夫一妻的男婚女嫁的婚姻制度，严禁在同一氏族内或辈分不等的男女间通婚。鄂伦春族成婚仪式，要经过求婚、认亲、送彩礼和迎亲等四个过程。

①**求婚**。鄂伦春语叫玛日那任。如果邻近氏族有合适的女子,就由男方家的父母亲托媒人到女方家求婚。鄂伦春族中门第观念淡薄,只要看中,不管是谁家的姑娘都可求婚,女方也同样,只要小伙子身体健康、人品好,婚事都有望成功。充当媒人的一般都与男方家有亲属关系,而且对女方家也比较熟悉,同时还必须具备能言善辩、作风正派且辈分不同等条件。媒人到女方家要带些酒肉,与女方的父母边吃喝边谈,当谈话比较投机时,方逐渐转入正题,媒人首先要对姑娘的品行、外貌夸赞一番,接着再夸赞小伙子如何精明强干、忠厚老实等,然后才正式向女方父母提出求婚一事,女方父母一般不轻易答应,往往以姑娘年龄尚小或与小伙子不般配等理由搪塞,媒人心里清楚,按惯例不可能一次就能应允,要来第二次、第三次才行,因而也就不强求马上答复,只要求女方父母再考虑考虑,只要女方父母不坚决回绝,过些天之后,可再来说服。婚事成功与否,关键要看第三次,谈不成就不能再去了。媒人善于察言观色,如果女方父母态度平和,没有完全拒绝之意,就有成功的可能,这时媒人就要使出浑身解数,说得女方父母无言以对,只要女方父母稍流露出一点同意的意思,就赶紧斟酒磕头,求婚就算成功了。此后,还要长辈们商定认亲、过彩礼的日期等事项。媒人完成任务后就立即通知男方父母,并通报全氏族成员,做认亲和过彩礼的准备。

在鄂伦春族的婚姻中,还有娃娃亲和胎亲的风俗。娃娃亲即孩子很小就定下了亲事,有的甚至已过彩礼,等孩子适龄后再办婚事。胎亲即在双方妻子怀孕期便商定亲事,即如果生下的孩子是异性,这桩亲事就确定下来;如果是同性,就结为兄弟或姐妹。

②**认亲**。求婚成功,男方就前往女方家举行认亲仪式,未婚夫由母亲或姊姊、媒人等陪同,并携带一些酒肉到女方家。举行认亲仪式时要设酒宴,宴请女方亲属,女方家也要邀请一些亲属参加,席间女婿要给女方的长辈敬酒磕头,但暂不给岳父母磕头。通过这种仪式,就算双方正式定亲。认亲仪式结束后,男方就可以回家,如果路途较远还可以在女方家休息几天。认亲时男女双方都要穿上漂亮的新衣服,皮衣服要有黑皮子镶云边,女婿穿的坎肩上要缝上红布,并在背面和肩头要刺绣云字纹。姑娘要修鬓角,并要把头发梳成两条辫子缠绕在头上。他们的这种衣着打扮以示与订婚前的区别,别人一看便知他们已经订了婚,要受到氏族习惯法的保护。

③**过彩礼**。在过彩礼前,男方家要派人通知女方家具体时间。女方父母接到通知后,一般要邀请男方的父母在过彩礼时来家做客,男方父母会

愉快地接受邀请,同时,女方的父母也要通知主要亲属,在过彩礼时见亲家。彩礼主要是马匹,多少视家庭经济状况而定,同时还要带些衣物、酒肉等食物。过彩礼后,女方家要摆酒席,宴请亲家,这时女婿方能拜认岳父母,斟酒磕头,酒间,双方商定孩子们的结婚日期及其有关事宜。从求婚到过彩礼的过程中,媒人始终是主要角色,对婚事的成功起着很大的作用,因而男方的父母要向媒人酬谢,多以酒宴招待,同时还送一些衣物或皮张等。

④婚礼。结婚日期要选在双日(农历),认为双日吉利。鄂伦春族非常重视迎亲结婚这项议程,男女双方亲友都争相赠礼或帮忙,就是离得较远的亲戚也都前来参加,因而办喜事的几天里,男女双方家都异常热闹。在正式举行婚礼前,新郎要到女方家接新娘,不管路途远近,接亲时兄弟姐妹及其他平辈的年轻亲属都可以陪同前往,所以接亲队伍很庞大,每人都骑上自己最好的马,在长辈的带领下,簇拥着新郎浩浩荡荡地直奔女方家。同时,女方也由众多的兄弟姐妹组成一个迎亲队伍,骑上快马到较远的地方迎接接亲队伍,两队相遇,人欢马叫,十分热闹。当两队合在一起前往女方家时,先进行赛马活动,这实际是两个氏族间的一次赛马较量,双方都是全力以赴,尤其男方为了显示自己的强盛,预先做好充分准备,要求必胜,而女方家为照顾男方家的自尊,多少会让一些,因为传说女方家若取胜,日后对女婿不利,因而往往是男方取胜。

接亲队伍返回时,多由新娘的叔父、婶娘或伯父、伯母等长辈,在新娘的兄弟姐妹和亲友们的陪同下一同随队相送。这个队伍通常要走慢一些,而新郎则要先走一步,通告家人做好迎亲准备。接送亲的队伍一路上一直是热热闹闹的,男女双方的长辈走在队伍的前面,相互间不断地交谈着他们感兴趣的话题,而跟在后面的青年男女则不停地嬉笑高歌。这时也是男女双方歌手们大显身手的好机会,男女青年相互对歌,优美嘹亮的歌声回荡在秀丽的高山峻岭之间。当接送亲的队伍快到新郎家时,新郎便带领众亲友前往迎候,两队相遇又会出现一次热闹场面,人们互致问候,欢声笑语不绝于耳。期间新郎带领本家亲友还要和女方家送亲的亲友们再次赛马进村,新娘的姐妹、长辈不参加赛马,而是缓步进入村落。

迎亲的队伍进村后,立即开始举行结婚仪式。新郎新娘要穿上新装,无论皮装或布、绸缎装,都镶有各种云纹和绣有各种花边。新郎要戴礼帽或镶有貂尾的狍猁皮帽子,后面还飘着绣有各种花纹的飘带,新娘穿戴则更讲究,从头到脚穿戴的衣帽都是自己精心缝制的,不仅色泽艳丽,而且做工精细,尤其是头饰更为精美。

　　仪式开始时,新郎新娘在亲友的陪同下走进婚礼场地,由司仪主持,先拜天地,即面向北跪叩,再给父母及主要长辈们一一叩拜。长辈在受此礼时,都要简短祷祝,以示祝福。拜完后,司仪致贺词,希望新郎新娘婚后互敬互爱,生活美满幸福,孝敬老人,生儿育女。叩拜仪式后,酒宴开始,凡是前来参加婚礼的亲友们自由组合,围着一堆篝火,席地面坐,边吃手抓肉,边喝美酒,这时新郎新娘要向亲友们一一敬酒,行请安礼,长辈不还礼,平辈则要还礼,此酒必须喝尽,如果实在喝不下,可找人代饮,并且每人必须喝两盅。忌讳喝单盅,据说喝单盅不吉利。当夜幕降临时,篝火更加通明,也是酒意正浓之时,婚礼主持人提议让新郎新娘为大家表演节目,这时婚礼便进入高潮,新郎新娘为大家演出早已准备好的拿手好戏,歌手们也都在这时竞相献上自己精彩的节目。最后,大家手拉手一同围着篝火跳起鲁日格嫩舞,象征着鄂伦春族家家和美,人丁兴旺。新婚十天左右夫妻俩还要一同回拜女方家亲属,可住上十天左右再返回男家。

　　新娘出嫁时,娘家要陪送一些嫁妆。嫁妆的多少根据家庭经济状况,还要看男方家彩礼的多少而定,多送多带,少送少带,一般是姑娘所用的东西都要带走,舅舅、叔叔、伯父及哥哥、姐姐等近亲馈赠的礼品也要带走。

(三)鄂伦春族的丧葬习俗

(1)丧葬过程

　　①发表。鄂伦春族在人去世后,首先要由长辈或年长者脱掉亡者的衣服,换上用蓝色或黑色的绸缎、棉布做的长袍,还要用绳子把亡者的两条腿绑在一起,据说不绑会变成鬼。亡者的脸要用黑布或白布蒙上,头朝北脚朝南放在室内另搭成的地铺上,如果屋子太小,可在房门前搭个棚,把尸体停放在里面,还要在尸体一侧摆上供品,如酒、烟、面食及煺了毛的鸡或其他飞禽等。亡者是长辈或年长者,其亲属都要通知到,如果子女或兄弟姐妹未到,要等二三天,但最多停放三天就要出殡,在此期间,亲友及左邻右舍,尤其是老人们都要来陪坐守灵,守灵时不能断人,夜间室内外都要灯火通明。尸体停放在室外的,要在外面烧一堆篝火,摆上酒菜,守灵的老人便围坐一圈边吃边唱,缅怀亡者,他们认为年岁大的人去世是享福,所以还可以在灯下或篝火旁谈笑逗趣,或讲故事、唱歌。

　　鄂伦春族所用的葬具为用木板制作的棺材,如是树葬,棺盖上有脊;如是土葬,棺盖则是平顶。如果没有木板,就用碗口粗细的木头垛成木刻楞棺材,制作方法是把砍来的几根圆木截得长短合适,再把每根木头的两头砍成凹凸样,然后摆成棺材形,使相互交叉的圆木咬合在一起形成一个整体。棺材的盖和底也是用木头做成的,即把已截好的木料排列在两根横木上,再用绳子或柳条系绕,固定在横木上,形成盖和底。由于这种棺木坚固,不易被野兽侵害,所以多用于风葬。鄂伦春族也有用空筒树做棺材的,把较粗的空筒树砍倒,从中劈开,即成底和盖,再将两头用木板堵上就成棺材。有的地方还用桦树条或柳条编制成棺材,即用手指粗细的树条分别编成棺材底、帮、堵头和盖儿,然后再用绳或细柳条连接起来,即成棺材。有的家庭如有困难,无劳力,亡者是小孩或年轻人,亦可用桦树皮将尸体包裹起来埋葬。为了表示祈求太阳神和月亮神保佑亡人能平安到达阴间,并能及早转世,人们还要在黄纸或黄布上面画上太阳和月亮的图案,贴在棺材的头部,入殓前要把亡者生前用过的被褥、枕头等铺盖都放在棺材内。

②**入殓**。入殓的时间是在天亮之前,由旁系亲属或其他人完成,子女一般不动手。把尸体装入棺内后,要在亡人左手旁放入事先做好的两个约10厘米长、敞着口、装有少许米面的小布口袋,还有亡者生前用过的碗筷、小勺等餐具也放在一起。在亡人的脚旁放入其生前用过的马镫、吊锅等用品。亡者如果是男性,还将其生前用过的猎刀、烟斗、烟袋等物品放在右手旁,有的还将用树条做的弓和箭也一同放在右手旁。放完随葬品后,要把蒙在亡人脸上的黑布或白布揭开,让所有亲属从旁走过,最后看一眼亡者的遗容,然后盖上棺盖。在钉棺时,亡者的子女及其他晚辈亲属都要跪在两侧磕头,平辈亲属及其他人可站在两边。

③**出殡**。入殓后必须马上出殡,这时大家一起动手抬棺送往葬地。送葬时,有的地方有射领路箭的习俗,即由丧者娘舅家或在吊丧者中请一位女子代射,认为丧者家里人射了箭,就意味着和家人断了亲。老年人去世,送葬一般都要用人抬,尤其是子女多的,墓地再远也要用人抬,一则示以子女能够尽到最后一点孝心,二则认为抬老人者会得福,因而青壮年男子都争相去抬,其他人则跟在后面,棺材一旦抬起,就一直到葬地,中途不准停留或落地。出殡时,还有牵线的习俗,小兴安岭的鄂伦春族大多是由亡者的配偶牵线,将一根花线的两端分别系于棺材和亡者配偶的胳膊上,亡者的配偶跟在棺材后面,到墓地后才将花线从中剪断,认为人虽然死了,但阴阳间的夫妻关系仍然保持着。大兴安岭的鄂伦春族则大多扎一草人,系几根白线或黑线,由亡者的子女牵着跟在后面,当走到葬地后由萨满用神棒将线从中间打断,然后将草人扔掉,认为这样可使亡者的灵魂远离而去,不再牵连子女,并保佑他们生活平安。

④**安葬**。选择墓地要看风水,一般要选择依山傍水的地方,但不管在什么地方下葬,都要头朝北或西北方向,忌讳头正西而面朝日出的方向。下葬

一定要在日出之前完成,已入殓的棺材在下葬前不能见太阳。如果太阳出山了,要用布或皮张遮挡,认为这样才能使亡者的灵魂平安到达阴间。下葬结束后,还要在棺材或坟墓前摆上酒、烟、糖果、肉等供品,由一位老者边烧纸边敬酒,祷告亡者平安到达幸福的天堂,不要留恋子女和亲友,要保佑子女生活平安等。烧完纸后,大家把供给亡者的酒轮流喝上一口,糖果或熟肉也要吃上一口,认为这是亡者赏给大家的,喝了吃了都会得到亡者的保佑。从墓地返回时,送葬的人不得回头看,也不能中途停留。

(2)丧葬方式

①**风葬**。又叫树葬或天葬,是一种古老而原始的葬法。风葬分为树杈卡尸葬、吊棺葬和担棺葬。树杈卡尸葬是将尸体用毯子、棉被或桦树皮包裹好之后,放在不易被人发现的一人多高的树杈上,但这种葬法只限于死婴。成人死亡要用吊棺葬,即选择相邻的四棵活树,在一人多高处把绳子连接起来扎好,然后把棺材托起放在两条绳子上。另有一种吊棺法,是将四条绳子的一端分别系在四棵树上,然后用两根抬杆将棺材托起,当离地面一人多高时,再用四条绳的另一端分别系在两根抬杆的四个头上,即把棺材高高吊起。担棺葬是风葬中使用较多的一种葬法,首先将两根相距1米多远的树干,在离地面一人多高处用斧头砍断,再将横断面砍成凹形,上面各放一根平行的横木,然后将棺材托起担在上面。这种葬法较牢固,一般可停放几年甚至十几年。如果发现风葬棺材因腐朽落地,其亲属则将遗骨拾起装在木盒或桦皮盒内就地葬入地下,或连同棺材一起埋入地下,尤其吊棺葬绳子容易朽烂而脱落,因而第二年必须去拾骨,然后土葬。树葬必须用活树,忌讳用死树架棺或吊棺,认为用死树就会断了死者和家里人的来往并致使后代衰败。

②**土葬**。鄂伦春族的土葬与其他民族的葬法大致相同,由亲友帮助在墓地挖一个比棺材稍大的土坑,然后把棺材放到里面,用土埋好。如果没有棺材,就在挖好的土坑内用木杆做成一个方框,将尸体放在里面再用土埋好。土葬时,比较重视看风水,如果选择氏族或家族的公共墓地,要由氏族长或家族的长者带领氏族或家族的部分人员到实地察看山形和河流的流向,然后集体讨论确定。墓地确定之后,氏族或家族成员死亡,不管路途多远都要千方百计把尸体运回来,埋葬在家族公墓内,如果因路途遥远无法运回时,可暂时葬在死亡地,但一两年后,要捡回遗骨葬入公墓。在家族公共墓地安葬时,其位置的排列是按辈分为序的,祖宗的坟要在最北一排。鄂伦春族在土葬中还有合葬的习俗,如夫妻先后去世,要把先逝者的坟墓掘开,然后把后逝者的棺材并列放在里面,男子葬于左侧,女子葬于右侧,并在两

个棺材挨着的一侧,各钻一个小孔,用一根木管连接起来,使两口棺材之间通气,表示便于夫妻俩相互谈话联系。

③**火葬**。因得疯魔病和孕妇难产死亡者以及急病而死亡的青年人,一般都实行火葬,认为不火葬就会转生为魔鬼,火葬方法是先架柴堆,再将装有尸体的棺材放在柴堆上,然后将柴点燃,看守火葬的人一般是年老者和成年人,不许小孩、女子和青少年接近,以免受到惊吓,烧完后就将其骨灰装入木盒或桦皮盒内,埋入地下。

④**水葬**。鄂伦春族个别地方还有水葬的习俗,但只限于溺水而亡者。水葬过程较简单,首先将死者生前戴过的帽子或头巾扔进河里,然后一边祷告一边将装有尸体、两侧画有三道水纹线的棺材慢慢推入河中,让其随流漂逝。亡者如果是长辈,其子女和晚辈要跪下磕拜,直至看不到漂流的棺材为止。

(四)鄂伦春族的日常生活礼仪

①**请安**。外出或多日不见,晚辈见到长辈都要致请安礼,平辈见面要互相请安问候。致礼的姿势,男女有所不同,男子请安时左膝向前,右腿向后并微屈,右手稍向前伸。女子请安时要两腿并拢,右手或双手扶膝,然后向下微屈双膝。向长辈请安时要严肃,否则要受到长辈的斥责,平辈互相请安时,受礼者要还礼,若不还礼会被认为是侮辱人。磕头礼,主要是在敬神祭祖、婚丧大事、年节等隆重场合施行,因违反了习惯法而向氏族长和家族认罪赔礼时也需要磕头,其他场合一般不行此礼。

②**敬老**。这是鄂伦春族的传统美德。老人说话,晚辈人要认真听,不得乱插话,同老年人说话语调要温和,不能有指手画脚或高声嚷叫等不礼貌举动。呼唤老人时要用尊称,禁止直呼老人姓名,出远门要向家里老人告辞,回来要请安问候。如要办大事必须首先与老人商量,经同意方可办理,在各种场合都要长幼有序,进出门要让长者先行,落座要让长辈先入座,饮酒要由老人开杯,吃肉吃饭也要等老人动刀举筷后,晚辈才可食用。晚辈可以与长辈同桌吃饭,但不得同桌饮酒。出门或狩猎途中遇见长辈,相距很远就要下马步行迎上前去,向长者请安问候,等长者走过方能骑马行路。

③**好客**。不论是同民族还是外民族的客人,认识与不认识的客人,只要来到鄂伦春族的村落或家里,他们都被热情接待。客来后先让到屋内正位,之后便端茶敬烟,如果是远方来的客人,还要好酒好菜款待,客人若不吃不喝,则以为是看不起主人。天晚要挽留客人住宿,如果客人有什么困难,主

人还会慷慨解囊相助。居住在一个村落里的人们,在半路或在其他地方相遇时,也都要互致问候,如果低头走过不言语,则认为是不懂礼貌、没教养。在别人家座客,要坐主人指定的位子,忌讳闯进室内随便乱坐。中老年男子不能坐儿媳或姑娘的铺位,女子不能坐男子的铺位。

[思考题]

1. 蒙古族的命名方式有哪些?
2. 鄂尔多斯婚礼为什么特色鲜明且富于浪漫气息?
3. 谈谈你所了解的蒙古族做客礼仪。
4. 谈谈对鄂温克族和鄂伦春族早期教育的理解。
5. 达斡尔族的日常生活礼仪有哪些?
6. 怎样献哈达?

第八章　节日娱乐

　　节日，主要是指民间传统的周期性的集体参与的事件或活动。这里所谓的"传统"指的是民间节日一定要具有很长的历史传承性，属于民间自发而遵循和继承的一种仪式和活动。节日必须是周期性的举行，一般为一年一次，偶尔举行的一次聚会活动则不是节日。节日往往与民间传统信仰密切相关，带有强烈的人为因素，文化色彩浓郁，节日期间人们要举行各种祭祀活动。

　　娱乐，则是一种以消遣休闲、调剂身心为主要目的，而又有一定模式的民俗活动。它是人类在具备起码的物质生存条件的基础上，为满足精神需求而进行的文化创造。从简单易行、随意性较强的游戏，到技艺精巧、有严格规则的竞技、因时因地且自由灵便的嬉耍，都属于娱乐的范畴。这些活动，可使劳作后的人们得到休息，助益于个人的体能及心理情绪的调适。

　　内蒙古草原各民族的民间节日和娱乐活动极为丰富多彩，表现形式多样。草原各民族的节日是在长期的社会历史发展中与一定经济基础相适应而产生的，具有浓郁的民族特色，而且民族节日从其形成之日起，就通过一定的活动形式，即节日饮食和娱乐活动，充分体现出草原各民族节日的作用，增强了民族凝聚力。民间娱乐则包括了各民族各具特色的竞技、游艺等，既有成人游艺也有儿童的游戏。本章主要分节日和娱乐两部分来阐述内蒙古草原民族的节日、娱乐内容与相关习俗。第一部分着重介绍草原民族节日的形成、特征和仪式活动。第二部分介绍民间娱乐中的竞技、游艺、音乐、舞蹈、器乐、曲艺等。

一、蒙古族的民间节日和娱乐

（一）蒙古族的民间节日

　　蒙古族民间节日的形成与发展，经历了十分漫长的历史。蒙古族传统的节日,主要是游牧文明的伴生物。丰富多彩的节日文化,不仅记载着蒙古族对自然运动规律的认识与把握,显示出各个不同历史阶段的社会、经济、科技、文化发展的水平,同时,也反映了蒙古民族张弛有度的自然生活节律。蒙古族的节日与时序节令、生产和宗教信仰有着密切的关系。

(1)祭火节 农历腊月 23 日是蒙古族祭祀火神的节日,又称小年。蒙古族认为,火是家族兴旺发达的象征,也是圣洁的象征,它不仅给蒙古族带来光明和温暖,还用它永恒的热情温暖着人间。因此,对蒙古族来说,灶与佛龛同样是极其神圣的。腊月 23 日是火神向"上天"汇报人世间一年来好坏善恶情况的日子,草原牧人认为在日常生活中离不开火,火能看到人的全部行为,它的心中有一本善、恶之账,火神会把这本账在每年的腊月 23 日向苍天汇报。人们怕火神乱汇报情况,怕"苍天"听后惩罚自己,平时特别忌讳激怒火神,忌讳对火神不恭。久而久之,便形成了一些独特的禁忌习俗:即任何时候都不能往火里洒水,不能用锐器去刺火,不能往火里吐口水,不能往火里投蒜和葱皮,不许上灶台,不许用脚踩火灶等。

每当祭火节来临,家家户户从早晨起来便开始收拾院落,打扫房屋,扫净过去一年"积攒"的所有尘土,把屋里屋外打扫得整洁有序,焕然一新。同时,还要洗涮全部火灶器具,尤其要清理灶火灰烬,然后,要提前准备好祭火所需的干柴。祭火的准备工作是从当日早上开始的,先是把准备好的羊胸茬,整块放进锅里慢慢熬煮,待煮熟的羊胸茬捞出之后,再在汤内放入适量的糜米、黄油、红枣、红糖、酸奶等,将其煮成喷香的什锦稠粥,蒙古族称之为"阿木斯",在煮粥的过程中主人将羊胸茬放入盘内,把肉轻轻剔光,只留下完整的胸骨架,再用白色公驼或白公羊毛制成的绒线缠好羊胸骨,然后,从锅中取出几勺粥,把冷蒿、榆树皮、奶酪、柏叶、三炷香等供品放在胸骨上,将天蓝色的哈达覆盖在上面待用。为了让火神吃到人间美食,并把它带到天上让"苍天"品尝,更为了让火神"上天言好事,回宫降吉祥",家家户户都忙着做准备,要让火神高高兴兴地启程。

祭火仪式,是在夕阳斜下时举行。灶台前铺就新毡,是特意用最洁白的羊毛来擀制的。男主人这时跪坐在新毡子上面,全家老少穿戴一新,妇女们戴上漂亮的首饰和帽子,在主人的左右和后面跪坐,男主人点燃火种,把它递给女主人,女主人要用它点燃"火撑"或灶火里早已架好的新柴,等火势起来后,男主人或家中的长者吟诵《祭火词》,赞美火神并祈求福佑,之后将捆好的羊胸骨连同附带物品,投进火中焚烧。其余的成员,都仿照他的作法,把手中的供品一一投入火中。男主人起身后,开始招福仪式:手里捧着一碗热气腾腾的什锦稠粥,先抹在"火撑"腿上,然后抹在小孩的脑门,此外家具、门框、马桩、车辆、马鞍、马嚼子、毡包、羊圈上都要涂抹,有时还抹在领头羊、狗、猫的头上,此刻,女主人和孩子们,将事先准备好的胸茬汤和酒往火上祭酒,见了火的油和酒立刻"劈劈啪啪"燃烧起来,给祭火节又增添了一份热烈的气氛。一家人聚在一起,对着火源叩拜,把祭火仪式推向高潮。然后,在场的人退回桌边,按辈分落座,每人盛一碗香粥,饮酒娱乐。胸茬肉和香粥不但祭火献神,还要摆放在神龛前面祭献。祭火饭,是特殊的食品,它不但在制作上有别于平日的食物,而且它含有很多美好愿望,因此,要把它留到火神回来的除夕之夜。

（2）春节　春节是蒙古族一年中最为隆重的节日,由春节的准备、祭祖、泼洒礼、除夕宴、踩福拜年、新春宴等内容构成。

①准备。蒙古族把春节叫作"查干萨日",现在,人们将其直译成"白月"。其实"白月",不只是指春节,还有更多的含意,简单讲,白月有二层寓意,首先是吉祥月之意。蒙古族崇尚白色,认为白色象征着高尚、祥和、圣洁、喜庆、正直、坦诚,故称春节农历正月为"白月",白节之首即农历正月初一,因此,春节也就是白节。另有一层意思是始月之意。蒙古族把除夕叫作"毕图",是封闭、完整或引申为完满之意。除夕是一年的终结,是为一年划上句号之日,因此,蒙古族有在除夕夜吃整羊头、包子和饺子的传统习俗,[①]并把它称为吃"毕图餐"。那么春节,就是一年之始了。

如果说小年是春节的序曲,那么祭火节到除夕之间,是蒙古族"白节"即春节的准备期,其间,是人们最忙碌、最紧张、最兴奋的日子,首先要准备各种面点,如油炸的"果子"、枣饼、蒙古月饼、蒙古鞋底（形似靴底）饼、面条饼等。准备年饼的工作,主要由家庭主妇们来完成,男人们则要采购回白酒、砖茶、香烟、彩纸、香烛、糖块、红枣、鞭炮、哈达等过节用品。打扫家院,也是除夕一天的重要工作之一,蒙古族在这一天不但把室内和当院收拾得干干净净,而且连牛羊圈和附近的羊肠小道都要打扫干净。夕阳落山前还要准备好夜晚祭祖用的柴火。

②祭祖。黄昏伊始便举行年三十的祭祀祖先仪式。首先,在家中的神台上摆好供奉成吉思汗和佛祖的贡品,点燃酥油灯、香烛,由主人率领家庭主要成员来到早已选好并堆放了许多干柴的高处,点燃篝火,投入家人准备食用的各种面点、酒水等来祭祀已故的祖先。当天色渐黑时,草原上会星星点点燃起许多类似的火堆,每户都按传统的习俗,由户主率先向火神叩拜三次,绕火行走一圈,所有的人都照此拜绕。回到家门口时,还要放鞭焚香,在

---

① 莎日娜、乌冉、巴图吉日嘎拉编著《蒙古族民俗风情》第42页,内蒙古人民出版社,2003年。

所有的门框上都要插一炷香祈福。

③泼洒礼。祭过祖先的圣灵后,全家人会谈起一年以来的趣闻轶事,同时计划着初一"踩福"路线的方向、方位。黎明将至时,全家人在长者的引领下进行泼洒礼:长者先带领全家点燃篝火,点燃天灯,然后向天空泼洒新鲜奶茶、鲜奶、白酒,感恩上苍的保佑。

④除夕宴。祭祀苍天活动宣告结束后,牧人们用新年的新火熬煮奶茶,摆满丰盛的茶宴,如炒米、奶酪、馓子、枣饼、羊背子、酥油、白油、奶皮、红糖、红枣、糖块等,进行除夕宴。宴前,晚辈们要向长辈行拜年礼,长者中如有身体不适者,小辈们首先要前去请安而后再拜年。向长辈请安或拜年时女子要跪右足、男子要双膝下跪叩拜并问候长者,长辈们要按传统习俗向晚辈们讲一些吉祥如意的祝福语,再将尊贵的"德吉",即新年里的第一口茶,敬献给神灵和老人,之后全家人围坐在一起喝起那飘香的奶茶,此刻,长者还会谈起吉祥夜像,宣布对新一年光景的预言。除夕晚上为"守岁",全家老少围坐在桌边,桌上摆满一盘盘奶食、糕点、糖果、美酒和香烟。蒙古族讲究"熬年",这一夜,家家灯火辉煌。

⑤踩福拜年。当红日爬上天边时,牧人们都要换上新装,出门踩新年的第一步,即踩"福路"。探福路的方向是由会"算卜"的老人事先确定的,因为,每个人的岁数和属相不一样,所以人人走出去和返回来的方向也不同,无论是向哪一个方向走出去踩福路回来时都不能走回头路,一定要绕道而归,蒙古族认为"走回头路"是非常不吉利的。踩"福路"回来后,就要到长辈、亲朋、左邻右舍家去拜年,拜时少则几个人,多则几十人,成群结队去拜访,因此,所到之处,热闹非凡,立刻就会升腾起浓郁的节日气氛。这种拜访形式会持续整整一个月。拜访者每到一处都要向长辈们请安、问候,并携带烟酒等新年礼物拜年。当亲朋好友来访时,主客互致问候后,还要互献哈达和递送鼻烟壶,以示相互友好信赖与和睦亲近。

⑥新春宴。蒙古族非常讲究人与人之间的和谐共处,每当新春之际,都要相互宴请,以表感恩、快乐之情。新年的待客席,一般都是两茶一饭,即饭前一茶宴和饭后一茶宴。来客一般在饭后茶宴一结束,就要走上还程的路,但对尊贵的客人有些不同,主人会尽力挽留,但新年的酒是不分贵客和普通客人的,无论是男女老少,主人会一一敬酒,过后,便操起乐器,放开歌喉,欢歌畅饮,主客打成一片,通宵达旦,彻夜不眠。酒宴结束客人返程时,因蒙古族忌讳让客人空手而归,还会在其褡裢里象征性地回装礼物,并给客人上马前斟上一碗鲜奶,祝一年吉祥顺遂。至此,蒙古族的新春佳节和庆贺仪式方告一段落。

（3）**黑炭节**　蒙古族称正月 16 日为"哈喇额都日"，直译为"黑日"，俗称黑炭节，也有的地方叫抹黑节。这一天清早太阳出来之前，人们早早起来，手里拿着锅底灰，互相抹黑脸，以示吉祥。在牧区，人们认为抹了黑，草原就会避免"黑灾"，即旱灾。在农区，人们认为抹了黑，庄稼就不得黑穗病，所以，内蒙古草原地区，每逢正月 16 日的早晨，大人小孩，男女老幼，全体出动，走户串屋，你追我赶，相互抹黑，异常热闹。但是，史学家认为黑炭节不是蒙古族固有的节日，它是对辽代契丹传统习俗的继承与发展，年复一年经历史的衍变，逐渐成为蒙古族和达斡尔族等北方少数民族共同的风俗。

（4）**天仓节**　农区的蒙古族，每逢正月 25 日要过天仓节。蒙古族认为五谷丰登与五畜兴旺一样都是长生天赐予的。这一天又是长生天属下主管粮米的仓廪神诞，所以在这一天要祭祀粮仓。正月 25 日清晨，农区各家各户要把庭院清扫干净，然后用草灰在院内划九个圆仓，每个圆仓中分别撒上五谷杂粮，在正中央的圆仓内置一香炉，燃香祭祀。这一天早晨，家家都要吃荞面蒸饺，表示五谷丰收，蒸蒸日上。

（5）**鲁班节**　农历 4 月 2 日为鲁班节，是云南通海蒙古族的传统节日。通海县兴蒙乡被誉为建筑之乡，这里的蒙古族工匠都具有高超的建筑技术，所以特别崇拜建筑行业的祖师鲁班。据说，建筑技术是鲁班传给他们的，农历 4 月 2 日是鲁班向云南蒙古族工匠师傅旃班赠送《木经》日子，也是旃班每年收徒之日，因此把 4 月 2 日定为鲁班节。鲁班节这一天，在外地从事筑业的各类工匠，不论离家乡多远，届时都要赶回欢度鲁班节。人们抬着用檀香木雕成的鲁班像，走村串寨，搭台唱戏，大庆三天。

（6）**清明节**　蒙古族称清明节为"杭西"节，蒙古族特别重视过清明节，清明节前后三天每户人家都到坟地给祖坟培土、烧纸、焚香，并有酒肉上供。蒙古族重视清明节，一方面反映了蒙古族自古以来的祖先崇拜意识，同时也反映了蒙古族良好的道德风尚。

（7）**兴畜节**　每年清明前后，择吉日庆祝兴畜节。兴畜节是巴林左旗蒙古族的传统节日，届时男女老少都聚集于草场，将牲畜围在人们中间，大家查看畜膘，最后选出一头膘情最好的种公畜，为他披红结彩，挂哈达，泼洒奶酒，然后就地宰羊举行欢宴，开展娱乐活动，以示人畜兴旺。

（8）**狩猎节**　我国好多民族农历 5 月 5 日都过端午节，而蒙古族在这一天却过狩猎节。相传，很早以前，蒙古部落曾遭到一次异族部落的突然袭击，由于这一天除了老人小孩外，都去猎场围猎，一场灭绝性的血腥屠杀得以幸免，这一天正是农历 5 月初五，从此蒙古人每到这一天都去野外狩猎，以示纪念，逐渐 5 月初五就变成了狩猎节。每逢 5 月初五，牧民要选出一名德高望重的猎手为"阿宾达",即狩猎总指挥,然后所有参猎的人,身跨骏马,腰背弓箭,手持布鲁,携着猎犬,驾着猎鹰,去野外行猎。近代,这样的集体围猎逐渐演化为个人行猎,三五为伙,出外游野为乐而已。农区的蒙古族,到 5 月初五这一天,同样清早起来,成邦结伙到郊外野营,带上美酒佳肴,在河边柳林或旷野草地进行野餐,以庆祝狩猎节。

(9)**打鬃节** 打鬃节是蒙古族的传统节日,每岁 5 月初择吉日进行。当马驹长到一周岁时,要进行首次剪鬃,届时举行隆重的剪鬃仪式。这一天,骑手们将马群合拢于蒙古包周围的草地,牧民集中于马群附近,先聘请几位德高望重、剪技高超的老牧人掌剪。节日的组织者先向掌剪人敬酒、献哈达,并把托在盘子里的鬃剪郑重的呈递给掌剪人,这时骑手们将马驹套至剪鬃人前,首席剪鬃者接下鬃剪后,致剪马鬃祝词,向被剪鬃的首匹马驹泼洒奶酒,向马的脑门涂抹奶油,实行涂抹礼后开始剪鬃,然后把第一剪剪下的马鬃送至吉雅其神龛前供祭,直到把所有的马鬃全部打完为止。打鬃结束后还要就地举行欢宴,祝福马群兴旺。

(10)**马奶节** 蒙古族的马奶节一般在农历 5 月择吉日举行,只有锡林郭勒草原地区的马奶节在农历 8 月举行。马奶节是草原上最隆重的节日。5 月,正是下马驹之时,是盛产马奶的季节,所以每年开始挤新奶时都要进行一定的仪式,并进行聚会庆祝,期望获得更多更好的奶食品,其中马奶节古老而具有典型性。每年夏季开始挤马奶和中秋停止挤马奶时,牧民们都要进行马奶节。主人首先选定吉祥日子,并提前公布于众,然后在马奶节的前两三天主人专请周围的套马能手,把马群集中起来套抓所有的小马驹并拴在牵绳上,开始挤马奶制作马奶酒。马奶节的当天,在拴马驹牵绳右上方铺白毡摆方桌置羊背和奶食品,桌前放一个装满马奶的木桶,木桶两耳上各系一个哈达,旁边摆放木勺和套马杆。马奶节仪式由九位骑白马的骑士和主人共同完成,首先九位骑士从牵绳旁上马来到蒙古包门前,主人用银碗献鲜奶于骑士,骑士品尝鲜奶之后顺时针方向绕蒙古包一周再次来到拴马驹牵绳旁,用套马杆抬起装满马奶的木桶,边行边用木勺进行泼洒礼,祭祀天地神灵,主人高声朗诵马奶泼洒礼赞词,众人骑马绕场三周结束仪式,还要给种公马和头驹系哈达进行迷拉礼,之后众人聚会畅饮马奶酒,庆贺马奶节,祝福风调雨顺,水草肥美,五畜兴旺。马奶营养最为丰富,马奶制作的策格(*马奶酒*)有很好的保健作用,对胃肠心肺疾病有一定的疗效,所以蒙古族自古非常重视和喜欢饮用马奶酒。

(11)**蒙古年** 农历 8 月 28 日为蒙古年。古代蒙古族根据草木纪年法以 8 月为岁终,9 月 1 日为新年元旦,元朝以后改为 12 月为年终,但是在相当长的时间里,蒙古族并没有把历史上的蒙古年忘却,草原牧民一般都过两次年。每逢蒙古年,人们要准备各种奶食品迎接春节,8月即年终月,鲜奶盛产期,所以称鲜奶月。9月即春节,是产酸奶最多的季节,称之为奶酪月。因此蒙古年以丰盛的奶食为主,以圣洁的鲜马乳祭天,以此表达蒙古族过年的喜悦。①

(12)吉祥节 农历9月9日为吉祥节,俗称"重九"。蒙古族把"九"作为吉数,"九"在自然数中又是最大的数,所以"重九"就更大了,因此把九月九日作为吉祥节。过去蒙古王公过吉祥节,要摆九九八十一道菜肴的宴席,一般牧民食用九种食品,或根据生活条件摆三九或四九宴。蒙古族过吉祥节时还相互赠送"九九礼"以示纪念。②

(13)千灯节 亦称佛灯节。农历10月25日,一百零八岁的黄教创始人宗喀巴圆寂升天,僧俗众生燃起佛灯为他举行葬礼。从那以后,为了纪念这位佛教界伟人,信仰佛教的蒙古族逐渐创立了佛灯节。这一天,草原地区各寺庙喇嘛集会诵经,举行祝愿法会,夜间星星出全后点千盏佛灯到通宵。农村地区蒙古族都在自家佛像前点灯到翌晨,第二天早晨男女青年和小孩走家串户索取奶豆腐、"乌日莫"(奶皮子)饭团,称作"赶二十五"。牧区的蒙古族每到这一天,各家各户就把自制的佛灯拿出来,在一个长者的引导下,把它们插满整座敖包。这种佛灯,是用白面捏的灯盏,草棍上绑上干净棉花,嵌进中间作为灯芯,里面再注满酥油制成,每人至少要做百盏,多者不限。当大家把各自的灯盏点燃以后,敖包就变成一座灿烂的灯山,大家在灯山下跪围一圈,祈祷宗喀巴佛爷慈悲恩典,保佑众生健康平安,然后围绕灯山顺转三圈,回各家喝茶吃饺子。敖包上的佛灯,是草原蒙古族的希望之光,生命之灯。

(二)蒙古族的民间娱乐

蒙古族是一个勤劳勇敢且充满生活热情和快乐的民族,他们在长期游牧、征战和生产生活中,创作了许许多多的精神文化。娱乐,作为蒙古族文化中的一项内容,在蒙古民族生活系统中占有较为重要的位置,蒙古族游牧生活的漂泊不定,广袤无垠的特定地域,造就了蒙古民族粗犷豪放的性格,因此,民间娱乐活动以机智、粗犷、豪放著称。蒙古族的民间娱乐主要包括竞技、游戏、艺术等三个方面。

① 波·少布著《蒙古风情》第212页,香港天马图书有限公司,2000年。
② 波·少布著《蒙古风情》第212页,香港天马图书有限公司,2000年。

（1）**民间竞技**　蒙古族最有历史性、群众性的民间竞技活动是"男儿三艺"活动，即摔跤、赛马、射箭。蒙古族是尚武的民族，成吉思汗非常看重培养人的勇敢、机智、剽悍、顽强，把"男儿三艺"作为提高士兵和民众的素质来进行训练。随着社会的发展，人们对精神生活的追求不断提高，男儿三艺逐渐成为人们娱乐性的竞技活动，因此，蒙古民族长期以来把它作为一种自己喜爱的竞技和娱乐随时随地的活动；另一方面，它又为先祖所提倡，后逐渐成为"那达慕"大会的重要内容。

"那达慕"，是蒙古语，意为娱乐、游艺。那达慕一般在农历六、七月草原水草丰美的黄金季节举行。历史上的那达慕大会都在森林、草原举行，那达慕发展到今天，有时也在城镇举行。那达慕的历史由来已久，成吉思汗战胜花剌子模，为庆祝胜利，就曾举行过那达慕盛会。此外，每逢有重大庆功集会、活佛坐床、敖包祭祀也都举行那达慕大会。在古代和近现代的那达慕盛会上，都要举行男子"赛马"、"射箭"、"摔跤"（即"搏克"）等竞技比赛。当代的那达慕大会，除进行三项竞技赛外，还增加了马术、马球、摩托车表演、电影、乌兰牧骑[①]文艺演出等内容，同时开展商贸和物资交流等活动。所以每当那达慕大会时，牧民都从四面八方赶着羊群、骑着马、牵引着一行行勒勒车或驼队，向那达慕会址集中，享受一年一度的盛大节日。那达慕可以说是蒙古族民俗风情的集中体现，无论那达慕发展到何时，增添多少新的内容，男儿三艺依旧是那达慕盛会的核心内容。

①**摔跤**。摔跤蒙古语称"博克"，《蒙古秘史》称"字阔"。蒙古族在重大喜庆节日和祭祀活动中，都把摔跤作为不可缺少的竞技内容来进行比赛。这项民间竞技运动早在13世纪即已盛行，每当草原举行传统的那达慕盛会时，各地的摔跤手都要赶来聚会，进行摔跤比赛。每次比赛前，按蒙古族的习俗，先推一长者对参加比赛者进行编排和配对。比赛时，摔跤手们颈套五彩景嘎（名次的标志，景嘎越多表示历次摔跤优胜越多），上穿牛皮制作并缀有大量银或铜钉扣的卓德格（摔跤衣），下穿宽大的斑吉勒（摔跤裤），腰围代表天、地、太阳的蓝、红、黄三色赫日迈布齐（腰带），脚蹬香牛皮蒙古靴出场。摔跤引领三唱摔跤歌时，摔跤手们跳着狮舞步或鹰舞步出场，由裁判员发令，比赛双方握手致敬，然后互相抱摔，以膝盖以上任何部位着地为负。参加摔跤比赛的人数，必须是偶数，多者可达1024人，摔跤不受地区、体重

---

①　乌兰牧骑：蒙古语，意为"红色文艺宣传队"，它是一支适应草原基层活动的小型文艺演出团体。它有三个显著特点：一是队伍精干，少则三五人，多则十几人。二是演员一专多能。三是精备轻便灵巧，易于草原地区巡回演出。

的限制,摔跤比赛均采用单淘汰制,无时间限制,一跤定胜负,败者不许再上场,胜者继续,获胜的前三名为得奖者。按照蒙古民族的传统习俗,摔跤手如果在大型比赛中夺得冠军或亚军,不仅荣获大奖,还被公认为勇士,授予荣誉称号。

②赛马。马在蒙古族的生活中有着举足轻重的地位,蒙古族素有"马背民族"的美称。赛马是蒙古民族一种特殊的体育竞技活动,蒙古族的赛马大致分为走马、跑马、颠马等三种。

走马,即赛马时比侧步的马,马的前后腿交错前进,主要比赛稳健、快速、美观。跑马则是狂奔,马的前后腿同时前进,主要比赛速度、耐力。颠马,主要比赛速度与美观。跑马比赛的骑手一般是8－12岁的男女儿童,而走马赛、颠马赛的骑手一般都是成年人,因为赛走马、颠马时特别讲究"压走马"和"压颠马",其目的是保持走马、颠马的步形美。

蒙古族赛马,参赛的数量不受限制,赛程一般为20－40公里,有直线赛和转圈赛两种,赛马时主要依据马的年龄分组比赛,一般情况下分为三岁马比赛,五岁以上骟马比赛和公马比赛等,赛程可按不同年龄段灵活决定。比赛前选育快马是一个技术性和经验性很强的工作,蒙古族牧民在长期的养马、骑马实践中总结出外形、内形、精气三个方面相马的能力。他们选出快马以后精心调理,尤其赛前必须吊马减肥。赛马时,把马尾和头部马鬃用红色绸带扎起来,保护马眼睛或防止阻挡视线,同时也起到装饰作用,为了减轻马的负重,快马比赛都由6岁至13岁的小骑手进行,而且不备马鞍。小骑手们都穿着绣有吉祥结等多种图案的十分鲜艳的赛马服装,脚蹬马靴、头戴尖顶帽或围有红、绿绸带。赛马开始和结束时都要高唱长调赛马歌,赛前所有的骑手都要顺时针方向绕场三周,此时群情欢腾,骏马兴奋,赛马结束后,不仅给前三名骑手重奖,而且还要用酸奶对头马进行"迷拉礼",高唱颂赞词,颂扬良马和骑手,并对前几名快马授予十分优美的荣誉称号,更有趣的是,按照习俗对最末尾的马进行十分幽默的祝颂和授予鼓励奖。

在传统赛马的基础上,蒙古民族相继产生了马上竞技表演项目。蒙古族马术项目主要有:马上越障(其中包括连续障碍、火球障碍、火墙障碍等)、骑射、马上用力、马上劈斩、马球、马上功夫、驯马、套马等。蒙古人在马球、赛马、驯马、障碍、劈斩、骑乘方面达到了高度的技巧,熟练地掌握了各种平衡、支撑、倒立、空翻、转体、飞身上马等动作,其体态之灵活、动作之敏捷,使人惊叹不已。

③射箭。蒙古族在历史上主要从事游牧和狩猎经济生产活动,射箭成为蒙古族在狩猎、征战等生产劳动和军事活动中必须具备的技能,所以被称

为"男儿三艺"之一。随着生产力的发展与社会的进步,射箭由劳动和军事技能逐步与民间精神生活相结合,成为那达慕大会、敖包祭祀等群众集会上的竞技项目。蒙古民族的传统射箭有站射和骑射两种不同形式,一般有大、中、小三种弓和多种箭,有柳靶、月靶、皮靶、球靶、暗靶等多种靶牌,有时也以活动物做靶。射箭是蒙古民族十分喜爱和普遍参与的一项运动,男女老少都可参加射箭比赛,射距根据年龄和性别来确定,一般男子75米,女子60米。射箭比赛开始或进行过程中咏唱射箭"敖海"歌,根据比赛规模的大小,比赛结束后要为神箭手授予各种荣誉称号,一般取前4名或前6名进行奖励。授奖时还要咏颂良弓和神箭手赞词,并进行"迷拉礼"。

蒙古族民间体育活动,除摔跤、赛马、射箭、布鲁①外,还有赛驼、马球、滑冰、滑雪、赛雪橇等多种竞技活动。

(2)民间游艺　以上娱乐活动以外,蒙古族民间还有多种智力性游艺项目,如蒙古象棋、帕日吉、鹿棋、嘎拉哈等。这些游艺活动具有十分显明的牧业文化特色。

①**象棋**。蒙古语称象棋为"沙特日"(蒙古象棋)。这种游戏也是那达慕大会上的比赛项目之一,它和国际象棋同出一源,据研究者介绍,此种象棋源于古印度的一种四人棋戏,7世纪传入阿拉伯后称为沙持拉兹,13世纪30年代,随着商业、文化交往的加强,蒙古和中亚伊斯兰之间来往密切,该项游戏就从波斯(今伊朗)传到蒙古,称沙特日,流传至今。15至16世纪时,传入欧洲,几经变革,又形成今日的国际象棋。该游戏在蒙古民族中相当普及,据《中华全国风俗志》载:"不知其所自始,局纵横九线,64卦,棋各十六枚,八卒、二车、二马、二象、一炮、一将,棋面圆形,将刻塔,象刻驼或熊,众棋环击一塔,以无路可出为败,此亦蒙古之特别文明也。"棋盘由黑白相间的64个方格组成,规则为:置棋子于方格中间,后行八格中,二格置官长与狮子,左右置驼、马、车,前八格各置一小狮子;官长每次只限走一格,横、直、斜走均可,进退也可;马走日字步,草原上的烈马,没有别腿的规矩;骆驼只能斜走,格数不限,但只限于自己的区域内;狮子横、直、斜走均可,格数不限;车的步法为横、直走几格都可以。各棋子均有其步法和要求,胜负的判定即如《绥远通志稿》所载:以死一方官长为终局。当双方都只剩下同色格的单骆驼时,则为平棋。

②**帕日吉**。即贻贝。帕日吉有不同的颜色,有白色、紫色和海螺的颜

---

① 布鲁:蒙古语,意为投掷。这是一端包有铅和铁的木棒,历史上是蒙古人打猎和护身的工具,也是用于打仗的武器,后转变为蒙古族民间体育竞技项目。

色。制作帕日吉的方法较简单,即把贻贝凸圆处磨平,在里面灌入腊或沥青,打磨后即成,此项游戏盛行于巴林草原,一般是在过年节时玩。游戏人数不限,每人一方,也可数人编一组,但各方的人数要相等。帕日吉棋盘为方块白布,上面有大方格,大方格上绣各种吉祥图案,边角处画有小方格。帕日吉的游戏规则为:首先在一块毡子上抛掷帕日吉,看是正面还是背面,以此确定棋子棋盘上走的步数,每个棋子在棋盘上按顺时针方向行走,不能后退,若不被对方吃掉,转一周返回自家门内,就算成功,最后以棋盘上各方棋子的多少决定胜负。

③鹿棋。蒙古族、达斡尔族、鄂伦春族、鄂温克族等民族中都有此种游戏。鹿棋的棋盘是正方形的,由五条经纬线和六条斜线交叉成为"米"字,成25个点。两头各有两座山,一边成尖顶形,一边成平顶形,也有若干点。下棋的规则不太复杂,开棋前,两个人分好工,谁执鹿谁执狗分好后,鹿先摆在两个山口,狗摆在棋盘内成四角八个点上。鹿可在整个棋盘内执走,狗只能在大正方形的区域内活动;鹿先走,如隔着一只狗,就算吃了一只狗,隔着两只狗则不能吃了。每轮一次,狗可下一子,想办法使两个狗相连,阻止鹿吃了。如果狗将鹿围在死角里,则算是狗胜鹿败,如果两只鹿在棋盘中心或山口上,则为鹿胜狗败。

(3)民间舞蹈 蒙古族的舞蹈历史悠久。据《蒙古秘史》等史籍记载,蒙古族自古就有踏跺、拍手和绕树而舞的传统,大多用于祭祀、聚会、宴庆等全民性活动场合,有时舞至高潮处,竟然到了"把杂草踏烂,地皮也踏破"的程度。[①] 蒙古民族在其生息、繁衍、兴盛的历史进程中,创造了自己独特的草原舞蹈艺术。蒙古族民间舞蹈的形式和内容十分丰富,也充分展现了许多民俗事象。以下简要介绍绕树舞、安代舞、盅碗舞、筷子舞、浩德格沁、查玛舞和萨满舞。

①**绕树舞**。这是早期蒙古民间盛行的,围绕茂树踏跳的一种集体舞。绕树舞源于蒙古族的茂树崇拜,古代蒙古族认为茂树有神灵,为了取悦神灵,得到保佑,他们不仅以彩布饰树并以美食祭祀,而且还要在萨满的主持下,围绕茂树跳舞,表达一种思想寄托。踏跺而舞,拍手而舞是绕树舞的主要特征,它作为一种文化积淀,至今在蒙古族民间舞蹈中延续着。根据《蒙古秘史》和《史集》记载,蒙古部落举行选举可汗、出兵打仗、结盟会晤、聚众围猎等各种活动时,都要去所崇拜的茂树下绕圈就坐,开会商谈做出决定,

---

① 乌兰杰著《蒙古族音乐舞蹈初探》第86页,内蒙古人民出版社,1985年。

然后祭祀天地和茂树,并聚会娱乐,跳绕树舞。①

②**安代舞**。安代舞是民间艺术与宗教仪式相交融的产物,它是萨满利用歌舞的形式,通过开导、劝慰、感化等循序渐进的程式,为个别女子因相思或不孕而患精神病所进行的治疗手段 。关于安代的产生,民间流传着不同的传奇故事,多与某女子患病后,被萨满通过跳安代治愈有关。传统安代的举办皆由患者家属请求在室外平地上举行,参加者人数不限,安代舞的表演形式,在场院里几十、上百人不等,围成大圆圈,圈里由两名歌舞能手对歌对舞,众人呼应踩脚、甩动衣襟伴舞伴唱,形成热烈、欢腾的场面。安代舞由原来的治病发展为求雨、祭祀等民俗活动,并逐渐衍变为民间艺术形式,成为人们聚会娱乐的歌舞。

③**盅碗舞**。盅碗舞以盅碗为道具而得名。其形成与元代“倒喇戏”②中的顶瓯灯起舞有着传承演变关系,多在室内聚宴场合至酒酣兴浓之时,由单人表演。舞者双手各捏一对酒盅,中间有空隙可碰击作响,头顶一碗或数碗,在围坐者的歌声和乐器的伴奏下,轻磕碎摇酒盅即兴而舞。限于顶碗和表演场地,以原地坐、跪、立舞为主。舞时,舞者头与颈部相对保持稳定,以腰部为轴心前俯、旁倾、后仰或环绕,肩、背、腕、手的动作细腻丰富,以柔韧的摆、提、压、挑为主,动作舒展,造型端庄,高潮时,亦可加入板腰、旋转、圆场等技巧,摇曳而舞,更显婉约别致,引人入胜。该舞主要在鄂尔多斯地区流传,经历代民间艺人在相袭传承中的演变发展,既构成独特的表演特征,又形成了鲜明的民族特色。

④**筷子舞**。舞蹈以筷子为道具而得名。为民间喜庆欢宴中即兴表演的形式,早期多为男子在室内单人表演,后在室外各种欢乐场合广泛应用,男女人数不限。在室内表演时因空间的局限,表演者主要在原地坐、跪、立而舞,基本动作是随着腰部的和谐拧动和腿部韧性屈伸变化,用成把的筷子有规律地敲击手、臂、肩、腰、腿、脚等部位,偶有快速蹲转、击打地面等动作,开始时动作柔和圆韧,造型稳健端庄,随着情绪高涨,动作逐渐加快,形成以双肩抖动、腰部舞动、头部摆动为特征的舞蹈高潮,亦可在快速进退或绕圈中做跳跃盘旋的技巧,技艺高超者还可以头顶油灯或碗等道具而舞。舞蹈以鄂尔多斯民歌或笛于、四胡、二弦为伴奏,一人起舞,众人伴唱,动作流畅,节奏鲜明,气氛热烈,深受群众喜爱,极富地域特色。

⑤**浩德格沁**。蒙古语音译,意为“丑角”或“闹红火”,主要流传于赤峰

---

① 纪兰慰、邱久荣主编《中国少数民族舞蹈史》,中央民族大学出版社,1998 年。
② 倒喇:蒙古语,意为歌唱。在元代,它是一种含有蒙古族戏曲雏形的歌舞表演形式。

半农半牧地区。这是一种融歌、舞、乐和说唱为一体的综合性很强的艺术形式。其称谓有红火热闹、祈福求子、辟邪祛灾等不同含义。关于它的产生，民间流传着动人的传说，主要反映人们热爱故乡、向往自由的感情和理想，距今已流传二百余年。舞蹈于每年农历正月表演三天。表演者头戴假面具分别扮作白老头、黑老头、老太婆、姑娘、孙悟空、猪八戒等角色，在鼓和钹的伴奏下，进行类似汉族秧歌般的表演。舞者既可在路上行进或院内挥绸踏跺，也可坐在主人家的炕上说学逗唱。动作朴实奔放，曲调悠扬悦耳，韵语幽默风趣，情感欢快热烈，富有浓郁的生活气息和地方特色。

⑥查玛舞。这是由受过一定舞蹈训练的喇嘛，在吹打乐伴奏下，手持法器、头戴面具表演的一种宗教舞蹈，俗称跳神或打鬼，是蒙藏宗教文化交流的产物，"查玛"也有人写作察姆。查玛舞公元16世纪后叶随藏传佛教（格鲁派）传入蒙古草原地区，已有四百余年的历史。它作为宗教庆典礼仪中以舞为主的艺术形式，在素有"殿宇雄壮，比拟佛国"和信徒甚众的内蒙古境内，有着深厚的社会基础和广泛的群众基础，在长期的流传中已经形成地区、寺庙或艺人为代表的流派与风格。舞蹈以弘扬佛法、惩恶扬善为主要内容，由受过一定训练的喇嘛饰戴各种神祇面具和衣着，在严格规范的乐器和颂经乐曲伴奏下，手执道具（法器）进行程式化表演。整场表演一般由十几个舞段组成，登场者统称护法神，下分主神和皈依神两大类别，主要角色有阎王、鹿、鹰、狮、骷髅和金刚罗汉等。舞蹈动作极富特征：主神举止威猛犷悍，神态超然，富于造型性；皈依神动作灵巧，较少神威，具有观赏性。表演形式有单人舞、双人舞、三人舞和群舞，表演日期多在农历七月或正月，表演人数多因寺院规模而定，28人至208人不等。按照教义的解释，查玛舞是寺院举行法会活动时庆祝藏传佛教教战胜异端和护法神下凡，向广大信教者宣扬教义教规、坚定信念而举行的一种宗教舞蹈。

⑦萨满舞。萨满舞是萨满在设坛请灵过程中，通过歌舞等艺术形式达其功利目的的一种手段。因萨满教历来有非师承不准单独为人除灾解厄之规定，故操此业者均具备一定的艺术功力，并在长期的沿袭演变过程中，形成了不尽相同的风格与流派。萨满舞主要由两种表现形态组成：一是击鼓而舞，舞者以单鼓和鼓鞭为道具，通过不同部位的舞耍，各种节奏的敲击并辅之以扭摆、下腰、跳跃和旋转等动作技巧，形成错落有致、变化多样的舞态和风韵。技艺高超者可同时舞耍二至八面鼓，时而抛接，时而绕旋，构成各图案画面，颇具娱人风采。二是拟兽而舞，为祀神所必需，多在"击鼓诵咒，逐渐激昂，以至迷惘"之后的状态下进行。因萨满"各有亲狎之神灵"和受相生相克之影响，故表演者因人因事不同而拟兽各异，使得这类以模仿飞禽

走兽形态的舞蹈,往往在同一内容之下因萨满艺人的喜好与功力等原因,形成多样的表现手法和艺术特征。

(4)民间音乐 蒙古族是一个能歌舞善舞的民族,自古以来就有着音乐传统。在漫长的历史长河中,蒙古族音乐世代流传,经过不断加工完善,使其更加优美动人,令听者心旷神怡。蒙古族民间音乐大致可分为呼麦、潮尔哆、长调、短调、叙事歌和呔咕歌等类型。

①"呼麦"。呼麦是蒙古族复音唱法的高超演唱形式,是一种"喉音"艺术。运用特殊的声音技巧,一人同时唱出两个声部,形成罕见的多声部形态。呼麦的概念有广义和狭义之分。广义的呼麦是蒙古族一系列传统唱法的总称。演唱方法有 13 种之多,目前所用的主要有四种:"哈日嘎"是一种超低音演唱方法。"伊斯古日格"是固定低音加哨音旋律声部的两声部演唱方法,"哈日嘎"和"伊斯古日格"的结合,唱出三个声部。"树伦·伊斯古日格"是两个声部的"直音"呼麦。"乌叶勒呼"是一种颤音演唱技法。狭义的呼麦是指一人同时演唱二声部或三声部的演唱方法。演唱者运用特殊的"闭气"技巧,使气息猛烈冲击声带,发出带有气泡音的喉腔共鸣,唱出浑厚的低声部持续长音,在此长音基础上唱出清亮透明的高声部泛音旋律。

过去,呼麦曾广泛流传于蒙古各地。至上世纪中叶,内蒙古地区的呼麦演唱失传,后发现在新疆阿尔泰山区蒙古人当中仍有留存。20 世纪 80 年代,内蒙古部分音乐工作者到蒙古国学唱呼麦。二十余年来,学唱者与日俱增,呼麦演唱艺术在内蒙古地区得以全面恢复。有关呼麦的产生,蒙古人有一传说:古代先民在深山中活动,见河汉分流,瀑布飞泻,山鸣谷应,动人心魄,声闻数十里便加以模仿,遂产生了呼麦。呼麦的曲目,因受特殊技巧的限制,不是特别丰富,大体说来有以下三种类型:一是咏唱美丽的自然风光,如《阿尔泰山颂》、《额布河流水》等;二是表现和模拟野生动物的可爱形象,如《布谷鸟》、《黑狗熊》等,保留着山林狩猎文化时期的音乐遗存;三是赞美骏马和草原,如《四岁的海骝马》等。四是歌颂先祖和民族英雄,如《圣主成吉思汗》、《满都鲁可汗之颂》等。

②*潮尔哆*。"哆"是蒙古语,指歌曲,"潮尔"意为"回声"、"和声",这是蒙古族一种古老的多声部合唱形式,只在庄严、隆重的群众集会场合演唱,后来有些变化。歌曲大都歌颂大自然的景色、缅怀祖先、赞誉宾客、祝愿人生及赞颂友谊等。潮尔哆的演唱方法是:首先由一位歌手领唱长调形态的旋律声部,其余人演唱持续固定低音,用特殊的发音方法发出持续低音"噢"。值得注意的是,有时还发出与低音相距十二度以上的哨声。此曲的后边部分由群众齐唱图日勒格的旋律,独唱与齐唱轮番交替,引发演唱者的

激情,把歌曲的情绪推向高潮。① 潮尔哆的演唱,由长调领唱、潮尔伴唱、器乐伴奏组成。其风格高贵典雅、博大恢弘、庄严肃穆,演唱技艺高超绝伦,是蒙古族古典音乐之精品,是人类多声音乐及歌唱艺术中的一朵奇葩,它充分展现了蒙元以来蒙古宫廷礼仪音乐的面貌,显示了草原贵族独特的音乐审美和艺术追求。

③长调。蒙古语称之为"乌尔图音哆"。其旋律舒缓,意境开阔,有特殊的发声技巧形成的旋律波折音,即发声时,配合口与咽腔的复杂动作,发出类似颤音的抖动效果,一般抖动两三次。节奏特点是前紧后松,演唱的速度一般较缓慢,演唱方式主要是独唱。主要分布于呼伦贝尔盟、锡林郭勒盟、乌兰察布盟北部、巴彦淖尔盟北部和阿拉善盟等地区。如《辽阔的草原》、《富饶的阿拉善》、《小黄马》和《威风矫健的马》等都是长调民歌的经典作品。长调民歌是由北方草原游牧民族在畜牧业生产劳动中所创造的,在传统节庆、民俗生活和野外放牧时歌唱的一种抒情性民歌体裁。其特点是旋律悠长舒缓,意境开阔,音多词少、气息悠长。除旋律本身具有华彩装饰外,还带有"诺古拉"(指波折音),真声与假声,头腔共鸣等,是具有独特演唱技法的歌种。根据内容划分,长调民歌可分为赞歌、哲理歌、训谕歌、情歌、思念歌、叙事歌等;根据体裁可以分为宴歌、婚礼歌、牧歌、娱乐歌等多种。2005年,蒙古族长调被联合国教科文组织宣布为"人类口头与非物质文化遗产代表作",表明了世界对这一音乐珍品的充分肯定。

④短调。蒙古语称之为"包古尼哆",与长调对比而得名。短调歌曲,泛指那些具有明确的节拍节奏的民歌。短调民歌简单灵活,易学易唱,具有广泛的群众性,主要在农区和半农半牧地区,即东起兴安盟西至鄂尔多斯的狭长地带流传,其大多为单乐段,每个乐段包括二至四个乐句不等,各句之间平衡呼应,也有些歌曲用衬词插句扩充结构,节拍多二拍子和四拍子,三拍子和其他节拍形式较少。如《诺恩吉雅》、《乌尤黛》、《黑缎子坎肩》等。

⑤叙事歌。蒙古族民间音乐中还有一种属于短调的叙事歌。这种民歌同短调一样,具有明确的节拍节奏和严谨的结构形式,特别是在说唱内容方面有着鲜明的艺术特点。许多著名的叙事歌产生于清末和民国初年,职业说唱艺人进行编创、加工、传播这种叙事歌,使其传遍草原地区。从结构上看,主要的特点是其齐整性,大多数是二乐句或四乐句为一个乐段。多数的乐句还较长,四拍子时,多以三小节或四小节为一个乐句;二拍子时,往往以五六小节乃至七八小节为一个乐句。在演唱形式上,一般由演唱者用四胡

---

① 潮鲁著《蒙古族民间歌曲与说唱音乐研究》第19页,内蒙古文化出版社,2005年。

或潮尔伴奏,自拉自唱、夹叙夹议、有说有唱。如《嘎达梅林》、《韩秀英》、《白色母鹿》等。

⑥吠咕歌。又称对羔歌、劝羊歌,这是属于为畜牧业生产服务的劳动习俗歌。"吠咕",是母绵羊不认自己亲生羔仔或亲生羊仔死后,草原女子哄劝母羊给自己的羊羔或劝慰失去仔羔母亲哺育别的羊羔时,用柔和的韵调反复吟唱的一种歌,后来成为 哄劝母羊给被遗忘的羊羔哺乳的专用词语。《吠咕歌》在最初,没有歌词,只是"吠咕"、"唏咕"、"嚯嘶"的反复吟唱,后来才逐渐出现了赞美春天,赞美幼畜,劝说母畜疼爱自己幼仔的唱词,表现出母子情爱及五畜兴旺的社会内容。

《吠咕歌》虽说是建立在人和动物感情交流的基础之上,是通过歌声对劳动对象的直接作用而实现的,但是,《吠咕歌》并不仅仅是唱给羊听的,它同时又是劳动者自唱并自听的。"吠咕"歌词悠扬,虽比不上劳动号子那样具有鲜明律动性,但是它的节奏仍存在某种内在节律的一致性,微妙地起着调节劳动者自身情绪的功用。这种和其他劳动歌同样起着"鼓舞劳动,调节精神"的实用性作用。此外,在阿拉善草原,为唤起骆驼的母爱,蒙古族牧人还有拉马头琴的习俗。当深沉柔韧的琴声,划破苍茫的天穹之时,音乐会滋润和激活一头母驼粗糙而原始的心灵,它会随音乐的起伏跌宕淌下大颗苦涩的泪珠,并最终唤醒爱抚和哺育幼驼的本能欲望。蒙古族民间音乐除上述外,还有一些配合各类舞蹈的民间乐曲,如安代舞曲、浩德格沁歌曲、博(萨满)曲等。

(5)民间器乐 蒙古族的民间乐器异常丰富,有弹拨、吹奏、拉弦、打击等多种类别。其中,马头琴、四胡、胡拨斯、雅特克、胡笳为蒙古族所钟爱。

①马头琴。蒙古族拉弦乐器,因琴杆顶端雕饰马头而得名,蒙古语称莫林胡兀尔。相传有一位牧人精心喂养的一匹小马不幸惨死,牧人万分悲痛。为了追念它,即用小马的腿骨做琴杆,以其皮蒙头骨为音箱,用马尾制成琴弦和弓毛,又在琴头雕马头像,从此草原上便有了马头琴。

马头琴的琴身、弓杆为木制,共鸣箱呈梯形或长方形状,两面蒙马皮或羊皮,有两根用马尾制成的弦,弓子在琴弦外方拉奏。马头琴发音浑厚圆润,音色柔和纯净,能奏双音、泛音,但音域不够宽广。常用的指法有柔弦、拨弦、上下滑音、打音、颤音等,弓法的运用较灵活多变,长于演奏深沉、柔情的悲曲及悠长辽阔的旋律。

②四胡。蒙古族拉弦乐器,蒙古语称胡尔,因四根弦而得名。它是蒙古最喜爱的一种乐器,特别是在科尔沁草原地区几乎家家都有人会拉奏。据史书载,四胡源于古代拉弦乐器奚琴,公元 13 世纪在蒙古族民间流传。四

胡形状类似京胡,但比京胡大,琴筒木制,呈圆形、六角形、八角形等,一端蒙羊皮或蟒皮,琴杆以红木或乌木制成,琴弦采用丝弦或金属弦,竹弓。四胡分高音四胡、中音四胡、低音四胡三种。高音四胡音色清脆、明亮、穿透力强,音量较大;低音四胡,音色深沉、柔和;中音四胡,音色宽厚、圆润。前者多用于蒙古族民间器乐曲合奏、民歌伴奏及独奏等;后者多用于蒙古族曲艺好来宝、乌力格尔等说唱音乐的伴奏,并在伴奏中常用左手中指或无名指的指甲从弦下顶弦来代替按弦,有时还用手指弹弦,用弓杆击琴筒来加强节奏,渲染气氛。较有名的传统乐曲有《莫德勒马》、《荷英花》、《八音》等。

③**胡拨斯**。蒙古族弹拨乐器,亦称浑不似、琥珀词、好比斯、火不思等。相传,宋代以前胡拨斯即在蒙古族中流传,《元史·礼乐志》介绍胡拨斯时说到,其"制如琵琶,直颈,无品,有小槽,圆腹如半瓶,以皮为面,四弦。"曾被列入元代国乐,清代仍然在番部合奏中沿用。史书记载的胡拨斯今已失传,现在普遍使用的是改良后的胡拨斯,20世纪80年代初,由内蒙古自治区艺术研究所音乐研究室高·青格勒图制琴技师依据史料文献,参照从民间发掘出的古老乐器胡拨斯形状研制而成。琴体采用红木制作,指板为乌木。上设二十四至二十六个品位,张四根金属弦,面板两侧开云卷图案音窗,音箱内设有音梁,用手指或硬塑料拨子演奏。有弹、挑、滚、拂、扫、双弹、双挑、分扫、敲、打等技法。音色纯厚、柔和,较清脆,音量较大。多用于伴奏、合奏,亦可独奏或自弹自唱。较有名的乐曲为《阿其图》、《小黄马》等。

④**雅特克**。蒙古族弹拨乐器,亦称蒙古筝,系中国古筝重要流派之一,公元13世纪在元代宫廷、民间流传。传统的雅特克通常为十二弦,亦有多至十四弦,少至十弦者。琴体木制,一般髹红漆,多用黄、白、蓝等色,绘有极具蒙古族特色的图案画饰。张丝弦或肠弦用两指弹奏,音色宽厚、脆亮,音量较宏大。较有名的传统乐曲为《阿斯尔》等。

⑤**胡笳**。蒙古族吹管乐器,亦称昌顿潮尔,约东汉末期,已在北方草原少数民族地区流传。汉代蔡琰《胡笳十八拍》载有"胡笳本出自胡中,缘琴翻出音律同"的诗句。《太平御览》引《蔡琰别传》载:"笳者,胡人卷芦叶吹之以作乐也,胡谓四胡笳。"晋代孙楚《笳赋》亦有"衔长蓁以泛吹,啾啾之哀声"的具体描写。胡笳是用芦苇制成哨,装在无按孔的管上吹奏的,此外还有用羊角为管身的。清代,宫廷设有笳吹乐,《钦定大清典事例·乐部》载,其形制为"以木为管,饰以桦皮,长三尺三寸九分六厘,内径五分七厘。为三孔,两端加角,末翘而上,口哆,加角哨吹之",直至清末民初,内蒙古东部地区王府乐队中仍在沿用。

史书记载的胡笳已基本失传,为使古老胡笳重获新生,上世纪80年代,依据史料记载及蒙古王府乐队遗存下来的有关图片,各方面人士通过反复试制,终于按原样研制出这一古老乐器。其音域较窄,发音低沉浑厚。

（6）民间曲艺

①好来宝。"好来宝"是蒙古语音译词,汉译为"接连"不休或"连韵"之意,是蒙古族著名的曲艺形式之一。好来宝大体可分为二种形式:一是单口好来宝,由一人说唱,多以讽刺和赞颂为内容。二是对口（或多人）好来宝,多以问答方式演唱。内容除民间故事,历史传说外,还有天文地理、自然万物等各种内容。好来宝多用四胡伴奏,自拉自唱。它的唱词近于民歌,都是押头韵,曲调相对定型化。蒙古族好来宝艺人毛依罕（1906 - 1979）创编的《一颗粮》、《黑跳蚤》是深为蒙古族听众所喜爱的作品。

②乌力格尔。"乌力格尔"为蒙古语音译词,意为"说书",蒙古族民间曲艺形式之一,以四胡伴奏,表演者多为男性,自拉自唱,音乐多取材于蒙古族民歌,现有曲调 100 多首,并且各有其特定的用场。乌力格尔的内容不限,演唱者可任意选用,早期所表现的题材多为神话和英雄史诗。晚清时期一些说书艺人把中国古典文学作品如《三国演义》、《聊斋志异》等编译成蒙古语的"乌力格尔"（说唱）,在广大草原牧民和半农半牧区的蒙古族中很受欢迎。琶杰（1902 - 1962）是近现代蒙古族"乌力格尔"曲坛的民间艺术家,他说唱的《英雄格斯尔可汗》至今深受草原人民的喜爱。

二、达斡尔族的民间节日和娱乐

（一）达斡尔族的民间节日

达斡尔族的民间节日主要有阿涅（春节）、二月二、清明节、端午节等,有的节日内容虽与其他民族有相似之处,但蕴含于其中的达斡尔族传统习俗值得关注。在欢度上述节日时,人们除停止劳动、改善伙食外,还根据节日的季节和内容,开展有关本民族的民俗活动。

①腊八节。古时春节从腊八开始,每到这一天,人们都要吃香甜可口的腊八粥,也叫腊八饭。腊八节,达斡尔族家家户户都吃拉里（稠粥）,有西吉米拉里和尼吉拉里（荞麦剂子调粥）,这种习俗历史悠久。吃拉里时,达斡尔族喜欢放入黄油、白糖或奶油蘸着吃,别具异香。

②祭灶节。农历腊月 23 日为小年,达斡尔族农家从小年开始,天天过年,日日改善。祭灶是一个古老的习俗,所谓祭灶,就是祭祀灶君。灶君在

古代文献中被写为灶神,老百姓称其为灶王爷,玉皇大帝把它贬谪到人间,当了东厨司命,掌管各家的祸福,记下各家全年的好事与恶行,到腊月 23 日上天庭向玉帝禀报。于是,到了腊月 23 日,人们便用糖果祭灶,把灶王爷的嘴给抹甜了,希望它上天言好事、下界保平安。送灶神上天后,灶神在除夕时回家,家家又在除夕焚香接灶神——贴上一张新的灶神像。腊月 23 日这一天,又是年终大扫除之日,达斡尔族习惯将当院和房屋打扫得一尘不染,以备新年的到来。

③**除夕**。腊月 30 日达斡尔语叫布通。这一天是旧年之尾,一大早就开始做年菜备年饭、贴春联、贴年画,还要在门楣上贴"福"字。"福"的概念在人们心中是很宽泛的,福运、福气、运气、幸福等,自古以来,又有"五福寿为先"的说法,"福"是人们孜孜以求、极其向往的人生大目标。腊月 30 晚上达斡尔族还要请神、接神、供神、拜神,祈求平安。这一天长辈还要给晚辈压岁钱。压岁钱的发法各有不同,有的人家吃完年夜饭后发,有的人家在孩子入睡后,由父母放在孩子枕头底下,还有的人家将孩子们齐集正厅,高呼爷爷奶奶、爸爸妈妈新年快乐,列队跪拜,而后伸手求红包,老人家压岁还要祝福晚辈事事顺利。鸣放爆竹,是腊月 30 晚上最热闹的场面,吃晚饭前放一次,午夜大放一次,因为午夜是辞旧迎新的重要标志。放完爆竹,开始享用一年一度的年夜饭。达斡尔族守岁迎年的习俗是"一夜连双守,五更分两年"。除夕夜家人团聚,通宵不眠,叙旧话新,回顾展望,为来年奋发,祝未来如意,贺平安吉利,这就叫守岁。此晚,家家整夜点灯不眠,每家大门外的篝火也要一直燃烧好几天才可熄灭。

④**春节**。达斡尔族称之为"阿涅",这是达斡尔族的重要节日。这一天,主妇准备早饭,男人烧香供诸神。每个人都要穿新衣服,然后串门拜年。拜年时还有顺序,先到本村近亲、年长辈分高的人家拜年,再到亲朋好友家拜年。拜年时,晚辈要给长辈敬酒请安,拜年活动一般要持续到初五,甚至十五(元宵节)。春节期间,还要举行赛马、打曲棍球等民间体育活动。主妇、姑娘们也有自己的活动,一般要集中到屋子大一些的人家,跳鲁日给乐(民间舞蹈),唱"舞春"①。

⑤**元宵节**。达斡尔族称卡钦,认为是天神归界之日,要在前一天晚上供天神祭品。正月十五,这是大地回春的第一个月圆之夜,古称上元节,是天神赐福的日子,月圆象征着人人都吉祥如意,家家都团团圆圆。此时,达斡尔族家家户户都吃猪的瓦奇(指猪尻肉),晚上,相聚狂欢,唱歌跳舞,一直到

---

① 舞春:是达斡尔族民间口头创作和流传的叙事歌。

三星西落。近年,达斡尔族也吃元宵过节。

⑥**黑炭节**。正月 16 日是黑炭节,也叫抹黑日。大清早起来,少男少女们手涂油拌的锅底灰,互相涂抹而无人恼怒。这既是年轻人互相取笑、逗乐游戏,也是互相勉励进取的一种耐人寻味的活动方式。按照民族传统的说法,抹灰还是一件非常吉利的好事,每家的长者都要早早起来,给自己家里每个人额上抹出一些黑点点来,这种抹黑娱乐,主要是象征吉祥和预祝来年人畜两旺。

⑦**二月二**。俗称龙抬头。龙在人们心目中有其崇高的地位,龙为四灵之首和天子的象征,是祥瑞之物,更是和风化雨的主宰。二月初二,达斡尔族按照民族习俗,要吃猪头肉,没有的也可以吃牛头、羊头肉。这一天,不准动用刀子、剪子、斧子、锥子,怕割掉龙头,触瞎龙眼睛,砍伤龙爪子;女子忌做针线活,认为这么做会患骨节病,总之,这一天凡是刃器尖物一律停用。

⑧**清明节**。清明是春耕春种的好时光,是春光明媚、万物生辉的大好季节。清明活动之中最具特色的就是扫墓,家家户户都要扫墓、烧纸、摆供、叩拜,祭奠亡故亲人。

⑨**端午节**。这一天,人们都早早起床,大人领着孩子到河边洗脸洗澡,有的还用露水擦脸,认为这样做可祛病免灾。清晨,成群结队到野外采集艾蒿,采来后塞耳朵、挂帽头并放在屋内各个角落里,以免病疫。用剩的艾蒿编成草辫子,阴干,过后用来熏衣、熏屋等。端午节人们一般都吃馅饼、韭菜合子、饺子和鸡蛋,近些年还吃粽子(角黍)等。

⑩**鬼节**。据说,在农历七月这一个月里,所有的孤魂野鬼都从阴间出来,到人间各处徘徊找吃的东西。7 月 15 这一天,达斡尔族要上墓地扫墓、上坟烧纸、上供。

⑪**中秋节**。农历 8 月 15 日中秋佳节,许多人家杀猪宰羊以庆五谷丰登。节日里,达斡尔族各家各户也赏月吃月饼,以西瓜、月饼等供月,青年人开始打秋季曲棍球。

⑫**千灯节**。农历 10 月 25 日为千灯节。过此节时,做千盏灯,上庙点燃,认为点得越多越吉利。这个节日是海拉尔地区达斡尔族的风俗。

(二)达斡尔族的民间娱乐

(1)民间竞技

①**射箭**。这是达斡尔族非常喜爱的传统体育项目之一,从前仅是狩猎的工具而已,后来逐渐演变成为比赛项目。达斡尔族弓箭多用桦木、榆木、稠李子树木制作,把两层弓木片粘合在一起,以便增强弓的拉力和耐用力,弓长约五尺,箭头有铁或骨制的箭镞,箭尾配有两排对称的雕或鹰的羽毛,

可使箭在飞行中保持平衡;箭靶是用二寸多厚的毛毡制成,靶环五道,红白相间,用木架固定在比赛场上。射箭比赛一般是在祭敖包时进行,赛前,杀猪或宰牛款待参赛的选手,比赛时以莫昆为单位选出人数相等的射手参赛。比赛的射程一般是 30 米或 50 米不等,比赛时取下箭镞射靶,中环多者为胜。射箭在清代曾是达斡尔族男丁考取现役士兵的重要科目,也是八旗官兵武艺训练的主要项目。

②摔跤。摔跤不论是在平时还是在年节都是达斡尔族不可缺少的一项活动。达斡尔族的摔跤有两种:拽腰带和薅肩头,拽腰带是以双方拽住腰带后开始,薅肩头则是揪住彼此肩头衣服,两种摔跤均有勾、绊、背、晃、旋、踢、抬等多种技巧动作,以将对手摔倒在地为胜。

③赛马。马在达斡尔族的生产活动中是重要的运输和乘骑工具。他们比较注意训练小孩从小练习骑马,每逢节日或重要集会时都要举行赛马。比赛分为大跑和颠跑,大跑是赛速度,颠跑是赛耐力;大跑以速度快慢决胜,颠跑以先到终点为胜。达斡尔族把赛马看得很重,比赛中获胜者会得到较高荣誉。赛马获胜前三名一般会获得一些奖励如绸缎、衣服等实物,第一名能获得一匹好马。

④曲棍球。这是达斡尔族传统球类运动。球棍,达斡尔语称为贝阔,用柄长三尺、下端弯曲的细柞木做成。曲棍球,达斡尔语称扑列,用杏树根或毛毡做成,大小与网球相似。在场地两端各设一个大门,每队设守门员一人,其余队员是前锋或后卫,以将球击入对方大门,多者为胜。同时,为保障球赛的正常进行和队员的安全,也有一些明确的规定:如在比赛中球棍一律从右侧击出,不许从左侧击球,以免互相击伤;除守门员以外其余队员不得用手抓球或用脚踢球,队员不得抛球棍击球,不许用球棍打人、绊人。在球场两端各设一营门,两队上阵队员各 11 人,一人把门,门前二人守卫,其余的人进攻,由场地中心开球,打入对方营门为得分,技术动作有踢、挡、打、铲、挑、腾、挪等。

(2)民间游艺

①猎棋。猎棋,达斡尔语称博格·那德贝。棋具有棋盘、二只鹿、二十四个士(通常用小木片或铜钱代表)。二人对弈,一人执鹿,一人执士。开棋前鹿摆在两个山口,八个士摆在里层角形上的八个点。鹿先走,对方逐次把手中的十五个士下完后,每次将盘上的某个士走一格。鹿吃士,即在同一直线上越过士跳两格,将士吃掉,士堵鹿,并防止被鹿吃掉。对弈结果,如果鹿的出路被堵死,即算失败。比如鹿虽然吃了七个士,但剩下的十七个士将两只鹿围困在两个死角里,堵住了它们的所有出路,则士为胜。这种游戏反映

了他们早期的围猎生产方式。

②**围棋**。达斡尔族的围棋,主要有两种,一种是哲日格·那德贝,另一种是班德·那德贝。ⓐ哲日格·那德贝分甲乙两方,各执十八子,合计共三十六个子。开棋时,甲方先摆一子,乙方接着摆,将子摆完后,再走盘上的子。把自己的四个子摆成四方形者,吃对方一个子;把子摆成一条线者,吃对方三个子。如此有一方剩子过少,无力再和对方对阵者为败。ⓑ班德·那德贝也是二人对弈,各十二子,开棋后每人每次摆一个子,摆完手中的棋子后就挪动盘上的棋子,每次走一格。三个子连成一条线,吃对方一个子。如一方只剩两个子,其中的一个与对方的子相连,另一子在远处时,其另一子可越格到对方子的另一侧,三个子连成一条线,把对方的子夹在中间,并将其吃掉;如果一方只剩一个子,可越格插入对方两个子中间,使三个子连成一条线,并将两侧的两个子吃掉;在此过程中,子多者可将三个子连成一条线;吃对方剩下的一两个子,被对方吃光者为败。

③**阿尼卡**。达斡尔语为玩具偶人,是达斡尔族少女精心制作的各式玩具小人,以模拟社会生活中男女老少各类人物为主,根据自己的想像赋予它们不同的造型和神态。制作阿尼卡的材料简单易取,简易的阿尼卡是将纸叠成细长筒状的等腰三角形,人为长袍(实际是人体),如做年长者,再叠短的三角形套于长袍之外,成为长袍马褂。头部是将剪好的硬纸片,固定在火柴棍或苇席棍上,插入三角形长袍尖口即可。阿尼卡的形体,短者数寸,长者尺余,身体较大的阿尼卡,用桦树皮、各种绸缎布料、皮革等制成。这类哈尼卡工艺十分精致,人物形象惟妙惟肖,头部用鸡蛋壳或白布裹上棉花,上面素绘或绣出形象各异的五官。女性阿尼卡身着各种色彩艳丽的布、绸、缎、毛线编织材料制作的盛装。男性则身挂腰刀佩戴弓箭,发式因年龄、性别而异,头发用劈开的丝线粘上去。中老年女子头顶盘成碗状高髻,姑娘束一单辫垂于背后,还为新娘子盘梳两辫头和发架子,上面插有头饰和花朵,年轻小伙子梳分头,形象异常逼真。

阿尼卡是少女们最喜欢的游戏活动,一般是两人以上一起进行,游戏的时候,她们为每个阿尼卡赋予各种不同的性格,安排丰富多彩的生活内容。她们会按小说故事情节让阿尼卡演上一幕《三国演义》、《萨吉哈尔迪汗》等。她们还让阿尼卡互相串门、求亲、举行婚礼、赶集,男阿尼卡出猎,女阿尼卡做家务,有时也叫他们在家庭内部或邻里之间故意发生纠纷,然后按照自己的道德标准去进行调解,分清是与非、善与恶、美与丑,有故事、有情节,生动有趣。达斡尔族的民间游戏还有是阿巴嘎拉岱、嘎什哈、踢牛毛球、滚瓦饼、寻棒等,除阿巴嘎拉岱外,大部分是小姑娘、小男孩的游戏。阿巴嘎拉岱,即假面具游戏,每到春节,就有几人组织起"阿巴嘎拉岱"队,化装、戴面具装扮好到各家或公众场所表演或唱民歌。

(3)民间舞蹈

①**鲁日给乐舞**。达斡尔语即把火烧旺,后引申转意为"狂欢、跳起来",顾名思义,这个舞蹈原是围着篝火跳的,齐齐哈尔地区则称为哈库麦。主要是春节和农闲季节的晚上跳,参加者主要是妇女。鲁日给乐是一种音乐、舞蹈、诗歌三位一体的艺术形式,一般分为三个阶段:第一阶段是以歌为主、以舞为辅的赛歌阶段。先是双方协商选什么曲子,然后齐唱或对唱。这个阶段唱的曲子都比较缓慢悠扬,委婉动听,节奏轻松明快,如《美露例》、《我走出家》等。第二阶段是以舞为主、以歌为辅的比舞阶段,这时的歌曲大都欢欣跳跃、短小精悍。舞蹈根据歌曲的内容常有各种模拟动作,诸如日常生活中的挑水、洗脸、梳头、打柴等。第三阶段属于舞蹈的高潮阶段,舞者一手叉腰,一手挥向对方脑门,左右手交替挥动,红火热烈。这时无乐器伴奏,只是一呼一应地喊各种衬词,这种词有二十多种。据统计主要有"罕伯"、"德呼德呼"、"打呼勒达"、"修拉"、"修则"、"格库"、"达齐"、"哈莫哈莫"、"该束该束"等。这些衬词,有的显然是模仿鸟兽的叫声,如"格库"是布谷鸟的叫声,"哈莫哈莫"是熊的叫声。

②**萨满舞**。这种舞蹈是萨满教的祭祀性舞蹈,主要是萨满在给病人治病或举行各种祭祀时跳。基本表演方式为身系腰铃,穿上萨满服,一手拿鼓一手拿槌,有节奏地敲打,步伐多为前进、后退、蹦跳、回旋四种。舞蹈时边击鼓边唱咒词和祷词(萨满经)。达斡尔族萨满舞的动作可分为二类:一是碎打鼓,击鼓姿势似雄鹰展翅,两手扬起相碰,在头上分开,分为低打、中打、高打三种动作。二是转鼓,又称达利库贝(驱逐不祥兆头),手腕从外向里往上翻时击一下鼓面(在肩部),当鼓面朝下(胯部)手腕由里向外翻动时击一下鼓面,如此循环往复,另有煽鼓、飞鼓、挡脸鼓、饮酒鼓、滚鼓等手部动作。除手部动作外,还行腰部动作、腿部动作有走步、抖铃、蹦跳、回旋步;头部动作有晃头、绕头等。

(4)民间音乐 达斡尔族民间音乐有扎恩达勒曲、鲁日给乐曲、雅得根伊若曲调等。

①**扎恩达勒曲调**。这是一种以独唱为主的民间固定曲调,类似山歌和小调体裁的歌曲。通常是男子在伐木、砍柴、骑马、赶车时所唱,具有委婉柔和、清晰多变等特点,节奏比较自由,不受歌词的制约。这类山歌均有"讷耶尼耶"这种衬词,有时有词,有时没有词,只清唱"讷耶尼耶"。扎恩达勒分为三类:其一,词曲固定,任何地方的达斡尔族都不能任意改动,如《心上

人》、《德莫日根》等。其二,曲调固定,即兴填词;其三,编创词曲如《孤儿苦》、《女人酷似笼中鸟》等。

②**鲁日给乐曲调**。其曲词分三个阶段:第一阶段的曲调缓慢悠扬,婉转动听,节奏较轻松。第二阶段的曲调大部较欢快,短小精悍,曲调随着歌舞情绪而高涨。第三阶段的曲调以单纯的呼号为主。其曲调多种多样,节拍严格、节奏鲜明,同时还有固定的歌词。《农夫打兔》是其代表作。

③**雅得根伊若曲调**。这是萨满在举行仪式时唱的曲调。一般分为请神、接神、送神三个阶段。萨满身穿法衣,手持单鼓,腰系铜铃,一边击鼓,一边唱雅得根伊若曲调,随着节奏摇晃身体。演唱雅得根伊若曲时有七八个(或更多些)人伴唱。此种调的旋律大都流畅动听,有时简洁刚健,有时吟咏绵绵,具有原始文化色彩。常有的节拍为二拍子或三拍子,雅得根伊若曲调的结构多为四乐句构成或单乐段,由伴唱和主唱交接对唱。

(5)民间器乐 木库连是达斡尔族民间器乐,呈钳形,用铜、铁或合金来制琴身。琴架身长 13 厘米,宽 2.5 厘米,椎形琴簧夹在中间,用一根薄片铜条制成,长 17 厘米;簧尖向前弯曲 45 度,高 2 厘米,簧尖顶端置一小圆珠。演奏方法是以左手拿住琴架左端,将带簧的一端含在唇齿之间,宽端露在唇外;用右手食指拨动簧片的圆珠而发音。这种音主要是通过口形控制、琴架移动、嘴唇的张合开闭、呼气,使其发出声音。木库连音域狭窄,音距只有五度,只能演奏简易的乐曲。

二、鄂温克族的民间节日和娱乐

(一)鄂温克族的民间节日

鄂温克族的传统节日,具有鲜明的民族特点,也与他们的经济生活、信仰、居住环境有密切的关系。

①**火神节**。每年腊月 23 日举行。届时,家家户户在火塘南、西、东侧铺上褥了,并在火塘的正面摆上矮桌,桌上摆上肉、奶制品及酒等供物,在火的四周点燃蜡烛,并用五种不同颜色的布条搭在火架四周,在火架里用木条有层次地搭成木框,中间放进布条,木框上放羊的整个胸骨,骨外包一层羊油,然后点燃木框,同时,把各种供物都扔进火里,主持人念祷词,祈求平安顺随。

②**春节**。鄂温克族过春节一般要持续到二月二龙抬头的日子。他们先

是在腊月三十晚五点钟左右，每家大门外都燃起篝火，烧得越旺越好。这时开始，忌从院里往外拿东西，连垃圾也不许扔，否则会把一年的运气、财富扔掉，或怕财富和运气让别人捡了去。吃罢年夜饭，将各种神像一字摆开上供，拜完神，跪拜篝火。他们认为篝火预示这一年家境的好坏，篝火烧得旺，今年家境会好。所以，家里只要有男性，就要年年燃起篝火，让其熊熊燃烧。跪拜时，要点香，投新春食品，放鞭炮；还有一定的顺序，先是男主人，然后按辈分、年龄大小排列。如果年前未去祖坟烧纸，子孙们也可在此时向祖灵献供，在篝火前烧纸或投食品，这样的篝火从大年30日一直烧到初五，不能断烟，等到十四晚又重新燃起，再到正月十五为止。

拜完篝火及诸神，再给老人磕头敬酒。然后全家人按辈分年龄互相敬酒跪拜，这一切礼节结束后，除老人守家外，其他的人成群结队到近亲和家族年长那里拜年。除夕夜全家人都要走出大门，迎接玛音（财神）神，放鞭炮吃饺子。此夜，人们都不能入寝，认为"谁要入睡，鬼进来给人过秤，这一年就不太平"。

初一清晨，人们要互相问好，向长辈和兄长们再次跪拜。初一到初五，女人们不许做针线，男人们也不允许打猎，大家都要高高兴兴地过年。如果谁家老人逝去未超过三年，则在家守灵，不能出去拜年。前来拜年的人们要拜神。守候在旁的儿女也要跟着跪拜。正月十五是神回家的日子，人们都要停止劳动，这一天要吃饺子，进行拔河比赛。特别是在二月二龙抬头的日子，最忌打猎。这一天不许使用刀子、斧子等有刃的工具，二月二的食品，如果需用刀切，必须在前一天准备好。

此外，鄂温克族虽然不过端午节，但他们认为五月五日起，水就有了生命，所以，天亮之前人们早早起来，在河水中洗澡，认为这样可以治疗皮肤病，也可消灾除疾。

③帕斯克节。鄂温克族的节日之一，主要是生活在内蒙古陈巴尔虎旗莫尔格勒河一带鄂温克族的隆重节日。每年的4月13日这一天，人们停止劳动，穿上整洁的服装到教堂礼拜，并把整鸡或鸡蛋染成红色进行供祭。祭祀活动结束后，大家在一起喝酒吃肉，唱歌跳舞，有时一直进行到第二天早晨。

④米阔鲁节。5月22日这是居住在莫尔格勒河流域鄂温克族的丰收节。仲夏之际，绿草遍野，花香四溢，届时，鄂温克族喜气洋洋地聚集到一起，庆祝这个一年一度的丰收节日。节日活动的主要内容是给马烙印、除坏牙、剪耳毛、剪鬃毛，还要给羊割势。

在节日的前几天，人们开始做各种准备或邀请亲朋好友参加集会。节日当天,青壮年们都要早早起来,从马圈套出两岁的马将其放倒剪鬃、割尾梢或割耳做记号。主人烧红畜印,在马后腿右侧烙印。然后,按次序到第二家的畜圈,进行同样的工作,同时各自收起割下的鬃尾,剪下的耳块交给畜主点数保存。对献给萨满的马也要进行剪耳,由主人用木碗盛来一碗牛奶,从马的两耳中间直洒到尾根,然后和别的马一起放走。

剪完马鬃、烙印,还要给羊进行割势并剪耳做记号。之后,老人还要赠给亲人(女儿、侄、甥)母羊羔,预祝他们以后拥有更多的羊群。最后,各家依次举行宴会,一般按照鄂温克族先茶后酒的习惯开始。敬酒时,由男女主人端着一个木盘,盘里放上两樽酒,一一敬上。主人向给羊割势的人致谢,互相祝愿"牲畜兴旺"。

⑤**斯特罗依查节**。敖鲁古雅鄂温克族猎民的传统节日,每年6月10日举行。历史上,移居到额尔古纳河对岸的普克罗夫村的人才过这个节日,以后改在珠尔干屯的阿巴河旁。每年过节前的六七天,召开猎民大会,由各氏族的头人汇报本氏族的人员及狩猎情况,带上最好的猎物,互相访问,交换礼品。晚上举行宴会和舞会,年轻人也在此时寻找自己的意中人。

(二)鄂温克族的民间娱乐

(1)民间竞技

①**射箭**。鄂温克族的弓是用柳、榆树为料,刮削得光滑一些,折弯上弦做成。弦是用鹿、犴筋制作的,箭尾装饰有两排对称的羽毛,以保持在射程中的平衡,该项活动不仅可提高狩猎本领,而且也是一项娱乐健身活动,深受鄂温克猎人们的喜爱。

②**摔跤**。这是比较普及的体育运动。平日青壮年聚集的场合或劳动休息时,多以摔跤为乐。这种摔跤没有什么严格的规则和要领,只是一项游戏,在敖包会或重大集会时举行较为正式的比赛。摔跤前,每人腰间系一条宽而结实的带子,双方抓住对方的腰带进行角逐。摔跤的方式种类繁多,诸如勾、绊、压、背、晃、旋、踢等多种,把对手摔倒在地为胜。胜负用单淘汰制,一人被摔倒后,观众中任何人均可上场较量,经与多人较量不败者为胜。

③**套马**。鄂温克族除驯鹿外,还饲养马匹,长期的放牧生活,使鄂温克族练就了各种各样过硬的套马本领。在一年一度庆丰收的日子里,青年们挥舞着手中的套马杆,争相奔驰,追套烈马,比试套马技艺。这种比赛需要强壮的体力,熟练的骑术和勇敢顽强的意志,还要有一匹好马,它不但有耐力,还要有速度。套马既是劳动(给马剪鬃、打印、作标志等),也是练就骑术

的极好机会。

④**板棍**。鄂温克族、达斡尔族、鄂伦春族中都盛行这项活动，游戏规则也相近。一般用一根长二尺左右、直径为 3 厘米的光面木棍，比赛双方相对而坐，两足蹬直相抵，两个人双手相互交叉握棍，当裁判一声令下，两个人各自往自己的方向拉，以臀部离地者为输。如果比赛过程中屡次分腿、斜倒或突然松棍者为失败。比赛采取三局二胜制。

（2）**民间舞蹈**　由于社会经济基础的制约，鄂温克族的民间舞蹈始终保持着原始形态。跳舞时大多在傍晚篝火旁进行，参加者不分男女老幼，青壮年居多，个别地方有不允许寡妇跳舞的风俗。鄂温克族的舞蹈主要有以下几种类型：

①**阿罕拜舞**。以呼号定名，跳舞或热闹一阵的意思，舞者一般都是女子，有时男子也可乘兴而舞。无器乐伴奏，用"阿罕拜"、"哲呼哲"、"扎嘿"、"哲呼"等呼号声统一舞蹈节奏。舞者可几人一组，面对面而舞，舞步主要是"踏拍步"，腰肢随势左右横摆，形成各种优美身段。双手或一手叉腰，一手弯曲上举轻摇轻煽，或一手在胸前一手在旁上下柔动，或双手自然下垂前后悠摆。情绪高涨时，节奏加快，动势加剧，越跳越热烈。基本动作有模仿鸟类飞翔、野兽戏逗和女子梳妆打扮等。舞蹈优雅抒情，有很强的自娱性。

②**爱达喜楞舞**。模仿公野猪在交配期为争夺母野猪而怒吼、厮咬情形的一种舞蹈。由男子表演，开始跳时两人相对，穿毛朝外皮衣，白粉涂面，半蹲位双手扶膝，身体前倾，怒目而视，继而随着同呼"吼吼"的声响节奏，脚下奋力踩地移动，双肩前拱后拉，凶猛地用肩互相撞击，各不相让，直至一方因体力不支败下阵来，再换人表演。

③**巴日那德舞**。舞蹈源于猎民的狩猎生活。表演时有四人在四角站立，各在两耳和嘴里插上点燃的香，身体前倾，半蹲按膝，将"猎物"围在中间，边踩地边怒吼，或绕圈进退，伺机抢到猎物。这时，被围困在圈内的"猎物"东躲西藏跳跃不止，尽力不让"老虎"捉到，最后，舞蹈以某只"老虎"用嘴将"猎物"戴的帽子叼走而告结束。

④**高乐布堪舞**。即篝火舞，流行于根河市敖鲁古雅游猎鄂温克族。举行婚礼或两个氏族的成员们欢聚时，夜晚在河边载歌载舞，一般是 7～20 人手拉手围成一圈，绕着篝火顺太阳运行的方向转动。通常是一人领唱，大家随声附和边跳边唱，风格独特，场面欢腾而热烈。

⑤**斡日切舞**。舞蹈的产生与鄂温克族的动物崇拜有一定的联系。相传很久以前，有一队出征将士归来时迷失方向，无法返回家园，后经一队天鹅

引路才顺利返回,由此鄂温克族编创了这个舞蹈以示对天鹅的感谢。舞蹈时人们将绸布搭肩绕肘,手捏两端,代表天鹅翅膀,做"跟踏步"同时,双臂上下煽动模拟天鹅展翅飞翔,同呼"给、咕"声为伴奏。人数多少不限,时而排成人字形,时而围圈进退,感情淳朴,动作柔和,使人感受到鄂温克族女子的稳健端庄和喜爱天鹅的习俗。

此外,鄂温克族猎民经常跳的舞蹈,还有表现女子喜悦感情的《哲辉哲》(以呼号定名);模仿猎犬戏斗《聂那肯》(猎犬舞);反映猎人持枪打猎情形的《安钦舞》(狩猎舞)等。

（3）民间音乐

①**赞达勒嘎**。赞达勒嘎中的赞达即歌唱之意,勒嘎是名词的后缀,它包括山歌、小调一类歌曲体裁。赞达勒嘎分为节奏较自由和较规整的两种,其中包括猎歌、儿歌、情歌、风俗礼仪歌等。"赞达拉嘎"既是诗,也是歌,通过唱来表达。短者数行,长者数十行,有世代流传的,也有即兴创作的,旋律简洁朴素,一般不用乐器伴奏。有些赞达拉嘎字少腔长,旷达舒展。

②**奴克该勒**。奴克该勒是鄂温克族的民间歌舞形式,其表演程序与达斡尔族的鲁日给乐大同小异,只是动作更加粗犷、矫健有力。此歌曲结构紧凑,节奏鲜明,多为两拍子或三拍子,音域不宽。

③**萨满调**。鄂温克族的萨满调根据场合和内容不同,歌和舞各有侧重,如开场、祈祷、请神等场合着重于歌唱,而在驱鬼时,则侧重于舞蹈,以歌唱和击鼓相伴和。萨满调有各种风格和流派,甚至每个萨满都有自己独特的唱腔。结构上一般比较短小,多为二乐句构成的单乐段,节拍主要是二拍子和三拍子,节奏强烈多变。旋律起伏不大,音域多在八度之内。

此外,鄂温克族还有一种生产习俗歌,即"哄歌"。"哄歌"是鄂温克族牧人发现母牛、母羊不认自己的犊、羔时所唱的一种词曲定型的歌,以促使母畜认崽哺乳。

（4）民间器乐 "乌力翁",即鹿哨,亦称鹿叫子,鄂温克族猎人曾经使用的一种诱鹿工具。以木或桦皮制成哨筒,形似牛角,长 2～3 尺,一头粗,一头细,吹吸成声,似公鹿鸣而求偶。猎人使用鹿哨诱鹿走近而捕猎之。若公鹿到来,必须一枪将其打死,否则它再听到鹿哨声就溜之乎也。现在,鄂温克族已告别了打猎生活,下山定居,主要从事养殖业、种植业和野果、野菜采集活动。因此,鄂温克族现多以"乌力翁"为娱乐器乐。

四、鄂伦春族的民间节日和娱乐

(一)鄂伦春族的民间节日

①春节。鄂伦春族非常重视这一节日,凡是出猎、出门在外的人都要赶回来和家人团聚。过春节的程序和其他民族也差不多。为迎接春节,家家户户都要在腊月初出外打猎,用猎到野兽如狍、野猪、犴、鹿等兽肉和野兽的皮毛换回烟酒、白面、衣料等。过春节前的准备工作,还包括打扫卫生;置备节日盛装,人人在过年时穿上新衣服。在初一到来之前的三十晚上,鄂伦春族还有点篝火的习俗。在斜仁柱南面,距斜仁柱二十步远的地方,一左一右点燃两堆篝火,斜仁柱里边,要祭祀诸神,在斜仁柱内玛鲁位及两侧,放十几个盛有小米的桦皮碗,用此作香炉烧香。这时,斜仁柱内的火塘也要燃烧起来,据说火烧得越旺生活就越好。半夜时,全家人敬火神,先给斜仁柱东边的篝火磕头,再给西边的篝火磕头,边磕边往火里掷兽肉、洒酒,祈祷火神保佑全家幸福。然后,男性家长领着儿子到斜仁柱后边挂神偶的树下,堆一堆土,在土堆上插香,由父亲向神祷告,乞求神的护佑,有的地方还向着北斗星方向烧七炷香。然后,全家汇集在斜仁柱里,晚辈给长辈敬酒、磕头,老人祝福孩子们幸福快乐,晚辈祝老人安康长寿,人们在互祝声中欢宴歌舞,通宵达旦。

初一到初五就进入了春节阶段,初一和初二,乌力楞中的人们互致祝福拜年,开展各项娱乐活动,男女一起跳依和纳仁舞,男人们参加摔跤、射箭和赛马等活动。初六过完春节,该打猎的就去打猎。正月十五再尽情欢歌一番,春节的各项活动也就是尾声了。

②抹黑节。农历正月十六那天,鄂伦春族有抹黑脸的习俗,据说抹上黑脸就能赶鬼驱邪,保证这一年里平平安安,不会生病。这一天,刚蒙蒙亮,人们就开始行动,不管男女老少,用手抹上锅底灰,或干脆拿着大马勺,走家串户互相抹黑脸,因而这天早晨到处可以听到欢快的嬉笑声,或看到互相追逐的热闹场面。人们认为,太阳出来之前抹黑最灵,被抹黑者都是幸运的。抹黑脸时,除了儿童可以给老人抹涂外,儿子、女儿不能给父亲涂抹,大伯子与弟媳间不能互相抹,其他人之间都很随意,但给长辈抹黑脸之前要先磕头,然后再涂抹。这种习俗至今仍保留着,但已不仅仅是为了驱鬼避邪了,而是蕴含着一种吉祥安康之寓意。

③**篝火节**。每年 6 月 18 日是鄂伦春族一年一度的民族传统节日。鄂伦春族世世代代生息繁衍在茫茫林海中,以狩猎为生,与火结下了不解之缘。火可以取暖、照明、煮食,也可以抵御野兽的侵袭,所以鄂伦春族认为火种是不可触犯的。每年 6 月 18 日家家都要祭祀火神,一般向火塘跪拜往里扔点肉、倒些酒以示供奉。对火神的崇敬,还表现在禁止向火上倒水,用刀棍捅火,也不能烧进火星的木柴,以防触怒火神。这一天,鄂伦春族还要进行传统的体育比赛,结束的当晚举行篝火晚会、体育比赛。体育比赛竞争激烈。有赛马、射箭、摔跤、拉钩、颈力绳、划桦皮船赛、采集赛等。在篝火晚会上,大家尽情地唱歌跳舞,欣赏鄂伦春族乌兰牧旗表演的传统歌舞,倾听猎民群众即兴演唱的民歌。

(二)鄂伦春族的民间娱乐

(1)民间竞技

鄂伦春族的竞技活动很多且颇具民族特色,传统项目主要有赛马、射箭、摔跤、滑雪、拉杠等。

①**赛马**。赛马有两种,一是比速度,二是比技巧。比速度看谁的马跑得最快,男女骑手均可参加,分组比赛,与其他民族的赛马相同。技巧比赛是选择很难走的路段,约十五里左右,既有跋山涉水,又有穿林越沟。这项比赛很艰难,但很精彩,是一种速度、骑术、胆量的竞赛。

②**夏巴楞**。即射箭比赛,鄂伦春族自古以狩猎为主,射箭是狩猎的主要手段,并逐渐形成传统的体育项目。鄂伦春族孩童从小摆弄弓箭,随着年龄的增长,弓箭也由小到大。鄂伦春族用的弓箭多以自然弯曲落叶松和稠李子树木做成,弦由狍或犴皮筋制成,韧劲较大。箭杆是用松木做的,箭头是铁制的,或将箭杆前端削尖,箭杆的后端扎上四根羽毛翎,以保持箭的行进方向,射箭目标多以树为靶。射击比赛方法有四种,一是依托射击,二是无依托手射活动靶,三是骑马射靶,四是夜间射击,靶有大目标和灯火小目标,一般都是连射三枪,中者为胜。

③**摔跤**。鄂伦春族的摔跤比赛方法有自由摔跤式和搂腰式摔跤,摔倒对方为胜,一般摔三次,二胜者为胜。

④**滑雪**。这项活动主要在鄂伦春族和鄂温克族中进行。滑雪源于狩猎生活,在兴安岭大雪的季节,猎人们穿滑雪板行走,是冬季狩猎极好的工具。成年猎人套着一副滑雪板,好天气时,一天可滑 80 公里左右。滑雪的工具主要是滑雪板,由男人们制作,其原料主要是松木,约有九尺长,一尺半宽。滑雪板的前端、后端呈坡形,尾端上翘,在滑雪板的中间,有两个绑脚的带

子,是用犴皮制成的,为了减轻上坡时的困难,用犴毛贴包滑雪板的底面。据了解,鄂伦春族在几十年前还穿滑雪板狩猎。儿童们从小就学会滑雪玩耍,进行滑雪比赛。

⑤拉杠。取一根一尺左右长的木棒,两人相对而坐,双脚相对蹬住,双腿伸直,同时用力拉木棒,把对方拉起来为胜。这是鄂伦春族劳动之余或室内庭院休息时常进行的比赛。此外还有攀绳、爬树、滑雪、滑冰、打秋千、扔石块、扳腕子等娱乐性体育活动。

（2）**民间游艺** 鄂伦春族传统游艺主要有"刻耶处",是一种木头牌,"班吉"是一种围棋;还有"撒布卡",是年轻女子玩的游戏;"毕劳黑"或"嘎拉哈"是女孩子玩的游戏。

（3）**民间舞蹈** 鄂伦春族也是能歌善舞的民族,只要乐声起,不论男女老少都会随节奏起舞。舞蹈种类很多,代表性的有"依和纳仁"、"鲁日格嫩"、"依哈嫩"、"得勒古嫩"等。鄂伦春族的民间舞蹈分四类:

第一类是模仿飞禽走兽动作和吼声的舞蹈,它产生于鄂伦春人长期观察野兽行动的基础之上,如黑熊搏斗舞。鄂伦春族认为,熊同他们有某种血缘关系,把熊当作祖先看待,视熊为图腾,对熊十分崇敬。他们猎获到熊以后,特别是在分吃熊肉、蒸熊骨的过程中,有着许多禁忌和仪式,《黑熊搏斗舞》就是在图腾崇拜的观念支配下产生的。此舞由三个人表演,不分性别年龄,青壮年男子舞者居多。跳这个舞蹈一般都是在捕获到熊之后,全"乌力楞"的人们围坐在篝火旁,边吃肉喝酒边歌舞。舞蹈主要是模仿熊的吼声和动作,开始时,两人面对面呈半蹲姿态,上身前倾,双手按膝,怒目对视,随着嘴里发出"哈莫、哈莫"的吼声,双脚踩地,头部左右梗动,双肩有力地前拱后收,继而吼声加快,动作幅度加大,双脚踩地越来越有力量。高潮时,两个人的距离贴近到几乎可以用肩撞击的程度,以此表现熊的执拗性格。待到两人斗得难解难分时,另外一个舞者便插入其间,以同样的动作与前两人缠绕在一起,再次把舞蹈推向高潮,直至三个人皆跳得气喘吁吁,有一方败下阵来,舞蹈才算结束。还有群楚嫩舞,即树鸡舞,一般是男子跳,此舞难度较大。跳时由二人(或四人)半蹲式,手叉腰间,迅速跳动,模仿树鸡跳舞。

第二类是表现劳动生活的舞蹈。如哲嘿哲舞,主要表现年轻姑娘们采红果的欢快愉悦。"哲嘿哲舞"以呼号定名,是在娱乐时女子所跳的一种舞蹈。舞者人数不限,手拉手围成圈,一人领唱,众人合唱或伴以呼号,大家随着歌声的节奏,双脚轮换起落,双手上下摆动,顺时针转大圆圈。随着歌声,呼号声的节奏加快,全体于跑跳中热烈舞蹈,若有人体力不支退出,其他人亦可加入舞蹈行列,尽兴而止。"鄂乎兰·德乎兰"是以歌曲衬词定名,舞蹈主要表现鄂伦春族女子的劳动生活和喜悦心情。舞时人数不限，但必须是两人面对面结为一组，一人往前走，一人往后退，边舞边绕圈，同时双手自拍或对拍一下，或者两人同时举手过顶先后自转一圈。有时在两人对拍之后，做一些诸如抬猎物、摘野果、提水和梳妆打扮等动作，舞蹈始终在歌唱中进行，感情融洽，配合默契。

第三类是娱乐性舞蹈。此类舞有鲁日给嫩、依和嫩，两者形式上差不多。届时几个人或十几个人手拉手围成一圆圈，一人领唱众人合唱。众人随着唱歌的节奏顺时针方向转圈，先出右脚，左脚再合拢起来，双手上下摇动。

第四类是仪式性、宗教性舞蹈。仪式性舞蹈在祭祀祖先时跳，宗教性的舞蹈主要是由萨满跳，平常的仪式上萨满一个人跳，在举行祭神仪式时由几个萨满合跳。跳这种舞蹈时，萨满一定要穿萨满服、手持单面鼓，每请一位神就唱一种调子。跳神时，有许多人围观，萨满唱一句，众人随声附和一句，参加者必须严肃，不可说笑嬉戏，如"依和纳仁"是一种仪式性并具有宗教色彩的舞蹈，在每三年举行一次的氏族大会上唱跳。舞蹈时每组为 11 人，10人手拉手围成圆圈，一人站在中央，按照规定，站在中央者必须是有威望的萨满或老人，因为这个集会上要祭祀氏族祖先，所以要由他们进行指导，一举一动都要规范，不得有差错。舞蹈一开始，外围和中央的人都蹲做小蹦跳的动作，然后站起来，大家手拉着手，跳跃着顺时针方向转动。因为跳这个舞的目的主要是为了祭祀祖先，所以开始都比较严肃，但随着歌声的高昂和节奏的加快，便会情不自禁地狂欢起来，尤其是到了夜晚点燃起篝火，人们在酒酣兴浓之后，就会更加无所顾忌，越跳越热烈，形成沸腾不止的全民性舞蹈高潮。

（4）**民间音乐** 鄂伦春族民间歌曲分为赞达勒、吕日格仁、萨满调。所说的赞达勒是鄂伦春族山歌、小调一类的歌曲体裁的统称，其旋律高亢悠扬，跌宕奔放，歌曲音域较宽，有时达到十三四度。从节拍节奏上看，分为两类：一是节奏自由、旋律豪放、字少腔长的山歌类型；另一种是节奏规整（多为二拍子、三拍子）、结构方整的小调类型。其结构多为二乐句、四乐句的单乐段，其衬词多为"那咿耶、那伊希那耶"等。吕日格仁是一种歌舞形式，常见的形式是二人、四人或多人手拉手随着歌声上下舞动，在原地或按圆圈缓缓踏步，由一人领唱，众人伴唱。多数的歌曲是以这种形式唱的，如"额呼楞德呼楞"、"依贺如"等。有的就只用"哲嘿哲"、"达很达"等呼声歌舞，常用的衬词有"介本介会"、"额呼楞"、"德呼楞"等。歌曲的旋律起伏不大，音域多在七度上下，主要突出了节奏因素。鄂伦春族的萨满调是鄂伦春族进行宗教祭祀时所唱的歌曲,分为歌唱和咏叙性等几种,节奏鲜明且具有深沉、神秘、粗犷的曲调,节奏丰富多彩,衬词也较特殊。20世纪如萨满教渐渐失去了往昔的崇高地位,但萨满调作为音乐文化遗产,对民族、民间音乐仍具有深远的影响。

(5)**民间器乐** 鄂伦春族的器乐,主要是一种叫"卡木斯堪"的口弦琴,形状像镊子,吹奏时横含于口中,用手指轻轻拨动其尖端发出翁翁颤音,用口形掌握音量大小,可独奏、重奏、合奏、音量较小,能吹出各种曲调并能模仿各种鸟的鸣叫。

[**思考题**]

1. 蒙古族的祭火节有何形式及含义?
2. 何谓"那达慕"? 具体活动内容有哪些?
3. 马头琴、木库连是一种什么样的器乐?
4. 谈谈你对蒙古族"安代舞"和曲艺"好来宝"、"乌力格尔"的认识。
5. 曲棍球是怎样的一种竞技活动?
6. 为什么说鄂温克族和鄂伦春族舞蹈具有很强的原始形态?

第九章 民间信仰

民间信仰又称民俗信仰,是在长期的历史发展过程中,在民众中自发产生的神灵崇拜观念、行为习惯和相应的仪式制度。民间信仰具有一定的崇拜对象,它世代传承,拥有广泛的社会基础,它的内容主要包括灵魂、自然神、图腾、生育神、祖先神、行业神等。民间信仰不仅有独特的思想活动,还伴有行为方式,从事预知、祭祀、巫术等活动。内蒙古草原各民族信仰颇为复杂,有的民族至今还保留着萨满教信仰,有的民族早已接受了佛教,还有其他的信仰形式。新中国成立后,随着科学文化和经济生活水平的提高,人们的信仰也发生了变化。本章讲述三个问题:内蒙古草原各民族的信仰对象、信仰方式及相应的禁忌与祭祀仪式。

一、蒙古族的民间信仰

在远古,由于生产力低下,蒙古人承受着完全不可知的大自然的支配,他们信奉自然的神力,相信万物有灵,把日月、雷电、山川、土地和树木等都奉为神灵。蒙古族在万物有灵观的支配下,其信仰范围甚为广泛,这一节择要介绍蒙古族的自然崇拜、图腾崇拜、偶像崇拜、萨满崇拜及相关仪式。

(一)自然崇拜

蒙古族的自然崇拜主要包括天地、日月、星辰、山水、石木和火等内容。蒙古族从远古祖先那里继承了对自然的信仰,并通过一定的形式表达自己的崇拜,以此去讨好自然力和自然物,祈望得到大自然的恩赐并转化自然"异己"力量为"助己"力量。[①]

　　(1)天神崇拜　蒙古语称天为"腾格里"。蒙古族认为天是世界的主宰

---

　　① 白音查干主编《内蒙古民俗概要》第136页,内蒙古教育出版社,1999年。

者,能决定人类的命运,具有超自然的伟大力量。《蒙古秘史》等历史文献中,有多处记载有蒙古族对天公的这种敬畏和崇拜心理现象,所以崇拜苍天是整个民族民间长期且普遍存在的信仰民俗之一。

古代蒙古族祭天有三种形式:一是官方祭祀。时间并不确定,有时在农历二月二十四日,有时在三月,有时在四月初八或八月初八。二是民间公祭。在农历大年初一、七月初七、九月初九等日子,由萨满来主持。三是户祭。这种形式是由官方公祭演变而来的。户祭时,牧区要在蒙古包门前将勒勒车放在东南方,车上放一供桌,桌上摆供品。农区则在院落东南角上放一张八仙桌,桌上摆放奶制品及酒。主祭人致祭天词,各户的祭天词都是祖传的,有的祭天词在原来的基础上还增添一些具有时代气息的新内容。此外,蒙古族每遇重大事件都要首先拜天祭天,而且遇到艰难困苦时也要向苍天磕拜,祈求保佑。《蒙鞑备录》说:"其俗最敬天地,每事必称天,闻雷声则恐惧,不敢行师,曰:天叫也。"因而,蒙古族崇拜天,也崇拜由天神主宰的各种自然现象。

(2)光崇拜 蒙古族崇拜日、月、星的核心是光,认为这个光,才使蒙古族得以传宗接代,所以把日月之光当作先祖来看待,以叩拜和祭祀的形式表达崇拜敬畏之心。过去,蒙古族在清晨日出时或中午日照头顶时祭日,遇到旱涝、病疫、求子时,也要举行拜日活动,在每月初和月中进行拜月活动。每年正月初二为集体祭日。因对日月的崇拜,蒙古族还形成了任何人不能对着日月便溺,不能手指月亮等许多相关禁忌。

(3)北斗星崇拜 蒙古族把北斗星作为高于其他诸神而加倍予以崇拜。蒙古族崇拜北斗星,每月有固定的祭祀日,一年祭祀十二次。祭祀时拾得十分洁净的木柴,当北斗星出现后,在蒙古包外的东北处用沙土堆出七个形状如北斗星的土堆,然后在七个土堆上点燃木柴,在火堆前铺一块白毡,用木香、圣酒以及各种食品祭祀北斗星,并面向北斗星叩拜七次或九次。

(4)天地崇拜 蒙古族认为天有天神,地有地神,他们把天叫作"额其格·腾格里"(意为天父),把地叫作"额赫·嘎吉热"(意为地母)。认为天赋予生命,地赋予形体。认为天神是十万生灵的缔造者,不可违抗;认为地神是保佑其子女和五谷、五畜者,所以蒙古族民间自古就有崇拜祭祀大地母亲的民俗,例如祭祀敖包的主要内容之一就是祭祀大地,他们用羊肉、奶食、圣酒进行祭祀,磕头膜拜,祈祷大地母亲的保佑和恩赐。在日常生活中也能看到蒙古族崇拜大地的民俗痕迹,例如他们饮酒吃全羊时,都要把饮食的德吉撒向大地,进行简短的敬地仪式,以此表达对大地恩惠的感谢之意。由于对大地的信仰,蒙古族至今仍然保留着不得任意掘土挖坑的禁忌之俗。

（5）**山水崇拜** 蒙古族由对地神的崇拜,还延伸到对地神赋予其形体的各种物体中,如对山水、岩石、大树（孤树）崇拜。蒙古族还祭祀阿尔泰山、博格达山、肯特山、杭盖山、贺兰山、穆纳山等名山大川和克鲁伦河、斡难河、图拉河、色楞格河、额尔齐斯河、黄河等大江大河。这些山水都有专门的祭祀诗文,在祭祀集会上不仅用牛羊、奶酒祭祀,而且还要宣读祭文,进行各种仪式,向山水叩拜祈祷。日常生活和生产中,从不触动这些圣山圣水的一草一木。

（6）**岩石崇拜** 蒙古族由对地神崇拜,延及到岩石,他们认为这些石头具有一种超自然的力量,草原出现干旱时,用石头进行求雨仪式;婴儿降生后,都用石头切断其脐带。出远门时,用哈达包一块石头当作护身符。蒙古族英雄史诗中的好汉们,大部分从石头转化而来。这些传说和民俗事象,反映了蒙古族民间自古具有崇拜岩石的习俗。①

⑦**大树崇拜** 蒙古族尤其崇拜荒原上或大山中的孤独生长且十分繁茂的大树,认为这种树有一种神奇而强大的生命力。他们把哈达和布条系在大树上,用美味饮食品对大树进行泼洒礼,向大树膜拜祈祷。如阿拉善地区的蒙古族至今还保留有这种习俗,额济纳旗苏布淖苏木的一棵树龄在 500 年以上的胡杨树,被当地牧民奉为"神树",对它进行祭祀和膜拜。

（二）火神崇拜

信仰萨满教的草原民族都崇拜火,奉火为圣洁之物,认为它具有净化一切东西的能力。在蒙古族的生活中,拜火是他们最经常和必须遵守之事,崇拜天火——太阳,以及在地上的"反映物"——地火,火在蒙古族的生活中具有重大意义。火既可施恩惠于人类,又可降灾害于人类,它奇异的形象和性能,对原始人类形成了巨大震慑力,因此,蒙古族至今保留着从远古传承下来的有关拜火的一些习俗。

蒙古族竭力避免往火里扔招致难闻气味、削弱火力、减少火的亮度的物品,往火里吐口水或倒水被看成是大罪。他们相信,火可以使一切东西得到净化。在成吉思汗时代,各国使臣、携带礼品的商人都要从两堆火之间通过,这种仪式似乎是为了清除外国人可能有的一些不良念头和想法。为使逝者的所有用物得到净化,他们同样用这种方法——从火上经过而净化。洁净是火的属性,它能使周围和接近它的一切事物得到净化。由于某种偶然的原因而玷污了火,人们要举行祭火仪式:收起锅架底下的灰烬,把干净

① 扎格尔著《古代蒙古人的岩石崇拜及其象征寓意》,载《内蒙古师范大学学报》,2004 年 6 期。

的沙子、砾石撒在它上面,用动物内脏的油涂抹在公绵羊胸骨上并把它投入火中使之长时间燃烧,然后用一块块油款待火,用油、酒、茶祭火,并说些充满溢美之词的祷文。

火还被认为有其他重要的特性——能够带来富裕、成功和幸福。为了不使灾祸、干旱发生,不使疾病殃及自身,五畜兴旺、财源茂盛,蒙古族在早餐前一定要用饮食的"德吉"如奶酪、茶和其他食物来款待火神。每年腊月的 23 日或 24 日举行一年一度的隆重祭火仪式,专门准备丰盛的酒肉茶饭祭祀火神,全家人膜拜祈祷。婚礼上,新郎新娘必须叩头拜火。

蒙古族认为火同样也是会说话的预言家和有先见之明者。当人们用动植物油、酒款待火时,会产生火说话、高兴和答谢的信仰。火燃烧时的劈啪咔嚓的响声,就好像是火的语言;火突然加旺增大,好像高兴的样子。他们相信火能预兆客人的到来或得到消息。在从冬牧场向夏牧场迁移时,人人都要从灶火里拿出几块炭,事先要在旧炉灶里"款待"火,向火诉说其移走的原因,并请求火神与之同行。到了新的定居地,人们同样用油"款待"新炉之火,举行献茶仪式。

火还被认为是家庭的保护神,是家庭的重要成员。火神常以女子身份出现,有时是一副男子面孔。民间禁忌指出了火灵魂观念的神人同一性:禁止用任何锋利的东西翻动火,因为可能会弄伤它,可能会刺瞎它的眼睛。敬奉火就像敬奉家庭的保护者,人们对它怀有极大的尊重之意,不论在什么情况下,都不能把脚伸向炉旁坐在那里,也不能用脚去整理炭木或踩踏炭灰。用水熄灭炉火将意味着人和家庭生活的终结。

(三)图腾崇拜

图腾作为原始信仰,世界各个民族在它发展的早期,都曾存在过。蒙古民族与其他民族一样,在原始氏族时期有过自己的图腾和图腾崇拜。蒙古族共同崇拜的图腾有狼图腾、鹿图腾,蒙古族图腾还有鹰和天鹅等。

(1)**鹰图腾** 古代,蒙古族有以鹰为图腾的氏族,如科尔沁右翼杜尔伯特乌尔图那苏贝,他是成吉思汗弟弟哈萨尔的第二十七世孙,他们的氏族就自称是鹰氏族,所以,各代的长子、长孙都用各种鹰来命名。

蒙古族对鹰的这种崇拜,更充分地表现在布利亚特蒙古族中。如布里亚特的豁里人、巴尔古津人、库丁人在向奥耳杭主神祈祷时,要面向奥耳杭山崖上的洞穴。这里集中体现了各种不同层次的信仰:尊崇洞穴——地母之腹以鹰、鸟祖崇拜形式表现出来。在雅库特也能看到这样的现象,无儿女的女子向鹰请求给予她们孩子的灵魂。

据史料记载,鹰崇拜不只是在认为祖先是鹰的布里亚特人中形成的,鹰的形象大概与太阳崇拜有关。比较突出的是雅库特人的鹰崇拜是同太阳和火联系在一起的,巴尔古津布里亚特人进行祈火仪式要邀请出身于嘎日祖特部的人充当火职业者。有一种说法是,雅库特人生病时,似乎只有出身于豁里氏族的人才能充当打火者,用火镰敲出火星召唤火灵魂。这个人用火镰敲击出火,每敲一次都说:"豁里人的祖先啊,火的拥有者,多么洁净,多么重要。"另外一种说法是,祖先是鹰的人才能举行这种仪式,即出身于鹰氏族的人才能举行这种仪式。巴尔古津布里亚特人认为自己是豁里部的后代,出身于豁罗(雅库特)或豁里(布里亚特)氏族的人可以充当火职业者,因为这些人来源于鹰,而鹰是从太阳那里取到了火种。

布里亚特的有些部落崇拜作为自己始祖的鹰,称之为伟大神圣之鸟。他们认为,鹰明白人类的语言,对鹰有不善良态度者,或打死打伤鹰者,都将受到残酷的报复,认为自己祖先是鹰的布里亚特氏族都禁止猎鹰,他们说鹰是有灵魂的主神,但这已经是较晚的解释了。

(2)**苍狼白鹿图腾** 《蒙古秘史》中记载:"成吉思汗的祖先是承受天命而生的孛儿帖赤那(苍色的狼)和妻子豁埃马兰勒(苍白色的鹿),渡过腾汲思水来至斡难河源头的不儿罕山前住下,生子巴塔赫罕。"由此,学者一般认为苍狼和白鹿是蒙古民族原始氏族时期的图腾,成吉思汗的祖先由一个狼图腾氏族的男子和一个鹿图腾氏族的女子所生育。蒙古民族,以苍狼和白鹿作为自己的图腾,是与他们早期从事狩猎和游牧经济有着直接关系,蒙古高原和中亚地区的很多氏族部落,都以狼和鹿做图腾进行崇拜。我国北方游牧民族中的乌孙人、高车人、丁零人、突厥人也都崇拜狼,以狼做本民族的图腾。由此可知,蒙古族以狼和鹿做图腾的信仰,在民俗渊源方面,与上述地区的各游牧部落,存在着一定的传承关系。到12－13世纪,随着蒙古各部落的统一和蒙古民族的正式形成,原来的氏族部落被打破,图腾崇拜也就随之消亡。

(四)偶像崇拜

古时蒙古族的偶像崇拜,多为祖先和畜牧保护神,祖先崇拜又可分为民族祖先和家族祖先二种。

(1)**民族祖先崇拜** 祖先崇拜是指被公认为在蒙古族历史上建立卓越功勋的民族英雄和先祖加以崇拜,如为统一蒙古各部、为蒙古民族的形成建立不朽功绩的成吉思汗,他从窝阔台汗时期到今,为世代蒙古族所崇拜祭奠(祭祀仪式详见本章祭祀仪式部分),再如战神哈萨尔和英雄拖雷的崇拜。

①**哈萨尔**。哈萨尔是成吉思汗的亲弟,此人力大无比,精于骑射,在统一蒙古各部的战争中立下赫赫战功,被称为哈布图·哈萨尔,全体蒙古族奉其为战神来崇拜,尤其哈布图·哈萨尔的后裔和属民,自古至今一直设堂进行祭祀,今天哈布图·哈萨尔的祭祀堂位于内蒙古包头市达茂旗锡尼宝力格苏木,每年进行五次祭祀。另外发生重大事件或出征时还要进行祭祀活动。因为哈布图·哈萨尔是战神,所以一切祭祀活动都有严格的规则和程式,除蒙古族男子外,严禁其他任何人参加祭祀。另外,成吉思汗陵寝宫中有哈萨尔的灵柩,供人们祭奠。

②**拖雷**。拖雷是成吉思汗的幼子。拖雷不仅随父出征立下汗马功劳,而且依据蒙古民族幼子继承父业而年长诸子分别外出自谋生计的习俗,成吉思汗生前分封诸子时,拖雷留在父母身边,并继承了父亲所有在斡难河一带的草场及军队。尤其可称道的是拖雷养育和培养了大蒙古国的蒙哥汗、大元帝国的缔造者忽必烈汗,以及伊利汗国的建立者旭烈兀汗等伟大人物。因此,拖雷受到全体蒙古族的敬重和崇拜,历代设堂祭祀。今天拖雷的祭祀地点在内蒙古鄂尔多斯市杭锦旗和鄂托克旗交界处的道老胡都克(七口井)。拖雷的祭祀有月祭和季祭之分,至今一部分达尔扈特蒙古人履行着祭奠拖雷的职责。另外,成吉思汗陵的东殿专门设有拖雷的灵包,供人们祭奠。

(2)家族祖先崇拜 蒙古族依照灵魂信仰的古老认识,对自己家族祖先进行祭祀,一般到祖先墓地祭祀,有些王公贵族建庙宇祭祀祖先,每年的腊月23日、30日和清明节,人们都要焚烧各种食品祭祀祖先,并进行祈祷。

腊月30日的祭祖仪式在除夕晚饭后进行。祭品一般有煮熟的绵羊胫骨、绵羊尾尖、短肋等肉类及面饼、茶叶、炒米、烟酒。由各家家长携带祭品和一捆柴草向受祭者坟墓方向行进大约数百步远,选择一洁净所在,点燃柴草堆,一边呼喊死者(往往是尊称),一边将祭品撕碎投入火中。祭祖时须向死者的坟墓方向叩拜,同时祈祷家庭的兴旺,祈祷来年一家人的平安,祈祷牲畜安然渡过冬天和春天。招待祭祀时要由家长提到全家老少的名字,表示全家都在祭奠死者亡灵。祭祀完毕,要带一些剩余祭品回家,回家途中一路不可回首,口中要发出轰赶牲畜的吆喝声,表示赶来了许多牲畜。

(3)保护神崇拜 蒙古族崇拜的保护神主要是"宝木勒"、"吉雅其"等畜牧保护神。

①**宝木勒**。宝木勒是蒙古族萨满教的保护神,"宝木勒"是蒙古语,意为"天上下凡"。关于宝木勒的传说有好几种:有的说它是天帝的第五个儿子;又说它是天女与人间的一个男子生下的两个孩子的复合神,降落人间以后,

化身成巨牛作祟;还有的说是雷电所生,是萨满的始祖神,常在三至九的单数日子现形显灵,是长生天的坐骑。新疆蒙古族中流传的宝木勒的传说较为独特:有一个叫赫布拉特的萨满从天庭回来的时候,偷了天帝的坐骑,又到积雪的白头山把天帝的牛杀掉,吃了牛肉,然后把牛皮割成一指宽的皮条,并用皮条把牛骨缠好,再把它分给人间的百姓,并说:"这是宝木勒神,如果虔诚供奉就会一年四季无病无灾,五畜兴旺。"宝木勒是天帝的化身,是蒙古族推尊的最为古老的尊神。

②**吉雅其**。吉雅其是牲畜保护神,在蒙古族、达斡尔族、鄂温克族、鄂伦春族中都有,并通称为吉雅其。达斡尔族说是从蒙古族传来的,鄂温克族说是从达斡尔族传来的,总之,它是随着畜牧业经济在蒙古族、达斡尔族、鄂温克族中的发展逐渐产生的,是为畜牧业发展的需要而产生的保护神。在蒙古族中还有关于吉雅其的传说故事:一位名叫吉雅其的牧马人是一位深知马的习性、勤劳而又热情的老者,一生牧放着诺颜的马群。他年老病倒,临死还舍不得与马群告别,因而久久不能咽气,诺颜亲自来探望,听取他的遗言:"我死后,把我平生穿的衣服给我穿上,在我的胳膊上挂我用过的那根套马杆,之后就把我放在那匹黄骠马上,送到西南山,让我背靠着额尔敦宝木比山,眼望阿尔坦宝木比山,静卧长眠。"当诺颜答应了他的要求之后,他就安心地闭上了眼睛。几个月后,诺颜的马群里发生了瘟疫,并发现夜夜有人把马群赶进西南那座深山里。诺颜知道这是吉雅其的亡灵还没有安息,放心不下自己的马群,于是走进山里,对吉雅其的遗体许愿祷告,答应回家以后把他的像画在牛皮上供奉起来,让他每天都能看到心爱的马群。第二天起,一切都平息下来,山中吉雅其的遗体也从此不见了。而吉雅其的妻子是一位慈祥的老婆婆,她对村子里的孩子照顾得十分周到,深受孩子们的热爱,吉雅其死后没几个月,她也去世了。她死后不久,村里的孩子一个个闹起病来,母亲们知道是孩子们因想念老婆婆而闹病,于是赶紧把她的像画在雪白的新毡上,也把她的画像供奉起来,这样,孩子们的病全都好了。从此,人们就把吉雅其夫妇看成是牲畜保护神和孩子的保护神,世代供奉。

(五)萨满崇拜

在古代,蒙古族与其他北方民族一样信奉萨满教。在原始崇拜中,人与"神"之间,人与"鬼"之间,要有一个中介,要有代言人,这就是萨满(源于通古斯语,汉译"狂舞"之意)。在成吉思汗时代,把萨满教主称"帖卜·腾格里",即"知天意,懂天语"的人,也称通天巫。

萨满教基本特征是以万物有灵和灵魂不灭的观念为思想基础,具有一定的崇拜内容和祭祀仪式,黄教传入蒙古地区之前,蒙古族信仰萨满教。萨满主要从事祭祀、驱邪、治病等巫术活动。

蒙古族认为萨满是神在人间的使者,他们懂得巫术奥秘,有一种不可知的力量,人们的祭祀、祛病、诅咒、祈祷都离不开萨满。早期,蒙古部落的祭天、祭神等大型典礼,都由萨满主持,凡祭祀都要杀牲为本氏族或部落祈福禳灾。蒙古族信仰萨满教,主要以崇拜偶像形式表现,每家每户都崇拜用石、木、铁、铜、毡等材料制作的人、动物、植物等各种偶像,认为这些偶像都是保护人畜安全的神。

萨满的另一个重要职责是驱邪镇魔,有谁遇到不幸和灾难时,被认为是魔鬼作祟,请萨满来驱赶妖魔。这些萨满手执马鞭起舞,口中不停诅咒或手持刀叉,骑马追赶,认为这样魔鬼即可脱身;萨满还用巫术治病,认为人得病是神、鬼在作祟,萨满根据不同的症状,采取请神或驱鬼术。

在内蒙古东部地区的蒙古族民间“萨满”之名鲜为人知,人们通常都把“萨满”称为“博”。在东部地区,人们有了久医不愈的病,或为祈求太平,都要请“博”来行术。博在治病时的内容和形式,因地而异,在公共场所、野外祭祀与在家庭行博的内容和形式都不同,以近代科尔沁博为例,大体上有请神、下神附体和送神三个基本程序。治病行博一般在晚间进行,开始时,博穿好衣服,手拿单面鼓进场,场地中摆有香案,香案正中安放着神像和明烛,两边供奉宝剑,有香炉、糕点、果品之类的供品,还放有小铁盒,盒里装粮食、四五个鸡蛋和本博信奉的翁衮。请神时,病人坐在炕上,博向各方的神灵行礼,并唱祈祷词。接着进入附体阶段。经过一段时间的起舞诵唱,博的舞步越来越剧烈,情绪也越来越癫狂,不一会儿博会抽动颤抖,口吐白沫,两眼翻白,奔向房门,做扑倒搏斗状(说明神灵已附体)。这时其他参加仪式者将博扶坐在神像前,询问病情,请求占卜说教,然后博用各种手段治病。到送神阶段,博再唱送神歌,把请来的神一一送走,送走神后,博苏醒过来,为病人和在场的人们祝福。科尔沁草原地区的行“博”跳神,一般都要进行三至五天,或更长时间。

二、蒙古族的祭祀仪式

蒙古族的传统文化风俗中仍然保留着自然崇拜、图腾崇拜和偶像崇拜的痕迹。蒙古民族早期信仰萨满教,从 16 世纪后期开始信仰藏传佛教的分支黄教。随着社会的发展,宗教信仰作为全民性的活动已经消失,但它的某些仪式和与之相关的活动,作为民间习俗传承下来,一直流传到今天。祭祀仪式或活动中最为隆重,在民间影响最大的是祭敖包、成吉思汗祭奠和苏鲁锭祭祀。

(一)祭敖包

"敖包"是蒙古语,汉语意为"堆"或"包",另有"脑包"、"鄂博"二种变体之称,即在山上平地处,用石头垒的石头堆。祭敖包,是以敖包为崇拜物的公众聚会祭祀活动。据《蒙古秘史》记载:成吉思汗早期被篾儿乞惕人追捕时,隐于孛儿罕山中,三百篾儿乞惕人绕三匝未能捕获而离去,成吉思汗幸而脱险,回到孛儿罕山说:孛儿罕山保住了我的性命,我将每年祭之,每月祷之,让我的子子孙孙都知道这件事件。说完,即"挂其带于颈、悬其冠于腕,以手椎膺,对日九拜,酒奠而祷"。从此,蒙古族将孛儿罕圣山视为最大的敖包,加以膜拜祭祀。元代,忽必烈曾制典:皇帝及蒙古诸王,每年必须致祭名山大川,后来被"垒石成山"所代替,"视之为神"。[①]

波·少布在《蒙古风情》中将祭敖包的渊源归纳为三种情况:其一是自然崇拜说。古代生产力低下,人们与大自然斗争的能力非常低下,把一切客观的存在,都认为有灵。当他们遇到自然灾害时,就认为与游牧之地的神灵和风水有关,于是找一幽静、险峻和最高的地方,埋下牛、马、羊、骆驼等牲畜的鬃毛和一些吉祥物,垒石为记,以此当作地方保护神来祭祀。也有的人认为是因怀旧而产生。蒙古族游猎民从山林走进草原,变成游牧民,但他们仍然怀念祖先生活过的山岭、森林,故以石堆成包象征山岭,上插木杆(树)象征森林。其二是墓冢说。据说,古代有一个部落因各种原因被社会淘汰而销声匿迹,蒙古人在他们的骨骸上覆土为冢,以示纪念。还有一种说法是,一个牧童死后经常阴助牧民,牧民为了感谢他,在他的遗骸上建立敖包,当作草原保护神加以祭祀,从此有了敖包。其三是窖藏说。古代有两个蒙古部落,因争夺游牧地发生了冲突,互相掠夺袭击。最后,战败一方将宝藏全埋在地下,上面堆起敖包为标记,向远方迁徙,以便日后寻找此处,从此有了敖包。以上种种说法道出了蒙古族长期以来就把敖包作为地方保护神,在他们的头脑中形成了通过祭祀敖包来禳灾求吉,保一方平安的观念。

(1)敖包的类别 蒙古族的敖包主要分为祭祀敖包和标志性敖包。据有些学者研究,祭祀性敖包又细分为阿勒坦敖包(黄金敖包)、艾玛格·因敖包(部落敖包)、和硕敖包(氏族或旗县敖包)、努图克敖包(苏木、乡或宗族

---

① 罗布桑却丹著《蒙古风俗鉴》第 139 页,辽宁民族出版社,1988 年。

敖包)、阿寅勒敖包(村屯或家族敖包)、苏木敖包(寺庙敖包)、额莫斯因敖包(妇女敖包)、乎和德因敖包(儿童敖包)。这都是从祭祀的角度来分类归纳的。标志性敖包可分为札门敖包(路标敖包)与亥支嘎尔敖包(分界敖包)两种。据研究,路标敖包产生于游牧时期,分界敖包产生于清代,分界敖包的产生与清朝对蒙古族地区实行盟旗制有关。后来,由于朝代的更迭,行政区划的变化,分界敖包已失去了它的功能,成为历史的过客。

敖包的数量和造型因地区不同而有所差异。古代只祭一个敖包,以此象征地方保护神,后来才出现了三个、七个、十三个敖包。敖包数量变化,其内容也有变化。三个敖包时,中间大两侧小,象征天地人;七个敖包则代表七曜之神,无普遍性。十三个敖包与喇嘛教的影响有关,自藏传佛教传入蒙古地区以来,对敖包的内容曾作过一系列改造和革新,增添了与佛教相关的哈达、禄马旗幡、佛龛、蛙香等饰物和祭祀内容,对原有的各种敖包和礼仪内容也重新作了解释,例如,将七个敖包称为七星敖包,十三个敖包中的中间大敖包称为须弥山,其余十二个叫做十二部洲,或者把大敖包视为浩日模斯特腾格尔(即长生天),其余十二个称为其护卒等。在民间,把敖包群中的小敖包习惯称为徒弟敖包或士卒敖包。

(2)祭祀类别 一般分为血祭、酒祭、火祭、玉祭四类。血祭,就是杀羊宰牛,向敖包贡献牺牲。酒祭,就是在敖包上泼洒酒水。火祭,就是在敖包前燃起柴薪,将肉食、奶食、柏枝等投入火中焚烧。玉祭,就是将珠宝或硬币之类撒到敖包上。藏传佛教传入蒙古草原之后,祭敖包时一般都有喇嘛、活佛参与祭祀礼仪,因而他们认为血祭污秽而造孽,力争以奶食、奶酒等"素祭"代替"血祭",但至今还有个别地方留有萨满教的礼仪祭祀敖包的习俗,比如,乌拉特草原地区,仍用原始的方法将公牛或公羊宰杀,用其皮做成皮筋缠绕敖包,将肉焚烧的形式来祭敖包。

(3)祭祀仪式 在内蒙古草原供奉的原始敖包,多数是就地取材,用石块、柳条等堆砌而成的塔型敖包,而现代敖包,其垒建形式呈现出多姿多彩的风格,近年还出现了砖砌敖包、水泥敖包、琉璃敖包等各式各样的敖包。无论是原始时期还是现代社会,建敖包时都选择山顶、丘陵、隘口、湖畔等特殊而易见的地方。虽然各地敖包的形状不同,规模各异,但现存敖包的模式,一般都是在圆坛上,环叠三层石台,基础宽广厚实,往上渐小、渐尖,顶上竖起一柱高杆,杆端有铁矛一柄,其下承一铁盘,盘上缀有近似苏勒德的马鬃垂缀。在内蒙古草原科尔沁地区,敖包的顶饰多为佛庙顶的甘珠尔般圆顶,在中心柱杆周围多用柳条树枝装饰,敖包的东、西、北则各竖三根木杆,分别刻有日、月、云图案,用彩带与中心相连,并悬挂哈达、风马旗幡。在鄂尔多斯地区,敖包前均设有风马旗台,敖包的向阳处设佛龛和香烛坛。

蒙古族祭祀敖包仪式,虽然各地区时间不同,但一般都在每年公历七、八月水草旺盛时举行。祭祀前对敖包先要维修和装饰一番,顶上要插枝为丛,立竿为柱,顶安"嘎如迪"(即凤凰)为冠首,悬以印有经文的丝制"天马图"经幡,并在下垂绳弦上系以各种三角形的小彩旗或五彩绸条。

参加敖包祭祀仪式的人们都要身着盛装,骑上心爱的骏马,从四面八方来到敖包前,按顺时针方向绕行敖包三周,把带来的石块加在敖包上,在敖包正前的方形香案或佛龛前叩拜以后,用哈达、彩带、禄马旗等物将敖包装饰一新,敖包立刻就会有了生机,然后在敖包前的祭案上,摆放供奉礼物。送贡品是自愿的,可以送整羊、砖茶、钱币和其他物品,草原牧民一般都供奉全羊、鲜乳、哈达、奶酪、黄油、圣饼、白酒、什锦粥、砖茶等物品。然后,由喇嘛念《无垢经》,使这些物品变得更加圣洁以后,开始燃放柏叶香火,进行烟祭。这时钹鼓、号管齐奏、法铃齐鸣、香客不论僧俗尊卑,大襟铺地,向着敖包三拜九叩,祈祷"风调雨顺,五畜骤增,无灾无病,禄马飞腾",继而将马奶、醇酒、柏枝等泼洒在敖包上,诵读《敖包祝赞词》,之后,众人群立,围绕敖包顺时针转行三圈。

敖包祭奠仪式结束后,举行传统的赛马、射箭、摔跤等"男儿三艺"比赛,同时畅饮美酒,举行唱歌、跳舞等娱乐活动,还要进行商品交易。敖包祭祀不仅仅是一个宗教性仪式,而且是一个文化现象,敖包祭祀仪式在漫长的历史发展过程中,在原有的祭祀礼仪形式和内容上,增添了许许多多新的文化内容,逐步发展成为群众性的"那达慕"盛会。

(二)成吉思汗祭奠

蒙古族传统文化具有浓厚的崇拜祖先、崇拜英雄色彩。成吉思汗统一蒙古各部,建立蒙古汗国,使蒙古民族正式形成,所以成吉思汗是蒙古人崇拜的民族祖先。成吉思汗统一草原,并建立横跨欧亚两洲的帝国,为全中国的统一奠定了基础,因而成吉思汗又是蒙古民族崇敬的民族英雄。蒙古民族祭奠成吉思汗的习俗,最早开始于窝阔台汗时代,到忽必烈汗时代正式颁发圣旨,规定祭奠先祖成吉思汗的各种祭礼,使之日臻完善。蒙古族达尔扈特人承担守陵和祭祀职责,并世代相袭,成吉思汗陵的香火700多年延续不断,成为世界奇观。

"达尔扈特"是达尔罕的复数,它含有宫廷封赏、免除赋税、不服兵役,有罪过不追究、神圣不可侵犯的意思。鄂尔多斯市的伊金霍洛旗霍洛苏木一带居住的五百户"沙日达尔扈特"是根据元世祖忽必烈薛禅汗的黄册圣旨所封的,是从40万青色蒙古各部征调来的守陵人。达尔扈特们的权力义务既神圣又特殊,他们拥有不交税纳贡、不充军打仗的特权。他们不但在各朝各代均拥有各种特权,而且还获得过大清朝理藩院颁发的"特别通行证"(金牌),能自由出入包括俄罗斯在内的古代所有蒙古地区,可向平民百姓乃至君王募收祭奉成吉思汗陵的"布施品"。近千年以来,达尔扈特们不稼不牧,不狩不猎,而能生存到今天,主要就是依靠布施物生活。达尔扈特们除了为成吉思汗祭祀朝拜以外,不为任何皇帝戴孝或朝拜(包括蒙古后代可汗)。多少年以来,达尔扈特们在成吉思汗陵寝前日夜侍立守护,从未让圣灯祭火熄灭过,直至今日。

据说,祭奠成吉思汗圣灵的仪礼,最早始于他的三子窝阔台汗时期。后来成吉思汗之孙忽必烈建立大元朝之后,钦定四大祭制,同时,定为五百户达尔扈特人主持仪礼,无论是大小祭祀,每次场面都隆重盛大,祭祀仪程严格有序,这是蒙古族最高规格的祭祀仪式,它体现了蒙古族对成吉思汗这位圣祖的无限缅怀和崇拜之情,它已成为蒙古族传统祭祀文化的核心。成吉思汗祭祀每年从农历正月到十二月都有固定的祭奠日期,称之为"月祭"。此外还有季祭,即春季的马奶祭(农历三月廿一日)、夏季的湖泊祭(农历五月十五日)、秋季的禁奶祭(农历八月十二日)、冬季的皮条祭(农历十月初三)。除此之外,较大的祭奠还有农历七月十四举行的成吉思汗黑纛大祭和逢龙年举行的威猛大祭。①

在众多的祭奠中,农历三月廿一日举行的春祭,即查干苏鲁克(蒙古语意为"白色的马奶、吉祥的畜群")大祭是最大的祭祀仪式。关于"查干苏鲁克祭"受到重视的来历,还有这样一则传说:有一年春天,天气久旱无雨,草原上的牲畜大批死亡,成吉思汗认为这是凶月,必须逢凶化吉。于是,他亲自挑选了九九八十一匹精良的白色母马,用其乳汁向苍天祭洒,又选择了一匹灰马,披挂白缎,称为玉皇大帝的神马予以供奉,祈求老天速降喜雨,牲畜免遭疫病,后来,这种查干苏鲁克祭便沿袭至今。祭奠异常隆重而热烈、陵寝内灯火辉煌,香烟缭绕,陵殿里用汉白玉雕塑的、高大的成吉思汗塑像及成吉思汗的灵帐前,都摆满了丰盛的供品:圣洁的美酒、肥嫩的羊背子、新鲜的牛羊奶以及各类奶制品,酥油灯彻夜不熄。祭奠由成吉思汗近卫军后裔达尔扈特人进行,祭奠时,来自四面八方的祭奠者,先到墙外正南百步远的"金柱"处绕柱三周,再到距柱八十一弓处向"外手"洒奶,接着绕柱旁的白马及马驹,并用小木勺舀奶洒扬。这时,达尔扈特人就把盛有鲜奶的银碗扣

---

① 赛音吉日嘎拉、沙日勒岱著、郭永明译《成吉思汗祭奠》第16-234页,内蒙古人民出版社,1987年。

于马背,马受惊腾跃,碗落须正,如碗在地上扣着,则须重来。绕柱、绕马结束后,再到大殿门口跪献美酒,达尔扈特人敲起马头板,口念祝词,并将酒倒入两个酒盅放在长方形木盘里。献酒人接过达尔扈特人手中的木盘,双手捧着走进陵殿,交给站在祭案前的达尔扈特人,置于羊肉上。献酒人再向圣主行礼,退出陵殿,跪于原处,然后,由殿外另一位达尔扈特人进殿取木盘,并同时低吟祭词,当他把木盘中的酒倒入一只大木桶后,马上退出陵殿,再倒上新酒,由另一名献酒人进殿敬献。献酒时,陵殿外有两名达尔扈特人口念赞词,这种称之为天语的词,既无文字记载,也没有人能够破译。献酒毕,人们纷纷进入陵殿跪于祭案前红色地毯上,献哈达、献灯、献羊、献香(念祝词)。然后,每人投一小块羊尾入案前火盆中,与此同时还要诵祝颂词,用银碗轮流跪饮白酒,跪食一小块羊背子,分享成吉思汗赐给后人的福分,祭奠大约需要两个多小时。整个祭奠过程异常庄重而神圣,充分表现了蒙古族对成吉思汗的敬仰之情。

(三) 苏鲁德祭祀

"苏鲁德"是蒙古语音译词,意为"徽标",它是成吉思汗的军旗或军徽,蒙古族最珍重的古代文物之一,珍藏于鄂尔多斯高原的成吉思汗陵园内。苏鲁德有大小之分。大苏鲁德位于中央,小苏鲁德呈剑形,剑头或剑峰长 39 公分,宽 3.9 公分,旗杆高 300 多公分,插在石墩底座上。苏鲁德是成吉思汗远征时所向披靡的旗徽,又是太平世事时的吉祥物。蒙古民族在长期的征战生活和狩猎游牧生活中,形成了尚武、崇敬英雄的风俗习惯。蒙古族在每年阴历 3 月 17 日,都要举行隆重的仪式,祭祀标志成吉思汗军徽和军功的苏鲁德。祭祀时,祭桌上摆放 3 只整羊,还有马奶酒、奶食、油徽子等供品。祭祀仪式有严格的程序:首先是在长者的带领下,敬献哈达,吟诵苏鲁德祝赞词,颂扬苏鲁德"降伏妖魔,镇压敌人,使大家得以太平安宁"的丰功伟绩,之后相继借神灯、献熏香、献整羊、献圣酒、献美食,最后在苏鲁德祭词中,各地前来参加苏鲁德祭祀活动的蒙古族群众叩拜行礼,并以他们所带的各种祭品,虔诚地敬献苏鲁德,藉此表达对成吉思汗的敬仰,缅怀圣主成吉思汗的丰功伟绩。

三、蒙古族的信仰禁忌

蒙古族因为把天(腾格里)看作是至高无上的神体,日月星辰也具佛光,所以禁忌在日光下晾晒不洁之物；靴子若潮湿，要把蒙古包的天窗关好后，才能把靴子放在蒙古包内阴干。在近代，这些禁忌多已不存在，但在边远农村和牧区，仍不许女子把内衣洗濯后放在日光下晾晒。家里若有人逝世入殓，要高高地扯起布或毯子，以蔽尸体，意在不让尸体亵渎天日。蒙古族选择吉日常以月的盈亏来判定。《黑鞑事略》说："其择日行事则视月盈亏以为进止。"①

其次，蒙古族因为将火看作是去灾避邪的圣物，所以绝对不准把刀插入火中，或用刀以任何方式接触火，也不允许用刀在锅里取肉，不许在火旁砍任何物体。他们认为这样做，火就会被砍伤或刺伤。

蒙古族认为水也是一个神灵，在古代，斡难河、克鲁伦河、土拉河是蒙古人祭祀的三大河流。有些地区的蒙古族至今还有祭泉水的习俗，所以蒙古族产生了许多与水有关的禁忌。据产生于十三世纪的《长春真人西游记》载：蒙古人为了不冒渎水神，"不浴河"，"其衣至损不解浣濯"。这些禁忌甚至以法律形式确定下来。《世界征服者史》载："在蒙古人的《扎撒》和法律中规定：春夏两季人不可以白昼入水，或者在河流中洗手，或者用金银器皿汲水。"②

蒙古族的民间信仰中，除对自然崇拜外，还尊崇祖先，由此，形成了一些尊老习俗。蒙古族自古就有"以西为大"、"以右为尊"的礼尚习俗，所以蒙古包的西侧和住房的西山墙（或靠西墙的箱柜上）都是摆放佛龛、供奉祖先的地方，西侧只能长辈就坐，晚辈以及外来的客人是不能坐西侧的，而且由于对长者的尊敬，不能直呼长者的名字，"子不言父讳"，自古已有禁忌。不过，比较特殊的是蒙古族的人名，有很大一部分以花草树木、日月山河、珍禽猛兽取名，因此，在日常生活交往中，说话时往往容易碰到有人名禁忌的物品，就要用其他同义词来表达。

四、达斡尔族的民间信仰

（一）达斡尔族的灵魂崇拜

达斡尔族认为人都有灵魂，在睡眠时其灵魂离开肉体后经历的一切，便

---

① 王迅、苏赫巴鲁编著《蒙古族风俗志》（上）第 113 页，中央民族学院出版社，1990 年。
② 王迅、苏赫巴鲁编著《蒙古族风俗志》（上）第 113 页，中央民族学院出版社，1990 年。

是人在做梦。当人死亡时,其灵魂便离开肉体到伊尔木汗(阴间世界)等待转生再世。冤死者的灵魂因为尚未到期,不能回到阴间世界,只能流浪人间,伺机作祟加害于人。达斡尔族还认为灵魂不死,人死了灵魂回到伊尔木汗后又出生于人间,生与死不断循环。生前为善积德者复生为富贵人,而作恶缺德者只能复生为小虫。

伊尔木汗是阎王和死人的灵魂所居之地,如果有人因横祸早亡,神通广大的萨满还能到阴间世界把他的灵魂领回来,还原其驱体。这种仪式称为苏木苏勒其贝(可直译为追魂或取魂)。小孩闹病,认为是灵魂在离开肉体到处游荡,便举行招魂仪式。达斡尔族的萨满教观念中,认为世界分为上、中、下三层世界,上层世界是圣洁的天堂世界,中层世界是人类生活的地方,而下层世界是死神聚集的地方,也是散布一切疾病灾难和魔鬼聚集所在,也是伊尔木汗所在的阴间。萨满认为,人死后灵魂游逛阴间,想给人造成灾难,只有萨满能解救人于灾难,甚至能使人起死回生。

(二)达斡尔族的自然崇拜

达斡尔族相信万物有灵,认为风雨雷电等自然观念都是神灵主宰的结果,因而,他们把天、火、日、月、星辰、山河都奉为神灵崇拜。

(1)天神崇拜 达斡尔族称天为腾格日,认为是神灵居住的地方,人间的祸福都是由神灵安排的。人们把上天分为父天和母天,春节时在院内摆桌供酒并燃香烛,祈求大家无灾无病、平安幸福。遇到灾害,全屯杀牛或猪,由萨满主持祭天。

达斡尔族普遍祭天,且根据祭词有父天(阿查·腾格日),母天(额倭·腾格日)、公主天(达列·喀托)、官人天(诺托尔·诺颜)等。祭天时只在供祭院内设临时祭坛,祈求腾格日保佑祭者平安无灾。供祭品是两岁的牛或猪。达斡尔族的祭天仪式各地区略有不同,布特哈地区祭天时,一般杀两岁牛,或杀猪作为供物,在大门外挂一双靴子,大门紧闭,没有木板大门者,在大门上挂渔网或网状的绳子,禁止人们通过,谁若有事想出入,只可跳墙。在正房的西南角,横置木杆,用被子将横木盖住,然后主祭者念诵祝词,把供奉的牛或猪杀了剥皮或去毛,在室外煮内脏,住屋内煮骨肉。祭毕,大家一起享用肉食,把啃干净的骨头用簸箕收拾好扔在院外,把脖颈骨插在木杆尖挂在大门旁。祭天不跳神,所以不请雅得根主祭。爱辉地区的达斡尔族祭天时没有偶像,家人有病时请愿,或者借杀年猪时祭祀,祭祀时请巴格其(师傅)来主祭。

达斡尔族崇拜天神,也崇拜他们眼中由天所主宰的各种天体现象。如遇上日食和月食,就认为是天狗捕日头、天狗吞食月亮了,萨满要各家敲打水桶、犁铧、铁盆等响器,好吓走天狗以保护太阳神和月亮神。如遇到剧烈的闪电和雷鸣,认为是雷神在发怒追击怪物。有人被雷击身亡,不能埋葬于氏族或家族墓地,火化后埋于它处。遇到龙卷风,则认为是龙下凡、要烧香磕拜祈求给予保护。此外,达斡尔族还很崇拜星辰,称星辰为霍得,认为每个人在天上都有自己的一颗星,其中北斗星被认为是保佑体弱婴儿的吉祥星。过去,在达斡尔族农村,每当除夕之夜,有经验的老年人仰观天象,观察三星、北斗星和启明星等星座的景象,测卜未来一年的年景。

(2)**火神崇拜** 达斡尔族崇敬火,归纳起来,主要有两种情况:一是不能玷污火。谁都不准往火中扔不洁之物,不准说火的坏话或辱骂火,不准往火里扔有异味之物,不准向火泼水,不准往火里吐口水,不准从火上跨过。第二是禁忌,不允许对火有暴力行为,如不能在火的近旁用刀切割肉类,不许用刀子从锅中把肉扎出来,不能把刃器插入火中,更不能用木棍、鞭子等工具抽打火。

(3)**河神崇拜** 达斡尔族经常摆渡和打鱼,所以,对河水也格外敬畏,他们设有祭河神的小庙,也有的在一块木板上钉许多小钉,插上蜡烛,点燃后放进河水中漂流,以此为祭,祈求摆渡安全和捕鱼丰收。达斡尔族还有祭河神求雨的习俗,遇到干旱之年,由莫昆或屯落中的年长女子发起,邀集各家女子各带一只鸡到河边祭河神,这种集会男子不能参加,只需应邀一二人帮忙。首先,将供祭的鸡杀死,把带毛的鸡皮挂在插好的三角木架上,把鸡肉煮熟,由主祭的巴格其或通晓祭文的男子致词,祈求降雨解除干旱。然后,各持桶或盆,在河边用水互相泼洒,以示降雨。

(4)**山神崇拜** 达斡尔族称山神为白那查。早期,他们认为广阔的山林都由白那查主宰,山林中的飞禽走兽都是它养育的,山林中野游者的安全和狩猎者的收获,也靠白那查的喜怒来决定。因而,狩猎者和放木排者在山林中遇见奇异的山洞或古树,就认为是白那查栖息的地方,便叩头礼拜。每当野餐或喝酒首先请白那查品尝,认为白那查是善神,不会无端地加害于人,因而人们有时把善良的人比喻为白那查。

(三)达斡尔族的多神崇拜

达斡尔族在"万物有灵"观念支配下,其信仰表现为多神崇拜,达斡尔族供奉的神叫"巴日肯",多达几十种,择要介绍以下几种:

(1)**敖包** 达斡尔族祭敖包由来已久,十分普遍。敖包一般选邻近居住区的土岗或山包,垒积石头成尖塔形,中心植一棵树,作为祭坛。平时路过要下车下马,添加石块,以示崇敬。过去以莫昆为单位设置敖包,每年举行祭祀活动,杀牛、羊、猪供祭,后来发展为以屯落为单位,祭祀的主要目的是祈求风调雨顺,五谷丰收,牲畜兴旺。敖包会上还进行赛马、摔跤、扳棍等体育竞技活动。

（2）**吉雅其**　传说在很早以前,在蒙古地方有一个喇嘛庙,庙内有一伙夫曾遇见一个达斡尔人,那个达斡尔人对伙夫夸耀达斡尔族的生活如何富裕,牲畜如何的多,伙夫信以为真,常常向往达斡尔族居住的地方。最后,他从庙里逃出来,在前往达斡尔族居住地的半路上被雷击死。后来,达斡尔族把他的灵魂立为神,叫吉雅其。这个神对人不作祟,不让人闹病,它专管家畜以及财富,达斡尔族几乎家家户户都供奉吉雅其。

（3）**霍列力·巴日肯**　达斡尔语蛇神的意思。来源于达斡尔族的几种传说:其一是古代有特格,特格是四不像,达斡尔语中称鄂伦博格。传说中养四不像的鄂伦春人被雷击死,他死以前,曾用龟和蛤蟆等物挡身,死后和那些虫蛙类都变成了神,先是被鄂伦春族、鄂温克族所供奉,后来传到达斡尔族地区为人们所信奉。达斡尔族的霍列力·巴日肯就是玛鲁神,即蛇神。达斡尔族不仅以各种祭品供奉玛鲁神,而且还有专门供奉玛鲁神的祭词,一般由萨满主持祭祀。

（4）**奥蔑·巴尔肯**　这是达斡尔族的母神。达斡尔族认为:奥蔑·巴日肯住在有九层台阶和金银柱子的九顶白毡蒙古包的正中包内,有三层院墙,院内有九口大锅,大门外有一雌一雄两只凤凰;还有龙钟年迈的父母,他们的衣服下摆很长,在九个泉内养育着小孩,由泉内取出胎卵,在宽阔的前胸后背内怀抱着小孩;有金银制的嘎什哈（狍子后腿踝骨,达斡尔族儿童玩具）。母神的乳房很长,喂奶时奶头由袖筒内或由肩上往后奔拉着。人们求她赐给子嗣并保佑小孩。祭祀时用羊供祭。

（四）达斡尔族的图腾崇拜

达斡尔族的图腾主要是熊和老虎,达斡尔族因敬畏而忌讳直呼熊的本名,而称公熊为"额特日肯"（老头子）,称母熊为"阿提日堪"（老太婆）;也忌讳直呼老虎本名,而称"诺彦古热斯"（百兽之王）。猎人除被迫自卫外,通常从来不会主动猎取熊和老虎,只是敬而远之。如果被迫打死虎和熊时,放声大哭以示哀悼。

（五）萨满崇拜与祭祀仪式

（1）**萨满崇拜**　萨满,就是指萨满教中的男萨满或女萨满。萨满教,也叫黑教,是古代亚洲南起越南,北至西伯利亚这一辽阔领域内生存的各民族信奉的原始宗教。达斡尔语中的"萨满",是从满族先人女真语言中转借而来的,是萨满教巫师的统称。达斡尔语萨满称为"雅得根"。可分为霍卓尔雅得根和一般雅得根。霍卓尔雅得根即氏族萨满,被认为是本莫昆祖神显灵的唯一最高代表人物,是由本莫昆成员充当。一般雅得根是领外来神灵的雅得根,充当者不受氏族限制。

达斡尔族的雅得根的职能主要有三:一是为本哈拉或莫昆消除灾祸;二是祈求风调雨顺、五谷丰登、牲畜兴旺;三是祭神治病,即应病人家邀请,判断致病的神灵进行祭奠,通过祭奠让神灵解除病魔。达斡尔族对萨满信仰十分虔诚。雅得根在社会上很受人尊敬,但他们并没有任何特权,不脱离生产,给人治病,没有一定的报酬,只是病人家属送些牛皮、羊皮、肉、酒以及少量哈达、布匹为酬谢,因而没有一个雅得根靠宗教活动而致富。

(2)**祭祀仪式** 达斡尔族萨满祭祀仪式主要有斡米南、依尔登、洁身祭三种。

①**斡米南**。这是达斡尔族萨满教的重要盛典,每隔三年举行一次,大约在农历三、四月举行,其目的是要给诸神献礼,给新萨满及同族的人们消灾求福,培训新萨满。届时,男女老幼都带着礼物来参加。举行仪式时,聘请有经验的萨满陪祭和指导,场地在庭院或在屯子附近都可;先架起蒙古包或谢林格(大车轮一个,下边用几个车辕支起来,上面盖苇席)一座。在蒙古包或谢林格内竖起两根桦树,叫格力·托若(室内的神树),并在两根并立的托若上横拴三根木杆,呈梯状。在横木杆上挂霍卓尔·阿彦和阿巴嘎尔迪(铜制假面具)。在离此托若六丈远的南边,竖一根桦树(叫博迪·托若),在这托若上挂吉雅其、带拉勒和克亦登三个神偶。这三根桦树都带有青枝绿叶,是在举行仪式前几天砍来的,竖立时不能埋在土里,而是捆绑后钉于地上的木桩(叫阿尔特·蒙格嘎特,意为金银桩)。在两个托若中间拉上一根红棉绳,并把带有五六色绫绸的铁环串在该棉绳上。跳神每天上、下午和晚间各一次,请来的大雅得根(大萨满)指导主祭萨满(新萨满)。仪式开始时,由大萨满敲鼓念咒,请主祭萨满的神,让它们来参加祭奠。领祭萨满在前面引导,主祭萨满在后面跟随,绕着屋里的托若忽左忽右地跳动。经几次反复,主祭萨满忽然仰倒,领祭萨满双手扶持且助他在地上打几次滚,说明神灵已附体。当停止打滚后,降临的神借萨满之口叙述自己的历史和地位。这时,还愿的人和有疾病的求助者,跪在萨满面前,叙述自己献祭还愿或要求消灾除害的缘由。降临的神通过主祭萨满之口,指导献祭者如何消灾避难,之后,神灵就离去,主祭和领祭萨满跳欢送舞,仪式结束。第三天,举行库热仪

式。前来参加仪式的人们(孕妇及经期的妇女除外)在外面集中站立,然后两个萨满用皮绳将他们围住(这条用整张牛皮割成、没有接结的约十二个围长的皮条,达斡尔语称索日),各拿皮绳的一端,用劲拉一次放开,如此反复三次,如果皮绳长度增加,就是人口将增加的象征。最后把绳子拧成一股,主祭和领祭萨满各拿皮绳的一头,围在库热圈内的人们从皮绳下面钻出来,他们相信经过这一个仪式可以避免疾病。此仪式结束后,两位萨满一前一后,从室内托若树到室外托若树来回跳三次。在外面铺白毡一领,摆上几个盛牛奶的木碗(坦古拉),供献给来自四面八方的天地和山川诸神。然后,再由室内跳到室外,两个萨满由人扶着,来回打三次滚,意思是已上升三层神殿,接着念诵祷词祭祀。在仪式结束之夜,还要举行吃血仪式。当日白天,杀一头三四岁的牛,取点牛血掺上牛奶、奶酒;并加上九小段香和九小块牛肺子,盛在木碗里以供吃血。吃血前要熄灯,两位萨满雅得根请诸神降临吃血,此时只要听到布谷鸟叫声,那就证明神灵们降临吃血。同时给主祭萨满的神像涂抹牛血,斡米南仪式结束。

②依尔登。达斡尔族每年或隔年还要举行依尔登祭祀仪式,日期也在三四月间,到时要请一位老萨满领祭和指导,该仪式多在家里举行,有时也在野外举行。较之斡米南,依尔登仪式规模较小,只举行一天,竖托若树用柳树,人们送的礼物也较少。依尔登不举行库热仪式,把所献祭的羊肉及内脏煮熟,一般以羊头、胸骨肉及肝、肾和横膈膜肉煮熟献祭。此仪式共分四段,第一段请主祭萨满自身的主神降临,第二段请萨满当年主祭的神降临,第三段请所有的神降临,第四段跳神吃羊血,之后,仪式结束。

③洁身祭。这是每年正月初,萨满在家里举行的小型祭祀,其目的是年初祭神、以神水净其身体及衣服。祭祀时有的宰羊祭献,有的用酒和果品供献。萨满在大锅内放进护心铜镜和各种颜色的卵石,倒满干净的水烧开,这水叫阿尔山(神水),与此同时萨满还要跳神祭自己的神灵。结束前,先用锅刷蘸水洒拂于本人全身,然后向参加者洒去,借以洁身祛灾。

(六)达斡尔族的信仰禁忌

猎人在出猎期间不能说熊和虎的本名,把熊叫做额特日肯(老头子),把虎叫做诺彦日热斯(兽王);不许女子去有鱼的河塘或渔场,认为女子不洁,去了会把鱼"冲"走,影响渔人的收成;在渔场不许拿鞭子走,认为那样会把鱼赶走;禁止戴孝的人去渔场,认为打鱼是喜事,戴孝的人去了不吉利;在渔场不许背着手走,认为那样渔网会拖在河里;萨满不能去渔场;忌在鼠日和火日开犁播种;不许砍倒祭祀过的树木,不许烧珠尔登树;三岁的母马下驹后就把它卖掉(认为饲养这样的马不吉利),但要把它的尾和鬃剪一小部分留下,以免将福气带走;献给巴尔肯神的温古马,即被吉雅其神看中骑用的马,通过一定的宗教仪式,在鬃和尾上挂一小条红黄绿白色布条。此马既不能出卖,也不能杀掉。

不许用刀、剪、筷子等尖锐器物指点他人;在供神时,不许背向神像就坐,在供神的神龛里不许放置其他物品;不许在火盆上烤脚,怕受穷;不许把自己的东西放在别人家里过年;除夕天黑前将门窗缝隙糊好,不许从外边向屋里召唤人的名字,怕魔鬼附体于被召唤者,或摄取被召唤者的灵魂。

五、鄂温克族的民间信仰

鄂温克族的"万物有灵"观念形式主要有灵魂崇拜、自然崇拜、祖先崇拜、图腾崇拜和萨满崇拜,也有个别地方的鄂温克族信奉东正教。

(一)鄂温克族的灵魂崇拜

鄂温克族认为,人死后其灵魂不灭。人的死亡,只是离开这个世界去另一个世界罢了。人死后去的世界比这个世界更幸福,但途中有一条很深的血河,生前行善者有桥可安全渡过,行恶者无桥,河中只有一块石头,可跳过去,跳不好就掉进无底的血河,再也出不来,连灵魂都死掉,这才是人的彻底死亡。缢死者、用枪自杀者、被枪打死者、难产死去的女子以及被熊咬死的人,都到不了那个世界。小孩死后也不去那个世界,而是要飞到玛姆(上天的意思)那里去。

鄂温克族认为人生在世就像过路一样,时间不长,真正的幸福生活是在死后的另一个世界里。活着做过坏事的人,如打骂以及斜眼看过父母的人,死后不但不能享受幸福生活,反而还要被阎王爷判处死刑。对老人敬孝的人,死后可以过上幸福生活,在三代以内还会回到家里重新托生。鄂温克族认为人睡觉后,其灵魂就离开肉体到处游走,灵魂游动遇到的一切便是梦。梦分为好梦与坏梦。好梦三天内不能告诉别人,坏梦见人就要说。

(二)鄂温克族的自然崇拜

原始时代,由于人们对自身与外部自然无法正确解释,于是,人们将自己人格化,认为万物有灵,形成自然崇拜。鄂温克族的自然崇拜表现为对人自身生、死、病、梦,对天地、日月、星辰、风雷雨、山石、树木、水火的崇拜。

（1）**天地崇拜** 在鄂温克族看来，天和地一样，上面有山有水，也有人。天上的人个子很大，心地善良，不说谎，不打骂他人，不做坏事，凭自己的劳动维持生活，不伤害别人，故可称为神。地下也有山、水和人。地下的人，个子非常小，像猴一样，心眼非常坏，无恶不作。鄂温克族敬天礼俗是每当节假日或亲朋好友相聚时，大家欢聚在一起，宰杀牛羊以示庆祝。在宴会开始时主人首先举起酒杯，用右手无名指蘸酒弹向天空，以祭天穹。然后，大家才开始喝酒。敖鲁古雅鄂温克族祭天时，先搭起一座撮罗子，在其附近再搭一个简易祭台，女萨满穿好萨满服，手持椭圆形单面鼓，牵来一公一母驯鹿在撮罗子旁的树干上拴好后，击鼓祝词，说明祭天的因由，以及用何种颜色的驯鹿做牺牲等。然后，又用驯鹿血涂抹鼓面祭鼓，祭台上象征性地摆好驯鹿头、四只蹄子及一部分骨骼、内脏等，以示用驯鹿祭天。之后萨满时而坐地时而起舞，击鼓讴歌，请求天神保佑狩猎的鄂温克族，仪式直至深夜。

（2）**日月星崇拜** 鄂温克族在农历正月初一祭太阳，正月十五祭月亮，狩猎打不到野兽就向太阳祈祷。现在，鄂温克族老人当中仍有早晨迎接太阳、晚上跪拜月亮的习俗。他们认为生、死、病、梦的原因都由神和鬼给人类造成，生是因为太阳出来的地方有个白发老太太，给予人以灵魂，鄂温克族严禁小孩面向太阳小便或随意用手指画太阳。鄂温克族还崇拜北斗星，他们认为北斗星是长寿星，每年除夕夜要祭祀北斗星，向北斗星方向摆上供品，希望北斗星保佑他们在新的一年里身体安康，免除灾难，生活幸福。鄂温克族认为小孩是北斗星赐予的，没有小孩的人家，在农历 12 月 27 日晚上给北斗星点七个佛灯祈求子嗣。

（3）**风雷雨崇拜** 传说刮风是因为在地球边上有个老太太，手里拿着一个很大的簸箕，她用大簸箕一扇，地球上就起风了。传说打雷是因为天上有个老头敲鼓，他一敲鼓就打雷。他们认为下雨是龙洒的水，因为龙的一个鳞上装一百挑水，而龙的身上有数不尽的鳞，所以，龙洒水的面积广且水量也多。在天旱或森林发生大火时，鄂温克族有举行祭敖包求雨的仪式。鄂温克族的敖包有的是用石块堆成，有的敖包是一棵大树。每逢祭敖包时，全村人拿出一头牛或一头猪来献祭，祭完敖包后人们互相泼水，特别是对寡妇泼水更多些，他们认为这样就会下雨了。

（4）**山神崇拜** 鄂温克族称山神为白那查，鄂温克族的猎人对于白那查非常崇拜，认为一切野兽都是白那查养的家畜。他们找一个很粗的树，在树上绘一位白胡子老人，用野兽献祭白那查。他们在行猎时看见高山、深沟、巨岩和怪树，就认为是白那查住的地方，都要祭拜。

（5）**火神崇拜** 鄂温克族也非常敬重火，认为火可以驱恶避邪，传说火神是一位蓬发老太太。他们认为火的主人是神,每户的火主就是他们的祖先。火主死掉,这户就要绝根,所以,他们上山打猎时,从不乱动火,特别是对撮罗子里生的火更是敬重。过去,他们有保存火种的习俗,用完火之后,蒙上灰不使其熄灭,吃饭、喝酒都要在火上稍微泼洒一点,说些祝福的话,认为如不这样就会引起火神的不满。鄂温克族对山火有自己的理解,认为打猎引起的山火既不能利用,又不能扑灭,认为这种火危险,人力不可能扑灭,今天在这个地方扑灭,明天在另一个地方还会发生山火,甚至认为打猎引起的火,不会烧好地方和好东西,而是专门烧坏地方和魔鬼,如扑灭这种火就等于保护了魔鬼。至今,鄂温克族年老者仍认为山火不能扑灭,否则,火神就会报复。

(6)**水神崇拜**　水是鄂温克族衣食之源,认为河中捕获鱼是河神的恩赐。对水的崇拜表现在供河神,在河边做神鼓,不许在河中便溺,吐口水等。

(三)鄂温克族的祖先崇拜

"玛鲁"是鄂温克族崇拜的始祖神,每个氏族的各"乌力愣"都有自己的"玛鲁"。"玛鲁"由"舍卧刻"(祖先神)和"舍卧刻"喜欢的东西所组成。"玛鲁"是一个圆形皮口袋,内装"舍卧刻"和"舍卧刻"神喜欢的各种用具及动物。"舍卧刻"神是用"哈卡尔"树木刻制成的人型,一男一女,有手脚眼耳,用鹿或犴皮做成衣服。"舍卧刻"神喜欢的用具有小鼓,认为"舍卧刻"喜欢听鼓声,萨满一敲鼓"舍卧刻"马上就会到来。鄂温克族崇拜"舍卧刻",并将与他有关的一些物件也当成了崇拜对象,如小鼓及乘骑的嘎黑鸟,抓驯鹿的笼头和皮绳,以及它所喜爱的灰鼠、刻如那斯(小动物)等。鄂温克族把"舍卧刻"和这些物件都装在皮口袋中,统称为玛鲁神。

(四)鄂温克族的图腾崇拜

"图腾"一词是北美印第安人鄂吉布瓦部落的方言,其含义是"一个氏族的标志或图徽"。各地区的鄂温克族都有自己的"图腾",他们认为自己的祖先与某种动物或植物有关系,以该动物或植物或山石为氏族标记的图腾,称之为"嘎勒布尔"。

鄂温克族猎民的图腾是熊。敖鲁古雅鄂温克族对熊崇拜的习俗较有典型性,他们对割熊肉的刀子,不叫刀子,而叫刻尔根基(什么也切不断的钝刀之意),打死熊的枪不叫枪,而是呼翁基(打不死任何动物的工具)。鄂温克族打死熊后,忌说打死了熊,而是说熊睡着了,吃熊肉前,人们要学乌鸦嘎嘎大叫,并说是乌鸦吃熊肉,而不是鄂温克人在吃熊的肉。熊尾和前肢男子不能食用,吃了将来会被熊夺去枪和棍子。剥熊皮时,必须先割其睾丸挂在树上,然后才能动手剥皮,认为这样熊见人时才能老实。剥熊皮时绝对不能割断其动脉,而要把血脉中的血挤进心脏里去,并把动脉管连在一起。熊的脖子也不能随便切断,而是把小肠取出来,绕头部三周后,才可切断。熊的心脏、大脑、食道、眼睛、肺、肝等都不能吃,因为这些脏器都要风葬。

在鄂温克族的传说中,熊原来是人,因犯了错误,上天让它用四条腿走路而变成了兽,但它仍通人性。他们把公熊称为合克(祖父),母熊称为额沃(祖母)。传说过去熊同人一样有拇指,拿起棍子能打死人,上天知道后不许熊害人,故去掉它的拇指,让它拿不了棍子。又说,有一次上天让人和熊比力量,结果人拿不动的石头,熊不但能拿动,而且能抛出很远,故上天切断了母熊的拇指。熊被上天切断拇指后哭着提出了一个要求:人杀我可以,但我的骨头不能像其他野兽那样乱扔。上天同意了它的要求,从此以后,鄂温克族猎杀熊后,必须实行风葬,如不实行风葬而将骨头乱扔,熊就会不入洞不冬眠,不仅不好打,而且还有被熊伤害的危险。当猎人打到熊剥皮时,要把熊的头、喉、舌、鼻,连同颈部骨,脚上的各小节骨,掌以及右上肋骨两根、右下肋骨三根、左上肋骨三根、左下肋骨两根,用桦树条捆好,再用柳条捆六道进行风葬。举行风葬仪式时,人们要佯装哭泣,还要向熊磕头、敬烟。鄂温克族的猎熊仪式十分典型,非常繁琐,在狩猎每一环节,都有相应的民俗活动,熊作为鄂温克族的图腾是神圣的,不能随便杀伤,猎熊是一种不得已的行为,冒犯了祖先神,所以他们举行各种仪式求得解释,从而解脱自己。

(五)萨满崇拜及祭祀仪式

(1)萨满崇拜 鄂温克族与所有阿尔泰语系的民族一样也信仰萨满教。萨满是人和神的联络人,萨满教没有经典教义,没有共同创始人,没有庙宇,宗教活动也没有严格程序。鄂温克族每一氏族都有自己的萨满,有的氏族有两个萨满。老萨满死后,由其亲弟、妹或亲生儿女来继承,若无嗣时,由萨满神在自己氏族中选择继承人。萨满不仅是氏族唯一的宗教师,而且享有很高的社会威望,过去氏族头人一般都由萨满担任。萨满死后的第三年,再出现新一代萨满,新萨满出现的征兆是有人发癫,不怕水与火,冬天不穿鞋奔跑,这就是成为新萨满的标志,氏族就要请老萨满指教他。

老萨满指教新萨满仪式很隆重,新旧萨满至少要跳三天,还要举行用鹿或犴的心、舌、肺、肝、喉、血等供祭萨满的活动。新萨满必须经三年指教之后才能成为正式萨满,新萨满在三年内不可戴法帽穿法衣,可用头巾代替法帽,三年内要逐步备齐法衣和法帽,新萨满出师后,要送老萨满一头牛或一匹马以表其谢意。

（2）祭祀仪式

①**"奥米那楞"祭祀仪式**。每年夏季举行该仪式，目的有二：一是老萨满指教新萨满，二是祈求全氏族（毛哄）平安繁荣。一般仪式期限为四五天，地点是在萨满家进行。先在院内立一棵桦树，屋内立一棵杨树或柳树，两棵树之间拉上一条麻绳，树枝上挂很多五色布条。院内和屋里所立的两棵 树不能一样，由萨满跳神前决定选择什么树，告知毛哄的人去准备。仪式前要请两个萨满，一个是本毛哄的，另一个是其他毛哄（这位萨满当师傅）的。本毛哄的萨满神灵附体后，人们拿出一只羊让两个萨满抢夺，然后宰羊。把羊的心血挤出来，领祭萨满手捧盛羊血的器皿围着人群转，本毛哄的萨满学鸟飞的动作跟着老萨满奔跑，领祭者还会给他喝点羊血，然后喷向两棵树。这时新萨满才能成为正式萨满跳神。"奥米那楞"仪式上，还要祈求全毛哄的平安和繁荣，将全毛哄的男女老少都集合在两棵树间，并用狍皮制成的绳子把全毛哄的人围起来，如果皮绳子比原来长，认为毛哄人口要增加，如果皮绳子比原来短，他们就认为将发生疾病、减少人口。参加集会的人各自尽能力献羊、送肉、送奶供与会人员食用。除本氏族的人外，还有些平时请萨满治病驱鬼的人们，借机向萨满献礼、送砖茶、布匹、衣物等。仪式上，萨满要跳三天三夜的神。这种活动虽是萨满崇拜活动，但也有娱乐意义，人们随着萨满跳神，附和着唱歌，有的地区还举行摔跤等娱乐活动。

②**春节萨满祭祀仪式**。每年春节，萨满在自己家里跳神，青年人参加者为多，送旧迎新，萨满求神保佑人们，祝福新年。前去参加者会带些酒、黄油、砖茶、点心或钱为礼品，萨满煮肉给大家吃，萨满还煮些"刚嘎"草水，放一些奶，以此洗涤众人的污气，祈祝新年平安。萨满通夜跳神，跳完神，萨满把面具挂在树上，在面具嘴上贴羊尾油，这时青年人可随便试穿萨满的法衣或打鼓，老年人喝酒，大家一夜不眠，并有摔跤、唱歌等娱乐活动。

③**驱魔赶鬼仪式**。过去鄂温克人得病，主要请萨满跳神。治病时，须杀白色驯鹿或鹿、犴、鸭子。祭神用的驯鹿，剥皮与平时不同，首先在东南角搭一个四柱棚，剥皮时驯鹿嘴下面、腹部和四肢皮不得切断，要与鹿心、肝、肺、食道、头等一起放在棚上；鹿头朝日出方向，其他部位煮熟后，献给"玛鲁"，人不可食用。在撮罗子里"玛鲁"位前铺桦树条，其前立两根松树桩，上系红、绿、黄各色布条（禁用黑色），桩上端涂鹿血。牧民则要杀羊，烧一个羊的肩骨，将骨灰交给萨满，萨满看羊骨灰来判断鬼来自何处。再用苇子扎两个草人，头上贴脸形纸放在蒙古包的东南角上，下面放一张羊皮。萨满拿一碗稷子米，先撒在病人身上，然后再撒向草人，意将附在病人身上的鬼驱赶到草人身上。萨满治病时穿法衣、戴法具、敲鼓，口中念念有词，驱赶病人身上

的鬼,有时鬼不肯走,萨满便提出鬼生前喜欢的东西,如乳牛、手镯、皮袄等,病人家属满足其愿望后,鬼才会离去。鄂温克族认为小孩得病是其灵魂离去要请萨满求"乌麦"(小孩灵魂),必须在夜间进行,跳神开始时杀一只黑色的驯鹿,萨满要骑着黑色的驯鹿去另一个世界,请回"乌麦"。

④*萨满送葬仪式*。鄂温克族在家族成员去世埋葬后的二、三天内,要请萨满跳神,目的是为帮助埋葬的人们除污。仪式上要杀小白驯鹿,还要杀白色鸭子献祭。死者棺材的木屑、锯末都要烧掉,萨满检查无污物,待木屑火熄灭,再跳萨满舞驱邪后仪式方结束。鄂温克族认为除污后,人们不会再得病,还会打到野兽。

⑤*萨满求子求福仪式*。鄂温克族没有孩子的人家或有孩子未能存活,要请萨满向神求子嗣,萨满说在太阳出来的地方有个老婆婆,孩子们的灵魂是她赐予的,因此,萨满向其求赐子嗣。猎人长期打不到猎物时,带一块布或一条毛巾请萨满求福。当萨满答应求福时,猎人就将毛巾挂在萨满家,并拿出早已准备好的两只鸭子或飞龙,取出其心、肝、肺、食道、舌等,献在"玛鲁"前,另外用柳条做一鹿或犴放在"玛鲁"前。求福的猎人用无弹头的枪打柳条鹿或犴,当场假装剥皮并取鹿内脏、食道。整个求福仪式很严肃、虔诚,鄂温克族认为只有这样才有可能求得福,打到野兽。

(六)鄂温克族的信仰禁忌

鄂温克族在狩猎期间,严禁猎人内部出现不团结行为,必须听从塔坦达的指挥,这样才有好运气;出猎期间禁止告知猎人打猎的地点和方向,认为野兽的肩胛骨中有孔,有先知的本领;出猎时忌讳说大话空话,否则什么也捕不到;狩猎期间禁止大声喧哗,更不准唱歌;打猎时禁止打杀鸿雁、天鹅,认为不吉利;猎人吃肉时禁忌给别人递刀尖,应递刀把;播种时老年人不许撒种子,认为庄稼会长不好,影响产量;青年人播种时不能接近坟地,认为会影响庄稼的成长;忌讳别人估计粮食能打多少,认为会影响粮食的实际产量。

女子不能坐熊皮垫子,否则一生不能生育;献给神的马不许女人乘骑;绝对禁止女人摸男人的头,认为男人头上有神灵;严禁年轻女子在玛鲁神前面就坐或走动。斜仁柱的中间是火位,女子住火位以南,女子不许到火位以北,男子使用的马鞭子、马鞍和套马杆,禁止女子跨过或使用;大伯子不准在弟媳前就坐,大伯子用过的烟袋弟媳不能用;女子生孩子不能说生孩子,只能说有孩子或添孩子了;女子不许在斧子上跨跃,否则会生傻儿子;女客到蒙古包内不能越过火位以北就座,因为北面是祖先神的地方;寡妇三年内禁止改嫁,忌讳出席任何婚礼和集会。

鄂温克族认为上眼皮跳,可见到亲人或打到野兽;上额跳动一定能猎获到鹿。胳肢窝跳、手掌痒、手心跳,能打着犴;脚掌痒会有朋友徒步走来;口角和臀部的肉跳会有骑驯鹿的客人来;右侧肋骨跳时,自己能打住野兽,左侧肋骨跳时,别人能打住野兽;发现猎刀无意中刀刃向上时,一定能剥到兽皮;刀上有了黑点时,也认为能打到野兽。还有一些对不吉之兆的预测性习俗,如狗在蒙古包或在居所外面擦痒,预兆这家将减少人口;狗上蒙古包,预兆这家经济要下降;马回头咬马镫,主人一定要死去;猎人喜爱的马突然死去,表明马替代了主人的灾难;听到乌鸦的叫声有吉有凶,叫声像呛水时是好预兆,否则要死牲畜或来狼;听到猫头鹰的叫声,主人与牲畜或病或死。

六、鄂伦春族的民间信仰

鄂伦春族相信万物有灵,在此观念下,形成了灵魂崇拜、图腾崇拜、自然崇拜、祖先崇拜及多神崇拜等信仰形式,并由此发展为宗教崇拜——萨满崇拜。这些崇拜,不仅构成了鄂伦春族传统信仰的主要内容,而且对鄂伦春族的精神生活都起到过巨大的作用。

(一)鄂伦春族的灵魂崇拜

鄂伦春族有灵魂和肉体分离而灵魂不灭的观念,认为人死后要到阎门槛(阎王爷),阎王居住的地方叫布尼,那里有生死簿,每个人活着时做的好坏事在那里都有记录,活着时做的好事多,死后马上就能托生,一般的人会托生为普通人;生前做坏事的人再托生时就变成牛、马或狗等动物,生前做坏事最多的人入无底地狱。阴间有各种刑具,对有不同罪过的人施以不同的刑罚。在阳间虐待父母的,到阴间后阎门槛就把他的眼睛用钩子吊起来;不听父母话的就把耳朵吊起来,打父母的就把手钉起来。

在夫妻俩之间,如妻亡夫再续娶,等丈夫死后,两个妻子就会争奇一个男人,阎门槛就把男人劈成两半,让两个妻子各分一半,如果一个女人找两个丈夫,死后同样被两个男人各分一半。女子在阳间倒脏水多、撒粮食多,到阴间就会让她将脏水一口一口喝净,把粮食一粒一粒地捡净。因此,在母亲死后,儿女要为她杀鸡或牛,让它们到阴间帮助母亲喝脏水、吃净米粒。人在阳间不能往河里小便,否则,到了阎门槛会让他把水和尿分开,所以,人要在干地上小便。小孩如果把石头随便扔到山下,到阴间后,就会让他用舌头把石头舐到山上去。

鄂伦春族认为活着的人有三个灵魂,每个人的灵魂又分三个时期。一是幼灵期,即七岁前。这个时期幼儿的灵魂不牢固,一旦受到惊吓,随时可离开身体。因而,孩子出生后,大人要为孩子做三个布娃娃做保护神,其中两大一小,颜色为黑色。如果一个孩子下面的几个弟妹都死了,这个孩子要把布娃娃带在身上,直到七岁。二是七至十五岁后,人的灵魂逐渐牢固些,晚上,明月当空时,大人可让孩子看自己的身影,如有三个身影,即是三个灵魂。一个在阿玛胡妈妈那里可再生,两个灵魂已附身,如一旦因非常原因死亡,死后可转生到母亲氏族部落里。三是成人的灵魂,也有三个,一个在阿玛胡妈妈那里,两个附身。

(二)鄂伦春族的图腾崇拜

鄂伦春族在长期的狩猎生活中,经常与各种野生动物打交道,由于生产工具落后,猎取某些凶猛的野兽是很艰难而又非常危险的,所以,对熊、虎、狼等猛兽也就逐渐产生了一种敬畏的心理。同时对各种动物的长期观察,发现某些动物的外貌及动作等与其他动物不同,如熊,不仅能用前肢拿食物送入口中,而且还能直立行走等。这些与人相似的举动,使鄂伦春族认为虎、熊之类与自己的祖先似乎有着一种血缘亲族关系,于是这些动物便成为鄂伦春族图腾崇拜的对象。

鄂伦春族对虎、狼的崇拜表现为不直呼其名,而很尊重地称虎为"乌塔王"(太爷)、"博日坎"(神),最直接也只呼其长尾巴;称狼为"翁"(大嘴巴),对熊的崇拜最为明显,称公熊为"雅亚"(祖父)、"阿玛哈"(舅舅),"额替塔"(老头)、称母熊为"太帖"(祖母)、"额聂赫"(伯母)等。很早以前,鄂伦春族不准猎熊,认为熊原来是人,后变成为熊。传说从前有一位中年女子,带着红手镯进山采集,因天黑迷路,独自生活在山中,慢慢变成了熊。过了许多年,其丈夫猎到一只熊,当猎人剥熊皮时发现熊右前肢有一只红手镯正是其妻的,才知道熊是自己妻子变成的。从此,鄂伦春族认为熊是其祖先变成的不能猎打。后来,严禁猎熊虽取消,但在猎熊之后,要举行一系列复杂仪式,以示对熊的崇敬。因此,当鄂伦春族猎人猎熊归来时,不能直接说打着熊了。快到家门口时,猎人嘴里便会发出"咔咔咔!咔咔!咔!"的声音,老年人或家里人听到,就会喜出望外,知道是打着熊了。老人便会含蓄地说:"是阿玛哈(公熊的称呼),恩聂嘿(母熊的尊称),亲吻你一下啦?"猎人便回答:"阿玛哈,喜欢我,亲吻我啦。"这是说打着公熊了。于是全乌力楞的左右邻居、亲朋好友、男女老少,都欢聚在猎人家。男人们在外边给熊开膛剖肚时,女子不能到熊的跟前指手画脚,特别是孕妇不能靠近,更不许乱说乱动,否则会对胎儿不利。鄂伦春族猎人首先把熊头小心翼翼地放在一边。然后,请年纪大、有威望、有经验的老年人做总指挥,指挥大伙吃熊肉并举行葬熊仪式。他们准备两个吊锅,男女分开,分别煮肉。肉煮好后,总指挥发出"咔咔咔!咔咔!咔"的声音之后,说:"他大娘婶子大嫂姐姐妹妹们,这是赏给你们的,从今以后不会碰上什么难处,放心大胆地吃吧!"于是,总指挥用猎刀将熊肉割成一块一块,递给妇女。妇女笑逐颜开,有滋有味地开始吃熊肉。鄂伦春族女子不能随便吃熊肉的某些部位,只能吃熊的下半身和后脊背部的肉,男子可食用熊的前半部和四肢。鄂伦春族吃熊头也有一定的规矩,首先把熊头用锅煮熟,然后围坐分享,剩下的熊头骨要用柳树条或草包好,选择河边、半山腰或树林,挂在三棵树交叉点上,进行风葬,举行"葬熊歌"仪式,送熊神"起程",并祷告阿玛哈保佑主人,祈求熊不要再吓唬人,让世人平安、幸福地生活。

(三)鄂伦春族的自然崇拜

原始社会时期的鄂伦春族,对于大千世界中无穷无尽、千变万化的自然现象是无法理解的,认为自然界的万物一定是有灵的,因而对自然界产生一种畏惧心理并开始祈求崇拜。鄂伦春族对自然万物的崇拜,表现为对日月星、风雨雷、动植物及山石水火的敬拜。

(1)**日月星崇拜** 鄂伦春族认为太阳是最神圣的,太阳给人以温暖,如果没有太阳,人类就不能生存。因此,每年正月初一要拜太阳,在他们所供奉的各种神像上,很多都画有太阳和月亮。安葬亡者时,忌讳亡者面向太阳升起的方向。两个人吵架为分辨是非,常向太阳发誓,在受到委屈,遭遇苦难时,也向太阳申冤祷告,请它保佑。在日食时,认为是天狗在吃太阳,敲击铜盆并叩拜拯救太阳。

鄂伦春族崇拜月亮,每年的正月15日和25日要拜月亮。在狩猎中打不到野兽时,在住所外面放一口空锅,然后向月亮叩拜祷告,以为第二天锅里有什么兽毛,就会打到什么野兽。如果遇到月食,认为是天狗在吃月亮,鄂伦春人便会击盆叩拜搭救。

鄂伦春族认为北斗星是长寿的象征。在除夕夜晚,鄂伦春族向北斗星跪拜,庆幸自己又活了一年,增加了一岁。在鄂伦春族中流传着关于北斗七星的传说,认为它是由七姊妹组成,这组星星很像他们的高脚仓库,因此称它为奥伦博如坎(主管仓库的女神)。每年农历腊月二十三和正月初一晚上,烧七炷香供奉之。

(2)**雷与风神崇拜** 鄂伦春族非常敬畏雷神和风神,尤其是旋风神。他们认为从被雷击中的树木旁走过或踩着雷击木,会触犯雷神,就会得病。如果触犯风神,人就会发疯,人如果从刮旋风的地方横过,便会触犯旋风神,人就会抽风。

（3）**动植物崇拜**　鄂伦春族在众多牲畜中,认为马是最具神灵的,所以鄂伦春族饲养马以后,供奉昭路博如坎（马神）。当马下驹时,要挤马奶给其上供,认为这样马才会繁殖起来。鄂伦春族还供奉楚卡博如坎（草神）,每当马匹繁殖不旺或生病时,认为是草场不好引起的,故要在草甸子上摆些供品（野鸭或细鳞鱼）来供奉。

（4）**山神崇拜**　鄂伦春族认为,白那查（山神）统辖着崇山峻岭及山林中的动植物,为了供奉这位山神,他们在山中高大的老树杆上,距地面2米左右的地方刮去一块树皮,画一个脸形,用红布遮盖。猎人路过此处时,都要给白那查装烟、敬烟、叩头,用猎物上供。吃饭喝酒前,都要向白那查有所表示,如用手指蘸酒向空中弹几下,表示向白那查敬酒。鄂伦春族对山间粗大的古树、奇形怪状的巨石,都怀有崇敬的心理。

（5）**火神崇拜**　鄂伦春语中火神称为透欧博如坎,火神由女子供奉。据说过去有个小孩,不慎烫了手,他的母亲因此而生气,用猎刀乱捅了一阵火,当晚,她做饭时,怎么也点不着火,第二天就搬家了。搬到一个新的地方同样也点不着火。她的妯娌告诉她,回到原来的住处看看有没有火,当她回到原处时,看见一堆火正在燃烧,旁边还坐着一位满脸是血的老婆婆。捅火的女子恍然大悟,原来是她把火神的脸给刺伤了,于是赶紧跪在老婆婆面前求饶,并发誓日后不再捅火。

（四）鄂伦春族的祖先崇拜

由于鄂伦春族对氏族或本家族先人的崇敬,以及人死后灵魂永存观念的支配,便出现了祖先崇拜。鄂伦春语称祖先神为"阿娇儒博日坎","阿娇儒"即根子的意思,引申为"始祖"之意。每家每户都供奉祖先神像,神像用松木刻制而成,也有用黄布绘制一个半身人像,装在神龛内,由老人精心保管,搬迁时随身携带。每到年节都要给祖先神烧香、磕头、烧纸和祷告,他们认为祖先灵魂永存,会保佑子孙后代不断生息繁衍,平安生活。鄂伦春族还要在每三年召开一次的氏族会议上,举行隆重的祭祖神仪式,敬酒、供肉、焚香、烧纸、磕头,由氏族长亲自主持,还要请各路萨满跳神。这种祭祀仪式,少则进行三、五天,多则十几天。

（五）鄂伦春族的多神崇拜

鄂伦春族继灵魂崇拜、图腾崇拜、自然崇拜、祖先崇拜后,其信仰发展为多种神崇拜。崇拜的神灵复杂多样,崇拜的方式是供奉偶像。崇拜的神灵除有图腾神灵、自然神灵、祖先神灵外,又敬拜凶神和各种疾病的神,还将多种神灵分为统管神和被统管神,大约有几十种神灵之多,择其要介绍以下几种。

（1）**透欧玛鲁**　这是主宰诸神的神灵。以前,鄂伦春族每家都要供奉,透欧玛鲁不但保护人畜平安,多猎兽,而且还能统帅别的神。如人或马得病、打不到猎物时都要向它祷告,并给它供奉狍子、飞禽等猎物。

（2）**玛鲁毛木台**　这是主宰狩猎的神。出猎数日若打不到野兽,即认为是这个神在作怪,于是人们向它祈祷许愿,如打到野兽一定要先祭玛鲁毛木台,同时也要祭祀其他神灵,否则其他神灵发怒也会阻碍猎民们的狩猎活动。

（3）**昭路与查路博如坎**　这是两位专管牲畜安全的神。神像是在一块兽皮或二块布上用马尾或马鬃绣成的两个简单的有鼻、口的人型,在嘴上涂抹野兽鲜血,在"人"字形的脚下做两个兜,再做一个木马放在两兜中间。有的是在一块宽 13 厘米、长 20 厘米的木板上画成的,在木板下端挂上用线串起来的初生马驹的蹄膜,生一个马驹增加一个蹄膜。未定居时,供在斜仁柱中玛鲁对着斜仁柱门席位的右上方,已定居者供在房门对面的墙壁上,神像前面置一块木板,以便摆放供品。

（4）**德勒库达日依乐**　这是专司人畜抽风病的神。神像是在一块方布上画的两条龙、两条蟒、两只凶鸟、一个太阳和一个月亮,再用木头做一个一只脚抽筋的人型。如果家里或氏族中有人畜抽风时,鄂伦春人就祷告此神来拯救。据说它是外来的凶神,所以供在斜仁柱外朝北的地方。

（5）**恩古包尔**　这是专司人畜疾病的神。它来源于风,其脉搏通过旋风与虹相连。供此神时,一次要三只狍子,上供的狍子肉可以食用,但其骨头不能砸坏。

（六）鄂伦春族的萨满崇拜和祭祀仪式

鄂伦春族普遍信仰萨满教并与其供奉多神偶像相交融,形成了鄂伦春族萨满崇拜的独特习俗。

（1）**萨满崇拜**　萨满是鄂伦春族专门从事祭祀活动的巫师,被认为是沟通人与神之间交流的特使,因而特别受到人们的尊敬。鄂伦春族萨满,分为

"莫昆"萨满和"多尼"萨满两种。"莫昆"萨满,即氏族萨满,他们崇拜的主神是祖先神灵,是正神,每个氏族只有一个莫昆萨满;"多尼"萨满宗拜的神灵很多,主要是流浪于山间的神,这类萨满人数不固定,最多有三、四个,有的氏族也没有,他们是到处为家的萨满。鄂伦春族非常尊重"莫昆"萨满,认为"莫昆"萨满较之"多尼"萨满能力大且治病本领高,有病有事必然首先请"莫昆"萨满。"莫昆"与"多尼"萨满各自崇拜的神灵是不能互通的,各"多尼"萨满崇拜的神灵也不完全相同,也不能互通,所以治病、祭祀请神的时候,各萨满只能请来自己崇拜的神,彼此不能互请。鄂伦春族萨满的主要职责是跳神治病,跳神也是萨满活动的主要方式,作为人与神灵的中介,萨满就是通过跳神来同神灵沟通的。除了治病外,丢失马匹,也要请萨满求神寻找马匹所在的方向。丧葬时,请萨满跳神,同鬼魂谈判,要求亡魂早日到阴界不要在人间作祟。

萨满,男女都可以充当,男萨满叫"尼饶"萨满,女萨满叫"阿西"萨满,两者地位是平等的。由于萨满不能自己给自己跳神看病,所以他(她)们可以相互给对方跳神,也可以相互结婚,但男女萨满结为夫妻的很少。[①]

(2)祭祀仪式

①**春祭萨满仪式**。鄂伦春族萨满祭祀仪式中最为隆重的是春祭,每三年举行一次,规模较大。中等规模的仪式则在每年的春天举行,特殊情况下也可在秋季举行。举行仪式时先由有较高威望的氏族长选定吉日、吉地,春祭供品一般有整只狍子、野猪肉、鹿肉、犴肉及飞龙、野鸡、野鸭等。仪式开始前两天要挖取三棵樟松树,间隔两丈,呈一字或浅弧形栽立在选定的草地上,再用没腰高的柳树枝围成半环形栅栏,有的还在树前和两侧围出几个"〰"形,以便萨满跳至高潮时穿行其间。举行仪式的第一天,身穿节日盛装的男女老少骑着马,驮着物品,陆续来到现场。仪式开始后,萨满开始唱请神歌,歌毕,萨满的舞步由缓而急,直到疯狂旋转,在柳丛间穿行,外面有二十几个壮年猎人手牵手拉开一个大圈,环绕萨满旋转的逆向跳动,并逐渐缩小舞圈且转速加快。这时,萨满全身抖动昏迷倒地,说明神已附体。之后,萨满站起来边唱边舞,老萨满领头,众萨满跟随,每个萨满都非常严肃认真,谁跳得花样多,请得神多,谁就会得到人们的膜拜。鄂伦春族用这种仪式祈祷神灵保佑人口平安、牲畜兴旺、狩猎丰收。跳神结束后,大家共食。

②**库米斯文年祭仪式**。库米斯文是鄂伦春族萨满神灵的总称。除每日小型供祭活动外,鄂伦春族每年举行一次大型祭祀,献祭牛羊或一对狍子,

---

① 韩有峰编著《鄂伦春族风俗志》第 116 页,中央民族学院出版社,1991 年。

由萨满主祭并致祭词,以求全氏族安康。

③**库米斯文月祭仪式**。这是萨满供祭其神灵的小型祭祀,一般按月进行,可由萨满的助手巴格其主持并致祷词。氏族莫昆准备好清香米粥,举行库米斯文月祭,请诸神降临享用,祈祷诸位神灵祝福莫昆族众,子孙繁衍,狩猎丰收,猎马健壮。

④**驱病仪式**。这种仪式一般都是傍晚在病人家的斜仁柱里进行,乌力楞的人们一般都可以参加。他们围坐在斜仁柱内,在萨满跳神前,先在火堆中点燃"神开路"(木本植物,点燃后有一种香气,目的是净化空气,迎接神灵到来),届时,萨满身穿法饰,头戴萨满帽,左手持鼓,右手拿槌,盘腿就坐在斜仁柱西北角专位上,病人坐于东南。请神前,萨满双眼半睁半闭,过一会儿,开始边击鼓边唱,扎列二神和参加者一起伴唱,唱着唱着萨满的神灵附体,这时附体的祖先神借萨满之口问请它来的原因,接着再请其他神灵,问清病因后萨满开始给病人治病。

⑤**招魂仪式**。鄂伦春族萨满在给小孩治病时,通常通过唱招魂歌招回孩童失去的灵魂。招魂唱词大意:孩子呀孩子,你被恶魔劫去灵魂,我要把你的灵魂取回,你快踏着早晨的云雾归来,云雾会遮挡恶魔的视线,你速趁光明的太阳出来时回来,太阳的光辉使恶魔在阴间难以出来,你的父母已为你准备了弓箭,你快快回到父母的怀抱,千万别错过清晨的云雾,千万别错过清晨的太阳,我保佑你平安生活。唱毕,萨满在斜仁柱内连转三圈,然后把鼓放在自己的腹部,双脚并拢,上下跳几次,嘴里喊:"嘿!嘿!嘿!阿热!热!热!"这时,招魂治病仪式宣告结束。

(七)鄂伦春族的信仰禁忌

(1)**渔猎禁忌** 猎人出猎和捕鱼前,不能作计划,不准说这次出猎或捕鱼能打到多少野兽或捕多少鱼,他们认为能否有收获是神早已安排好了的,说大话会触犯神灵,无任何收获。出猎或捕鱼的人路经白那查(在大树的树杆上用刀斧砍成的人脸形)时,必须下马敬酒敬烟并磕拜,否则不仅打不着猎物、捕不到鱼,而且还会倒霉。在猎取貂或黄鼠狼等小动物时,引火做饭不能烧长木柴,认为烧长木柴野兽会跑得很远,不易猎取。在猎取到鹿、犴和野猪等大兽开膛时,其舌头、食道和心脏等必须连在一起,直到煮熟食用时才能割断,认为只有这样才能不断地猎取到野兽。在狩猎中,还忌对猛兽直呼其名。在出猎期间,禁止往篝火上洒水,禁烧迸火星的木柴,这是既怕熄灭火种,又怕火星四溅酿成火灾。

(2)**女子禁忌** 女子在经期不能到河里洗澡,否则要降大雨;不能跨过泉水,否则泉水要干涸;孕妇不能去办丧事的人家,不能走抬过死人的路,否则生下的孩子会死去;女子不许进产房,进了产房产妇会难产;产妇不能在斜仁柱中分娩,而要另搭盖产房,因为斜仁柱内供着诸神,怕冲犯神灵;女子不能随意触摸萨满的神衣,否则神会发怒,姑娘出嫁娘家不能陪送剪刀、镜子、茶壶一类的东西,否则娘家兄弟要死去;孕妇不许吃獐子肉和铺獐皮,绝对禁止接触獐子,因为獐脐产的麝香是大凉药物,孕妇接触它会流产。

（3）**生活禁忌**　晚辈不许直呼长辈的名字,也不许把长辈的名字告诉他人;父母去世,兄弟几个不能全部戴孝,只允许其中一人戴孝,认为戴孝的人运气不好,打不到野兽;病人在患病期间不能洗手洗脸,否则会使病情加重;给神上供只能用偶蹄类动物,不能用带爪类动物,也不能用带爪类兽皮鞯鼓,否则神会抓坏人的躯体。

[**思考题**]

1. 什么是祭敖包?
2. 什么是图腾崇拜? 蒙古族及其他游牧、狩猎民族崇拜的图腾有哪些?
3. 为什么说成吉思汗陵的祭奠活动隆重而神秘?
4. 谈谈你对宗教信仰的认识。
5. 举例谈谈民间信仰对我们日常生活的影响。
6. 内蒙古草原游牧与狩猎民族的信仰禁忌有哪些?

第十章 民间工艺

　　民间工艺是指在宫廷、宗教和艺人之外,由广大民众自己创造、享用并传承的艺术。创作者没有经过专门的训练,技艺多以家族或个体方式沿袭传承并受到传统程式规范的约束。民间工艺品首先源自于民众的物质生活需要,其次也可起到美化生活的作用。民间工艺品的制作与传承,是民俗活动的一个重要门类,涉及范围很广。内蒙古草原各民族的民间工艺,形式多样,内容丰富。本章主要介绍内蒙古草原各民族的民间刺绣、金属工艺、雕刻、剪纸,以及在生产、制作过程中形成的传承模式。这些民间工艺与草原民族的习俗关系非常密切,充分显示出各民族所创造的具有民族特色和地域特色的艺术习俗。

一、蒙古族的民间工艺

(一)蒙古族的民间金属工艺

　　蒙古族使用的金银器具较多,日常生活中常见的有银碗、蒙古刀、银壶、药勺、酒器、头饰、火链等。蒙古族的金银器具美观大方,造型对称、平衡,银器上最具民族特色并吸引人之处是它的图案装饰。蒙古族一般都在银器上錾刻出各种几何形图案,主要有云纹、卷草、八宝等图案。经过装饰的金银器具既有实用价值,又有观赏价值。

　　(1)银器制作工艺 主要有錾雕工艺。工匠使用的工具主要是錾子,有刻制模具的,也有錾花用的。錾子的种类很多,熟练的工匠需要有几十把不同用途的錾子,操作过程是先将原料捶打成所需厚度,将纹样贴在材料上,打出大致轮廓,用锤尖和圆头的錾子点出器物上突出的部位。加工过程中,要反复烧炼,只有材料变软才好加工。工艺品的加工要灵活掌握,有先焊后錾的,也有先錾后焊的。清代龙纹银壶最具代表性,其"凤嘴龙把"又配以各种卷草、莲花瓣和各种几何纹样,是富有装饰性的民间工艺珍品。

（2）**铜器制作工艺**　天然的铜是红色的,故称为红铜,红铜加锡的合金称青铜。北方民族的青铜器有着悠久的历史,如鄂尔多斯文化、夏家店下层文化和上层文化都有丰富的青铜器,这些青铜器装饰花纹丰富,且动物纹饰较多。到明清时期,由于喇嘛教的传播,铸造艺术得到很大的发展,蒙古地区以多伦诺尔制造的佛像水平较高。铜器的制造主要有炼矿、制范、熔铸等几个过程。民间有各种铜器用品,品种繁多,历史悠久,日常生活中常见的有铜火锅、铜壶、鞍花、马镫、铜铃、奶桶、铜饰件等。铜器造型美观大方,民间匠人以板打、錾记等工艺制成各种用品。

（3）**鞍具金属工艺**　蒙古族对马鞍具的制作和装饰,有着悠久的历史和古老传统,而马鞍具的装饰和金银工艺分不开。当马鞍做好后,在其前后鞍鞒上做各种装饰,绘制图案、骨雕镶嵌和贝雕镶嵌,马鞍上还有许多配件,如鞍鞯、鞍花、鞍软垫、鞍辔等,对这些部位都给予装饰。鞍花和鞍辔等都用银或铜制作,具有草原文化的风格。

（二）蒙古族的民间皮毛加工工艺

蒙古族由于长期从事畜牧业经济,进行皮毛加工的原料很充足,再加上蒙古族(尤其是妇女)长期用皮张制作服饰和各种鞋靴,使他们在长期的实践中积累了许多经验,皮毛加工业的工艺水平得以不断提高,而且形成了鲜明的民族特色。

（1）**皮革工艺**　蒙古族用皮革制作各种物品,如用皮革制作甲胄、鞍套、鞋靴、皮袋,用皮类做成衣、裤子、帽子等。制革工艺中,熟皮是重要的生产过程,熟皮的时候,用石灰、皮硝、猪油、芨芨草、五倍子、黑矾;熟皮的工具有泡皮木桶、刮皮木板、刮皮刀等。熟皮子一般在春秋两季,所谓熟皮主要是牛羊皮的熟制:先将宰杀后剥下的皮子晒干,再放入河水中洗刷,浸进装有小米粥与硝水的大木缸中,泡半个月,取出暴晒;晒干后再用清水洗刷,然后用铲刀刮净皮上的油脂和污物,最后按制作衣物的式样进行剪裁。熟制一张皮前后需要一个月左右的时间,如果是牛皮,还要浸入石灰水数次,使其毛全部脱落,最后浸入清水中。蒙古族牧民还经常用酸牛奶、羊奶泡皮子,收拾干净后,用手揉也可使皮子软而耐用。制靴一般用牛皮制底,有时也用驼皮制底,獐子皮多做靿。蒙古族的制靴工艺相当高,他们制作的靴子精巧耐用,哲里木盟的马海靴和锡林郭勒盟的布利阿耳靴,都是具有代表性的制品。

（2）**擀毡工艺**　蒙古族民间盛行擀毡、制毯等毛加工工艺。毡子是牧民生产和生活的必需品。盖蒙古包,包门用毡帘,包内铺地、接羔袋、马鞍垫子、褥子等都是用毡子来制作的。擀制羊毛毡首先是洗毛。其次是弹毛,目的是让扭结在一起的羊毛散开。三是铺毛,在平地上将竹帘摊开,再用左手抓毛,右手握住用竹片,如此反复多次,待竹帘上的羊毛铺厚了,洒上温水,将竹帘卷起,用绳扎紧,两个人对坐或对站,用脚蹬之,使竹帘来回反复滚动,然后取下竹帘将毡坯卷起,放于倾斜的木板上,两人或三人坐于长凳上,一手拉绳用双足蹬滚之,摊开后,将毛毡的边缘搓整齐,最后将湿毡置于屋外晒干。如果想制一张带花纹的毡子,则可用黑色或黄色的羊毛搓成条,按式样贴于毡坯上,卷起来蹬滚片刻,就会出现花纹。要想加厚,可把两片毡皮缝在一起。缝毡子时,一般从正面缝起,针要穿透毡层,针脚线在毡的正面是平直、均匀的。缝时要用大针、皮顶针或指套。习惯上用褐色的驼毛缝制,图案主要有格子形,卍字形、波浪形、寿字形和吉祥结等。这些图案线条明晰,美观大方,结实耐用。擀毡子多在七月,因阳光充足,便于晾晒。擀毡所用的原料多为次等毛。

(3)制毯工艺 毛毯多用于蒙古包和马鞍、驼鞍。制作时,先把羊毛纺成单股毛线,洗净染色,团成线团,工匠按图案把羊毛线独立地系在棉织的经纬线上,织成精美的工艺品。毯子的纹样多种多样。阿拉善左旗的地毯,常见的有龙、凤、八仙、文房四宝和各种吉祥图案及回纹、"卍"图案等。民间常用的各式长方毯,大量用夔龙纹、花边以及角隅图案。在构图上,大多是中央有圆形团花,以夔龙纹为多,四边围绕两三道花边,有一道为主,装饰草龙间花。中心团花,角纹和花边,经常是夔龙回纹、云纹等,这些纹样是蒙古族家具装饰的传统形式,在制毯子时自然地被应用过来了。在色彩上主要以蓝、黄、驼三色为基调,间以紫红、白、黑色等,其中黄、蓝两色使用较多。

(三)蒙古族的民间雕刻

(1)石雕艺术 在元代,蒙古族的雕刻艺术就已经有了很大发展。1927年曾在蒙古国达力岗嘎发现了十二、十四世纪的石雕像。随着明清时代召庙的大量建立,将蒙古族的石雕艺术推向了高峰。元代,随着喇嘛教的传入,喇嘛教艺术也兴盛起来。当时的大都、上都、哈刺和林等都有非常雄伟的建筑群和雕刻艺术,各个寺庙和宫殿都有石狮、浮雕石兽、古碑云纹石刻及立雕石羊、石人等。呼和浩特市区的五塔寺,其雕刻艺术内容丰富,久负盛名。其纯熟的雕刻技艺不仅表现在新颖独特的造型上,而且也体现在每一部分的细节之中。五塔寺须弥座东、西、北三面都有装饰性浮雕,中间为法轮,左右对称依次为人戏狮子、孔雀、法轮、金刚杵结。在须弥座和金刚宝座南门也饰有狮、象、龙、飞天等浮雕。在金刚宝座的每一层都镶嵌着砖雕佛龛,内塑鎏金佛像一千余座。综观五塔寺,集圆雕、浮雕和线刻等多种手法,实属石雕艺术之精品。

内蒙古草原的巴林石和巴林石雕也堪称一绝。巴林石产于巴林右旗查干沐沦乡雅马吐山，此石矿物学称为叶蜡石，石料质地细腻，色泽光润斑斓，一般有红、黄、绿、灰白及褐色等，多数是颜色混杂的花斑石，花纹极为美丽，有的呈条带状，有的呈烟云状，有的呈窝巢状。巴林石之所以名贵，是因为它呈鲜红斑块或全红如鸡血凝结，这就是所说的鸡血石、鸡血冻。当地匠人用这种巴林石雕琢成烟嘴、酒具、茶具、工艺品。巴林石雕技艺高超，石雕艺人多采用细雕、镂空、抛光、上腊等技艺，雕刻出山水盆景、亭台楼阁、虫鱼花草、人物场景、动物群像等。

（2）**木雕艺术**　据文献记载，在成吉思汗时代，蒙古族女子的固姑帽就是用树枝或桦树皮来制作的。萨满教的偶像和毡帐中的生活用具，都有许多木雕工艺品。另外，女子使用的首饰匣、男子用的蒙古刀及木箱、木柜、乐器、象棋等娱乐用具上，也都有木雕装饰。蒙古族的夏特日（象棋）棋子的动物造型，稚拙可爱，具有民族特色，如棋子中的马、骆驼、狮子及诺颜（惟一的人物雕像）等。民间雕刻艺术家刀下的马儿栩栩如生，富有生活情趣，夏特日雕刻技法多采用圆润的刀法与线刻刀法相结合的艺术手法，在形象的塑造上又适当地运用夸张手法。蒙古族木雕中较有特色的还有马头琴的琴首雕刻。每把琴的马头雕技不完全一样，有写实的，有夸张变形的。这种乐器形体不仅独特，所奏出的琴声更是悠扬美妙，深受国内外同行的喜爱。蒙古包中的木雕家具也具有浓厚生活气息和民族特点，如牧民用的桌子、柜子，有的有透雕花纹图案，有的有浮雕装饰图案，而箱子和门多用剪贴式装饰，如四个角隅纹、中间团形纹样等。

（3）**骨雕艺术**　蒙古族有制作和使用骨雕用品的习俗。他们使用的蒙古刀、酒具、鞍鞯、乐器、号角、鼻烟壶等器物上都有骨雕工艺。蒙古族女子用的顶针多以牛角雕成，蒙古刀的刀壳用羊角雕成。在日常生活中所用的盘、碗、酒具、茶具也有用骨雕的。在首饰、乐器、炊具和鞍具、烟具中，则把骨雕工艺和镶嵌工艺结合起来，制造出各种美丽的工艺品。

（四）蒙古族的民间刺绣

蒙古族是一个喜欢美的民族，她常以各种刺绣图案装饰自己的生活。蒙古族在服饰、生活用品、生产工具上都喜欢刺绣。

蒙古族男女服饰不论是长袍、裤子，还是坎肩、靴子，上面都有各自不同的美丽的刺绣装饰图案。在靴子的靴面中心部分、靴子的上边，其纹绣各呈异彩。在生活用品中如荷包、枕套、门帘上也绣有鲜艳夺目的花卉。

蒙古族刺绣图案有三种：一是动物图案，如马、鹰、狮、蝙蝠等；二是花卉图案;三是传统的几何图案,如卷草纹、云头纹、犄纹、盘肠纹、棱形纹、"卍"字形等。从刺绣的种类看有绣花、贴花。贴花是用布料、大绒或皮革剪成,然后贴缝在布底或毡底上。蒙古族刺绣使用的面料有布、绸缎、羊毛毡、皮料等,一般是在布或绸缎上用丝线刺绣,羊毛毡、皮料上则用驼绒线或牛筋刺绣。

(五)蒙古族的民间剪纸

蒙古族草原地区的女子和艺人是蒙古族剪纸的主要作者。他们依据丰富的生活感受和美好的理想,大胆地反映客观世界,抒发个人对生活的热爱。蒙古族的剪纸常用于衣袖、靴子和毡绣门帘、绣花毡的贴花,主要是作为刺绣贴花的底样。一般来说,蒙古族剪纸注重人的轮廓,造型简练。蒙古族的花边装饰是剪、刻的一种形式,可以独立存在,也可以做单幅刻纸的装饰。有的是一种规格对称的二方连续图案,这种图案以纸的中心对叠线为轴线,将纸折叠起来剪刻。

蒙古民族是一个善于学习的民族,其民间剪纸艺术深受邻近民族的影响,不同地区形成了各自的剪纸特色,如赤峰地区的艺人多受东北剪纸的影响,喜欢剪刻挂钱,年节时在门楣或家中作为装饰。居住在锡林郭勒盟正蓝旗的蒙古族剪纸,受到河北剪纸的影响;居住在鄂尔多斯地区的蒙古族,分别受到山西、陕西剪纸的影响,与北方窗花的风格融为一体。

(六)蒙古族的民间工艺品

具有蒙古族民族特色的民间工艺品,形式多样且工艺独特,主要有:巴林石、鸡血石雕,玉石、玛瑙、兽骨雕刻,精美的金、银、铜器与首饰,以及镶嵌首饰等;有蒙古刀、蒙古象棋、鼻烟壶、铜火锅、银碗、牛角杯、蒙古礼帽、蒙古靴、王爷腰刀等。

二、达斡尔族的民间工艺

(一)达斡尔族的民间雕刻

达斡尔族的民间雕刻艺术主要有木雕、骨雕、玉雕等。(1)木雕的材料有榆木、桦木、桦树皮等,主要用于日常生活用品及房屋门窗的装饰。日常用品中包括木碗(桦木雕成)、木盆和木制神偶,桦树器皿上的雕刻等。屋内装饰方面有房门窗、隔扇上的雕刻。(2)骨雕包括用狂骨制作的筷子、衣扣等。骨雕与木雕相结合而成的烟锅子,是达斡尔族精美的工艺品之一。制作烟锅子时,先用杏树根加工,在烟锅的口边加银白饰边,然后用白骨或黑色动物角按设计纹样镶嵌在烟锅的周围和柄部。柄部宽窄不等,用骨头与角类做成黑白相间的环套,在白环上再用黑角嵌成环形图案。(3)达斡尔族还有一种称为巴昂格依(男子系在烟袋上的装饰物)的工艺品,它是用玛瑙、骨刻而成,玛瑙有红、白、褐色,骨则有兽骨、兽角,经过刻制、打磨、钻眼等工序制成。其形状有椭圆形、扁圆形、鱼形等,上刻有图案花饰。

(二)达斡尔族的民间刺绣

达斡尔族民间常以绣艺作为衡量女子的技能,她们主要是在鞋帮、烟荷包、香囊、枕头顶等刺绣。刺绣的技法有平绣、平针绣、补花、折叠绣、锁绣、结绣、剪贴绣等,刺绣的图案多是花草山水与鸟兽。清末民初,人物图案日渐流行,如《西游记》、《三国演义》、《水浒传》等小说中的人物,也都成为刺绣的内容。达斡尔族民间刺绣艺术以折叠绣最有特色(用彩绸或彩缎折叠而成),质感非常强。达斡尔族刺绣多用于烟荷包、鞋面、衣袖、开襟、手套、枕头、童帽及小儿摇车等,显得十分华丽美观。

(三)达斡尔族的民间剪纸

达斡尔族的剪纸包括图案剪纸和玩具剪纸。图案剪纸主要是在佩饰、鞋靴、摇篮头衬和桦树皮器具上的装饰图样。在制作过程中,根据剪纸图样在桦树皮、皮革上制作成装饰的图案。玩具剪纸有阿尼卡(纸偶)头型剪纸,另外,还有用硬纸、桦树皮剪折成车马、各种动物,供幼儿游戏。达斡尔族剪纸艺术不仅丰富多彩,而且在造型艺术中形成了独立的一种艺术,多采取以云纹为主的多层次的连环、对称、辐射形式。这种剪纸,多用于刺绣艺术、桦树皮器皿造型艺术装饰纹样的底样;有的也用于天棚风口周围的装饰图案,艺术效果多富层次且粗犷豪放。

三、鄂温克族的民间工艺

(一)鄂温克族的皮革加工工艺

(1)**皮革工艺** 鄂温克族的皮革工艺主要有服装、挎包、针线袋、驯鹿驮箱、滑雪板底衬、皮囊器、皮盒、皮帽、皮口袋、软底软鞡皮靴、驯鹿笼头、盐口袋、子弹袋等。敖鲁古雅鄂温克族的皮制服装一般以马鹿(赤鹿)、驯鹿、驼鹿（犴）、狍皮制作，其中用马鹿和驯鹿皮制作的较多。装饰纹样多用云卷式对称变形的鹿角纹，有的纹样中心是鹿角纹，然后向两边展开延伸，补饰花朵纹样，形成连理枝形结构，也有用花草纹样作装饰，或用写实的鹿头形纹样镶绣其间，皮制物的边沿饰几何形，与主纹形成对比补充的艺术效果。皮制装饰喜用蓝、红、绿等色彩。鄂温克族的狍头皮帽也是精美的工艺品，这种帽子在达斡尔族、鄂伦春族中也很普及，狍头皮帽制作过程不复杂，猎人猎到狍子后，将其头皮完整地剥离下来，制成狍头皮帽给儿童戴，上绣黑色眼球和白色眼仁，并在狍子头皮双耳内垂饰红布穗，狍子头上的双角自然竖起，小孩戴上显得活泼可爱，神奇美观。

（2）**熟皮工艺**　鄂温克族的熟皮工艺亦较精湛，一般大皮子由男子熟制，小皮子由女子熟制，多在夏季和秋季熟皮，但屋子暖和时，冬季也可以。熟皮的去毛工具叫刊达吉，是用旧钐刀制成，用桦木做去毛时的垫板，称为西地本。熟大皮用的一种工具称搭拉基（大制铡刀），熟小皮的工具称为基儒克。熟大皮（牛马犴鹿皮）时，先用刀子去掉毛，再用搭拉基由两个人来操作，即一人张起木刀，一人把去了毛的皮子涂上獾油，卷成皮卷，放在搭拉基的床子上用木刀铡压，并不时继续涂油再铡，直至熟好为止，一般一天可熟一张。熟小皮时，先把煮开的酸奶子涂到羊、狐等皮板上，再将皮板包起来放在阴凉处，三四天后再拿到外边让皮子见风（但需防止曝晒，皮子受热而掉毛），两三天后再把皮毛朝外卷成长卷，如此重复三四次后，张开皮了，涂上羊肝煮成的浓浆，用木刀揉搓、铲刮，最后才用手揉熟。

（二）鄂温克族的桦树皮工艺

鄂温克族的桦树皮器具主要有桦皮船和小形器具，如桦皮碗、桦皮盒（针线盒、火柴盒、烟盒、梳妆盒等），桦皮桶类有水桶、采集桶、马奶桶、桦皮篓等，还有衣箱、嫁妆箱、儿童摇车、刀鞘、鹿哨、假面具、车棚围子等。

（1）**桦树皮工艺**　原料为桦树皮，白桦树的外表层是柔软又有韧性的横向纤维组织，层厚 0.5 至 0.8 厘米，外表呈白色，内层呈土黄色。一般在每年五月至六月初是白桦树的灌浆期，地下水分通过树根向树内灌入，在树的木质层与表皮层之间形成缝隙，剥桦树皮就在此时进行。剥桦树皮时，需选好桦树，要选比较光滑而少斑结、树直径为 30 厘米的树，先在树干上按所需尺寸切割，切割后桦树皮自然就会开裂开一条缝，然后从缝隙处掀开撕下叠好捆起来驮回。再后，则要将其压平干透，再将表皮斑结、杂物剔除，剥掉表层白皮，令树皮的厚度达到所需的标准，最后用水煮或在水中浸泡几天，这时才可以进行加工。

（2）**桦树皮桶工艺**　首先要选好桦树皮,按照器形大小高矮,剪裁成不同形状的桦树皮一块,呈方形或长方形,然后将做器身的桦树皮铺在木板上,按所需纹饰打出花纹,再将桦树皮折卷成筒状或是方形。桦树皮筒状折卷后的对合处,一边压住另一边,用兽筋线缝合,形成器物的形状。然后再制作内壁,将内外的桦树皮筒套合在一起即成。

（3）**桦皮船工艺**　取桦树皮造船是北方民族,尤其是鄂温克族的一项创造,敖鲁古雅鄂温克族至今还在使用这种桦皮船,其造型特征是底平两端呈尖状,整个船体如布梭,船身长 3 米左右,最长的达 5 米左右,船身高约 60 厘米。船体的架子多用柳木及桦木,并在船体骨架外面包好桦树皮制成船衣,在船体外沿边镶上一条宽约五六厘米的柳木板条。这种船体轻而耐用,而且浮力较大,由于船体两端尖,似流线型,故阻力较小。桦皮船可载一猎人和近百公斤重的猎获物,不用时,将船可放在浅水区。

鄂温克族桦树皮器具的装饰纹样,有驯鹿、兽角、蝴蝶等动物纹样,也有花草、树叶、树木、花朵、幼芽等植物纹样。几何形纹样有菱形、山形、双菱形、圆形、半圆形及多变的锯齿形等。鹿纹、兽角纹（以鹿角纹为主）则在鄂温克族猎民中较多见。

（三）鄂温克族的民间雕刻

鄂温克族民间雕刻中木雕工艺较有特点,主要用桦木、柳木进行雕刻。木雕中主要有驯鹿鞍鞯雕刻、儿童玩具、背板雕刻等。

（1）**鞍具雕刻艺术**　鄂温克族在饲养驯鹿过程中形成了为驯鹿佩饰物件的习俗,其中在驯鹿鞍上雕刻精美花纹,已成为鄂温克族民间雕刻艺术中独具特色的奇葩。驯鹿鞍鞯上的雕刻艺术,纹样内涵丰富,形式变化多样,造型简练,技法娴熟,具有典型的狩猎文化特色。从雕刻的题材上看,主要有植物纹、鹿角纹、几何纹、星座纹、火纹、蝴蝶纹、文字纹。

（2）**玩具雕刻艺术**　所用的材料是桦树上生长的一种木质的蘑菇状物,呈黄白色。他们以此为原料,用刀子刻出或剪出各种动物造型,有犴、鹿、马、驯鹿、甲鱼、天鹅等,一般高六七厘米,造型古朴粗犷,甚为儿童喜爱。

（3）**背板雕刻艺术**　背板雕刻是鄂温克族雕刻艺术中的杰作。这是用桦木板制作的用于狩猎或迁移时的工具。雕刻艺术主要在其背面,以阴线雕刻出五层动物纹,第一层与第二层都是马鹿形,第三层为天鹅和小鹿,第四层为一只雄犴（驼鹿）和小灰鼠,第五层描绘有竖起双耳回首眺望的一只母犴,其后是一只与其回首对视的马鹿。造型异常生动逼真。

（四）鄂温克族的民间刺绣

鄂温克族的民间刺绣多用于服饰,刺绣题材主要有六种:一是几何纹样,多为对称或辐射状的几何纹样。二是植物花草纹样,主要是花草纹、瓜果纹。花草纹有牡丹、莲花、荷花、梅花、童子鸡花、竹叶、杏花、桃花、杜鹃花、小团花、睡莲等。三是动物纹样,主要有龙、凤、麒麟、仙鹤、仙鹿、飞雁、金鸡、仙猴、蝴蝶、水鸭、金鱼等。四是自然景物纹样。五是文字纹样,主要以汉、满两种吉祥文字为主。六是人物故事纹样,以汉族、满族历史故事为多。鄂温克族刺绣的技艺,主要有平绣、补贴绣、索绣、折叠绣、堆绣、缬绣等六种,针法有平针、索针、缬针等。这些技法和针法多混合使用。

（五）鄂温克族的民间剪纸

鄂温克族具有观赏性的剪纸艺术出现比较晚,大约是在清代中后期纸张传入鄂温克族以后才有剪纸艺术。纸张出现前鄂温克族比较盛行用桦树皮剪花和毛剪花两种形式。这些剪花主要是作为桦树皮器具的装饰底样,花纹有云卷纹、鹿角纹和蝴蝶纹等;还有用此剪花为底样,剪出各种皮料(染色的)花纹,作为服饰上的贴补花纹,此种花纹以云卷为主。后来,由于纸张的传入,鄂温克族的剪纸艺术开始兴起,而且替代了旧有的剪花,特别是随着刺绣艺术的传入,使剪纸艺术更快地发展起来,其剪纸艺术主要有对称和辐射状为主的适合纹样图案形式,如有以八结盘肠纹为中心的四角对称的蝴蝶纹等。鄂温克族中惟一用于观赏的剪纸艺术为室内棚顶气孔上的一种装饰纹样,多用红色纸张剪成。

四、鄂伦春族的民间工艺

（一）鄂伦春族的皮毛制品工艺

（1）熟皮工艺　鄂伦春族猎人在猎取到野生动物后,剥下皮,去除皮子上的污血,用木框架把湿皮绷紧,放在阴凉通风处晾晒,直到皮子八成干时,取下来剔掉沾在皮子上的碎血块等物,再将兽皮卷成卷放在木制的轧皮器上轧压,使它变软,或用木制、铁制刮皮刀具刮鞣,可把野生动物的肝脏捣碎后涂抹在皮子表面上,卷成捆放好,使其发酵后再加工。有人还将原皮埋入马粪中,用湿马粪产生的热量使皮子发酵变软,然后再加工。皮子的染色法也很特别：先将腐朽的木料堆在一起，点燃后的朽木不会燃起火苗，只能冒出黄色烟雾，将鞣好的皮子在烟上熏烤，即可染成浅土黄色。如果想染出黑色，他们就将锅底黑炭溶于热水中，加少许盐搅拌，待沉淀后倒掉水，在沉淀的黑色膏状物中放入皮子搅拌，待皮子染上黑色后，取出晒到八成干时，开始揉搓，直到干透再剪裁使用。他们使用的熟皮工具有铁制刀具和木齿刀具、木棒槌、木制轧皮器。熟皮时，一人坐在木轧器顶端，双手握住皮卷来回挪动，另一人手握长木棍向下压皮子，两人经过几个小时的轧、压后，皮子逐渐就会柔软，即可用来制作所需的物品或服饰。

（2）镶嵌工艺　鄂伦春族皮毛工艺非常有特色，造型与毛色搭配工艺和装饰纹样的组合，具有鲜明的民族特色。工艺制品有挎包、背包等。多用狍、灰鼠、鹿的皮为原料，不同颜色的毛皮组成不同的图案。皮毛镶嵌组合方式以四方连续、二方连续为主，其制作工艺有四种形式：一是不同毛色对比的几何形镶嵌组合，各种毛色等量均衡对比；二是四周（或其他形的周边）镶嵌一周几何形色块，在中间留下一块，做刺绣纹样，使其形成粗放的周边饰中又有纤细的图案对比；三是四周镶嵌对比色块的几何形纹样（多以方或长方形为主），中间镶嵌对比度较大的云卷纹图案，产生一种既粗犷又耐人寻味的艺术效果；四是在板皮上刺绣出各种主次分明的图案。纹样多以几何纹、云卷纹为主，其中以镶嵌南绰罗花的十字形云卷纹最为优美。

（二）鄂伦春族的桦树皮工艺

（1）桦树皮工艺　鄂伦春族的桦树皮器具包括生活的各个方面，种类繁多。鄂伦春族的桦树皮碗的制作方法比较简单，先把桦树皮块剪成20厘米左右的方块形，再把桦树皮的表层向下铺平整，然后用手将平铺的桦树皮四个角掀起向内折叠成四个立角，即成"凹"形槽。接着把准备好的呈圆形或近似四边形的柳木框圈套合在上口，用马尾线或兽筋线缝合好。最后，将四个立角高出木框的部分剪平即成桦树皮碗。桦树皮盆的做法与碗相似，只是形状大小有些区别。

（2）桦树皮桶工艺　首先要选好桦树皮，再按照器形大小、高矮裁剪桦树皮，根据所需剪成方形或长方形，然后将制作桦树皮器身外壁的桦树皮，自然表层向下，原来的里层向上，在一块厚木板上铺平。按照原先设计好的二方连续纹饰，打出"凹"形图案花纹，再将桦树皮折卷成筒状或是方的形状，在两边的对合处，用兽筋线缝合，即成器形外壁，再用同样的方法做成器形内胎。之后，把两个桦树皮筒套合在一起，使其成一个筒形，再将做筒底用的桦树皮扣合缝制。器物的上口沿上多用柳木条做成圆形框架套在上面,用线缝合。

鄂伦春族桦树皮器具在装饰手法以点刺打花和剔刻为主。纹样主要有各种线形纹,如直线纹、波浪纹、斜线纹等;几何形纹有点纹、中半圆纹、云卷形纹、圆圈纹、圆环纹、单回纹、双回纹、双环纹、菱形纹、三角纹、田字格纹、"Ⅱ"形纹、"⊥"形纹、"E"形纹等。植物纹中有花草纹、树形纹、花瓣纹、花朵纹、叶形纹、南绰罗花纹等,其中象征爱情的南绰罗花纹为最多。

鄂伦春族桦树皮器物的装饰工具也很有特点:第一种是用犴或鹿等动物的小腿骨做成的锥形器,鄂伦春族称其为打花锥;第二种是用铁制成的尖形刻刀;第三种是剪刀。

(四)鄂伦春族的民间刺绣

鄂伦春族的民间刺绣主要用在狍皮衣服的开衩处、领子及手套配饰等。鄂伦春族服装的开衩纹饰图案,男女有别,男子服饰多以大字纹、羊角纹、双层羊角纹为主;女服开衩纹骨架同男服,多在其上方加云头纹、双层云纹、人头形云头纹、变形花草纹等,主纹多以黑色布制作,并以金银线作绲边绣,使图案纹样清晰,色彩对比度强烈,更为艳丽。服饰开衩上的刺绣技法以平绣、锁绣、混线绣为主。鄂伦春族的另一个精美刺绣品是五指皮手套,这种手套的背面中心纹饰有植物纹、几何形纹、昆虫纹三种。五指的背面绣出表示手指三个关节部位的图案及指甲图案,后用连理枝将各个关节连成一体,一直连到指甲图案的顶端。鄂伦春族刺绣的技法有补贴花绣、平绣、锁绣、绲线绣等。

(五)鄂伦春族的民间剪纸

鄂伦春族的民间剪纸较少用纸张,他们主要用桦树皮剪各种动物,如鹿、犴、狍子、马、狗等。由于他们经常接触这些动物,对它们的观察细致入微,因而剪出来的动物生动逼真,深受人们的喜爱。

五、内蒙古草原民族工艺品

内蒙古草原各自治民族历史悠久,在其漫长的生产、生活和历史发展过程中,创造出异彩纷呈的民间艺术作品,为丰富和发展中华民族文化作出了巨大贡献。内蒙古草原各民族的民族工艺品具有稚拙、粗犷与朴素美的韵味;这些工艺品不仅适应草原各民族物质生活的需要,而且还具有丰富的内涵和特殊的精神含义。下面，分别对几种主要的民族工艺品加以介绍。

（1）**地毯工艺制品**　内蒙古草原地区的地毯品种大概有几十种。有仿古、天然色、丝毯、盘金毯、艺术挂毯等。其中尤以阿拉善地毯、包头盘金地毯和赤峰天然色羊毛地毯著称。

①**阿拉善地毯**。阿拉善地毯是阿拉善盟生产的地毯，以仿古闻名。此地毯羊毛质地优良，织成的地毯光泽好且拉力强，之所以称其为仿古地毯，是因为其花纹图案中古趣盎然，色调美丽。图案中有古色古香的琴棋书画，秀丽优美的风物景色、花鸟鱼虫，还有奔鹿驰马，龙翔凤舞和古老的云纹、回纹图饰，真可谓千姿百态，异彩纷呈。

②**包头地毯**。又称盘金地毯，这是地毯业中少有的一种工艺美术品。它原是清宫里的御用地毯，当时，地毯的大底用金丝编织，地毯的图案用染色真丝搓成织造，织出的地毯金光闪烁，色泽艳丽。

③**赤峰地毯**。这是一种天然色羊毛地毯。该产品不用化学染料着色，而是选用各种自然颜色的优良品种羊毛，按不同色泽配比，梳纺成深浅不同的八种颜色毛纱，然后用手工编织而成。因其设计是由天然色组成的图案，故色彩协调、基调柔和，看起来素雅大方，具有古色古香之美。

（2）**民族服饰品**　内蒙古草原各民族的服饰凝聚着民族的智慧，展示着本民族灿烂文化。蒙古族、达斡尔族、鄂温克族、鄂伦春族的民族服装色彩鲜艳、设计新颖，服饰面料颜色、图案展示了草原文化的特征，制作工艺聚集了民间刺绣和剪纸艺术之精华，蒙古袍、坎肩、靴子、帽子等服饰品，不但适应当地自然条件和居住环境，有着很强的实用功能，而且还与信仰、审美心理有着密切的联系，具有种种吉祥的精神寓意。如蒙古族的科尔沁绣花靴和锡林郭勒草原翘尖靴，不仅在生活中有实用价值，而且从靴帮和靴筒部位的抠贴或刺绣各种"乌力吉赫"（吉祥纹）中，都可体会出蒙古民族手工艺术的精湛，而且也是蒙古族的吉祥礼品。蒙古族认为，靴子是口向上的物品，能够盛住财富和运气。再如达斡尔族的手工染制的米黄色鹿皮或犴皮手套，亦是服饰工艺品中的上品，它的图案全是用黑色薄皮贴缝而成，在手背部位上，有着吉祥结或云卷型图饰，每个手指关节部位均配有桃型或菱角形图案，贴缝在每个指尖上的图饰，均呈甲状，而在手腕部位上，则缝项链型或绳索型纹样。这种皮手套，也是令人爱不释手的。

（3）**日用工艺品**　内蒙古草原各民族的日用工艺品因地制宜，就地取材，且多以简洁、质朴的造型取胜，不追求烦琐、华丽装饰。

①**蒙古碗**。这是用桦树根旋挖成型，再用银片包镶而成的。包镶木碗，

难度很大,要求银片与木碗严密合缝,密不容针,表面光洁无皱折。碗托錾刻精细,花纹多施以"八宝"图案,表现出银匠艺人的錾刻功夫和艺术修养,要求不跳錾,不走錾,深浅合宜,一气呵成。

②**蒙古刀**。蒙古刀是牧民随身携带的生产、生活工具,也是男子佩带的一种装饰品。刀身用优质钢材打制,刀柄刀鞘有钢制、银制、木制、牛角制、骨制等多种,表面有精美花纹,有的还填烧珐琅、镶嵌宝石,并配有兽骨或象牙筷子与红缨穗。蒙古刀是蒙古族赠送尊贵朋友的珍贵礼品。

③**达斡尔猎刀**。达斡尔族艺匠制作的夸日特(单刃猎刀),约有三寸长的扁圆开刀柄,雕刻有犴骨或牛角装饰,在刀鞘上,还插有一双犴骨筷。这种猎刀,给人以古老艺术所焕发出的特有的朴实感和亲切感。

④**结盟杯**。据传古代北方游牧民族间誓盟以牛角盛酒,交臂把盏,一饮而尽,表示友谊的真挚与永恒。这种牛角饮具称为结盟杯。结盟杯选优质牛角,打磨抛光,晶莹剔透如玛瑙,内嵌入银制角形酒杯,外部再装金属环系丝绸彩穗。

⑤**鼻烟壶**。鼻烟壶是蒙古民族的艺术精品,过去,蒙古族有吸鼻烟的习俗,蒙古王公贵族的鼻烟壶极为考究,是身份地位的象征。内蒙古制作的白银烧蓝、镶石鼻烟壶,造型古朴,做工精巧,色彩绚丽,嵌有珊瑚、松石等玉石,是具有收藏价值的艺术品。

(3)雕刻工艺品

①**木雕工艺品**。内蒙古草原地区开发的木雕壁画、木雕壁挂、根雕、瘤雕、木贴拼雕、板画、镶嵌画、镶书法、树皮画等系列艺术品,独具游牧与游猎民族的艺术特色,古朴自然,给人以清新的艺术享受。其中有围猎、三河牛、猎乡牧鹿、呼伦与贝尔等主题木雕,有牛、羊、骆驼、鹿等各类动物木雕与拼图,有鹿童、牧歌、牧羊姑娘等柳镶嵌画。在木雕工艺品中,还有一个异常特殊的工艺品,即为蒙古民族器乐——马头琴。马头琴是蒙古民族的代表性乐器,它不仅音色淳朴浑厚、深受牧民和音乐艺术家的喜爱,其琴体又是一件造型独特的艺术品。琴杆顶端,是一个高傲昂起的马头,细长的琴杆连着梯形共鸣箱,两弦分立于马头两侧,琴体犹如一匹骏马,琴弦与琴体分离,犹如牧人手中的马鞭。马头琴至今仍由老艺人手工精雕细刻制作而成。

②**石雕工艺品**。内蒙古石雕主要是指闻名于世的巴林石雕,刻工精美,一般依据石料色泽、质地、形状选定主题,设计造型多以鸟羽、马鬃、牛蹄、羊眼、草坪、花瓣见长,雕制作品有古今人物、亭台楼阁、山水花卉、虫鱼鸟兽、烟草酒具、文房四宝及印章戳料。

(4)装、摆、挂饰工艺品

①牛角工艺品。牛角工艺品主要是角雕。分为壁饰、摆饰。有人物、动物、杯瓶、图腾系列、项链、戒指、耳环、发卡、腰带、书法等十几个系列上百个品种。

②银制工艺品。银制工艺品是北方游牧、狩猎民族最喜欢的传统工艺品。除银制餐饮用具外，还采用先进工艺创新产品，制作出栩栩如生的动物造型、摆饰100多种。特别突出的有《马到成功》、《成吉思汗白鬃烈马》等银摆件，在工艺上采取纯银镀金、錾工、花丝、石嵌、烧蓝等综合技术，是银制工艺精品。

③桦树皮工艺品。这是用白桦树皮制作的各种生活用具或摆设，有压花小盆、小盘、小筒等器皿。其中，尤以鄂伦春族的桦树皮工艺品为人称道。鄂伦春族完整保留了中国北方桦皮文化，桦树皮制作的用具，即是他们生产、生活的日常用品，也是鄂伦春族的工艺品，如"阿参"（碗）、"阿汉"（盆）、"木灵开依"（水桶）、"昆改"（篓）、"奥沙"（针线盒）、"阿达玛拉"（箱子）、"铁克莎"（斜仁柱的围子）等，上面大都绘有彩色图案，适用而美观，特别是鄂伦春桦树皮剪纸更是令人爱不释手。

④皮制工艺品。主要有皮制雕花摆饰品和日用品，有皮雕八骏图、皮夹、皮包、皮拖鞋、皮箱等。

⑤毡制工艺品。这是用羊毛毡烫花、漆花制作的各类小垫、小袋、小包和挂饰品。

⑥石工艺品。这是用内蒙古阿拉善、锡林郭勒等地盛产的水晶石、玛瑙石制作的项链、戒指和各类饰物。

⑦其他工艺品。内蒙古草原民族工艺品，还有哈达、成吉思汗挂像、观赏性蒙古包、骆驼绒毛玩具、马、羊模型等。

[思考题]

1. 你认为内蒙古草原最具民族特色的工艺品是什么？
2. 内蒙古草原民族工艺品的现状如何？谈谈你的认识。
3. 如何提升旅游工艺品或纪念品中的民俗文化内涵？谈谈你的建议。

参考文献

NEIMENGGU CAOYUAN MINSU YU LUYOU CANKAOWENXIAN

1.钟敬文主编:《民俗学概论》,上海文艺出版社,1998年。

2.张紫晨主编:《民俗学讲演集》,书目文献出版社,1986年。

3.乌丙安著:《中国民俗学》,辽宁大学出版社,1987年。

4.陶立璠著:《民俗学概论》,中央民族学院出版社,1987年。

5.郑传寅、张健主编:《中国民俗辞典》,湖北辞书出版社,1987年。

6.臧维熙主编:《中国旅游文化大辞典》,上海古籍出版社,2000年。

7.马玉明主编:《内蒙古资源大辞典》,内蒙古人民出版社,1997年。

8.王娟编著:《民俗学概论》,北京大学出版社,2002年。

9.赵芳志主编:《草原文化》,上海远东出版社,商务印书馆(香港),1998年。

10.邢莉、易华著:《草原文化》,辽宁教育出版社,1998年。

11.张明华著:《中国的草原》,商务印书馆(北京),1996年。

12.中国少数民族民俗大辞典编写组:《中国少数民族民俗大辞典》,内蒙古人民出版社,1994年。

13.高峻主编:《旅游资源规划与开发》,清华大学出版社,2007年。

14.李天元编著:《旅游学概论》,南开大学出版社,2002年。

15.薛群慧主编:《旅游心理学》,云南大学出版社,1996年。

16.陈福义、范保宁主编:《中国旅游资源学》,中国旅游出版社,2003年。

17.邓永进、薛群慧、赵伯乐著:《民俗风情旅游》,云南大学出版社,2001年。

18.范能船主编:《旅游与中国文化》,百家出版社,2000年。

19.邱扶东著:《民俗旅游学》,立信会计出版社,2006年。

20.吴忠军主编:《中外民俗》,东北财经大学出版社,2001年。

21.叶春生主编:《区域民俗学》,黑龙江人民出版社,2004年。

22.乌恩主编:《内蒙古风情》,人民日报出版社,1987年。

23.白音主编:《爱我中华爱我内蒙古》,北京师范学院出版社,1991年。

24.徐世明、毅松编著:《内蒙古少数民族风情》,内蒙古人民出版社,1993年。

25.胡朴安著:《中华全国风俗志》,河北人民出版社,1986年。

26.高增伟主编:《中国民俗地理》,苏州大学出版社,1996年。

27.张晓萍主编:《民族旅游的人类学透视》,云南大学出版社,2005年。

28.蔡志纯、洪国斌、王龙耿编著:《蒙古族文化》,中国社会科学出版社,1993年。

29.罗布桑却丹著:《蒙古风俗鉴》,赵景阳译,辽宁民族出版社,1988年。

30.杨仁谱、李振芬编:《蒙古风俗见闻录》,内蒙古人民出版社,1986年。

31.赛音吉日嘎拉、沙日勒岱著:《成吉思汗祭典》,郭永明译,内蒙古人民出版社,1987年。

32.王迅、苏赫巴鲁编著:《蒙古族风俗志》(上),中央民族学院出版社,1990年。

33.韩有峰编著:《鄂伦春族风俗志》,中央民族学院出版社,1991年。

34.巴图宝音编著:《达斡尔族风俗志》,中央民族学院出版社,1991年。

35. 潘照东、刘俊宝编著：《草原明珠——内蒙古主要城市由来》，内蒙古人民出版社，2003 年。

36. 杨·道尔吉编著：《鄂尔多斯风俗录》，蒙古学出版社，1993 年。

37. 萨音塔娜主编：《内蒙古民俗》，甘肃人民出版社，2004 年。

38. 马志洋编著：《中国导游十万个为什么——内蒙古》，中国旅游出版社，2006 年。

39. 莎日娜、乌冉、巴图吉日嘎拉编著：《蒙古族民俗风情》，内蒙古人民出版社，2003 年。

40. 乌云巴图、格根莎日编著：《蒙古族服饰文化》，内蒙古人民出版社，2003 年。

41. 毅松、白梅、涂建军编著：《来自森林草原的人们——达斡尔族鄂温克族鄂伦春族风情》，内蒙古人民出版社，2003 年。

42. 荣盛著：《祖国各地蒙古族》，内蒙古人民出版社，1996 年。

43. 额尔德木图、孟和编著：《科尔沁文化史》，内蒙古人民出版社，2002 年。

44. 波·少布著：《蒙古风情》，香港天马图书有限公司，2000 年。

45. 宝斯尔编著：《鄂尔多斯风情录》，内蒙古人民出版社，1991 年。

46. 郭雨桥著：《郭氏蒙古通》，作家出版社，1999 年。

47. 白音查干主编：《内蒙古民俗概要》，内蒙古教育出版社，1999 年。

48. 苏赫巴鲁整理：《蒙古族婚礼歌》，特木尔巴干译，中国民间文艺出版社，1983 年。

49. 内蒙古自治区民族事务委员会编：《蒙古族服饰》，内蒙古科学技术出版社，1991 年。

50. 孟驰北著：《草原文化与人类历史》（上、下卷），国际文化出版公司，1999 年。

51. 纪兰慰、邱久荣主编：《中国少数民族舞蹈史》，中央民族大学出版社，1998 年。

52. 苏日台著：《狩猎民族原始艺术》，内蒙古文化出版社，1992 年。

53. 潮鲁著：《蒙古族民间歌曲与说唱音乐研究》，内蒙古文化出版社，2005 年。

54. 乌兰杰著：《蒙古族音乐舞蹈初探》，内蒙古人民出版社，1985 年。

55. 阿木尔巴图编著：《蒙古族民间美术》，内蒙古人民出版社，1987 年。

56. 周清澍主编：《内蒙古历史地理》，内蒙古大学出版社，1994 年。

57. 田继周等著：《少数民族与中华文化》，上海人民出版社，1994 年。

58. 方素梅主编：《中国少数民族禁忌大观》，广西民族出版社，1996 年。

59. 范玉梅等编著：《中国少数民族风情录》，四川民族出版社，1987 年。

60. 完颜绍元编著：《中国风俗之迷》，上海辞书出版社，2002 年。

61. 内蒙古大辞典编委会编：《内蒙古大辞典》，内蒙古人民出版社，1991 年。

62. 乌去达赍著：《鄂温克族的起源》，内蒙古大学出版社，1998 年。

63. 孔繁志著：《敖鲁克雅的鄂温克人》，天津古籍出版社，1994 年。

64. 赵复兴著：《鄂伦春族游猎文化》，内蒙古人民出版社，1991 年。

65. 郝维民主编：《内蒙古自治区史》，内蒙古大学出版社，1991 年。

66. 孛·吉尔格勒著：《游牧文明史论》，内蒙古人民出版社，2002 年。

67. 索文清主编：《中国少数民族民俗大观》，福建人民出版社，1998 年。

68. 惠西成、石子编：《中国民俗大观》（上、下），广东旅游出版社，1997 年。

69. 贺志宏著：《中国少数民族风情游丛书——蒙古族》，中国水利水电出版社，2005 年。

70. 贺志宏著：《中国少数民族风情游丛书——达斡尔族》，中国水利水电出版社，2005 年。

71. 刘翠兰编著：《中国少数民族风情游丛书——鄂伦春族》，中国水利水电出版社，2004 年。

附录（一）

推荐阅读书目

1.马林诺夫斯基(英)著:《文化论》,费孝通等译,中国民间文化出版社,1987年。

2.博尔尼(英)著:《民俗学手册》,程德祺等译,上海文艺出版社,1995年。

3.后藤兴善(日)等著:《民俗学入门》,王汝澜译,中国民间文艺出版社,1984年。

4.阿兰·邓迪斯(美)著:《民俗解析》,卢晓辉编译,浙江人民出版社,2005年。

5.钟敬文著:《民俗文化学》,中华书局,1996年。

6.张紫晨著:《中国民俗与民俗学》,浙江人民出版社,1985年。

7.陶立璠著:《民俗学概论》,中央民族学院出版社,1987年。

8.乌丙安著:《民俗文化新论》,辽宁大学出版社,2001年。

9.王文宝著:《中国民俗学史》,巴蜀书社,1995年。

10.高增伟主编:《中国民俗地理》,苏州大学出版社,1996年。

11.范能船主编:《旅游与中国文化》,百家出版社,2000年。

12.潘定智著:《民族文化学》,贵州民族出版社,1994年。

13.李子贤主编:《文化·历史·民俗》,云南大学出版社,1993年。

14.郑传寅、张健主编:《中国民俗辞典》,湖北辞书出版社,1987年。

15.林正秋著:《中国旅游与民俗文化》,浙江人民出版社,2000年。

16.孟驰北著:《草原文化与人类历史》(上、下卷),国际文化出版公司,1999年。

17.赵芳志主编:《草原文化》,上海远东出版社,商务印书馆(香港),1998年。

18.邢莉、易华著:《草原文化》,辽宁教育出版社,1998年。

19.萨音塔娜主编:《内蒙古民俗》,甘肃人民出版社,2004年。

20.波·少布著:《蒙古风情》,香港天马图书有限公司,2000年。

21.索文清主编:《中国少数民族民俗大观》,福建人民出版社,1998年。

22.方素梅主编:《中国少数民族禁忌大观》,广西民族出版社,1996年。

23.张晓萍主编:《民族旅游的人类学透视》,云南大学出版社,2005年。

24.巴兆祥主编:《中国民俗旅游》,福建人民出版社,1999年。

25.叶涛等著:《民俗学导论》,山东教育出版社,2002年。

26.陶思炎著:《应用民俗学》,江苏教育出版社,2001年。

27.刘丽川著:《民俗学与民俗旅游》,同济大学出版社,1990年。

28.蔡志纯等编著:《蒙古族文化》,中国社会科学出版社,1993年。

附录（二）

内蒙古草原民俗研究报刊(汉文)资料索引

(1980-2005年)

一、蒙古族民俗研究

1.鄂尔多斯草原上的婚礼,杨慎和等,《民族团结》,1980年1期。

2.鄂尔多斯婚礼,松涛,《内蒙古日报》,1980年3月30日(4)。

3.蒙古族风习简介,黄任远等,《黑龙江艺术》,1980年12期。

4.蒙古族谚语浅谈,巴特尔,《鹿鸣春》,1981年1期。

5.谈谈蒙古服装,塔娜等,《内蒙古妇女》,1981年1期。

6.元代蒙古妇女"顾姑冠"趣谈,盖山林,《内蒙古妇女》,1981年3期。

7.科尔沁蒙古族的一些风俗习惯,贾凤,《民间文学》,1981年8期。

8.蒙古族妇女佩带的哈布特格,艾力,《内蒙古妇女》,1981年4期。

9.蒙古包(照片十五幅),马乃辉摄,《民族画报》1981年10期。

10.蒙古族的红食和白食,高乐民,《民族团结》,1981年12期。

11.新疆蒙古族服饰与婚俗,杨毅臣,《内蒙古妇女》,1982年5期。

12.饮食(蒙古族风俗简介之一),额布泰,《内蒙古妇女》,1982年6期。

13.蒙古族"尚白"俗浅析,刘生秀,《民族研究》,1982年4期。

14.鄂尔多斯婚礼,拿木吉拉,《民族文化》,1982年4期。

15.布里亚特婚礼,李墨田,《黑龙江文物丛刊》,1982年2期。

16.卫拉特蒙古族丧葬习俗溯源,王琦,《甘肃民族研究》,1982年3期。

17.西部蒙古族婚俗及其祝词,大可,《甘肃民族研究》,1982年3期。

18.蒙古族的"白"俗,少布,《民间文学》,1983年8期。

19.从美岱召壁画看元明以来的蒙古族服饰,金申,《内蒙古社会科学》,1984年2期。

20.雪山蒙古族婚俗,鲍永胜,《陇苗》,1984年6期。

21.卫拉特蒙古民俗考查,却拉布吉,《西北民族学院学报》,1984年3期。

22.肃北蒙古族婚礼仪式,却拉布吉,《西北民族学报学报》,1985年2期。

23.论解放前蒙古族的家庭与婚姻,吕光天,《社会科学战线》,1985年3期。

24.土默特婚姻与丧葬,荣丽贞,《内蒙古社会科学》,1986年1期。

25.试述蒙古人的命名,蔡志纯,《社会科学参考》,1986年18期。

26.蒙古族祭祀习俗与民族心理浅述,荣丽贞,《内蒙古社会科学》,1987年6期。

27.蒙古族人名称谓习俗,张亚光,《黑龙江民俗丛刊》,1988年4期。

28. 青海蒙古族婚姻习俗简介,秦木措,《青海民族学院学报》,1988 年 2 期。

29. 关于中世纪蒙古人的丧葬习俗,纳旺(蒙古)、全桂译,《蒙古学资料与情报》,1988 年 2 期。

30. 蒙古族的祭灶祭火习俗,荣丽贞,《内蒙古社会科学》,1988 年 6 期。

31. 禄马考,曹纳木著,郭永明译,《内蒙古社会科学》,1989 年 1 期。

32. 蒙古族的祭敖包,荣丽贞,《内蒙古社会科学》,1989 年 2 期。

33. 蒙古族风俗习惯琐谈,金雄飞,《中央民族学院学报》,1989 年 3 期。

34. 蒙古诈马宴之新释,纳古单夫,《内蒙古社会科学》,1989 年 4 期。

35. 10－13 世纪蒙古人的婚俗特点,都兴智,《辽宁师范大学学报》,1989 年 3 期。

36. 青海蒙古族"羊胛骨卜"及其民俗,僧格,《西北民族研究》,1989 年 1 期。

37. 两位西方旅行家眼中的早期蒙古族习俗,许桂君,《南京大学学报》,1989 年专辑。

38. 鄂尔多斯的蒙古族祭祀活动,陈育宁等,《民族研究》,1989 年 6 期。

39. 鄂尔多斯祭台的装饰,汤晓芳,《内蒙古社会科学》,1989 年 6 期。

40. 略述蒙古人的姓名,蔡志纯,《内蒙古民族师院学报》,1989 年 4 期。

41. 蒙古贞蒙古族的节俗,项福生,《黑龙江民族丛刊》,1989 年 4 期。

42. 鄂尔多斯蒙古族的饮食习惯,陈育宁等,《甘肃民族研究》,1989 年 4 期。

43. 内蒙古鄂尔多斯婚礼(附照片九幅),孟克那顺摄,《民俗》,1990 年 1 期。

44. 多彩的蒙古族婚礼,李宝祥,《民族艺术》,1990 年 2 期。

45. 蒙古族婚礼礼歌概述,荣·苏赫,《内蒙古社会科学》,1990 年 4 期。

46. 嫩江流域蒙古族古代畜牧业生产习俗概略,常宝军,《黑龙江民族丛刊》,1990 年 3 期。

47. 嫩江流域蒙古敖包考述,波·少布,《黑龙江民族丛刊》,1990 年 4 期。

48. 吉林蒙古族风俗考略,布和,《北方民族》,1990 年 2 期。

49. 土默川蒙古风俗谈往,宁昶英,《阴山学刊》,1991 年 1 期。

50. 古今蒙古族婚姻家庭习俗,洪玉范,《黑龙江民族丛刊》,1991 年 3 期。

51. 鄂尔斯蒙古族葬礼仪式及进行曲,赵星,《音乐生活》,1991 年 5 期。

52. 浅谈蒙古贞的地名与风俗之关系,暴风雨,《中国地名》,1991 年 3 期。

53. 鄂尔多斯人的婚礼,晓默,《旅游》,1991 年 7 期。

54. 浅谈蒙古族祭敖包活动的由来和演变,谢高娃,《黑龙江民族丛刊》,1991 年 4 期。

55. 成吉思汗祭奠的由来与流传,赵永铣,《内蒙古社会科学》,1991 年 6 期。

56. 蒙古敖包的属性、传说及其形体研究,常宝军,《黑龙江民族丛刊》,1991 年 4 期。

57. 蒙古人的一些回避习俗,策仁汗德(蒙古),金竹译,《蒙古学资料与情报》,1992 年 2 期。

58. 《蒙古风俗鉴》的民俗学价值,色音,《中央民族学院学报》,1992 年 1 期。

59. 现代蒙古族婚俗与清朝政策的关系,洪玉范,《青海民族学院学报》,1992 年 2 期。

60. 科尔沁婚礼中的戏新郎习俗述论,塔娜,《黑龙江民族丛刊》,1992 年 2 期。

61. 元代的蒙汉通婚及其背景,池内功(日),郑信哲译,《民族译丛》,1992 年 3 期。

62. 蒙古族狩猎摭闻,布和,《北方民族》,1992 年 1 期。

63. 蒙古族近代的居住习俗,邢莉,《黑龙江民族丛刊》,1992 年 3 期。

64. 试论《蒙古秘史》中的古代蒙古族婚恋形态,塔娜,《黑龙江民族丛刊》1992 年 3 期。

65. 内蒙古草原待客礼俗,邢莉,《黑龙江民族丛刊》,1992 年 4 期。

66. 蒙古族婚俗的游牧文化特征,邢莉,《满族研究》,1992 年 4 期。

67. 蒙古族丧葬习俗中的游牧遗风,陈烨,《民俗研究》,1992 年 4 期。

68.蒙古人的礼仪,茹科夫斯卡娅(俄),树华译,《蒙古学信息》,1993 年 2 期。

69.蒙古民族崇马习俗探微,波·少布,《北方民族》,1993 年 2 期。

70.蒙古族的饮茶习俗,李自然,《民俗研究》,1993 年 3 期。

71.蒙古族祝赞词在民俗的地位和作用,郭永明,《内蒙古社会科学》,1993 年 5 期。

72.论元代以前蒙古族婚姻形态的原始性,陈烨,《北方民族》,1993 年 3 期。

73.马祭,少布,《黑龙江民族丛刊》,1993 年 3 期。

74.漫话蒙古族服饰对东乡保安裕固族服饰的影响,洪玉范,《北方民族》,1993 年 3 期。

75.蒙古族的祭火习俗,张恒金,《中国文物报》,1993 年 5 月 2 日(4)。

76.蒙古族萨满教招子仪式,尼玛,《中央民族学院学报》,1993 年 1 期。

77.漠南蒙古"查玛"研究,李军,《内蒙古社会科学》,1993 年 2 期。

78.青海蒙古人的风俗,洪玉范,《黑龙江民族丛刊》,1993 年 1 期。

79.新疆蒙古族风俗趣谈,吐娜,《新疆社会经济》,1993 年 2 期。

80.蒙古族早期几种重要的风尚观念探讨,孟克托力,《黑龙江民族丛刊》,1993 年 4 期。

81.漫谈蒙古族的饮茶文化,蔡志纯,《北方文物》,1994 年 1 期。

82.蒙古族服装及其民族性,维克托若娃(苏),白荫泰译,《蒙古学信息》,1994 年 1 期。

83.蒙古族的诞生礼和丧葬礼,邢莉,《中南民族学院学报》,1994 年 14(1)期。

84.蒙古族文化浅说,洪玉范,《青海民族学院学报》,1994 年 1 期。

85.蒙古祭祀风俗述略,沙宪如,《辽宁师范大学学报》,1994 年 2 期。

86.从"仙人住"到蒙古包,唐戈,《黑龙江民族丛刊》,1994 年 2 期。

87.蒙古族的祭祀习俗及其变迁,陈烨,《内蒙古社会科学》,1994 年 5 期。

88.蒙古族尚白原因及表现方式,李自然,《黑龙江民族丛刊》,1994 年 3 期。

89.13－14 世纪蒙古宫廷饮食方式的变化,布尔勒(美),陈一鸣译,《蒙古学信息》,1995 年 1 期。

90.禄马风旗,郭雨桥,《民俗》,1995 年 1 期。

91.内蒙古鄂尔多斯蒙古族祭祀习俗,杨勇,《群文论苑》,1995 年 2 期。

92.评郝苏民及其专著《文化透视:蒙古口承语言民俗》,朱刚,《青海民族学院学报》,1995 年 3 期。

93.试论蒙古族现代民俗学的形成,陈岗龙,《民俗研究》,1996 年 2 期。

94.蒙古族传统习俗中的祭祀活动,苏博,《北方民族》,1996 年 1 期。

95.从蒙古语"女婿""媳妇"称谓来源看婚俗的变迁,哈斯巴特尔,《黑龙江民族丛刊》,1996 年 1 期。

96.蒙韩产育礼俗比较,色音,《东北亚论坛》,1996 年 2 期。

97.青海蒙古族婚俗文化,乐天,《青海民族研究》,1996 年 2 期。

98.蒙古族数字观念探微,欧军,《黑龙江民族丛刊》,1996 年 2 期。

99.青海蒙古族的丧葬文化,乐天,《青海民族研究》,1996 年 4 期。

100.青海和硕特蒙古人婚姻及其习俗调查,苏依拉,《青海民族学院学报》,1996 年 3 期。

101.蒙古萨满面具的演变与消失,白翠英,《黑龙江民族丛刊》,1996 年 4 期。

102.青海蒙古妇女的生育习俗与生育观,苏依拉,《民俗研究》,1997 年 1 期。

103.浅谈东蒙婚礼歌中的文艺形式,郭秋良,《群众文化研究》,1997 年 3/4 期。

104.蒙古族戏耍新郎婚俗谈,王国志,《黑龙江民族丛刊》,1997 年 3 期。

105.蒙古婚礼的形成与婚礼祝词,赵永铣,《内蒙古社会科学》,1994 年 4 期。

106.蒙古族的崇火习俗,乌日娜,《黑龙江民族丛刊》,1997 年 3 期。

107.青海蒙古族祭海神习俗,洪玉范等,《黑龙江民族丛刊》,1997 年 3 期。

108. 内蒙古民居:一种文化历史的认识,陈烨,《内蒙古社会科学》,1997 年 4 期。

109. 文化与环境:苗族与蒙古族民间文艺生态比较,潘定智,《贵州民族学院学报》,1997 年 4 期。

110. 谈内蒙古中部地区蒙古族牧民生产生活中的系结习俗,秦树辉,《内蒙古师大学报》,1997 年 5 期。

111. 蒙古族狗文化浅谈,斯琴巴特尔,《青海民族研究》,1998 年 2 期。

112. 元代蒙古族的婚姻习俗及其变化,秦新林,《殷都学刊》,1998 年 4 期。

113. 那达慕文化的由来与流传,赵永铣等,《内蒙古社会科学》,1998 年 5 期。

114. 蒙古族祭敖包习俗的文化渊源考述,任洪生,《青海民族研究》,1999 年 3 期。

115. 蒙元时期蒙古人的袍服,苏日娜,《内蒙古大学学报》,2000 年 32(3)期。

116. 古代蒙古盟誓誓义,扎格尔,《内蒙古师范大学学报》,2000 年 29(3)期。

117. 黑龙江蒙古族饮食习俗述略,白晓清,《黑龙江民族丛刊》,2004 年 6 期。

118. 青海地区蒙古族服饰述略,红峰,《青海民族研究》,2004 年 1 期。

119. 古代蒙古人的岩石崇拜及其象征寓意,扎格尔,《内蒙古师范大学学报》,2004 年 6 期。

120. 青海蒙古族禁忌习俗中的环保意识,额谷岚,《青海民族研究》,2001 年 4 期。

121. 青海蒙古族狩猎文化刍议,仁增,《青海民族研究》,2004 年 4 期。

122. 蒙元时期蒙古族的服饰原料,苏日娜,《黑龙江民族丛刊》,2001 年 1 期。

123. 蒙元时期蒙古族的发式与冠帽,苏日娜,《黑龙江民族丛刊》,2004 年 2 期。

124. 蒙元时期蒙古人的袍服与靴子,苏日娜,《黑龙江民族丛刊》,2001 年 3 期。

125. 论蒙古族民俗及其在当代的变迁,明月,《内蒙古社会科学》,2001 年 3 期。

126. 论元代蒙古族丧葬风俗,额尔德木图,《内蒙古民族大学学报》,2001 年 1 期。

127. 蒙古族风俗中的羊崇拜现象初探,满珂,《中南民族学院学报》,2001 年 3 期。

128. 论蒙古与通古斯熊传说的有关习俗内涵,满都呼,《满语研究》,2001 年 1 期。

129. 承德蒙古族风俗演化的历史原因,李永年,《承德民族师专学报》,2000 年 4 期。

130. 承德蒙古族民俗史源新探,李景瑞等,《承德民族师专学报》,2000 年 4 期。

131. 元朝时期蒙古上层社会婚姻及家庭,洪玉范,《黑龙江民族丛刊》,2000 年 1 期。

132. 解放前蒙古族的婚姻和家庭,赵复兴,《内蒙古社会科学》,2000 年 6 期。

133. 蒙古族传统环保习俗与生态意识,宝贵贞,《黑龙江民族丛刊》,2002 年 1 期。

134. 青海蒙古族信仰文化述略,额谷岚,《青海民族研究》,2001 年 4 期。

135. 蒙古包溯源,张彤,《文物世界》,2001 年 6 期。

136. 论蒙古族的拇指崇拜,胡格吉夫,《中央民族大学学报》,2001 年 6 期。

137. 蒙古族狩猎习俗,扎格尔,《内蒙古师范大学学报》,2002 年 1 期。

138. 山东郓城蒙古族丧葬礼仪,苏照杰,《黑龙江民族丛刊》,2002 年 2 期。

139. 探析蒙古考验婚史诗与好汉三项比赛,九月,《西北民族学院学报》,2002 年 2 期。

140. 蒙古族服装一瞥,旭仁,《民族艺林》,2002 年 1 期。

141. 蒙古族传统饮食文化,齐木德道尔吉,《内蒙古社会科学》,2002 年 4 期。

142. 蒙古族女性敖包的文化内涵,波·少布,《内蒙古社会科学》,2002 年 5 期。

143. 蒙古族古代宴飨习俗与宴歌发展轨迹,崔玲玲,《中国音乐学》,2002 年 3 期。

144. 浅谈蒙古族的祝赞词,满珂,《青海民族研究》,2002 年 4 期。

145. 黑龙江省蒙古族妇女服饰习俗与审美,白晓清,《黑龙江民族丛刊》,2002 年 4 期。

146. 新疆蒙古族茶文化浅议,吐娜,《新疆社会科学》,2002 年 6 期。

147. 蒙古族婚姻形态的宗法性初探,姜振飞等,《内蒙古民族大学学报》,2002 年 4 期。

148. 蒙古族信仰习俗与生态观浅议,才仁巴力,《青海民族研究》,2003 年 1 期。

149. 简述海西蒙古族饮食文化的演变及特点,乌云才其格,《青海民族研究》,2003 年 3 期。

150. 浅谈《蒙古秘史》中的婚姻状况,李秀兰,《青海民族研究》,2003 年 1 期。

151. 蒙古族的马崇拜浅析,梁丽霞,《民俗研究》,2004 年 1 期。

152. 壮族与蒙古族崇牛习俗的比较研究,罗彩娟,《广西民族学院学报》,2004 年 3 期。

153. 作用中的敖包信仰与传说,纳钦,《民族艺术》,2004 年 4 期。

154. 多层次信仰:一个蒙古村落传统民俗社会的维系,纳钦,《内蒙古民族大学学报》,2004 年 4 期。

155. 多彩的蒙古族博克服饰,鄂晓楠,《内蒙古日报》,2004 年 2 月 18 日(8)。

156. 蒙古棋,安丽,《文物天地》,2004 年 10 期。

157. 蒙古民俗学的现代转型与民俗志写作的反思,陈岗龙,《民间文化论坛》,2005 年 1 期。

158. 论科尔沁民俗文化特征,博·照日格图等,《内蒙古大学学报》,2005 年 5 期。

159. 试析蒙古族人名的文化内涵,莫·巴特尔,《内蒙古师范大学学报》,2005 年 4 期。

160. 蒙古包的形状及其象征意义,刘迪南,《卫拉特研究》,2005 年 4 期。

161. "哈达"的渊源,那·舍敦扎布,《文史知识》,2005 年 10 期。

162. 黑龙江蒙古族的节日民俗,白晓清,《黑龙江民族丛刊》,2005 年 4 期。

163. 布里亚特婚礼的田野调查,包路芳,《民族艺术》,2005 年 1 期。

164. 论蒙古族祖先崇拜的女性禁忌及其原因,娜仁,《内蒙古大学学报》,2005 年 2 期。

165. 从蒙古族"敖包文化"看其原始美术特征,宗小飞,《内蒙古民族大学学报》,2005 年 2 期。

166. 蒙古族火崇拜习俗中的象征与禁忌,乌仁其木格,《中央民族大学学报》,2005 年 5 期。

二、达斡尔族民俗研究

1. 达斡尔族习俗琐谈,李士良,《黑龙江艺术》,1981 年 3 期。

2. 达斡尔族的婚俗,石立均,《齐齐哈尔档案史料》,1988 年 1 期。

3. 达斡尔人的葬礼,石立均,《齐齐哈尔档案史料》,1988 年 2 期。

4. 达斡尔族图腾试析,吴宝良,《中央民族学院学报》,1990 年 2 期。

5. 达斡尔族人名说略,丁石庆,《黑龙江民族丛刊》,1990 年 2 期。

6. 达斡尔族婚俗,学斌,《黑龙江日报》,1993 年 3 月 2 日(7)。

7. 中国东北达斡尔、索伦、诺敏人的萨满服饰,林达可格林(英),刘智文译,《北方民族》,1993 年 2 期。

8. 漫谈达斡尔族的文化风俗,多文志,《北方民族》,1993 年 1 期。

9. 浅谈达斡尔族饮食文化中的荞麦食俗,王永曦等,《黑龙江民俗丛刊》,1994 年 2 期。

10. 达斡尔族民俗中的伦理思想,阿尔泰,《内蒙古社会科学》,1995 年 4 期。

11. 达斡尔族成婚习俗文化内涵探析,袁志广,《新疆社会经济》,1996 年 1 期。

12. 达斡尔族的节日习俗,毅松,《北方民族》,1996 年 4 期。

13. 达斡尔族传统饮食习俗的文化特色,毅松,《内蒙古社会科学》,1996 年 6 期。

14. 达斡尔族人口风情,文风,《中国少数民族人口》,1997 年 3 期。

15. 对达斡尔族承袭契丹习俗的探讨,吴维、李滨英,《北方论丛》,1997 年 4 期。

16. 达斡尔族的传统居住习俗,毅松,《北方民族》,1998 年 3 期。

17. 达斡尔族的传统交通习俗,毅松,《北方民族》,1999 年 4 期。

18. 达斡尔族传统民族用品及其特点,玉山,《呼伦贝尔学院学报》,2004 年 2 期。

19. 哈拉与莫昆:达斡尔族父系家族社会的再现,丁石庆,《中央民族大学学报》,2004 年 6 期。

20. 达斡尔族饮食文化的若干特点,乌云高娃,《内蒙古社会科学》,2004 年 3 期。

21. 达斡尔族传统民居初探,倪超,《黑龙江民族丛刊》,2005 年 2 期。

22. 论述达斡尔族多神信仰及其相关的价值观念,丁石庆,《宗教学研究》,2005 年 4 期。

23. 我国达斡尔族民族传统体育发展的传承性和融变性的研究,孙广平等,《吉林体育学院学报》,2005 年 4 期。

24. 达斡尔族传统婚姻习俗,毅松,《黑龙江民族丛刊》,2000 年 1 期。

25. 达斡尔族的剪纸,乌日娜,《黑龙江民族丛刊》,2000 年 4 期。

26. 浅析东北达斡尔族的婚姻习俗,卢玉华,《黑龙江民族丛刊》,2002 年 1 期。

27. 达斡尔族的族源和文明,薛子奇,《黑龙江民族丛刊》,2002 年 4 期。

28. 达斡尔民俗文化的特征与发展,于春梅,《黑龙江民族丛刊》,2002 年 4 期。

29. 达斡尔族排木业习俗研究,安家宁,《凉山大学学报》,2003 年 1 期。

30. 达斡尔族萨满教述略,吴瑶,《黑龙江民族丛刊》,2005 年 4 期。

三、鄂伦春族民俗研究

1. 鄂伦春风俗习惯浅谈,李登等,《内蒙古社会科学》,1981 年 5 期。

2. 鄂伦春族宗教信仰简介,孟志东等,《内蒙古社会科学》,1981 年 5 期。

3. 鄂伦春风俗,隋书今,《黑龙江艺术》,1981 年 4 期。

4. 关于鄂伦春族丧葬之研究,赵复兴,《内蒙古社会科学》,1987 年 3 期。

5. 鄂伦春民族的传统食品及饮料,莫桂茹,《黑河学刊》,1988 年 1 期。

6. 库玛尔路鄂伦春人吊棺葬习俗初探,白水夫,《黑河学刊》,1983 年 3 期。

7. 鄂伦春传统习俗,杨显国,《旅游》,1990 年 8 期。

8. 鄂伦春族的婚俗,顾德清摄影,《民族画报》,1990 年 1 期。

9. 从鄂伦春族民间文学看其信仰习俗,刘翠兰,《内蒙古社会科学》,1991 年 4 期。

10. 鄂伦春民族风俗札记,赵慧,《黑龙江史志》,1991 年 3 期。

11. 鄂伦春族的爱情生活,赵复兴,《黑龙江民族丛刊》,1992 年 4 期。

12. 鄂伦春族饮食习俗及其在当代的变迁,丰收,《黑龙江民族丛刊》,1992 年 4 期。

13. 鄂伦春的皮饰服装,赫重运,《黑龙江日报》,1993 年 1 月 27 日(3)。

14. 试论鄂伦春族的兽皮文化,哈纳斯,《黑龙江民族丛刊》,1993 年 2 期。

15. 鄂伦春族·萨满祭祀·竞技盛会及其多重功能与作用,孟淑珍,《北方民族》,1993 年 1 期。

16. 鄂伦春族鄂温克族的火文化,赵复兴,《黑龙江民族丛刊》,1994 年 2 期。

17. 鄂伦春族的服饰艺术,王咏曦,《黑龙江民族丛刊》,1995 年 1 期。

18. 斜仁柱与木刻楞:鄂伦春族民居,关小云,《民俗研究》,1995 年 3 期。

19. 浅谈鄂伦春服饰,白梅,《黑龙江民族丛刊》,1997 年 1 期。

20. 鄂伦春族和鄂温克族的树葬,王德厚,《民族研究》,1996 年 4 期。

21. 鄂伦春族的丧葬习俗,关小云,《黑龙江民族丛刊》,1997 年 3 期。

22. 鄂伦春狍头皮帽的特点、功能和艺术价值,哈纳斯,《黑龙江民族丛刊》,1999 年 4 期。

23. 斜仁柱,包海风,《黑龙江民族丛刊》,2004 年 3 期。

24. 浅谈鄂伦春民族的传统体育活动,关红英,《鄂伦春研究》,2004 年 1 期。

25. 试析鄂伦春族萨满教文化的特点,《鄂伦春研究》,2004 年 2 期。

26. 鄂伦春族祖神像,崔晓燕,《北方文物》,2004 年 1 期。

27. 鄂伦春族桦树皮文化,吴雅芝,《民族文化遗产研究》(第一辑),2004 年 10 月。

28. 鄂伦春民族的兽皮文化与桦树皮文化,田刚,《教育探索》,2004 年 5 期。

29. 黑龙江省黑河市新生鄂伦春民族乡新生村桦皮制品调查,刘琰玮,《民族艺术研究》2004 年 2 期。

30. 试论鄂伦春民族的文化变迁,关红英,《鄂伦春研究》,2004 年 2 期。

31. 从边瑾未定稿看鄂伦春之习俗,高占伟,《民俗研究》,2005 年 1 期。

32. 鄂伦春人文化人格镜鉴,尤明惠,《重庆科技学院学报》,2005 年 3 期。

33. 鄂伦春和鄂温克人的路标,魏业,《北方文物》,2005 年 2 期。

34. 鄂伦春族烹饪兽肉的工具及方法,赵复兴,《黑龙江民族丛刊》,2000 年 2 期。

35. 曾经的猎户人家:对鄂伦春人生活的田野调查,张华志,《中国民族》,2001 年 10 期。

36. 地理气候环境与鄂伦春服饰,丰收,《黑龙江民族丛刊》2003 年 3 期。

37. 从游居到定居、再到城镇化,王俊敏,《黑龙江民族丛刊》,2002 年 4 期。

四、鄂温克族民俗研究

1. 鄂温克族民间文学概况,马名超等,《求是学刊》,1981 年 1 期。

2. 鄂温克人的婚姻习俗,大江,《民族团结》,1981 年 2 期。

3. 原始婚姻初探——鄂温克亲属称谓比较研究,王可宾,《史学集刊》,1983 年 3 期。

4. 鄂温克式亲属制的特点和意义,李松生,《史前研究》,1984 年 2 期。

5. 历史上狩猎鄂温克人图腾崇拜,联声,《内蒙古日报》,1984 年 6 月 9 日(4)。

6. 鄂温克族鄂伦春族的夜生活,赵复兴,《黑龙江民族丛刊》,1990 年 3 期。

7. 图腾的忏悔:论鄂温克人的猎熊、祭熊仪式,宁昶英,《社会科学辑刊》,1992 年 2 期。

8. 鄂温克人吸烟习俗,王咏曦,《黑龙江民族丛刊》,1993 年 1 期。

9. 鄂温克妇女与昆华尔,汪丽珍,《民俗》,1995 年 3 期。

10. 走进鄂温克族婚礼,汪丽珍,《民间文化》,1999 年 2 期。

11. 鄂温克民族的习俗,张友春,《理论研究》,1999 年 2 期。

12. 鄂温克族艺术内涵与自然崇拜,汪立珍,《黑龙江民族丛刊》,1999 年 3 期。

13. 鄂温克族姓氏谈,哈赫尔,《北方民族》,2004 年 4 期。

14. 鄂温克族婚姻家庭现状探讨,包英华,《内蒙古社会科学》,2004 年 6 期。

15. 鄂温克服饰的地域色彩,孙萨茹拉,《内蒙古民族大学学报》,2004 年 8 期。

16. 鄂温克的节日习俗,涂建军,《内蒙古民族大学学报》,2004 年 2 期。

17. 论驯鹿鄂温克人的兽皮文化,卡丽娜,《中央民族大学学报》,2004 年 3 期。

18. 论驯鹿鄂温克族鹿业经济的历史变迁,卡丽娜,《满语研究》,2001 年 1 期。

19. 清代鄂温克狩猎生产的发展变化,麻秀荣等,《北方文物》,2002 年 2 期。

20. 试析鄂温克人游牧部落私有制的产生,冯燕,《贵州民族学院学报》,2002 年 3 期。

21. 论驯鹿鄂温克人的桦皮树文化,卡丽娜,《黑龙江民族丛刊》,2004 年 2 期。

22. 讷莫热鄂温克人,杜柳山,《鄂温克研究》,2005 年 1 期。

23. 鄂温克族的姓氏考,哈赫尔,《鄂温克研究》,2005 年 1 期。

24. "奥仁"的传说及其称谓,玛尼,《鄂温克研究》,2005 年 1 期。

怎样进行民俗调查

★为了帮助大家掌握民俗调查的内容和技巧,特附殷宝林《怎样进行民俗调查》一文,供参考。

民俗调查是民俗研究的基础,其任务是全面深入地调查人民群众所创造和传承的各种文化成果,包括民间流行的风俗习惯、宗教信仰、民间文艺等各项内容。民俗调查对于我们了解人民群众的生活与心理很有用处,对社会学、旅游学、文艺学、历史学、哲学、语言学、心理学、政治学、法学、经济学、人类学、民族学、美学、宗教学等各门社会科学的研究都非常有用。调查要求真实、系统、深入,不仅要了解民俗的现象,而且还要尽可能了解它的来龙去脉,了解它发展变化的历史及其各种原因,包括地理的、社会的、物质的、精神的等各种原因。

一、民俗调查提纲及问题格

(一)自然环境

1.调查地点:省、县、区、乡、村的名称。属何种方言区?

2.地理环境:当地有什么山、海、河、湖、名胜古迹?气候特点?交通是否发达?同哪里联系较多?

3.人口:民族、男女人数、文化程度比例、近十年的生死率的比较,最高寿命多少岁?平均寿命多少?因为寿命为人民生活情况的一个标志。

(二)风俗习惯

1.节日民俗:每年有多少节日?如年节、元宵节、清明节、三月三、泼水节、端阳节、火把节、七月七、中秋节、重阳节、腊八节等等。分别调查其内容和各种节日的来历,如何庆祝?有什么特别的仪式、食品、娱乐活动、庙会等等?对人民生活、思想有何影响?

2.生活民俗:

(1)生育。生孩子之前有无求子、胎教等活动?生产时的接生方式、禁忌与仪式,有无"产翁制"?如何庆祝(报喜、送礼、做"喜三"、满月、百日、抓周等)?弃婴与养子过继的风习如何？如何计岁？育儿方法如何？幼儿教育的方式？

（2）做寿的礼节如何？

（3）有无标志从小孩到成年人的礼节？如割礼、冠礼等。

（4）家礼。家人长幼之间的关系、称呼、平时的礼节。

（5）客礼。客人交往的礼节。

（6）婚俗。男女双方年龄，有无聘金、嫁妆？如何恋爱？结婚的礼节、仪式：婚前有无前往"相亲"的活动、订婚的礼节？结婚的程序男女有无特殊衣着，新娘有无盖头、伴娘，婚礼上的歌舞或游乐活动，闹房的情形，是否有验贞之举及其喜报，婚后的礼节。

（7）衣饰习俗。男女老少，各行各业、四季晴雨的内衣、外衣、礼服、工作服的样式、质料和做法如何？鞋、袜、帽、巾的样式、质料和做法如何？对什么色彩最喜欢？装饰：文身、缠足、束胸、发型、化妆品的名称以及头、耳、手、报、颈、脚等和脾装饰品的名称、样式如何？

（8）饮食民俗：主食的品种、做法；当地的口味、爱好及其原因；每天吃几餐，作息时间如何安排，每餐吃些什么？有哪些饮用的工具？本地特产，特有的风味食品菜肴、佐料的品种、烹调方法，如南方的椰子、槟榔、北京的豆汁、藏族的酥油茶、维族的抓饭、侗族的酸鱼酸肉等。

（9）住房习俗。房基地的选择，堂屋、东屋、西屋、南屋，各自应盖多高？各由什么人去住？盖房子时的禁忌、仪式，上梁及落成时的典礼等。

（10）交通运输：挑、抬、扛、背、顶、提、推、拉、挂、搭物件的方式与技巧。交通运输的工具如车、船、爬犁等的形式如何？

（11）民间社交情况，男女老幼各行各业的关系如何？交友的习俗。调解纠纷的习俗。

（12）民间体育：当地流行的拳术、赛马、划船、举重、气功等等。

（13）民间医药：如何治病？推拿、针灸、拔火罐、医疗体育、草药等有效程度如何？地方病及其防治。

（14）民间卫生习俗：洗澡、洗衣、理发、刷牙、打扫庭院住所、消灭蚊蝇老鼠的方式方法如何？

3．生产民俗：

（1）农、工、商等各行各业的比例，当地最主要行业是什么？

（2）家庭主副业的生产方式：如何耕地、播种、插秧、耘田、收获、储存、加工？家畜、鱼类的品种和饲养的传统方法。每年的农时节气。林木的种植与管理情况的风俗习惯。渔民、农民气象预报情况。

（3）工匠的技艺、工具、规约、传授与待遇情况，传统的工艺品、土特产。

（4）商业的形式：行商、坐商、牙行、钱庄、信用社、银行。商业标志：货声、招牌、字号、幌子、广告、商标等。交易方式：赊欠、分期付款、夜市、集市、讨价还价和成交的方式。

（5）生活水平：工资、储蓄、借贷、利息、雇佣、奴仆、乞丐等情况。

（6）每天工作时间，男女分工，妇女在生产生活中的地位。歧视妇女的说法和做法。

4．社会组织：

（1）家庭关系：家庭类型。大家庭（几辈同堂？）和小家庭（只有一对夫妇）各占多少？家庭权力分配：夫权？妻权？平权？双亲和子女的关系。如何对待幼儿和老人。

（2）亲属关系：血亲关系怎样称呼？婚亲关系怎样称呼？亲属名称有多少？它们是怎样计算的；近亲和远亲的区分界限如何？走动的时间和方式？

（3）邻里关系：参与邻里家务事的性质和程度，如何对待邻里家的儿童与老人？结怨的原因，和好的方式。

（4）社区关系：村、街、集、镇是自然形成的，还是人为建立的？有无关于该社区的历史传说。社区内的人际关系如何？是亲密的，和谐的，还是不和谐和的、冷淡的。社区的权威类型：传统权威，个人魅力权威，还是法理权威？与其他社区发生冲突时的情形：组织者，成员心理，情绪等等。社区节日、公共活动方式。

(5) 群体关系:群体的类型,是感情表达群体,还是为了达到一定目标的群体。群体的权力结构,群体成员的活动方式。与其他群体的关系,开放的还是封闭的。

(6) 社会互利组织:组织成员、目标,活动方式。

(7) 社会福利组织:参加人员,目标,活动方式,资金来源。

(8) 公众结社集会时间、地点、人数、动机、目的?

(9) 文化体育、娱乐组织。学术团体,新闻组织。

(10) 宗教组织:宗教的类型,有无教堂,活动的方式,教徒的信仰等。

(三)宗教信仰

(1) 当地人信哪些神?包括佛、耶稣、真主、龙王、太上老君、关帝、孙悟空、孟姜女、灶神、八仙等各种神仙,特别是本地所特有的神仙鬼怪等。对天地万物的崇拜情况。

(2) 各类禁忌、预兆、占卜、扶乩、相面、算命、求签、许愿还愿、咒语经文、求雨祈年、祭祖隆神等迷信活动的仪式如何?有何传说?

(3) 巫师的技术、巫具、经典:巫术的仪式、声音、动作?巫医用药否?如何下神治病?

(4) 寺庙、家庙、祠堂、土地庙等游神赛会、祭祀活动的情况如何?

(5) 丧葬的习俗——土葬、天葬、水葬以及火葬等何种形式?如何下葬?有无陪葬物?如何悼念(如做七、百日、周年的纪念)?有什么礼仪?祖先崇拜的传说与形式,牌位的样式、摆法,如何上供?等等。

(四)民间文艺

1. 民间文学:歌谣(包括号子、山歌、小调、顺口溜等)、故事(包括神话、传说、生活故事、笑话、寓言、童话等等新旧故事)、谚语(包括农谚、气象谚语、卫生谚语、道德谚语、新谚语等)、谜语、歇后语、俗语、外号、民间长诗、民间曲艺(包括流行的鼓词、弹词、道情、快板、快书、相声、评书评话等)作品的文本及其流行情况,有关的民俗,社会情况。

2. 民间戏曲:包括民间小戏、皮影戏、木偶戏的剧目、剧本、演出情况、演员的成分、专业的程度如何?是否营业?在何时、何处演出?
   民间音乐舞蹈:民歌、器乐、舞蹈的作品名称,演出情况,特有的乐器、唱法、舞蹈动作。

3. 民间美术:剪纸、壁画、雕塑(木雕、泥雕、石刻、糖人、面人等)、刺绣的形式、制作情况、技艺、传说。

4. 民间娱乐:儿童游戏、杂技、马戏、棋艺等各种娱乐活动的名称及内容,群众的反映如何?

二、调查的方法与技术要求

(一)调查方法

1. 实地调查是主要方式,要深入到群众中去,找了解情况的人深入调查,可以开小型调查会,也可以个别访问,一定要讲清意义、打消顾虑,尽量做到思想感情上亲密无间,搞好关系,使调查对象畅所欲言,作详细记录。

2. 书籍上调查,征集与查阅有关的书刊,搜集民俗资料。

3. 征集实物,包括服饰、用具、模型、图画、照片、录音、录像带等,作研究与览展之用。

(二)搜集工作的技术要求

1. 全面搜集:对民俗资料不论古今,不管内容好坏,都要如实记录,不可掩饰、忌讳。对同一作品不同的说法都要记录,并尽可能弄清其原因。

2. 对民间各种风俗习惯的详细情况及其原因,作形象具体的记录。注意风俗的变化情况,贫富的差别。以多数人为标准,亦须注意特殊的民俗。

3. 对民间文学的记录要求:要忠实记录,最好用录音,一字不动地记载下来。如不能录音,至少要做到:韵文作品要一字不动地记录,故事要记下作品的有特色的语言与主要内容,保存作品应有的口语风格,不能随便增删改动。不只要记录作品本身,而且要记录与作品有关的社会、民俗情况,保存作品的立体性。具体说有如下各项:

(1)记录的时间、地点。

(2)歌手、艺人姓名、年龄、职业、文化程度、家庭及个人经历、个性特点、绰号、作品来历、师承情况。演唱风度。

(3)作品流传地区有多大,是怎样创作出来的? 歌手的加工大不大? 在什么场合演唱? 群众反映如何?

(4)与作品有关的民俗、社会历史地理情况、方言的注释说明。

(5)同一作品的不同异文都要搜集记录,以利于比较研究。

(说明:这个"民俗调查提纲及问题格"是在北京大学风俗调查会"风俗调查表"的基础上,参考中国民族学会筹备会《民族文化调查问格》、《中国婚俗调查问格》以及其他民族学论著的有关内容编制的,社会组织部分由夏学銮同志提供)。

附录(四)　**NEIMENGGU CAOYUAN MINSU YU LUYOU FULU**

旅游与民俗旅游研究期刊(汉文)

★ 阅读期刊杂志上发表的文章,是跟上旅游和民俗旅游研究内部讨论的最佳途径,下列是定期(或不定期)刊载有关旅游及民俗旅游研究的期刊杂志。

1.《民俗研究》(季刊),济南:山东大学主办。

2.《民间文学》(月刊),北京:中国文联中国民间文艺家协会主办。

3.《民间文化论坛》(双月刊),北京:中国文联中国民间文艺研究会主办。

4.《民间文艺季刊》(季刊),上海:中国民间文艺研究会上海分会主办。

5.《民族文学研究》(季刊),北京:中国社会科学院少数民族文学研究所主办。

6.《民族艺术研究》(双月刊),昆明:云南省民族艺术研究所主办。

7.《民族文学译丛》(不定期),北京,中国社会科学院少数民族文学研究所主办。

8.《民族研究》(双月刊),北京:中国社会科学学院民族学与人类学研究所主办。

9.《民族艺林》(半月刊),银川:宁夏回族自治区民族艺术研究所主办。

10.《民族论坛》(月刊),长沙:湖南省民族事务委员会主办。

11.《世界民族》(双月刊),北京:中国社会科学院民族学与人类学研究所主办。

12.《黑龙江民族丛刊》(双月刊),哈尔滨:黑龙江省民族研究所主办。

13.《寻根》(双月刊),郑州:大象出版社主办。

14.《楚风》(双月刊),长沙:湖南省民间文艺家协会主办。

15.《蒙古学研究年鉴》(年),呼和浩特:内蒙古社会科学院主办。

16.《达斡尔族研究》(不定期),呼和浩特:内蒙古自治区达斡尔族学会主办。

17.《鄂伦春研究》(不定期),阿里河:内蒙古自治区鄂伦春族学会主办。

18.《鄂温克研究》(不定期),巴彦托海:内蒙古自治区鄂温克族学会主办。

19.《旅游》(月刊),北京:北京市旅游局主办。

20.《旅游经济》(月刊),北京:北京市旅游局主办。

21.《旅游科学》(双月刊),上海:上海师范大学旅游学院主办。

22.《旅游学刊》(月刊),北京:北京联合大学旅游学院主办。

23.《当代旅游》(月刊),哈尔滨:黑龙江省旅游局主办。

24.《旅游研究与实践》(月刊),桂林:桂林市旅游协会主办。